EL VIAJERO. SERGIO PITOL (1963-1988)

LITERATURE AND CULTURE SERIES

General Editor: Greg Dawes
Series Editor: Ana Forcinito
Copyeditor: Ana María Caula

El viajero

Sergio Pitol (1963–1988)

Alejandro Lámbarry

Raleigh, North Carolina

Copyright © 2024
All rights reserved for this edition copyright © 2024 Editorial A Contracorriente

Library of Congress Cataloging-in-Publication Data
Names: Ramírez Lámbarry, Alejandro, 1978- author.
Title: El viajero : Sergio Pitol (1963–1988) / Alejandro Lámbarry.
Other titles: Literature and culture series.
Description: [Raleigh] : ACC, Editorial A Contracorriente : Department of World Languages and Literatures at North Carolina State University, [2024] | Series: Literature and culture series | Includes bibliographical references.
Identifiers: LCCN 2024023903 | ISBN 9781469684536 (paperback) | ISBN 9781469684543 (epub) | ISBN 9781469684550 (pdf)
Subjects: LCSH: Pitol, Sergio, 1933–2018—Criticism and interpretation. | Authors, Mexican—20th century—Biography. |
LCGFT: Literary criticism. | Biographies.
Classification: LCC PQ7298.26.I8 Z85 2024 | DDC 863/.64—dc23/eng/20240610
LC record available at https://lccn.loc.gov/2024023903

ISBN: 978-1-4696-8453-6 (paperback)
ISBN: 978-1-4696-8454-3 (EPUB)
ISBN: 978-1-4696-8455-0 (UPDF)

This is a publication of the Department of World Languages and Literatures at North Carolina State University. For more information visit http://go.ncsu.edu/editorialacc.

Distributed by the University of North Carolina Press
www.uncpress.org

CONTENIDO

Introducción 1

Varsovia (1963–1966) 4

México (1966–1968) 29

Belgrado (1968–1969) 41

Barcelona (1969–1971) 55

Bristol (1971–1972) 71

Varsovia (1972–1975) 86

París (1975–1976) 98

Budapest (1977–1978) 113

Moscú (1978–1980) 129

México (1980–1983) 163

Praga I (1983–1986) 201

Praga II (1986–1988) 236

Coda 271

Agradecimientos 275

Referencias 277

Introducción

Sergio Pitol legó sus diarios al archivo de la Universidad de Princeton y dejó escrito que estos no podrían consultarse hasta el año 2025 o después de su muerte. Tiempo después, tras sufrir una enfermedad larga y dolorosa que le hizo perder las lenguas extranjeras que aprendió en el transcurso de su vida y finalmente el habla, Sergio Pitol falleció en la ciudad de Xalapa, Veracruz, el 12 de abril de 2018. Los periódicos nacionales y de lengua española de diversos países lamentaron el fallecimiento del Premio Cervantes (2005). Se organizaron mesas, congresos y publicaciones en su memoria. En medio del torbellino de escritos y recuerdos decidí escribirle al bibliotecario de la Universidad de Princeton, Fernando Acosta, con el objetivo de consultar con él si el archivo del autor estaba finalmente abierto.

En tres ocasiones fui a Princeton y leí la correspondencia y los diarios de Sergio Pitol. Me sorprendió gratamente encontrarme con la voz del ensayista que escribió *El arte de la fuga*, *El viaje* y *El mago de Viena*. Tenía frente a mí el recuento de sus viajes por ciudades y países exóticos (para la mirada al menos de un mexicano) como son Samarcanda, Estambul, Bakú; listas de lecturas; meditaciones y comentarios sobre ciertos autores y obras; su vida en las ciudades donde trabajó como diplomático, traductor y profesor. Y entonces, de pronto, me topé con pasajes de su vida amorosa.

Todo lector de diarios personales tiene una inclinación voyerista que ahora confieso. Pero un biógrafo no debe quedarse con este único premio. Considero que los datos y hechos de la vida personal afectiva son importantes para conocer históricamente a un personaje, pero incluirlos en un proyecto de investigación requiere de razones de peso. Para mí, la gran razón vino cuando leí en sus diarios: "Pienso, como (E.M.) Forster, en el hastío de tener que escribir siempre sobre relaciones sentimentales y sexuales que no conozco sino por inferencias, en vez de hacerlo sobre las que personalmente me atañen".[1] Pitol vivía en Varsovia por segunda ocasión, había sufrido un accidente automovilístico grave, había renunciado por enésima vez a la escritura de *Juegos florales* y deseaba escribir una nueva novela. ¿Por qué no escribir sobre sus relaciones amorosas homosexuales? La censura, la discriminación, el rechazo, la condena.

Imaginemos a un lector que vive en una sociedad donde todas las novelas, películas, ensayos y obras de teatro abordan las relaciones amorosas desde el único punto de vista femenino. Las protagonistas son siempre mujeres, los hombres son apenas personajes secundarios; las relaciones de amor y desamor, el sexo, la estabilidad matrimonial, las aventuras se narran siempre desde la perspectiva de ellas. Sería desesperante y también tedioso. El amor se vive de distintas maneras, la experiencia física es claramente distinta, la emocional también puede serlo. Pues eso es justamente lo que vivieron las mujeres en la literatura mexicana de gran parte de los siglos XIX y XX con las historias narradas, en su gran mayoría, por hombres y con protagonistas hombres. Eso mismo es lo que vivieron los homosexuales. Este hecho no solo afecta a estos grupos, afecta a toda la sociedad: se vuelve más pobre, monótona, además de injusta y represiva.

A pesar de que todas sus novelas y gran parte de sus ensayos surgieron de sus diarios, Sergio Pitol publicó un solo texto, un cuento, sobre las relaciones afectivas homosexuales. Esa publicación fue de un tiraje tan reducido, que muy pocos recuerdan hoy en día *El único argumento*. Decidí que era importante desarrollar las historias amorosas que personalmente afectaron a Pitol, que le fueron entrañables y que esbozó en sus diarios. Consideré que con ello ganaríamos todos: lectores y admiradores de su obra tendríamos una nueva faceta de su persona, lectores en general podrían imaginar una sociedad más diversa y compleja, en lugar de la machista y patriarcal que le tocó vivir a Pitol junto con nosotros.

Pero esta investigación no se centra únicamente en la vida afectiva de Pitol ni en sus diarios. Al fin y al cabo, mi deseo de leer los diarios surgió de la gran admiración que tengo por su obra literaria. Para mí, esa obra se encuentra en un justo balance entre la innovación formal y lo que Pitol llamó la pasión por la trama. El siglo pasado fue de gran experimentación en las técnicas y formas narrativas, las cuales podríamos resumir en tres prácticas: parodia,

---

[1]. Pitol. "*Varsovia*". *Sergio Pitol Papers* (en adelante *SPP*). 21 de noviembre de 1974.

intertextualidad y metaficción. La parodia pone de cabeza un género o un texto precedente, la intertextualidad es escritura en relación abierta y confesa con un texto previo que no siempre tiene que ser verdadero, y la metaficción es la escritura de alguien que escribe. Las tres revelan una conciencia agónica sobre todo lo que ya se ha escrito y la dificultad (por no decir imposibilidad) de escribir algo nuevo.

En sus primeros años en el extranjero Sergio Pitol se interesó en la práctica de la metaficción. Las novelas de este periodo son *El tañido de una flauta* y *Juegos florales*. Desde 1983 a 1988, durante su estancia en Praga, destacó en el uso de la parodia en las novelas que reunió en *Tríptico del carnaval*. Mientras que en toda su vida creativa practicó de manera constante la intertextualidad.

Con el fin de entender la innovación formal, la recepción de la crítica y el medio literario mexicano, en correspondencia con el internacional, realizamos una investigación bibliográfica y hemerográfica. La metodología que seguimos es resultado de una conjunción entre sociología literaria, historia y análisis literario. A esto tenemos que agregar la investigación en los archivos de la Universidad de Princeton, la Secretaría de Relaciones Exteriores y la Hemeroteca Nacional de México, y el acopio de fuentes orales a través de entrevistas.

Los años que aborda este primer volumen son los del viaje y las estancias en el extranjero; los del aprendizaje creativo, de la escritura de todos sus cuentos y gran parte de sus novelas, y de la traducción de autores hasta entonces desconocidos para el público de lengua española. Pitol tomó el carguero alemán Marburg y cruzó las aguas del Atlántico con un sueño: realizar su vocación literaria en un espacio más tolerante y diverso. Al llegar a su destino, pudo sentirse otro antes de continuar su viaje. Fueron veinticinco años de búsqueda y descubrimientos, del río cuyo cauce cambia constantemente, aunque lleve un mismo destino.

VARSOVIA
(1963–1966)

Antes de Varsovia

SALIÓ DE MÉXICO CANSADO de un medio literario reducido, estrecho. El sueldo que recibía como corrector de estilo en la editorial Novaro era raquítico y el trabajo sumamente aburrido. Su revista *Cauce: Revista Bimestral de Cultura* tuvo una vida de solo dos números. Fue un proyecto guiado por el ideal comunista que compartía con otros amigos poetas como Eduardo Lizalde, pintores y profesores universitarios, en especial, Joaquín S. Macgrégor. En los albores de la Guerra Fría, lucharon contra los ideales de derecha y contra aquellos que creían poder distanciarse de la política, encerrarse en la torre de marfil. Después de publicar un texto de Maiakovski sobre México, la prensa nacionalista se escandalizó del supuesto ataque comunista contra la Patria; condenaron a la Universidad Nacional Autónoma de México (en adelante UNAM) por estar infiltrada de elementos prosoviéticos y a Pitol lo calificaron de "extranjero pernicioso".[1]

Los proyectos editoriales solían pensarse con entusiasmo y euforia para después tener que esperar semanas y meses sin que nada sucediera: la temporada interminable de las postergaciones. Publicó su primer libro de cuentos en una colección, como parte de la revista *Estaciones* del poeta Elías Nandino. Su título: *Tiempo cercado*. "Fue recibido por crítica, público y amigos con una

---

1. Carlos Monsiváis. "Sergio Pitol, de la saga del exilio a la nostalgia de un mundo caótico y paródico". *La Cultura en México,* 1660, 17 abr, 1985, pp. 36–39. Sobre este caso, véase también el artículo de José Luis Nogales Baena, "El episodio Cauce: nacionalismo, guerra fría y literatura en México, 1955". *Revista Iberoamericana*, Vol. LXXXVII, Núm. 276, julio-septiembre 2021, pp. 835–851.

indiferencia sepulcral".² Y a pesar de todo –estrechez del medio literario, su precariedad laboral, su escaso éxito como autor–, quizá lo habría paralizado si no hubiera sufrido una decepción amorosa.³

A su pareja la llamaría después en sus diarios la Araña o l'Arañoir. Él era colombiano y su nombre Gustavo Londoño. Con él, Pitol vivió días felices de charlas interminables en cafés, de paseos por la ciudad y de romance, seguidos por otros en que parecía haber rechazo. Terminaron y reanudaron su relación en varias ocasiones. Fue presa de su obsesión, quiso escapar de su conjuro sin lograrlo. Era un enigma acompañado de mucho sufrimiento. "¡Qué ramalazo tan terrible fue para mí su aparición en mi vida! Casi enloquecí. Tal vez enloquecí del todo".⁴ Cuando resolvió terminar de manera definitiva, escapar, liberarse, salió del país: viajar lejos, alejarse de él y de la ciudad donde vivía. Vendió todo lo que pudo: libros, cuadros, muebles. Juntó el dinero suficiente para comprar un boleto en el carguero alemán Marburg. La separación fue difícil. "Ahora pienso que si uno rescata algo es por la literatura. Si mi vida ha tenido algún sentido, es por la posibilidad de traducirla en cuentos y novelas. Cuando empecé a viajar todo me tocaba".⁵

Rechazó una oferta de profesor de literatura en Santiago de Cuba y se fue a Europa. Su sueño era viajar a Islandia, donde había obtenido una visa, pero se encontró en París con dos amigas, Nancy Cárdenas y Susana Drucker. Con ellas viajó a Italia. Visitaron Roma, Nápoles y Pompeya. Estuvieron juntos dos semanas, luego ellas partieron y él se quedó. De Italia era su familia, dominaba la lengua. Vivió un año en Roma, donde participó de la tertulia que las hermanas Zambrano organizaban en un restaurante de la Piazza del Popolo. El trato con ellas fue siempre amable y enriquecedor, las Zambrano fueron su asidero, el punto desde el cual retomar una vida dedicada al arte y la cultura. Ellas lo

---

2. Sergio Pitol. *Memoria 1933–1966*. México, Era, 2011, p. 72.
3. En su autobiografía lo llama Laura. (*Memoria 1933–1966* 74). Este nombre vuelve a aparecer en sus diarios de Varsovia de 1975, cuando refiere otra relación fallida con un joven polaco: "Concluida la operación, me adaptaría con más rapidez a vivir sin Laura" (*Varsovia*, 5 de enero de 1975). Véase también el estudio de Humberto Guerra, *Narración, experiencia y sujeto*. México, Bonilla Artigas, 2016.
4. Pitol. "México". *SPP*. 22 de septiembre de 1981.
5. Pitol. "México". *SPP*. 8 de mayo de 1982.

interesaron en la lectura de Benito Pérez Galdós.⁶ En las tertulias acudían los críticos y creadores más destacados de Italia y alguno que otro exiliado. Pitol vio en esas sesiones a Alberto Moravia, Elsa Morante, Pier Paolo Pasolini y Carlo Levi. Escuchó las discusiones entre críticos como Mario Praz y Paolo Milano, muy reconocidos en su país. Entre los asistentes se encontraba también el agente literario de Federico Fellini.

En Roma recorrió museos, donde observó la obra de los pintores renacentistas. Caravaggio, Miguel Ángel, Leonardo habían logrado la perfección dentro del marco de las reglas y los criterios estrictos de la academia. Era importante identificar su momento histórico, conocer las convenciones formales para llevarlas a su belleza máxima, a los límites. Debía seguir leyendo, visitar museos, asistir al teatro, escuchar música, colmarse de la vida cultural. Escribió en Roma el cuento "Cuerpo presente".

> Empiezo a trabajar un cuento cuando durante varios días no he logrado desprenderme de una imagen determinada [le dijo Pitol a Luis Terán]. A veces, puede ser el fragmento más simple de una anécdota lo que me trabaja. Generalmente, empiezo sin tener ninguna idea, ya no digamos de la forma sino ni siquiera de la trama que va a tener ese cuento. Comienzo a hacer escoleta en torno de algunas frases que me provoca esa imagen hasta que la trama y la forma surgen.⁷

Pero la mayor parte del tiempo la pasó observando, escuchando y leyendo. Roma fue su primera gran escuela, aunque la estancia fue breve, de apenas un año. Dejó sus libros en cajas con las Zambrano y regresó a México a mediados de 1962 con el propósito de obtener un trabajo que le aportara el dinero necesario para regresar.

En Ciudad de México se volvió a encontrar con sus viejos amigos Carlos Monsiváis, José Emilio Pacheco y Juan Manuel Torres. A Monsiváis lo

---

6. María Zambrano fue una de las pensadoras y escritoras más destacadas en el mundo hispano del siglo XX. Vivió gran parte de su vida en el exilio debido a la Guerra Civil española y el triunfo franquista. Desarrolló en países latinoamericanos, como México, y europeos, como Italia y Francia, una obra que le valió reconocimiento internacional. Su pensamiento abreva de la fenomenología, Nietzsche y Kierkegaard; propone a la poesía como una respuesta al vacío, la duda y el caos en un mundo carente de divinidades.

7. Pitol. "Sergio Pitol: la literatura como intento de dar orden a un caos". 5.

conoció en el Comité Universitario de Solidaridad con Guatemala. La CIA había intervenido en la política interna de ese país vecino y los jóvenes, junto con las figuras intelectuales y artísticas de renombre como Frida Kahlo y Diego Rivera, habían protestado enérgicamente. En la marcha: "El general Lázaro Cárdenas hizo acto de presencia. Iban Diego, Carlos Pellicer, Pablo y Henrique González Casanova, José Revueltas, Juan O'Gorman, Elena Vázquez Gómez, Efraín Huerta, Sergio Pitol, Cuauhtémoc Cárdenas, José Emilio Pacheco, Carlos Monsiváis... y por millares pueblo, pueblo de México".[8] Juan Manuel y él coincidieron en la Juventud Comunista; ambos eran veracruzanos.

Era un ritmo de vida más activo al de antes de su partida, con más fiestas y más proyectos. Los invitaban a publicar en suplementos culturales, por ejemplo en el de *Siempre!* o en publicaciones como la *Revista de la Universidad de México*, y a programas de radio. Difusión Cultural, al mando de Jaime García Terrés, vivía un esplendor sin igual. La vida cultural giraba alrededor de la UNAM.

Pitol se negó a un trabajo de oficina y buscó quien le pagara sus traducciones. Quería volver a Italia y para ello debía juntar el dinero que cubriera el viaje y los primeros meses de su estancia. En *S.nob*, la revista de sus amigos Salvador Elizondo y Juan García Ponce, le pagaron su traducción por entregas de *El monje* de Matthew Lewis. La traducción se publicó de manera anónima. Realizó notas de lectura para la editorial de Joaquín Díez-Canedo y participó en un programa de radio de crítica de libros de la UNAM. Rosario Castellanos era la directora del departamento de Información y Prensa, y permitió en todos los medios universitarios una discusión crítica y sin censura. Pitol disfrutó mucho de ese trabajo.

Solía visitar con Monsiváis la librería francesa, la británica y en las tardes el cineclub. Antes o después de la película solían reunirse en un restaurante con amigos para hablar de cine y discutir la posible publicación de unos cuadernos. Los cinéfilos eran José de la Colina, Emilio García Riera y Juan Manuel Torres. Crearon la revista *Nuevo Cine* y se encargaron de escribir y difundir lo último del cine francés y americano. A este México de efervescencia cultural se oponía el autoritario. Más que eso, a veces violento, represivo e intransigente con discursos hegemónicos: religioso y político. Se habían obtenido

---

8. Luis Cardoza y Aragón. *El Río. Novelas de Caballería*. México, Fondo de Cultura Económica, 1996. p. 469.

victorias contra la ética cristiana, pero cuando hubo protestas de intelectuales y ciudadanos contra el gobierno priista, estas se reprimieron con violencia. En el año 1962, un movimiento organizado por un pastor metodista, Rubén Jaramillo, se enfrentó al Estado enarbolando ideales zapatistas. El gobierno inició de inmediato una cacería que concluyó semanas después con los cadáveres de Jaramillo, sus cuatro hijos y su esposa embarazada. Las notas en los periódicos fueron celebratorias: "una victoria más sobre la amenaza bolchevique".[9]

Pitol quedó asqueado con la represión y la respuesta de los medios impresos. Una serie de crónicas de Carlos Fuentes y Fernando Benítez publicadas en *La Cultura en México* sobre el caso ayudó a moderar un poco la balanza, pero era claro que había dos mundos que no se tocaban: el del medio cultural naciente y el de la política añeja. Debía salir del país, del ambiente de autoritarismo y clasismo incorregibles, conservador e intolerante en sus costumbres. Milena Esguerra, su amiga de muchos años (y esposa del escritor centroamericano Augusto Monterroso), le ayudó, junto con Max Aub, a conseguir un puesto en Pekín. Debía enviar crónicas de la capital china al programa de radio *Ventana abierta al mundo*.

Continuar el viaje en el extremo opuesto del mundo. De pronto el Lejano Oriente, Pekín, la capital de uno de los imperios más antiguos, con un legado histórico y cultural tremendos. Su ópera era una expresión artística asombrosa y extraordinaria, que unía por igual al público popular y al letrado. Cuando Pitol llegó a ese nuevo mundo, encontró en el profesor Chen, filólogo especializado en la literatura francesa, a uno de sus guías. Con él y su esposa visitó la ópera, el Templo del Cielo y el Palacio de Verano. La perfección de la forma a la que lo había acostumbrado Roma cambió de manera radical y permaneció a la vez siendo la misma; prevalecía ese impulso hacia lo trascendente, pero con una arquitectura ligera, volátil, casi abstracta: "el espacio donde reina la niebla".[10]

La esposa del profesor Chen trabajaba en una revista de propaganda cultural china destinada a un público internacional: *China Reconstruction*. En ella había extranjeros e intelectuales nacionales de ideología socialdemócrata. Pitol encontró ahí su casa, trabajó como corrector de las traducciones al español.

---

9. Pitol. *Trilogía de la memoria*. 65.
10. Pitol. *Trilogía de la memoria*. 490.

Me ha alegrado... el saberle en una actividad intelectual de su gusto [le escribió María Zambrano], y en un país tan interesante, del que podrá extraer mucho conocimiento y experiencia... Creo que da usted una prueba de valor moral y de deseo, voluntad, al aceptar esta lejanía.[11]

El régimen chino estaba, sin embargo, cambiando. Pitol lo notó con los comentarios velados de los autores chinos y de los traductores de la revista. Eran los atisbos de la Revolución Cultural. Un día, de pronto, la escritora Tin Ling fue expulsada del partido y todas sus obras desaparecieron de las librerías. El profesor Chen dejó de frecuentarlo; si se encontraban en un restaurante o en un café, apenas intercambiaban frases de ocasión. "Siempre estaba rodeado por toda una delegación de guías, intérpretes, funcionarios o comisarios políticos [dijo Pitol en una entrevista], y el que menos hablaba era el artista, el dramaturgo o el pintor, que terminaban repitiendo todo lo que los demás habían dicho".[12] Pitol vivía en una zona destinada a los extranjeros, Yoi Pingyuan (Casa de la Amistad), lo que le pareció natural en un inicio, con el tiempo se le convirtió en una suerte de cárcel, una barrera infranqueable que le impedía integrarse a una cultura cada vez más ajena, el lejano e inasible Oriente. "Era un lugar espectral, porque había sido concebido para miles de personas, con parques, jardines, enormes peceras, piscinas, tiendas, salones, y nosotros éramos solo unos centenares y nos paseábamos como fantasmas en lugares totalmente desiertos".[13]

En el verano de ese año deseó regresar a México. Era claro que no iba a poder desarrollar ahí su escritura. Los escritores jóvenes chinos que acudían todavía a *China Reconstruction*, como Giao Xingjian, leían a autores franceses de contrabando. Quizá pronto le sucedería algo a él: censura, represión, expulsión. Fue entonces cuando su amigo Juan Manuel Torres le escribió desde una ciudad llamada Lódz, en Polonia, comentándole lo mucho que estaba disfrutando y aprendiendo en ese país. Torres había recibido una beca de la Escuela de Cine de Lódz y estaba traduciendo al español a dos autores, Witold Gombrowicz y Bruno Schulz, sumamente interesantes. Había una

---

11. Pitol. "Zambrano, María". *SPP.* 5 de noviembre de 1962.
12. Sergio Pitol. "Sergio Pitol habla de Carlos Fuentes, Polonia, China y literatura" por Claude Namer. *El Sol de México en la Cultura*, 93, 11 jul, 1976, pp. 4–7.
13. *Ibid.*

embajada mexicana en Varsovia: si deseaba, podría renovar su pasaporte ahí y visitar a su amigo.

Hotel Bristol

Llegó a Varsovia y se hospedó en el hotel Bristol, un edificio con una arquitectura victoriana de dimensiones majestuosas que había sobrevivido a la guerra y se encontraba a un lado del palacio presidencial y del río Vístula. En el interior las habitaciones, el restaurante y el bar seguían la misma temática de esplendor y lujo decimonónicos. Pitol se hospedó en una habitación del quinto piso. La vida en Varsovia no era cara. Se notaban todavía las señales de la guerra: fachadas con huellas de balas, edificios en ruinas, construcciones grises hechas con premura y con fines funcionales. La cultura era la que aportaba el brillo y el pulso vivo a la ciudad. Se discutían las películas y obras de teatro en bares, en cafés y en reuniones privadas hasta altas horas de la madrugada. Al día siguiente de su llegada, fue a ver una obra de teatro y quedó deslumbrado. De regreso a su hotel se sintió enfermar con el frío extremo de la temporada invernal.

Habría preferido quedarse al día siguiente en su hotel, pero tenía el compromiso de ver a su amigo Juan Manuel en Lódz. A él lo conocía desde sus años universitarios, habían pasado tardes enteras discutiendo sobre cine en los restaurantes de la Zona Rosa. Ahora Juan Manuel estaba casado con una joven polaca y estudiaba la carrera de cine –uno de sus maestros era el director polaco Andrzej Wajda, y entre sus compañeros estaba Krzysztof Kieslowski. Tomó el tren y pasó el día entero con su amigo. Juan Manuel soñaba, al igual que él, en vivir del arte. Polonia, le decía, era el lugar ideal para cumplir ese sueño.

De regreso en Varsovia, Pitol estaba fascinado por las palabras de su amigo, pero afectado ya por la fiebre. Una borrasca que ocasionó un retraso en el tren no ayudó en nada a su salud. Al llegar a su hotel, creyó ver a su abuela en la imagen de la recepcionista y le empezó a hablar en español. Lo llevaron a su habitación delirando: reposo y encierro total. Desde niño había disfrutado de las convalecencias médicas; representaban para él la soledad y el tiempo necesario para sus lecturas. En este caso, encerrado en su habitación del hotel Bristol, escribió el cuento "Hacia Varsovia".

Ignoraba la lengua, su literatura, lo ignoraba todo de ese país. Tenía en él un solo amigo. Pero cuando regresó a Pekín había tomado ya una decisión:

haría todo lo posible para vivir en Polonia. En esa ciudad gris y renaciente, de un frío terrible, había podido, no obstante, escribir. Quería aprovechar ese impulso. Le pidió consejo y ayuda a su amiga y antigua compañera de trabajo, Rosario Castellanos, quien le respondió a principios de agosto:

> Acabo de manufacturar una hermosa y apantallante carta dirigida a esa señora del Ministerio de Cultura de Polonia, poniéndote por las nubes y diciéndole que si no te daban la beca no sabían lo que se iban a perder. Digo que trabajaste conmigo en esta oficina, como un colaborador inapreciable, etc. etc. etc. Espero que eso te sirva para poder salir de la trampa pekinesa y dirigirte a tierras más clementes.[14]

El presidente López Mateos había visitado Varsovia, y Józef Cyrankiewicz, el jefe del gobierno polaco, la Ciudad de México. Las relaciones entre ambos países se habían estrechado como nunca, en ello influyó su posición periférica, vecinos ambos de las grandes potencias mundiales en pugna. México y Polonia luchaban por ganar mayor independencia y una manera de lograrlo era uniendo fuerzas. La carta de Castellanos y la situación política le resultaron favorables: obtuvo una beca en la Embajada de México en Polonia; podía dedicarse a los estudios literarios sin presión económica.

Empacó maletas y continuó su viaje. En su pasaporte tenía como oficio el de traductor. En sus datos personales y en la foto se mostraba un joven delgado, alto (1.81 m), cabello ondulado oscuro y lentes gruesos de carey. Juan Manuel le escribió el 19 de octubre. "Tenemos que vernos cuanto antes. Yo podría ir a Varsovia el sábado 2, dime si tú puedes venir antes. Digamos la próxima semana".[15] Pitol se hospedó de nueva cuenta en el Hotel Bristol, en la habitación 521, un cuarto de techo bajo, en forma de mansarda. Con su amigo, Pitol descubrió autores de los que jamás había oído hablar, de ellos aprendería tanto o más que de los ingleses. Esos autores podían verse de vez en cuando bebiendo un trago en el bar del hotel Bristol; era el caso de Jerzy Andrzejewski y Kazimierz Brandys. Iba también al hotel el director de cine Andrzej Wadja. En el Bristol se hospedaron, de paso por Varsovia, Marlene Dietrich, Jacques Brel, Ella Fitzgerald, entre muchos otros.

Tomó clases de lengua polaca y compró traducciones de autores polacos al inglés e italiano, lenguas que dominaba. Se entregó a la lectura y al

---

14. Pitol. "Castellanos, Rosario". *SPP.* 4 de agosto de 1963.
15. Torres. *Obras Completas de Juan Manuel Torres.* Tomo II. 228.

descubrimiento de esa nueva cultura. José Emilio Pacheco le escribió a su amigo:

> Me alegra mucho que trabajes y escribas en Varsovia. Creo que estar fuera de nuestro país (México o cualquier otro) es la única posible perspectiva que se abre para escribir algo valioso. La fecundidad del exilio, voluntario o impuesto, la prueba una tradición que va de Ovidio hasta Max Aub.[16]

Roma había sido el lugar de iniciación y aprendizaje literarios. Pekín había sido un enigma demasiado ajeno a su formación literaria occidental. Varsovia fue el justo medio, el verdadero lugar de aprendizaje: un país inspirado, novedoso, situado en la periferia europea y con una cultura a la vez misteriosa y familiar (sobre todo si se le comparaba con la china). Varsovia le daba por primera vez desde su salida de México la libertad necesaria para su formación de lector, traductor y, posiblemente, de escritor.

El palacio en ruinas

Había transcurrido un año en Polonia. La correspondencia era su puente con México, país que no quería olvidar, pero del que deseaba tomar distancia. Se enteraba mediante cartas de los movimientos del medio cultural, de los chismes y de algunas críticas o comentarios sobre sus publicaciones.

> Cristina Romo, la mujer de José Emilio Pacheco, tuvo una niña y yo voy a ser la madrina –[le escribió Rosario Castellanos]–... Va a aparecer una nueva revista cultural ('Letras Mexicanas') que dirigirá Gastón García Cantú. Con el equipo de siempre, la mafia que en cuanto deja un lugar libre lo deja vacío.[17]

Es interesante notar aquí al menos dos registros; el personal y el del medio literario. La literatura empezaba a aportar dinero, y aunque este era todavía muy poco, surgieron rencillas y envidias. Mafia se le calificó al grupo que atesoraba todas las ganancias. Rosario Castellanos trabajaba en la universidad en el departamento de Información y Prensa; era claro que tenía mucho poder para conceder becas, asignar trabajos y proyectos. Pero nadie se ve a sí mismo

---

16. Pitol. "Pacheco, José Emilio". *SPP.* 22 de diciembre de 1963.
17. Pitol. "Castellanos, Rosario". *SPP.* (sin día) febrero de 1963.

como parte de la mafia, como nadie se considera –diría Raymond Williams– parte de las masas. Cualquiera que fuera el poder de cada uno en este nuevo medio literario, tenía una clara conciencia de que el compañero, el colega o el conocido tenía posiblemente más poder que él o ella.[18]

En ocasiones especiales Pitol recibía visitas de amigos, como la de María Luisa la *China* Mendoza, con quien pasó varias noches de fiesta. Hablaban de literatura, bebían vodka, recorrían la ciudad día y noche. "Hombre que amanece. Hombre sin dormir. Él. Con los libros sobre la mesa andamiada de neblinas, y luego el tapete, y luego el sillón, y luego los cojines en el suelo y luego la pared y luego un retrato en la pared, de México".[19] En otra ocasión recibió a Elena Poniatowska, acompañada de su madre. Con ella, escucharon la música de Lotte Lenya y Marlene Dietrich, fueron al caer la noche al parque Wajenki. Escribió Poniatowska:

> ...y allí en el parque vi gentes sentadas en las bancas, unas cuantas parejas tiradas en el pasto, pero no lo estaban como nuestras gentes que flojean en Chapultepec tirados todos desguanguilados descuachalangados todos por ningún lado, porque en Polonia, incluso en el asueto, se siente una gran tensión.[20]

Varsovia había sido destruida casi en su totalidad durante la Segunda Guerra Mundial. El ejército nazi reprimió el levantamiento del gueto de judíos con un costo altísimo de vidas, y la batalla por la recuperación de la ciudad sucedió, al contrario de París, en la ciudad misma. Murieron en esa batalla aproximadamente 250.000 civiles. El país había surgido de las ruinas, incapaz

---

18. En 1962, salió el grupo de Fernando Benítez del periódico *Novedades*. En esos años se dio como posible motivo de esta salida, la publicación de un artículo sobre la Revolución cubana. Es posible, de acuerdo con la investigación de Víctor Manuel Camposeco, que esto no sea del todo cierto. La verdad es que ese mismo año nació *La Cultura en México* en la revista *Siempre!*. La revista que refiere Castellanos no se concretó. García Cantú dirigió en esos años la *Revista de la Universidad de México*. Su dirección, por cierto, fue muy polémica, ya que tuvo problemas con gran parte del personal previo de la revista, especialmente con Juan Vicente Melo.
19. Mendoza. "De Varsovia a Jerusalén. La ventana de Sergio Pitol". 2.
20. Pitol. "Diálogo con Sergio Pitol. Un escritor mexicano habla del socialismo y el catolicismo en Polonia". V.

de exigir su independencia política y económica, por lo que se convirtió en un satélite de la URSS. En Moscú se decidía la dirección del Partido Obrero Unificado de Polonia y el general en jefe de las tropas armadas polacas era ruso; se mantenía así una vigilancia rigurosa, aunque nunca tan opresiva como lo fue en los países asimilados a la URSS o en otros satélites como Checoslovaquia y Hungría. De hecho, cuando Pitol llegó a Varsovia la renovación del partido soviético con Nikita Jrushchov había creado más libertades. Estados Unidos le había dado a Polonia un estatuto sumamente favorable para el comercio; su cultura e incluso su representación deportiva en las Olimpiadas de Roma habían sido destacadas. Era el país más liberal del bloque soviético o, en palabras de algunos de sus habitantes, "la barraca más alegre del campamento".[21]

Cuando Elena Poniatowska y él visitaron el palacio real donde había vivido el último rey polaco, ancestro de Elena, lo encontraron en ruinas. Estanislao Augusto Poniatowski se vio forzado a abdicar de su reino en 1795. Desde entonces y hasta la Primera Guerra Mundial Polonia obedeció a tres dinastías distintas: Rusia, Prusia y el Imperio austrohúngaro. Contra ellas hubo rebeliones internas, gobiernos provisionales en Francia e Inglaterra, protestas, exilios y represión. Les fue imposible obtener su libertad hasta que esas potencias lucharon entre sí durante la Primera Guerra Mundial. De hecho, Polonia compartía algunas similitudes históricas con México. Geográficamente estaba ubicada en el centro de Europa, en la confluencia de la cultura eslava y la germánica. Para establecer su existencia, luchó en el siglo XIV contra los caballeros teutones, la población eslava y los otomanos. Una vez creado el Reino de Polonia, tuvo durante casi dos siglos una etapa de esplendor con la dinastía Jagellón. Polonia se anexó el Gran Ducado de Lituania, convirtiéndose así en la mayor potencia del Este; fue un imperio multicultural donde se hablaban varias lenguas y se practicaban distintas religiones. Fue la época (siglo XV y especialmente el XVI) de las primeras universidades polacas, la traducción completa de la Biblia a esa lengua, el auge del conocimiento científico (Nicolás Copérnico) y los primeros escritores y poetas de renombre.

Los Jagellón, como sus predecesores, eran católicos. El catolicismo les sirvió para distanciarse del protestantismo alemán y de la religión ortodoxa rusa. Pero ambas naciones (Rusia y Prusia) surgieron con gran fuerza en los siglos XVII y XVIII. En este periodo la dinastía Jagellón dio paso a un nuevo tipo de gobierno, más parlamentario, que para desgracia de los polacos nunca logró

---

21. Lukowski y Zawadzki. *A Concise History of Poland*.

darles estabilidad. Un país con un pasado esplendoroso, seguido de varios siglos de disputas políticas que aprovecharon las potencias vecinas para invadirlo era una historia que podría haberle recordado a Pitol la de su propio país. De hecho, mientras que en México se vivía una etapa de desarrollo económico, en Varsovia se había iniciado también un proceso masivo de reconstrucción. Los varsovianos confiaban en que, en algunos años, el palacio real estaría de nuevo en pie. Elena Poniatowska, la descendiente del último rey, podría verlo como lo habían visto sus ancestros.

Krzysztof

El primer año en Varsovia fue de lecturas y de aprendizaje, de diversión y de amores. En el hotel Bristol conoció a un joven de diecinueve años, discípulo de Jerzy Andrzejewski. Marek era alto, atractivo, bailarín de música folclórica en una de las mejores compañías del país, la Mazowszi. Hubo sintonía entre ambos. Polonia en aquellos años era un país aislado. Era muy raro encontrarse con un extranjero y que este fuera mexicano, inteligente, culto, además de simpático; resultaba encantador. Aquellas fueron noches "de erotomanía alcohólica bastante insana".[22]

En una fiesta, Marek le presentó a Krzysztof Orkan. Krzysztof era de la misma edad de Marek –trece años menor que Pitol–, posiblemente de ascendencia judía, aunque este era un tema que no se mencionaba entonces. Por primera vez en su larga historia, los cambios demográficos, las migraciones forzadas y las guerras habían creado una Polonia homogénea. El reino donde se había hablado ucraniano, yiddish, alemán, lituano y ruso se había vuelto un recuerdo. Los judíos que sobrevivieron al genocidio nazi no fueron aceptados en la nueva realidad polaca y muchos migraron a Palestina o a otros países de Europa y a Estados Unidos. Quien llegaba a Varsovia en la década de los sesenta solo podía revivir lo que fue la atmósfera judía en los museos.

Hubo primero coqueteos y finalmente una relación romántica entre Pitol y Krzysztof. Pitol no esperaba del joven polaco otra cosa que no fuera afecto. "Siento una gran necesidad de sublimar la relación amorosa, de ennoblecerla, pues tan pronto como me enamoro me entra una repulsión por todas las demás experiencias puramente sexuales".[23] Con Krzysztof adquirió una nueva

---

22. Pitol. "Pacheco, José Emilio". *SPP.* 20 de diciembre de 1965.
23. Pitol. "Barcelona". *SPP.* 25 de abril de 1970.

rutina. Pitol pasaba el día trabajando en su habitación del hotel rodeado de sus diccionarios, libros y máquina de escribir. Salía a caminar por la ciudad, a tomar un café o a distraerse un rato. A las cuatro de la tarde estaba de vuelta en su habitación, listo para recibir su llamada. Era la hora en la que Krzysztof terminaba sus estudios universitarios de ingeniería y podían salir juntos a los bares y cafés, o iban a encerrarse a escuchar música. Eran grandes fanáticos de Jacques Brel, les gustaba especialmente la canción *Fernand*, que escuchaban una y otra vez. Fue un periodo feliz, de amor y de trabajo.

Pitol traductor

Pitol descubrió y tradujo cuentos de Zofia Nalkowska, Maria Dabrowska y Tadeusz Borowski. También a los autores Iwaszkiewicz, Andrzejewski, Rudnicki, Dygat y Brandys. Le dijo Pitol a Elena Poniatowska:

> Tengo amigos que me dicen que no podrían vivir en Polonia, porque no existe allá libertad individual, amigos que funcionan en el terreno de la cultura y, sin embargo, en aquel ambiente surgen obras muchísimo más importantes que deciden más sobre los problemas de la libertad que muchas de las obras que estos amigos míos hacen [en México]... [Los polacos] tratan de establecer fórmulas mucho más válidas y amplias. Por eso su literatura trata problemas en una escala mucho mayor. [24]

Había que sufrir la guerra, la represión o la violencia para cavar una obra literaria como una trinchera, un espacio de libertad y calma, más pleno porque se disfrutaba con la cercanía de la amenaza, el peligro.

Su primera traducción de novela fue *Las puertas del paraíso* de Jerzy Andrzejewski. La novela está escrita con una gran innovación formal: tiene solo dos puntos y aparte, el primero al final de un párrafo que es de la extensión de toda la novela de poco más de cien páginas y el segundo está en la frase final. La temática es la cruzada de los niños realizada a principios del siglo XII, un hecho inspirado en una mezcla de locura, misticismo, enajenación y, a la vez, inocencia. La trama está contada con una gran maestría, enfocada en los enredos amorosos, la complejidad de los personajes, sus anhelos, miedos y deseos. Carlos Monsiváis le escribió después de leer su traducción:

---

24. Pitol. "Diálogo con Sergio Pitol. Un escritor mexicano habla del socialismo y el catolicismo en Polonia". V.

Te extraño de a *devis* y te quiero con un afecto al que la distancia no le perjudica. No porque estés mejor lejos sino porque ahora entiendo con una precisión inaudita todo lo que te debo y los innúmeros estímulos que de ti he recibido. Sin ti Sergio, nada de lo que ahora hago sería posible.[25]

José Emilio Pacheco por su parte intentaba seguir su ejemplo traduciendo la obra de Samuel Beckett. "Tres años después de comenzada, a sugerencia tuya, acabo de terminar la traducción de *Comment C'est*. Naturalmente, estoy más inseguro que nunca y creo que puede estar mal de principio a fin".[26]

Una mañana recibió una carta llegada de Vence, Francia. La hoja era suave y fina como la seda, escrita con una letra aprendida en una escuela para la nobleza. El remitente era nada menos que Witold Gombrowicz, el autor del que Juan Manuel le había hablado desde su llegada a ese país. Pitol había tenido el tiempo de leerlo y descubrir en su literatura una de las voces más irreverentes e innovadoras del siglo xx. Y ahora le escribía a él, a un joven mexicano residente en Varsovia, para preguntarle si acaso deseaba traducir al español su *Diario argentino*. Respondió de inmediato que sería un honor realizar la traducción. Gombrowicz le pidió un ejemplo de su trabajo –a pesar de que ya había leído *Las puertas del paraíso*– que él le envió de inmediato. Lo aprobó y comenzó así una relación epistolar donde el autor era muy específico con las partes que deseaba traducir y la manera de hacerlo.[27]

A la par de Gombrowicz, Pitol tradujo de Kazimierz Brandys *Cartas a la señora Z*. Brandys entremezcla en este texto temas políticos, sociales y artísticos, en especial, literarios. Si la novela utilizó en sus inicios el género epistolar con el fin, entre otros, de aportar mayor verosimilitud a lo narrado, con *Cartas a la señora Z*. es el género epistolar el que aprovecha la libertad de la novela. En el año 1967, preparó la *Antología del cuento polaco contemporáneo*

---

25. Pitol. "Monsiváis, Carlos". SPP. Sin día ni mes.1965.
26. Pitol. "Pacheco, José Emilio". SPP. 27 de agosto de 1965.
27. Alejandro Hermosilla ("Sergio Pitol: un artista de la traducción" en *Sergio Pitol: las máscaras del viajero*.) refiere que Pitol inicia la escritura de su diario personal –que continuará casi toda su vida adulta y le será esencial para su proyecto de escritura y vida personal– un año después de haber descubierto e iniciado la traducción del diario de Gombrowicz. Ahora sabemos que inició su diario personal el 12 de marzo de 1968.

y un año después publicó otra novela de Brandys *Madre de reyes*. Se trataba de una novela histórica escrita con un estilo transparente, conciso, sumario; con una estructura ágil y rápida. Su crítica social atacaba los sistemas totalitarios. "Brandys opina que no hay dogmatismo de izquierda o de derecha –[le comentó Pitol a Margarita García Flores]–. El dogmático, como fenómeno, es siempre uno. Igual sea que se ampare en las Sagradas Escrituras o en la colección de obras completas de Marx y Engels".[28]

Después de Brandys, en el mismo año, tradujo *Las tinieblas cubren la tierra* de Andrzejewski y *El ajuste de cuentas* del húngaro Tibor Déry. Pitol se apoyaba para realizar su trabajo en las traducciones al italiano de estas obras. El libro de Déry está formado por tres cuentos. El que le da título al libro trata sobre el periodo de represión y persecución del Estado comunista en Hungría. Un profesor universitario se ve obligado a dejar su trabajo y su ciudad por haber hospedado en su departamento a un estudiante subversivo.

Andrzejewski, Brandys, Gombrowicz y Déry: en Varsovia, Pitol ganó en referentes culturales y en conocimiento de autores que serían sus maestros. José Emilio Pacheco, Juan Vicente Melo, Carlos Monsiváis, entre muchos otros, leyeron sus traducciones y las reseñaron con entusiasmo.[29] Los lectores de la lengua española accedían a una literatura nueva que enfrentaba desafíos similares a los suyos. El mundo estaba dividido entonces en dos bandos a causa de la Guerra Fría. Difícil realizar una crítica al comunismo sin que se entendiera como una concesión al enemigo imperialista americano. Difícil escribir una literatura que escapara a la disputa ideológica. Los críticos en México, lo mismo que en Polonia y gran parte del mundo, leían bajo esta dicotomía. De ahí la genialidad de Andrzejewski al situarse fuera de su momento histórico con *Las puertas del paraíso*. Pudo, desde el espacio medieval y la irracionalidad del movimiento de las Cruzadas, hablar de manera indirecta –para aquellos que pudieron entenderlo– sobre su momento histórico. Esta lejanía le permitió, sobre todo, experimentar con la forma como pocos lo habían hecho en su lengua. Brandys, por su parte, entró en la novela histórica disminuyéndose de antemano con una obra aparentemente fácil, sencilla, de pocas pretensiones,

---

28. García Flores. "Sergio Pitol. Historia de una pasión o de la literatura polaca". 4.
29. En la reseña que Juan Vicente Melo escribe sobre *Las puertas del paraíso* en la *Revista de la Universidad de México* destaca lo siguiente: "Pocas veces, nuestros traductores pueden sentirse orgulloso[s] de haber recreado una obra y considerarse coautores como en este caso" (31).

una épica menor que relataba las luchas y derrotas con aparente premura y distanciamiento. Como en el caso de Brandys, Déry criticaba un sistema represor totalitario en el formato supuestamente menor del cuento y con una escritura de inclinación vanguardista.

Pitol se interesó en estos autores y al hacerlo reveló gran parte de su propia visión del mundo. Estaba comprometido con la izquierda social. Había viajado y vivido en China y Polonia. La literatura no debía, sin embargo, responder de manera lineal al mensaje político. Así como tampoco había que obedecer ciegamente las decisiones del partido o del Estado socialista. Esta saludable distancia la hacía posible el pensamiento y la creación artística. Si la creación se rendía ciegamente al poder para convertirse en obras laudatorias, correctas, atadas a estereotipos y formas tradicionales, entonces su misión estaba perdida de antemano. En los países comunistas, Pitol reconoció a los autores que, si bien eran de izquierda, estaban en una situación ambigua, incómoda con el poder.[30]

Ignacio Sánchez Prado realizaría un estudio sobre Sergio Pitol traductor desde la teoría de la literatura mundial y la sociología literaria en *Strategic Occidentalism* (2018). Para él, Pitol creó un posicionamiento literario para una escritura modernista, de vanguardia y de compromiso político. Este compromiso no es ciego ni ortodoxo. A pesar de su clara posición de izquierda, tradujo a autores incómodos, irreverentes, e incluso perseguidos, con el fin de ocupar una posición que Sánchez Prado refiere como "in between".[31]

La traducción es una creación vigilada. Hay que imaginar la voz del narrador, la fuerza y psicología de los personajes, describir los espacios, crear la tensión y mantener las expectativas de la trama sin alejarse nunca del texto referente. Para un escritor joven, esta puede ser la mejor enseñanza: descubrir la complejidad del lenguaje y la estructura narrativa de una obra literaria

---

30. Ignacio Sánchez Prado realiza un estudio sobre Sergio Pitol traductor desde la teoría de la literatura mundial y la sociología literaria en *Strategic Occidentalism*. Muchos de los puntos que presentamos en este apartado provienen de su trabajo.
31. Ignacio Sánchez prado. *Strategic Occidentalism. On Mexican Fiction, the Neoliberal Book Market, and the Question of World Literature*. Illinois, Northwestern University Press, 2018, p. 36. Otro ejemplo de autor perseguido es Lu Hsun, acusado en China de "individualismo extremo" (31). Si bien se trata de un autor de la tradición literaria china, no es un clásico. El hecho de que Pitol lo haya traducido responde a esta actitud de "in between".

al mismo tiempo que se la apropia y la transforma. El azoro y la admiración ante el texto leído no se quedan en su etapa extática, se vuelven en cambio un desafío: recrear ese mismo efecto en la lengua materna. Al no existir ya ese texto referente, quedaba la conciencia del mecanismo y el oficio necesario para activarlo, para ponerlo en marcha. Pitol aprendió de los ingleses y luego de los polacos una escritura de gran complejidad formal y estructural, con tramas de actualidad social y política. Al escribir sus cuentos, ya no estaba del todo solo.

Cuentos

En el segundo año de su estancia en Varsovia, la Universidad Veracruzana (en adelante UV) publicó *Infierno de todos,* con cuentos suyos ya publicados –"Victorio Ferri cuenta un cuento", "Los Ferri", "Amalia Otero", "En familia"– y otros nuevos.[32] Los primeros seguían una estructura tradicional del género: tensión en la trama y sorpresa en el desenlace. Sus espacios eran los de la provincia mexicana y la narración era de tipo costumbrista, interesada en la descripción del entorno de los personajes; sus narradores solían ser ambiguos, extraños, malignos o apresados en un ambiente que lo era. De hecho, el inicio de su primer cuento tiene una construcción semántica muy parecida a "La

---

32. Hay una gran cantidad de estudios sobre la narrativa breve de Pitol. Entre ellos destacan, en un primer momento, los análisis textuales (estructuralismo, narratología y filología). Es el caso de los libros de Renato Prada Oropeza, *La narrativa de Sergio Pitol: los cuentos* (1996), de Laura Cázares, *El caldero faústico* (2006), y de Elizabeth Corral, *La escritura insumisa* (2013). Además de estos libros, hay trabajos de diversos autores en varios libros colectivos, como *Sergio Pitol. El sueño de lo real* (compilado por Pedro M. Domene, 2002), *El planeta Pitol* (dirigido por Karim Bienmiloud y Raphaël Estève, 2012) y *Confluencias. Lecturas en torno a Sergio Pitol* (editado por Elizabeth Corral, 2016). Una mención especial merece el libro *Hijo de todo lo visto y lo soñado. La narrativa breve de Sergio Pitol* (2019) de José Luis Nogales Baena junto a la edición de 2021 en la editorial Cátedra de los cuentos de Pitol hecha por el mismo autor. Nogales Baena aporta un estudio pormenorizado sobre la biografía, poética y escritura de la narrativa breve del escritor veracruzano. Con un aparato teórico fuerte, e interesado en el núcleo teórico de la intertextualidad, profundiza como pocos en la narrativa breve de Pitol.

casa de Asterión" de Jorge Luis Borges.[33] Debemos adentrarnos en el infierno de los Ferri, que es otra imagen del laberinto de Minos, para sorprendernos al final con una escena de horror grotesco. Otro hecho interesante es que tenemos a la figura del contador de historias presente desde su primer título: "Victorio Ferri cuenta un cuento".[34]

El segundo grupo de cuentos responde, en cambio, a otra etapa creativa y tiene que ver en gran medida con su llegada a Europa. Los espacios se vuelven cosmopolitas, los personajes están en una búsqueda espiritual y literaria casi siempre fallida. La escritura se desarrolla con formas narrativas más complejas (estilo libre indirecto y monólogo interior). En una primera etapa sus influencias literarias son muy claras: Faulkner, Borges, Carpentier junto con la tradición bíblica y la tragedia griega. En este segundo momento, sus referencias textuales se integran de manera más orgánica al texto, y funcionan para describir la atmósfera, los personajes y el estilo del narrador. Sus referencias literarias y artísticas son europeas mientras que en el primer periodo tendían a ser más mexicanas. En ambos periodos tenemos pistas y guiños textuales y de contexto, que nos hacen pensar en una posible autoficción o, al menos, en una relación estrecha entre ficción e historia personal. El cambio de periodos se nota por primera vez en su cuento "Cuerpo presente".[35]

---

33. Esto lo notó Karim Benmiloud en su artículo "Le fratricide chez Sergio Pitol". Además de esta relación intertextual con Borges, Benmiloud descubre, con base en la teoría de Lacan, pulsiones fratricidas y soricidas en la obra de Pitol, las cuales después explica por el fallecimiento prematuro de la madre.

34. Esto lo estudian con gran originalidad y tino Laura Cázares en "Lo siniestro en tres cuentos" y "Lo grotesco en la cuentística", Lenina Méndez en "Variaciones en torno al horror en la narrativa de Sergio Pitol" y Mario Muñoz en "La inocencia maligna. Los cuentos de iniciación de Sergio Pitol". Sobre la metaficción presente desde el primer cuento, tenemos la aportación de Alfonso Montelongo en *Vientres troqueles* y la de Karim Benmiloud en su artículo "La figure de l'écrivain chez Sergio Pitol". Al mismo tiempo, cabe mencionar el artículo de José Luis Martínez, "Notas para una edición crítica de *Infierno de todos*", en lo que toca a un estudio pormenorizado de los cambios en las distintas ediciones de *Infierno de todos*.

35. Una buena parte de los críticos distinguen dos periodos en la obra cuentística de Pitol. Pero cabe destacar el trabajo de Nogales Baena, quien desarrolla con un análisis riguroso de los cuentos las etapas de la narrativa breve de Pitol. Identifica cuatro y define las dos primeras como lo hemos hecho ahora nosotros.

Manuel Lerín publicó en *El Nacional* que "*Infierno de todos* demuestra… la solidez expresiva unida a una técnica cuidadosa para acomodar los elementos del relato".[36] Huberto Batis escribió en el suplemento *La Cultura en México* de *Siempre!*: "Sergio Pitol ha vivido los últimos años fuera del país y ha confirmado que la lejanía puede enseñar a ordenar y atender los recuerdos cuando se matizan en la confrontación de realidades ajenas".[37] En esto coincidió con la opinión de José Emilio Pacheco. Positivas fueron igualmente las reseñas de Gustavo Sainz en el *Novedades:* "Pitol es un narrador de dotes excepcionales y sin duda el mejor y más maduro de los escritores mexicanos jóvenes"[38] y de César Rodríguez Chicharro en *La Palabra y el Hombre*.

No todas las reseñas fueron positivas. Margarita Peña escribió en el *Ovaciones* que: "En cuanto a la forma, Sergio Pitol escribe en una prosa explicativa que lamentablemente se oscurece, se enmaraña, gracias a la inclusión innecesaria de paréntesis inusitados y párrafos excesivamente largos".[39] A María Elvira Bermúdez (en *Excélsior*) le disgustó que hubiera una conexión temática entre los cuentos; parecían más capítulos de novela que cuentos "genuinos".[40] Esto mismo lo notó Huberto Batis en su reseña de *El Heraldo*: "relatos imbricados de tal manera que delatan casi un mundo novelesco".[41] Por último, Emilio Carballo entrevistó al autor, y éste afirmó: "Trabajo mucho… no trato de ceñirme a moda alguna, ni pretendo escribir al estilo de… a la manera de… Tengo mis influencias, desde luego, como todos. Tanto como las lecturas me han enseñado los viajes".[42]

Pitol publicó en 1966 su segunda colección de cuentos, *Los climas*. Los cuentos "La noche" y "Vía Milán" los escribió durante un viaje a Viena y a Berlín en el 64. Los otros cuentos, "Hacia Varsovia", "Los nombres no olvidados" y "Un hilo entre los hombres", los había escrito en Pekín y Varsovia. Una vez terminado el libro se lo envió a Augusto Monterroso, que trabajaba en ese momento en el consejo editorial de la Dirección General de Publicaciones de la UNAM:

---

36. Lerín. "Las narraciones de Sergio Pitol". Sin número de página.
37. Batis. "Sergio Pitol. *Infierno de todos*". XV.
38. Sáinz. "Escaparate de libros". Sin número de página.
39. Peña. "México y el infierno". Sin número de página.
40. Bermúdez. "Ceballos Maldonado y Pitol". 7.
41. Batis. "Los libros". 4.
42. Pitol. "Casi una entrevista a Sergio Pitol", por Emilio Carballo. XVI

Te he puesto en el correo el original de un libro de cuentos, anécdotas, visiones y, temo, lugares comunes que he escrito en estos últimos tiempos. Nunca había estado yo tan inseguro... Estilo, idioma, temas, comenzaron al final por parecerme repugnantes. Sin embargo los escribía con aplicación y hasta entusiasmo. ¿Tú me podrías decir qué piensas? ¿Valdrían la pena publicarse? Y de ser así ¿dónde crees que fuera posible?... Dime francamente, que te haré caso, como a Jehová, si no vale la pena su publicación.[43]

A Monterroso los cuentos le gustaron. Es muy probable que haya recomendado el libro en la editorial Joaquín Mortiz, donde se publicaron.

Los climas recibieron en su gran mayoría reseñas negativas. Huberto Batis escribió que:

El fuerte de Pitol es la narración indirecta, y, paradójicamente, también su flaco... Pitol se pinta solo para darnos estados de ánimo, trasfondos, procesos anímicos, temas concretos, en una narración esquemática de hechos; más a la vez deja escapar gran parte de los efectos conseguidos... Visión tuerta se me figura.[44]

Angelina Muñiz en el *Excélsior* fue lapidaria. El lenguaje era "poco decidido, desvaído, apático como los mismos personajes.... La palabra de Sergio Pitol... es inocua e inocente, defecto grave, porque el escritor debe despertar conciencias y emociones".[45] Los finales eran intrascendentes, sin significado ni conexión profunda con los actos de los personajes. Para Edith Negrín en los cuentos de Pitol "acontecen cosas que podrían considerarse decisivas, pero que a la larga no lo son, provocan reflexiones en los personajes, insatisfacción, a veces hastío, pero no influyen sobre sus vidas... Todos los cuentos dejan al lector la vaga sensación de que no han sido concluidos".[46] Miguel Donoso Pareja afirmó que: "Pitol tal vez crea salvarse, pero se condena a un paso que se estanca, posiblemente como una reacción a ese fluir, a ese moverse insistente que le hace firmar sus cuentos en Viena... en Varsovia, Pekín, Peitajé,

---

43. Pitol. *Augusto Monterroso Papers*. 30 de julio de 1964.
44. Batis. "Los libros". 15.
45. Muñiz. Reseña de *Los climas*. 5.
46. Negrín. Reseña de *Los climas*. 58.

Berlín y Roma".⁴⁷ A Antonio Magaña Esquivel pareció molestarle que el autor incluyera su lugar de escritura al final de los cuentos: "Por esta habilidad de viajar y escribir, se justifica que Sergio Pitol feche un cuento ... en Pekín, y el próximo en Varsovia, y otro en Viena, y otro más en Peitajé ..., otro más en Berlín, y el último en Roma. Claro está, es un viaje por varios climas, ya que no por esas ciudades acerca de las cuales el autor no muestra el menor interés; solo da el nombre de cada una, para asombrar al lector".⁴⁸ Es claro que a la crítica, que le había gustado el periodo de Pitol más tradicional, no entendió y no estaba preparada para una literatura más experimental y rebuscada, como la de su segundo periodo. No había claridad en la trama y los personajes solían ser uno mismo, casi siempre enterrado bajo capas de referencias intertextuales y frases excesivamente largas. Una excepción fue la reseña de Lucy Bonilla en la *Revista de Bellas Artes* al destacar la pureza del estilo y el dominio del idioma de Pitol.

Además de las reseñas, aparecieron tres entrevistas: una de Blanca Haro en *Excélsior*, otra de Margarita García Flores en *El Heraldo* y otra de Elena Poniatowska en *Siempre!* Todas ahondaron en el tema de Polonia y su aprendizaje como escritor. A Haro, Pitol le dijo: "Mi contacto con lenguas extranjeras me ha hecho buscar la esencialidad en mi propia lengua y deshacerme de lo barroco".⁴⁹

Pitol escribió en los meses de enero y febrero del 66: "Hacia occidente", "La pareja", "El regreso". El año previo había escrito "Una mano en la nuca". Estos cuentos formaron, junto con otros que ya había publicado, su tercer libro: *No hay tal lugar* (1967).⁵⁰ Alfonso Montelongo haría un recuento exhaustivo en

---

47. Pareja. "*Los climas* o la nostalgia por el pasado". 9.
48. Antonio Magaña Esquivel. "Solórzano, *Los demonios*; Sergio Pitol, *Los climas*". *Revista Mexicana de Cultura*, 1007, 17 jul, 1966, p. 7.
49. Pitol. "Un mexicano en Varsovia", por Blanca Haro. 6.
50. Alfonso Montelongo hace un recuento exhaustivo en su libro *Vientres troqueles. La narrativa de Sergio Pitol* (1998) de la recepción crítica de Pitol en los medios impresos, revistas y suplementos. A diferencia de lo que solía pensarse sobre la poca recepción crítica de su obra (idea que el propio Pitol comentó en entrevistas y diarios), Montelongo prueba que todos sus libros de cuentos fueron reseñados en los mejores suplementos y revistas por críticos reconocidos y de mayor capital literario del momento. Sobre las reseñas, Montelongo distingue las que lamentaron la carencia de una solución clara y contundente de la trama y la

su libro *Vientres troqueles. La narrativa de Sergio Pitol* (1998) de la recepción crítica de Pitol en los medios impresos, revistas y suplementos. A diferencia de lo que solía pensarse sobre la poca recepción crítica de su obra (idea que el propio Pitol comentó en entrevistas y diarios), Montelongo probó que todos sus libros de cuentos fueron reseñados en los mejores suplementos y revistas por críticos reconocidos y de mayor capital literario del momento.[51]

Temporada en el hospital

En mayo del 65, Pitol se enfermó de amigdalitis aguda, por lo que debieron internarlo en el hospital. A él, paradójicamente, le gustaba esa atmósfera: el cuidado constante y la rutina de médicos y enfermeras le daba el tiempo necesario para descansar y leer sin prisas ni compromisos. Fue una temporada de tranquilidad. Era también el lugar y el momento para recibir el afecto y el cuidado de las personas queridas. Esperó la visita de Krzysztof primero

---

presentación de motivos que se quedan sin desarrollar en sus cuentos (Angelina Muñiz), de otras que ven en esta falta de solución su mayor aportación, ya que se trata de cuentos con finales abiertos, enfocados sobre todo en la prosa y en una idea caótica del mundo (Monsiváis, Chávez-Magaña). En la década de los setenta, gana la admiración "por lo ambiguo y complejo de las narraciones" (Montelongo. 35) sobre la acusación de obscuridad. En cuanto a su propio trabajo, Montelongo propone, como hipótesis, que "el uso de elementos autobiográficos es una de las manifestaciones de la metaficción, practicada intensamente por Pitol y ya visible en el título de su primer cuento publicado" ("Victorio Ferri cuenta un cuento". 47).

51. Sobre las reseñas, Montelongo distingue las que lamentaron la carencia de una solución clara y contundente de la trama y la presentación de motivos que se quedan sin desarrollar en sus cuentos (Angelina Muñiz) de otras que ven en esta falta de solución su mayor aportación, ya que se trata de cuentos con finales abiertos, enfocados sobre todo en la prosa y en una idea caótica del mundo (Monsiváis, Chávez-Magaña). En la década de los setenta, gana la admiración "por lo ambiguo y complejo de las narraciones" (Montelongo 35) sobre la acusación de oscuridad. En cuanto a su propio trabajo, Montelongo propone como hipótesis que "el uso de elementos autobiográficos es una de las manifestaciones de la metaficción, practicada intensamente por Pitol y ya visible en el título de su primer cuento publicado" ("Victorio Ferri cuenta un cuento") (47).

con ánimo, luego con ansia, enojo, y finalmente desesperación. Fue a visitarlo ocho días después de su ingreso. Llegó a su habitación con prisas, preguntó si estaba bien y salió. Después de esto, la relación se fue deteriorando.

La relación tampoco había sido la mejor hasta entonces. Krzysztof lo amenazó un día con dejarlo y luego, de pronto, se arrepintió de lo dicho. En ocasiones era cariñoso y en otras, como en su visita al hospital, distante y seco. Krzysztof empezó una relación formal con una joven con la que pensaba casarse. ¿Era posible sobrevivir a esos vaivenes? Le escribió la *China* Mendoza:

> A mí en general me gusta, pero me da miedo, es demasiado hermoso y joven para ti, no porque no tengas tú esas dos virtudes, sino porque tanto tú como yo somos seres maduros, a los que, un ser como K. puede destrozar. Amamos como locos, como entes, como desesperados. Ese no es el amor que K. merece, porque es y tú lo sabes, una criatura que empieza a vivir.[52]

Hubo una reconciliación, seguida de otra disputa y de nuevo otro abandono. "Él perdió. Tú no. Ganaste mucho para ti", le escribió la *China* Mendoza.[53] La relación con Krzysztof terminó después de un año de iniciada. Para Pitol fue muy importante, le dio la tranquilidad necesaria para escribir, traducir y publicar las obras de los autores polacos. Era ingenuo soñar con una vida juntos, una estabilidad amorosa, pero lo que vivieron como pareja le sirvió para guardar un bello recuerdo de Varsovia cuando en 1966, dejó esa ciudad para continuar su viaje.

La representación y el lenguaje

En *Las palabras y las cosas* (1966) Michel Foucault analizó *Las meninas* de Velázquez y *El Quijote* como ejemplos de un cambio de paradigma filosófico en Occidente que podemos resumir como la fractura entre el mundo, las cosas y su representación. Con *Las meninas* el centro de atención que rige la pintura –la figura de los reyes– está abducida, distorsionada: los reyes ocupan un reflejo en un espejo al fondo de la pintura. La superposición de escenarios –el artista que pinta, las observadoras, los retratados– impide una lectura jerárquica, de mayor a menor. El espectador es el centro de atención,

---

52. Pitol. "Mendoza, María Luisa (La China)". *SPP.* 6 de julio de 1966.
53. Pitol. *Mendoza, María Luisa (La China). SPP.* 6 de julio de 1966.

y el espectador es ante todo una distancia, una lejanía crítica. En el caso de *El Quijote*, el protagonista busca reestablecer el mundo de lo escrito en la realidad y falla de manera dramática. Sentimos empatía con nuestro antihéroe porque en él, diría Foucault, sucede el cambio de un mundo de correspondencias directas por otro donde las cosas dejan de ser lo que deseamos que sean. Los molinos, las ventas, los otros son simplemente lo que son, a pesar de lo que vea y sueñe el caballero andante. Estamos en el inicio de la modernidad. "Es el tiempo privilegiado del *trompe-l'oeil*, de la ilusión cómica, del teatro que se desdobla y representa un teatro, del *quid pro quo*, de los sueños y de las visiones; es el tiempo de los sentidos engañosos".[54] Época en la que el mundo adquiere significado propio y nuestros sistemas de representación —entre ellos el lenguaje— pierden su trascendencia para ganar en utilidad pragmática.

Solo dos figuras conservan el modo de pensamiento medieval vivo: el poeta y el loco. El primero busca la comunión esencial, la correspondencia verdadera de las palabras con las cosas. Del microcosmos al macrocosmos, el suyo es un universo en el que todo habla y todo se corresponde, basta saber detectar las señales precisas y podemos encontrar, por ejemplo, en una flor la señal de un laberinto, una nota musical, una divinidad (las series son interminables e ilógicas). Por su parte, el loco es incapaz de establecer un orden ajeno a su mente. Para él las semejanzas y las correspondencias saltan a la vista en todo momento y en todo lugar. El hilo conductor del loco está perdido.

El libro de Foucault da por sentado el valor epistemológico del arte y, por tanto, de la literatura. Estudia las formas narrativas como detonantes de un cambio de pensamiento. En estos mismos años, Roland Barthes desarrolló un pensamiento crítico desde la literatura. Para Barthes la literatura adquiere conciencia de sí misma en el siglo XIX, la edad de la burguesía. Al lenguaje objeto, que es aquel que representa las cosas de manera directa, se agrega el metalenguaje, que es auto-reflexivo.

Gustave Flaubert fue de los primeros en provocar el cambio. La escritura en su caso se convirtió en un oficio, el más difícil y complejo de todos, por el cual entregó su vida. Flaubert establece una rutina y se entrega al esfuerzo, al tormento de escribir, corregir y reescribir, todo con tal de alcanzar la obra perfecta, que sabe está detrás del umbral de la muerte. A Flaubert le sucede una etapa en la que se desarrolla por primera vez un discurso sobre la práctica literaria. El ejemplo en este caso es Mallarmé, uno de los primeros poetas

---

54. Michel Foucault. *Las palabras y las cosas.* 68.

en pensar en el espacio y en la distribución visual de la escritura, en el lenguaje como un fin y no sólo como un medio. El siguiente paso lo dio –según Barthes– Marcel Proust, quien pospone el acto de escritura a la vez que lo despliega en los siete tomos de su obra. Con él somos partícipes de la creación. Al cerrar el libro se suspende de manera simultánea la lectura y la escritura.

Foucault explica la época moderna como la separación entre la representación y el objeto representado. Barthes hace algo similar con la literatura: el lenguaje que era antes solo un medio se convierte en una técnica especializada, en un fetiche y, finalmente, en una imposibilidad que se realiza a pesar de sí mismo. Y finaliza su texto con un dilema: la literatura "muere al conocerse, pero vive para buscarse".[55] Como Edipo, su esfuerzo para responder a la pregunta ¿quién soy? podría imposibilitarla para saber ¿qué hacer?

¿Estábamos ante el fin de la literatura? ¿O era el fin de una literatura directa, transparente, de primer grado, y el inicio de otra doble, distante, crítica, irónica y de gran participación por parte del lector? La solución estaba por verse.

---

55. Barthes. *Essais critiques*. III.

MÉXICO

(1966-1968)

Director Editorial

LA BECA CONCLUYÓ Y también su relación con Krzysztof. Ni sus traducciones ni sus libros de cuentos le daban el dinero suficiente para seguir viviendo en el hotel Bristol. Quizá era tiempo de regresar a México. En su país podría encontrar un mejor trabajo y continuar con la escritura de su autobiografía. El editor Rafael Giménez Siles lo había incluido en un proyecto de textos autobiográficos de autores jóvenes junto con José Emilio Pacheco, Carlos Monsiváis, Juan García Ponce, Salvador Elizondo, entre otros. El libro se publicaría en Empresas Editoriales, que contaba con un buen poder de difusión.

Tres años dedicados al estudio de una nueva lengua, la traducción y la escritura. En estas fechas su amigo Juan Manuel inició la traducción de uno de sus autores más admirados, Bruno Schulz. "Estoy asustadísimo, pues es cien veces más difícil de lo que suponía".[1] Quedaron en que le enviaría los cuentos para su revisión.

Al partir de Varsovia, Pitol recibió un carta de Calvert Casey en la que el escritor anglo-cubano le decía que le había fascinado su último libro de cuentos *No hay tal lugar*. "Los hice leer a Julio Cortázar, a quien se los llevé a su retiro de Provenza en agosto. Por favor envíame toda cosa nueva que publiques".[2]

De vuelta en México, visitó primero a su familia en la ciudad de Córdoba. Aprovechó la cercanía para ir a Xalapa y establecer contactos de trabajo con

---

1. Torres. *Obras de Juan Manuel Torres.* Tomo II.228.
2. Pitol. "Casey, Calvert". *SPP.* 11 de enero de 1967.

la editorial de la UV, donde había publicado *Infierno de todos*. Causó muy buena impresión y obtuvo el trabajo de director editorial –como reemplazo de César Rodríguez Chicharro. Sus labores incluían también la dirección de la revista *La Palabra y el Hombre*. Manos a la obra: reeditó en la UV el libro de su amiga María Zambrano, *Filosofía y poesía*, que había sido publicado en la Universidad de Morelia; trabajó con ella sobre una posible traducción de la filósofa francesa Simone Weil y publicó el libro que había recién traducido, *Cuatro dramaturgos polacos*. Entre las obras de teatro estaba *Las cenizas cubren la tierra* de Andrzejewski, una obra sobre el poder y la represión autoritaria, ambientada en la España de la Inquisición. Cuando se exhibió en la Polonia estalinista el escándalo fue mayor. La lucha por el ideal, la fe, convertida en una serie de masacres y represiones atroces; los emisarios de Dios convertidos en los burócratas del demonio. El público avezado supo identificar de inmediato la crítica contra el sistema político actual. ¿Qué otra cosa era el comunismo de esos años? Andrzejewski renunció al partido comunista en un momento en que hacerlo significaba la represión o la muerte. Su compromiso moral lo mantuvo firme.[3]

Pitol vivió en Xalapa con un trabajo estable y la familia cerca. Pero solía viajar constantemente a la Ciudad de México para reestablecer el contacto con sus amistades. Decidió finalizar su tesis de licenciatura en leyes, cuyo tema era la utopía en el Renacimiento. Su último libro de cuentos *No hay tal lugar* respondió, con su título, a este mismo interés. El tema había nacido de sus lecturas de Hobbes, Maquiavelo y el *Heptaplomeres* de Jean Bodin. Quería terminar ahora la tesis y obtener el título académico. Sin él, la vida podría ser más difícil. Junto con su trabajo editorial se adentró en los textos y la escritura jurídica.

En una cena de trabajo, conoció a José Cabrera Muñoz Ledo, director de Asuntos Culturales en la Cancillería. Era un personaje letrado, con experiencia laboral en la ONU y la UNESCO, con estudios en Relaciones Internacionales realizados en Estados Unidos, Suiza y Francia. A Cabrera Muñoz Ledo le interesó la vida del joven viajero. En ese momento la participación del servicio exterior en los países comunistas era escasa, no había agregaturas culturales en Polonia ni en ningún otro país de la región. Pero si la situación cambiaba, quizá Pitol estaría interesado en regresar a Polonia. Él

---

3. Esto lo desarrolla el propio Pitol en la introducción a su traducción de Jerzy Andrzeyewski, *Las puertas del paraíso*.

quedó encantado y expresó su entusiasmo con retomar, si era posible, dicha estancia.

Feria de la vainilla

Witold Gombrowicz quedó satisfecho con la traducción de su *Diario argentino*. De ahí que el polaco le volviera a escribir para preguntarle si estaba interesado en traducir su novela *Cosmos*. Pitol se excusó esta vez argumentando la gran cantidad de trabajo que tenía, pero le habló de su amigo Juan Manuel. "Juntos hicimos *Las tiendas de Canela*, de Bruno Schulz. Él ha traducido también Rózewicz de manera excelente".[4] Juan Manuel y Gombrowicz se entendieron bien y el mexicano inició el trabajo de traducción.

Pitol tuvo que acudir a Papantla para la entrega del premio de los Juegos Florales que se le concedió, dentro del marco de la Feria de la Vainilla, a la poeta Enriqueta Ochoa. Sufrió las horas del autobús, el acto protocolario –en representación de la editorial universitaria– y los tres días en aquella ciudad, acompañado de estudiantes y profesores. Pero en el trayecto de vuelta, "deslumbrado por aquel paisaje conradiano, se me ocurrió una historia".[5] Trazó la trama en una noche: tendría a un matrimonio de profesores universitarios, a una poetisa que había ganado el premio de los Juegos Florales y a una trabajadora del hogar a la que llamarían Madame porque se había casado con un francés; habría un aura de brujería alrededor de Madame y una relación tormentosa, rayana en lo grotesco, con la poetisa. Después de los Juegos, la poetisa vería a Madame entre el público: "como hipnotizada baja del escenario y desaparece con ella para siempre".[6]

La idea fue desarrollándose en el transcurso de los meses hasta convertirse en una posible novela. Sería la primera. El desafío del género que más había leído, el de Henry James, Joseph Conrad y Jerzy Andrzejewski. Su novela debía formar parte de esa familia y a la vez ser distinta, única. Una novela sobre el acto de escribir una novela: una espiral en la que en el centro hubiera otro comienzo, una metáfora del acto de escribir como un acto infinito, una literatura sobre la literatura. La idea necesitaba una voz, personajes memorables, lugares y ambientes específicos. La poetisa estaría inspirada en Enriqueta

---

4. Torres. *Obras Completas*. Tomo II. 23.
5. Pitol. "Diary: Ars poetica". *SPP.* 14 de junio de 1967.
6. Pitol. "Diary: Ars poetica". *SPP.* 14 de junio de 1967.

Ochoa, eso le daría más vida, la haría –de acuerdo con E.M. Forster– un personaje redondo.[7] El espacio sería el de su infancia: la neblina y el verdor del trópico veracruzano. Tenía el título, *Juegos florales*, el núcleo de la trama y su posible desenlace. El narrador sería un maestro universitario deslumbrado "ante la Atenas veracruzana";[8] habría coincidido previamente con Henriette en San Luis Potosí, Guanajuato y Guadalajara. Ella sería para él un enigma, una fuente alternativa de inspiración y repulsión. Transcurrieron los días y las semanas sin que escribiera una sola página. Pensó entonces en escribir mejor tres cuentos con lo que ya tenía planeado y formar así un nuevo libro. Un cuento podía contar la historia de la poetisa, otro la del profesor de provincia, y uno final el viaje a Papantla. Hacerlo, según sus cálculos, le tomaría un año.

La *China* Mendoza le había escrito una carta para decirle que la suya era una "prosa preciosa, metálica, fina, cerrada a la corrección total, perfecta, rica... y aún así fría".[9] Su vida, su pasión estaba en la estructura compleja dentro de la cual colocaba a sus personajes y, por tanto, al lector. La aventura estaba en el recorrido, vuelta tras vuelta, sin saber cuándo ni dónde aparecería la salida. Quien entrara en sus textos debía saber esto.

De la autobiografía a la autoficción

Sergio Pitol, su esbozo autobiográfico, se publicó en 1967, dentro de la serie Nuevos Escritores Mexicanos del Siglo XX Presentados por Sí Mismos. Pitol relató allí sus años de infancia en el ingenio de Potrero; la muerte de su madre, ahogada en el río Atoyac; huérfano a los cuatro años; el papel fundamental que tuvo su abuela en su formación; la familia extensa de migrantes italianos y sus grandes fiestas en las que comían polenta, mortadela, menestras y quesos italianos; su viaje a la Ciudad de México para realizar estudios universitarios; sus primeros proyectos de revistas literarias, de cuentos, publicaciones y viajes. En el centro de esas evocaciones plantó, sin embargo, una duda. Dijo que sus memorias estaban "viciadas de una esencial insinceridad".[10]

---

7. El primer nombre del personaje fue Enriqueta, luego Henriette y finalmente Billie. De hecho, Sergio Pitol escribió: "Tengo que conocer a los personajes, haber hablado con ellos, para poder recrearlos" (Pitol. *Autobiografía precoz*. 91).
8. Pitol. "Diary: Ars poetica". *SPP.* 28 de julio de 1974.
9. Pitol. *"Mendoza, María Luisa (La China)". SPP.* 26 de octubre de 1965.
10. Pitol. *Sergio Pitol*. Prólogo por Emmanuel Carballo. 46.

Un género abocado a la verdad, a la historia, como lo es la autobiografía, y un narrador que declara su carácter dubitativo, ficticio: esta ambigüedad puede resultar chocante para algunos.[9] Pero la historia no es la verdad que se opone a la ficción, ni la ficción es una historia superficial, fallida. Pitol revela con su declaración la falibilidad de una lectura ingenua de la historia y el potencial científico –como ciencia social– de la literatura; obliga al lector a ganar distancia con el texto, a dudar de aquello que se lee y a reconocer que narrar también es conocer; y, por último, cuestiona la frontera entre la historia y la literatura, donde la primera solo es ciencia y la segunda entretenimiento.[11]

De acuerdo con Roger Chartier, la diferencia entre ficción e historia se encuentra en los criterios de creación. Mientras que la literatura obedece a criterios de verosimilitud, la historia obedece a criterios de verdad. La historia debe sustentar siempre sus afirmaciones y evidenciar sus fuentes con referencias bibliográficas, testimonios orales, documentos de archivos, etc., para que lectores y lectoras escépticos las valore y decida si aceptarlas o no. El escritor de ficción, en cambio, debe narrar una historia de manera congruente y lógica. La autobiografía tiene que declarar un compromiso con la verdad; la autoficción es en cambio sólo verosímil. Pitol escribió una autobiografía, según los requerimientos de la colección editorial, pero fue consciente del carácter creativo de la memoria. Con esto despertó la suspicacia del lector atento. Años después, en su última etapa ensayística, llevaría esta discusión literatura/historia, realidad/ficción, a su extremo más complejo y creativo.

Al igual que con los personajes de sus cuentos, Pitol se describió a sí mismo mediante las obras literarias que admiraba y que lo habían formado. Se construyó de manera textual: "En esa época era compañero de Antonio Cuesta, hijo de Jorge Cuesta, quien me permitió el acceso a la biblioteca que había sido de su padre".[12] Lee a los clásicos españoles, rusos, ingleses y mexicanos; lee de manera desesperada y a pesar de eso: "recuerdo, precisamente, que la única asignatura en que fui reprobado en la preparatoria fue la de literatura universal".[13] La manera de evocar sus memorias y construir a su personaje con

---

11. Para Esperanza López Parada "lo autobiográfico (en Pitol) se erige como el acto de la memoria y como el acto que la diluye, es la forma creadora y *relectora* por excelencia y es además su hueco y su falta" ("Memoria y olvido en la autobiografía: Sergio Pitol y el dato que falta". En *El planeta Pitol*. 279).
12. Pitol. *Memoria 1933–1966*. 32–33.
13. Pitol. *Memoria 1933–1966*. 32–33.

la intervención de lecturas de autores nacionales e internacionales presenta la angustia de quien escribe desde la periferia; al apropiarse la gran tradición, se está incluyendo en ella mediante la construcción de un texto complejo y a la vez ameno, innovador formal y temáticamente.[14]

A la autobiografía de Pitol le faltó, sin embargo, un punto clave. La ausencia es todavía más notable cuando el autor refiere una relación amorosa fallida que lo impulsó a salir del país y a realizar el viaje iniciático que lo llevaría a Polonia. Llamó a su pareja romántica con el nombre de Laura. De acuerdo con Humberto Guerra:

> El autobiógrafo ha tenido que recurrir a verdaderos malabares textuales para no evidenciar ni la identidad, ni el género de su pareja sentimental. La secrecía es indispensable para ocultar la magnitud del daño y la especificidad del objeto amoroso.[15]

La autocensura contribuye a mantener el *statu quo*. Aquello que se silencia pierde poder y reconocimiento. Gana en cambio el censor, el inquisidor del lenguaje. Cuando alguien se lee en otra persona logra entenderse, establece una empatía que lo saca de su aislamiento. Eso habría logrado Pitol con una confesión de su homosexualidad. Sin embargo, el riesgo era grande en una sociedad machista y homófoba. Confesar en un texto autobiográfico la homosexualidad habría sido asumir una posición social sumamente vulnerable. Es posible que habría tenido que adoptar también una agenda política. Las entrevistas girarían sobre ese tema, sus libros se leerían bajo esa etiqueta,

---

14. Entendemos la relación centro/periferia tal como la desarrolla Pascale Casanova en su libro *The World Republic of Letters*. Por otra parte, esta apropiación de la tradición canónica le permitirá a Pitol, cuando escriba otro texto autobiográfico, *El arte de la fuga*, trascender una de las dicotomías más persistentes de la literatura hispanoamericana del siglo XX, la que opone de un lado a los nacionalistas y del otro a los cosmopolitas. De acuerdo con Oswaldo Zavala: "Escribir, con Pitol, bajo el signo de la fuga, no implica tampoco reactivar el debate a favor del cosmopolitismo: se trata más bien de transitar horizontalmente dentro de una nueva república intelectual que desmantela las jerarquías culturales y normaliza la condición exógena y supuestamente minoritaria del escritor latinoamericano" ("La síntesis y su trascendencia...". 268).
15. Guerra. *Narración, experiencia y sujeto. Estrategias textuales en siete autobiografías mexicanas.* 259.

su voz sería blanco de escarnio de las fuerzas reaccionarias y de admiración, de apoyo, de lucha, de los grupos hasta entonces reprimidos. En México hubo siempre homosexuales, lo que no hubo fue gays. Como lo señala Antonio Marquet, los homosexuales viven su sexualidad de manera privada. Los gays como una bandera de cambio y de desarrollo social.[16] Pitol no confesó su homosexualidad y, al final, quien en realidad perdió no fue él, sino la sociedad y la literatura mexicanas.

La recepción de su obra en México

Las autobiografías de Giménez Siles no fueron recibidas con beneplácito por la crítica. El mayor descontento se fundaba en la juventud de los escritores; como si el género debiera escribirse únicamente al borde de la muerte o al final de una vida de consagraciones. Esto puede verse en la reseña de Fausto Castillo en *El Día:* "Esto de que los jóvenes literarios nos cuenten quiénes son, qué han hecho, qué pretenden hacer y cuáles son sus metas, me ha parecido una exagerada atención editorial".[17] Augusto Monterroso respondió a estas críticas afirmando, después de ciertas consideraciones sobre el pro y el contra de semejante empresa: "es saludable que alguien (editor) tenga la audacia de patrocinar a determinados individuos (escritores) para que se atrevan a contar sus vidas a hipotéticos lectores y lectoras lo suficientemente valerosos como para arriesgarse a leerlas".[18] En *La Cultura en México*, Batis alabó: "La ejemplar sinceridad y discreción de su autobiografía" y deseó que pronto

---

16. De acuerdo con Antonio Marquet: "Gay es una condición asumida. Implica un *coming out*, pero exige también cierto grado de integración en la comunidad homosexual. Los homosexuales, en cambio, prefieren llevar una vida privada, al margen. Vida discreta... Los homosexuales no optan por una batalla abierta: en el mejor de los casos, se encierran en una resistencia pasiva, individual, más o menos soterrada. Los gays se baten abierta y activamente". (*¡Que se quede el infinito sin estrellas!* 37.)
17. Castillo. "La íntima realidad". *El Día*. 4.
18. Monterroso. "Autobiografías de escritores jóvenes". 29-30. Augusto Monterroso retomará su reseña titulada "Autobiografías de escritores jóvenes" con cambios significativos al incluirla en su libro *La palabra mágica*. Ahí defiende el hecho de que cualquiera pueda escribir su autobiografía, a condición de otorgarle calidad al texto: "Pero para publicar un libro sobre la propia vida no es necesario ser nadie

el autor encontrara "la estabilidad económica e intelectual para ponerse a crear".[19] Mientras que el escritor colombiano René Rebetez escribió en *El Heraldo Cultural* que su autobiografía "es una muestra cabal de su estilo – fácilmente difícil– el mismo de sus cuentos que algunos han señalado como 'secos', 'librescos'".[20] El mismo Rebetez comentó en su nota que Pitol escribía en ese momento una novela de título *Tepoztlán*. Finalmente Gabriel Zaid en *Siempre!* ridiculizó el trabajo de Emmanuel Carballo: "¿Qué sentido tiene que en libros de 64 páginas haya previas presentaciones del autor, si se supone que va a presentarse a sí mismo, y sobre todo si el presentante del autopresentante es invariablemente una misma persona, aunque no tenga nada especial qué decir?"[21] Para colmo, Carballo utilizaba en sus prólogos fragmentos de las autobiografías.

Con los cuentos *No hay tal lugar* tuvo mejor suerte. Las reseñas mencionaron invariablemente su condición de viajero. Para Edmundo Domínguez Aragonés: "Parecería que este viajero [Pitol] hubiera perdido su contacto con el país que lo vio nacer, no: su ser mexicano... se refleja en su obra; sus personajes nacen en Córdoba, en el Distrito Federal, viajan y aprenden".[22] Emmanuel Carballo resumió a Pitol en su artículo de los mejores cuentistas mexicanos de hoy como: "Hombre cuyo centro de gravedad cae fuera de sí mismo, ha tratado de reunirse con su destino en diferentes países y ocupaciones diversas. Hasta ahora, sólo el cuento ha logrado reunir armónicamente sus distintos pedazos".[23] Jorge Aguilar Mora escribió en *La Cultura en México* un texto profundo y detallado que identificó un problema en el libro:

> La irregularidad estilística y temática están en íntima relación y constituyen un problema central...: la calidad resulta ambigua, ya que si el grupo de 5 cuentos, "La mano en la nuca", "Hacia Occidente", etc., representa la verdadera evolución literaria de Pitol pero a la vez niegan al lector

---

ni ser algo ni ser nada. Se necesita únicamente escribirlo y, si es posible, escribirlo bien". (*Tríptico*. 204).
19. Batis. "La obra de Sergio Pitol. Crear es seleccionar". XIV.
20. René Rebetez. "Los libros, los libros, los libros. *Sergio Pitol*", *El Heraldo Cultural*, 93, 20 ago, 1967, p. 14.
21. Zaid. "La fórmula para convertir las solapas en minifaldas". 4.
22. Domínguez Aragonés. "Sergio Pitol: Viajero de un largo cuento hacia la novela". 1.
23. Carballo. "Revaloración antológica: cuentistas mexicanos de hoy". 6.

(por su negación de la literatura), los otros ("Amalia Otero", "La Pantera") están más cerca del lector pero más lejos de la literatura (aunque la afirmen, pues los actos se neutralizan en la búsqueda infructuosa de lo subjetivo).[24]

Había dos poéticas distintas, dos grupos de su etapa creativa, antologados en un mismo libro; una literatura más tradicional centrada en la anécdota junto a otra de vanguardia cuyos temas y personajes se perdían tras el velo discursivo y la experimentación formal. Este hecho resultó contradictorio y confuso para un lector avezado como lo era Aguilar Mora.

Pitol se daba cuenta del cambio en su escritura. En una entrevista con Margarita García Flores reconoció un pimer periodo en donde sus influencias eran muy claras. Eso hacía que su prosa fuera barroca: "barroca creo que por insuficiencia; por desconfianza hacia los medios expresivos, trataba yo de acumular impresiones, sensaciones y creaba una maraña de palabras donde, a veces, la acción se perdía".[25] Esto había cambiado. "Todo aquello eran trucos, una serie de recursos muy copiados, muy tomados, de flujo de conciencia, de monólogo interior, aglomeración de sensaciones". En *Los climas* logró una "mayor objetividad de la anécdota, de la situación".[26]

Un mes después, en el mismo suplemento, Juan Vicente Melo afirmó en *La Cultura en México* que los relatos "La mano en la nuca" y "El regreso" eran dos de los mejores que se habían escrito en México en los últimos años. En ese mismo número, Juan García Ponce ofreció un repaso completo de la literatura breve de Pitol. El crítico declaró que todos los cuentos de Pitol tienen una constante autobiográfica. En una primera etapa, esta constante está mediada por Faulkner y O'Neill, y enfocada en su infancia, donde encuentra un espacio de inocencia amenazada y de adolescencia rodeada de "fantasmas que lo determinan".[27] En una segunda etapa, tenemos el mundo de la madurez, con espacios cosmopolitas en los que Pitol ha decidido llevar a cabo su búsqueda espiritual y literaria. El autor-narrador aparentemente autobiográfico se ha

---

24. Aguilar Mora. "La paradoja evidente de Sergio Pitol". XI.
25. Sergio Pitol. "Sergio Pitol: los cuentos, las páginas, el nacionalismo" por Margarita García Flores. Hojas de Crítica'', Suplemento de la Revista UNAM, ago, 1968, pp. 12–13v.
26. *Ibid.*
27. García Ponce. "El mundo de Sergio Pitol". *La cultura en México*. 2.

convertido, de un realismo rural con connotaciones de encierro, retraso y drama, a un cosmopolitismo que le permite crearse un lenguaje literario y luego un proceso creativo propio. En *Los climas* y *No hay tal lugar* tenemos –de acuerdo con García Ponce– la muestra clara de su nuevo estilo de escritura. En "Hacia Varsovia" y "Un hilo entre los hombres", la narración se desentiende de la estructura ceñida y se desborda en un monólogo interior en primera persona. "Un preciso fluir de puro ritmo narrativo".[28] En "Una mano en la nuca" aparece la voz del narrador ubicada dentro y fuera del protagonista como si se tratara de una conciencia autónoma y digresiva. Los espacios son ciudades europeas a las que describe usando el recurso de los referentes culturales: Venecia es del color de las pinturas de Pinturicchio y en ella se respira un ambiente a la Henry James. Ese recurso lo usa para describir a sus personajes: Norman Cooper, a quien le gustaba leer *Lord Jim*; la mano huesuda de una anciana, como la que aparece en una pintura de Frans Hals.

Pitol actualiza de esta manera sus recursos formales literarios; escribe como lo hacen los autores más innovadores, algunos de los cuales ha traducido. A la vez, se acerca al núcleo de su verdadera pasión creativa: la cultura y, en específico, la literatura. García Ponce nota este mismo cambio y considera que "La mano en la nuca" es, hasta entonces, su mejor cuento:

> plantea implícitamente el propio problema de su realización literaria al tiempo que encuentra la imagen de que se hace explícito el problema del conocimiento de todo el mundo irracional que está detrás de nosotros y nos amenaza despojando a la realidad de sentido, es el más vasto y completo.[29]

García Ponce no refuta la tesis de Aguilar Mora, pero sí propone que la paradoja a la que Pitol se enfrentaba sí se había resuelto: el escritor veracruzano debía continuar con la línea creativa que había descubierto en Varsovia.

La muela

En noviembre de 1967 publicó en Ediciones ERA la *Antología del cuento polaco*, resultado de sus cuatro años de traducciones. En él quiso dar la imagen de un país "donde un pasado casi legendario aflora aún en potentes chispazos

---

28. *Ibid.* 3.
29. *Ibid.* 5.

de irracionalidad, de poesía, de maldad o de pureza";[30] un país "obstinado en diferenciarse de los otros países eslavos y en formarse una tradición occidental".[31] El libro se lo dedicó a Juan Manuel y a Elena Poniatowska. Recibió una reseña en el periódico *El Día* que lo consideró como uno de los mejores libros publicados por Era. "Pitol... descubre una literatura que hoy en día no debe desconocerse".[32] En ese tiempo, publicó las traducciones de Bruno Schulz en la revista *La Palabra y el Hombre*, que él dirigía y recibió los cuentos de Juan Manuel. Además de ser padrino de su hija, se había convertido en una suerte de maestro. "Desde luego espero tu juicio como si esperase el Juicio Final", le escribió Juan Manuel.[33] Y en enero de 1968: "Querido Sergio: Con mucho miedo... te envío por fin *El viaje*. 'Trátalo con ternura, que es mi persona'".[34]

Pitol inició el 68 en el consultorio de un dentista. Perdió una muela a causa de una caries. En lugar de deshacerse de ella, la guardó en su bolsillo creyendo que podría traerle buena suerte. Terminó su tesis de licenciatura y la presentó con éxito en la universidad. A principios del mes de enero, Cabrera Muñoz Ledo lo mandó llamar a la Secretaría de Relaciones Exteriores. Inspirado por el cosmopolitismo que vio en el joven editor, propuso su nombre cuando se inauguró el puesto de agregado cultural en la Embajada de México en Belgrado, capital de la Yugoslavia socialista. Tuvo suerte y fue aceptado. Su trabajo sería, entre otras cosas, apoyar la Olimpiada Cultural en la región de los Balcanes.

Pitol llevaba la muela en el bolsillo de su saco cuando escuchó la oferta. Loco de alegría, sacó de su bolsillo la muela: "–Todo se lo debo a ella".[35]

Festejó con los amigos el nombramiento y tal era su superstición que metía la muela en una copa de licor para guardarla unos instantes en la boca antes de beber. En otra ocasión, acudió a la Secretaría de Educación Pública (SEP) para realizar los trámites de su título de licenciatura. Se le cayó la muela al piso. La creyó perdida entre los escritorios y el tránsito de gente, se echó al piso, y cuando le preguntaron consternados a qué se debía tanta preocupación, les

---

30. Citado en Rebetez. "*Antología del cuento polaco*". 14.
31. *Ibid.*
32. Alvarado Cruz. "Sobre el cuento polaco". 9.
33. Torres. *Obras Completas de Juan Manuel Torres*. Tomo II. 265.
34. Torres. *Obras Completas de Juan Manuel Torres*. Tomo II. 274.
35. Pitol. "Belgrado". *SPP.* 12 de marzo de 1968.

respondió a gritos que necesitaba la muela para que el dentista le hiciera una copia idéntica. Dieron finalmente con ella.

Pitol dejó la dirección editorial de la UV en manos de Rosa María Phillips y recomendó la publicación del libro de su amigo, Juan Manuel, en Joaquín Mortiz. En el mes de marzo, mientras empacaba sus maletas para viajar a Belgrado, reparó que la muela ya no estaba por ningún lado. Había pensado arrojarla al Danubio. Ese final le pareció más congruente.

> Me alegra pensar que no ha sido necesario hacerla desaparecer, que no ha habido ningún acto de mi parte, que ha sido ella misma quien dio por concluida su misión y desapareció por su propia cuenta, a buscar una nueva aventura o sencillamente a desaparecer, pisoteada, hundida, barrida, en el mismo suelo donde vive la persona a quien le fue extraída. ¡Gracias, muela, gracias por todo, por este viaje, por la etapa que con este viaje da comienzo![36]

---

36. Pitol. "Belgrado". *SPP.* 12 de marzo de 1968.

BELGRADO

(1968–1969)

Tito

AL TÉRMINO DE LA Segunda Guerra Mundial, Yugoslavia recobró la paz y la independencia. Fue el único país de Europa del Este en no caer bajo el control de la URSS. Su economía prosperó como pocas en la región; se gozaba de libertades para viajar y emigrar; la censura política y cultural era mínima; se vivía, de hecho, en la década de los sesenta, un esplendor cultural. Un siglo y medio de constantes guerras causadas por las divisiones de religión, de lengua y dialecto, había concluido. Algunos atribuían este milagro a la figura del general Josip Broz, Tito.

Tito vivió en la década de los veinte el primer proyecto unionista de los reinos de Serbia, Croacia y Eslovenia. Fue un periodo convulso. El centralismo serbio se oponía al federalismo croata, el comunismo al fascismo, el odio y la desconfianza ancestrales al sueño unionista. Tito fue expulsado del país por el rey Alejandro I y encontró asilo en Rusia, donde sobrevivió toda la década de los treinta (logro notable si consideramos que todos los líderes del partido polaco comunista en el exilio fueron asesinados por Stalin; es muy probable que su suerte se debiera a su talante de hombre rústico y poco letrado). Tras un largo periodo de impopularidad, Alejandro I fue asesinado junto con su esposa por un grupo de oficiales del ejército, probablemente miembros de la Ustacha croata, y, en medio del caos originado por el regicidio, Tito regresó a Yugoslavia y se convirtió en el comunista más experimentado del país. A sus cuarenta años, sus camaradas lo apodaban "el viejo".[1]

---

1. Glenny. *The Balkans. 1804–2012. Nationalism, War and the Great Powers.*

Apenas se logró la estabilidad del país cuando tuvo lugar la invasión nazi. Los fascistas de la Ustacha se alinearon con los alemanes mientras que los grupos comunistas y nacionalistas dirigieron la resistencia. Tito fue líder del grupo de los partisanos. Fue un periodo sangriento y macabro: cada muerte de un soldado alemán, la cobraban los nazis con cien vidas de yugoslavos; cada soldado herido alemán, eran cincuenta muertos yugoslavos. Las víctimas fueron en su gran mayoría civiles de las poblaciones más cercanas a donde habían sucedido los ataques: mujeres, niños y ancianos por igual. Tito mencionaría la cifra de un millón setecientos mil muertos yugoslavos –que muchos consideran exagerada, pero que otros validan como posible.

Los fascistas perdieron la guerra y Tito fue nombrado primer ministro de una nueva Yugoslavia. Los grupos que no se alinearon a su poder fueron eliminados. A las fosas masivas de los nazis, les siguieron aquellas donde se enterró a los disidentes y a los grupos colaboracionistas como los de la Ustacha. Se creó una policía tan sofisticada como la soviética. El líder de la policía yugoslava reveló, años después, que había espiado incluso el teléfono del mariscal Tito. Ese fue el precio –habría dicho el gobierno– para ganar la estabilidad y la independencia tan añoradas. Yugoslavia luchó contra el ejército invasor nazi y, al final de la guerra, se opuso a Stalin. Entre los países de la región fue un caso único. Pitol, quien había vivido en Polonia, estaba listo para entender y apreciar esta diferencia.

Escritor de los sentidos

Pitol inició su trabajo como agregado cultural en la Embajada de México en Belgrado el 14 de marzo de 1968. El embajador era Natalio Vázquez Pallares, originario del estado de Michoacán. La población era amena y extrovertida, una extraña combinación entre exotismo y tradición, de cultura eslava, musulmana y mediterránea. En los primeros meses no trabajó gran cosa en su obra literaria, se dedicó a explorar. Pitol había sufrido de una salud muy precaria desde la adolescencia, mermada sobre todo en los pulmones. No había sido un niño que saliera a jugar con sus compañeros ni hermanos, la mayor parte del tiempo la pasaba en casa leyendo.[2] En Belgrado se encontró sorpresivamente bien de salud.

---

2. En su autobiografía (*Sergio Pitol*, 1966), Pitol relata que de niño dejó de jugar con sus amigos y hermano debido a la vergüenza que sufrió al ser acusado

Con esa energía visitó bares de ambiente, se emborrachó hasta altas horas de la noche y tuvo una vida sexual activa. "La experiencia de ayer al mediodía fue espléndida. Pero al terminar creí haber salido con un hueso roto".[3] Le impresionó la naturalidad con la que se establecían las relaciones amorosas, la falta de complejos, enredos, historias y justificaciones morales. No hablaba ni entendía gran cosa del serbio, aun así se comunicaba mejor que con sus parejas en México. Un guiño, una mirada, palabras en francés entremezcladas de risas y se abría el camino a la aventura. Despertar al día siguiente sin la cruda moral, sin el compromiso de tener que iniciar una relación. "Tengo muchas ganas de vivir. Creo que todo es como empezar a conocer el mundo. Y es formidable. Empiezo a sentir".[4]

En abril recibió la visita de su amigo Juan Manuel, acompañado de Mercedes Escamilla, la esposa del artista polaco Marcos Kurtycz. Les mostró la ciudad, viajaron a Sarajevo y Dubrovnik, conversaron de sus lecturas y de sus pasiones literarias. A ninguno de los dos les gustó *Cien años de soledad*. "Todo es chisme, anécdota, *divertimento*, metáfora poética, ganas a veces de empezar a convertirse verdaderamente en buen libro".[5] Juan Manuel le habló de la traducción de *Cosmos* de Gombrowicz, que había iniciado un año antes y estaba a punto de terminar. Pitol recordó su vida en Varsovia, la carta que recibió de este autor para que tradujera sus diarios argentinos. Antes de que su amigo regresara a Varsovia le preguntó por Krzysztof. Juan Manuel no sabía nada de él. ¿Podría acaso investigar, obtener un número de teléfono? A su regreso a Polonia, lo buscó en el directorio telefónico sin éxito. Pidió una edición vieja y dio con una dirección, la misma que le envió a Pitol por correo: Goszczynskiego 25.

¿Le escribiría? No sentía la necesidad apremiante de hacerlo. Quizá en un futuro. Disfrutaba de Belgrado. Tardes enteras escuchando música, bebiendo, conversando con extraños. A finales de junio la temperatura subió hasta los 39 grados. La gente salió a la calle con muy poca ropa, sin complejos ni prejuicios; se vivía una enorme sensualidad. Dio sus primeros pasos en ese nuevo

---

injustamente de haber mordido a otro niño. Luego, al enfermar de paludismo en la adolescencia, tuvo que encerrarse en casa. Parece que la enfermedad fue muy intensa e intermitente porque el encierro duró varios años.

3. Pitol. "Belgrado". 20 de marzo de 1968. *SPP*.
4. Pitol. "Belgrado". 15 de junio de 1968. *SPP*.
5. Torres. *Obras de Juan Manuel Torres*. Tomo II. 287.

mundo: quería aprender. Ese cambio de vida impactaría también en su literatura. "Quisiera convertirme en un escritor de los sentidos. Nada de metafísicas. Ese no es mi campo. He perdido todo gusto (por ahora) por los libros. Se me antoja únicamente lo primitivo, la sensualidad: beber, comer, coger, hacer largas caminatas, nadar".[6]

Después de un domingo de casi 40 grados se encontró en un bar con una pareja ocasional, Svetomir. El joven cantó a capela canciones tradicionales serbias con los ojos en blanco, medio borracho y en trance místico. Eso a Pitol le impresionó sobremanera. "Siento la necesidad de entregarme al bolero, a la canción ranchera... como Cortázar con el jazz, el tango".[7] La efervescencia, la pasión, la aventura; Belgrado era la ciudad que necesitaba. Caminaba durante horas observando, oliendo, tocando, abriéndose paso en ese nuevo mundo. ¿Quedarse ahí para siempre, perderse en esa ciudad, en el laberinto de calles y bares? Su literatura abstracta, metafísica, de *Juegos florales*; una escritura que era un espejo y a la vez un abismo; escribir sobre el acto de escribir; ¿acaso no era otra manera de perderse en el lenguaje? Quería el encuentro erótico y una literatura clara y ligera. Si escribía algo en Belgrado ya no sería *Juegos florales*. Sería una nueva novela situada en esa ciudad, un nuevo tipo de escritura más espontánea, directa. ¿Literatura gay? Si echaba un ojo a lo que se había escrito en México hasta entonces el espectáculo era desolador. La literatura homosexual mexicana era un género aburrido, tedioso, anacrónico y sumamente moral.

La literatura homosexual en México

La mujer expresa en su conducta y en su físico su falta y su necesidad de hombre. Ella es pasiva, la que recibe; él es quien da, quien manda. Un hombre no debe perder el poder, si lo hace es un idiota o un enigma sin resolver. Los homosexuales en el pensamiento y en la literatura del siglo XIX mexicano eran justamente eso. El homosexual renuncia al patriarcado y de inmediato se disminuye. Manolito, Josecito, Pablito y Chucho el Ninfo son todos personajes de cuentos y novelas en las que nunca se confiesa abiertamente la homosexualidad, pero se sugiere:

---

6. Pitol. "Belgrado". *SPP.* 30 de junio de 1968.
7. Pitol. "Belgrado". *SPP.* 1 de julio de 1968.

En todo caso, estos afeminados literarios del XIX no son definidos por su vida sexual, sino por rasgos de conducta considerados propios del sexo opuesto. Esto no los exilia del campo masculino, pero sí los disminuye, los degrada, los torna no hombres, sino apenas hombrecitos.[8]

El homosexual comparte el espacio de la mujer, del niño y del loco. Física y simbólicamente es a quien hay que cuidar, guiar y, si es necesario, aleccionar y castigar.

A finales de siglo XIX, la filosofía positivista del porfiriato trajo consigo a su opuesto, la imagen del dandi, aquel que derrocha su vida siguiendo un ideal estético y rechaza el materialismo burgués para entregarse a la bohemia. En México, los dandis adquirieron otros nombres: lagartijo, petimetre almibarado; en la prensa de la época, en forma comedida pero diáfana, llegó a haber encabezados que rezaban: "Baile de señores solos", "Baile de afeminados";[9] y, con ellos, estaban también los sodomitas, los jotos, los mariquitas. El arte en su lado pasivo de éxtasis, de arrobo, de embeleso, se relacionó con la homosexualidad. En esta línea, a principios del siglo XX la novela *Los 41* (1906) hizo alusión al acontecimiento histórico hasta entonces más famoso de la homosexualidad en México. Era un grupo de homosexuales de la élite que organizaron una fiesta de disfraces, la mitad acudió vestido de smoking y la otra travestida de damas emperifolladas. Alguien llamó a la policía y cuando agentes del orden entraron a supervisar la reunión su primera actitud fue de incomprensión, luego de burla y finalmente de desprecio. Eran típicos adinerados, dandis que despilfarraban su dinero en perversiones. Los arrestaron y los exhibieron ante el público. La afrenta fue terrible, sobre todo para quienes estaban travestidos. Los 41 sufrieron vejaciones, burlas y hasta encierro en las peores cárceles del país. De acuerdo con Carlos Monsiváis este hecho representa "la invención de la homosexualidad en México".[10]

En la novela *Los 41*, de Eduardo A. Castrejón, los homosexuales se relacionan con la casta aristocrática porfiriana y reciben, en conjunto, los apelativos

---

8. Chaves. "Afeminados, hombrecitos y lagartijos. Narrativa mexicana del siglo XIX". 65.
9. León Guillermo Gutiérrez, "Homosexualidad en México a finales del siglo XIX", en *Signos Literarios*, pp. 84–85.
10. Se dice que entre los presos se encontraba el yerno del presidente. (Chaves. "Afeminados, hombrecitos y lagartijos. Narrativa mexicana del siglo XIX". 77).

de "rufianes, bastardos, parásitos, afeminado, prostituido, monstruos, maricones".[11] Es una novela de ideología socialista que, por desgracia, repite los estereotipos del discurso hegemónico que supone combatir: el homosexual como indolente y narcisista. De esta primera novela del siglo XX hay que esperar casi sesenta años para la publicación de *El diario de José Toledo* y *41 o el muchacho que soñaba en fantasmas*. Ambas novelas son de 1964 y comparten la característica formal de estar narradas en primera persona con una inclinación a la autobiografía. Son, en su parte temática, tragedias: José Toledo, por miedo a ser descubierto se suicida; Fernando, personaje de *41 o el muchacho que soñaba en fantasmas*, sucumbe a la tentación homosexual y de ahí cae en un abismo de amantes sucesivos y de lujuria irrefrenable. Conclusión: "¡Somos putos! ¡Maricones horribles! ¡Seres sucios!"[12] La crítica literaria no prestó la menor atención a estos textos que abordaban un tema contrario a los valores patriarcales con una estética neocostrumbrista; tampoco estudiaron a sus autores: como si no hubieran existido.

Esta es la literatura que precedía a Sergio Pitol. Esta era la tradición en la que, quisiera o no, se iría a incluir su obra si sus personajes o narrador fuesen homosexuales. Las relaciones pasajeras a las que eran obligados los homosexuales, debido a la imposibilidad de establecer una relación pública formal, eran juzgadas como conductas de lujuria. El acto sexual ocasional, que en el caso del hombre se calificaba de aventura, era visto en ellos como una aberración, una suciedad. Todo su actuar estaba previamente comprometido por el hecho de haber renunciado al poder que habían recibido del patriarcado. Más que a un escritor, si habría de cambiar algo, México necesitaba a una generación completa de genios, necesitaba una revolución en las costumbres y en la moral.

Dragan

En mayo del 68, un compañero de nombre Luis fue expulsado de la embajada por motivos que se mantuvieron velados. Pero Pitol, que había sido su amigo y

---

11. Torres. "Del escarnio a la celebración. Narrativa mexicana del siglo XIX". (Chaves. "Afeminados, hombrecitos y lagartijos. Narrativa mexicana del siglo XIX", 81).
12. Torres. "Del escarnio a la celebración. Narrativa mexicana del siglo XIX". (Chaves. "Afeminados, hombrecitos y lagartijos. Narrativa mexicana del siglo XIX". 85).

compañero de fiesta, conocía su vida íntima. Para sobrevivir, los homosexuales debían cuidarse y apoyarse, esquivar las injusticias y los abusos. Varios creían que había un grupo organizado dentro de la Secretaría de Relaciones Exteriores que abogaba por sus derechos. Otros creían que bastaba con una sola persona en el poder para evitar problemas. Parece haber sido el caso de Genaro Estrada en las décadas de los años veinte y treinta.[13] Si el motivo del despido de Luis había sido su homosexualidad se desmentían ambas creencias.

Pitol encendió las señales de alarma. Debía ser más cauto y precavido; cuidar con quién hablaba, no dañar ni ofender susceptibilidades, pensar siempre en excusas que presentar en caso de que alguien lo hubiera visto en el lugar incorrecto con gente *indeseable*. Apenas había transcurrido un mes del despido, cuando Mischo, el empleado personal de Luis, fue a su casa. Quiso chantajearlo con cincuenta dólares. Si no le daba el dinero –lo amenazó– hablaría con el embajador sobre *ciertos aspectos* de la vida de Luis, otro colega de apellido Duarte y la suya. Se enfureció, lo despidió de inmediato, pero esa noche durmió mal. Preocupación, miedo a la vergüenza, sensación de oprobio: a su paraíso entró la serpiente. Un mes después de este hecho, seguía con pesadillas: "Sueños constantes de persecución. Tengo que rendir explicaciones oprobiosas. Se me acusa, veladamente, de seducción".[14]

El trabajo se le hizo pesado, rutinario, sin ninguna exigencia intelectual. Cinco horas sentado frente a un escritorio esperando el momento en que dieran las dos de la tarde y salir. "Pero ni siquiera entonces me siento libre–[le escribió a su amigo Juan García Ponce]–, todo el tiempo con la cripta encima, hasta que llega la noche y me voy a lugares espantosos a oír música musulmana, a beber y entonces por breves momentos vuelvo a sentirme en contacto con el mundo y me surge un idioma posible para comunicarme con la

---

13. Al respecto, Salvador Novo relata en *La estatua de sal*: "Algunas veces solía también aparecer por el estudio la figura regordeta y miope de Genaro Estrada, entonces oficial mayor de Relaciones y más tarde ministro y embajador de México, para lo cual hubo de casarse. Desde su puesto en Relaciones facilitaba discretamente el ingreso en el honorable cuerpo diplomático y en el consular, de las loquitas jóvenes y de buenas familias que buscaban su patrocinio. Fue así presentando a la causa el servicio de delegar en cada representación de México a un bonito miembro de la cofradía" (177).

14. Pitol. "Belgrado". *SPP.* 5 de julio de 1968.

gente".[15] Dormía mal. Cuando salía por las noches se encontraba a veces con un conocido y cuando no, el insomnio. Entró en un ciclo vicioso. Extrañó una conversación inteligente, un diálogo sobre libros, autores. Lo mismo había sucedido en Varsovia a su llegada. Entonces la solución fue la relación con Marek y luego con Krzysztof. Quizá debía buscar la estabilidad, le ayudaría en su trabajo creativo. Si quería volver a la escritura necesitaba la calma y el respiro suficientes. Alguien que hablara francés o inglés, inteligente, educado.

A Dragan lo conoció en septiembre. Hubo insinuaciones veladas durante las tardes y noches en los bares. El 26 de ese mismo mes cambió su estrategia e intentó sincerarse con él, hablarle de sus sentimientos. Error. "He metido la pata. Todo por hablar, decir estupideces, plantear mal las cosas. Por primera vez en mucho tiempo cohibido, interesado, intimidado y luego deprimido hasta más no poder... Es el único rechazo que he sufrido aquí".[16] Este rechazo afectó su imagen de la ciudad y de su gente. A diferencia de Varsovia, donde había encontrado el amor, aquí solo había tenido relaciones pasajeras. Sopesó el cambio en sus hábitos de escritura, casi inexistentes. No había escrito su novela, ni había aprendido el serbio ni descubierto su literatura. Se había dejado llevar, en cambio, por la ola de la expresión corporal, que estaba bien, pero de la que ya quería un descanso.

Intentó volver a *Juegos florales*. Hizo apuntes en su diario con el fin de indagar en la figura del narrador: el profesor de una universidad de provincia en México. Escribió algunas descripciones muy breves del bosque y la neblina de Veracruz. Buscó inspiración en pinturas como las de Lucas Cranach. La figura de la vieja desdentada con un escote pronunciado en su obra *Las malas parejas* sería una imagen importante para su novela. Pero no avanzó más. La situación en la embajada era cada vez más incómoda, su frustración por no poder escribir la novela agravaba su ansiedad. Y de pronto, de este vórtice donde parecía hundirse lo sacó una revolución social.

Revolución y represión

El 2 junio de 1968 se desató en la Universidad de Belgrado un pleito entre varios trabajadores y algunos estudiantes que veían una obra de teatro. La policía intervino con una represión brutal. En pocas horas la universidad

---

15. Pitol. "García Ponce, Juan". *SPP.* 7 de noviembre de 1968.
16. Pitol. "Belgrado". *SPP.* 27 de septiembre de 1968.

fue tomada por los estudiantes. Los jóvenes protestaron primero contra la represión policial y luego contra el sistema de castas en el partido comunista; la forma de distribuir el manejo del sistema había producido una burguesía roja y, finalmente, contra la reforma económica que desde hacía tres años beneficiaba nada más que a los banqueros y empresarios creando una gran desigualdad social. El desafío era grande y Tito lo resolvió criticando duramente al partido; prometió cumplir con las demandas justificadas de los estudiantes y, en poco tiempo, se levantó el paro. El 5 de junio el embajador Vázquez Pallares envió a México el telegrama: "problema estudiantes está circunscrito exclusivamente asuntos universitarios. Vida pública desarrollase normal".[17]

Pero Tito no tuvo la menor intención de cumplir con sus promesas y era claro que nadie iba a llamarlo a cuentas. Apostó por el olvido y estuvo a punto de ganar. El problema fue, como siempre, el nacionalismo. Los estudiantes retomaron, quizá de manera involuntaria, uno de los temas más sensibles y problemáticos de la federación yugoslava. La reforma económica contra la que protestaron fue creada con el objetivo de distribuir las ganancias del norte industrializado al sur más rural. Regiones como Croacia y Eslovenia apoyaban a otras como Macedonia y Bosnia. Esta decisión económica no estuvo acompañada de una política más federal.

En 1967 un grupo de intelectuales croatas había publicado la *Declaración sobre la situación y el nombre del idioma estándar croata*; allí defendían ellos la tradición literaria y el capital cultural de su lengua. Fueron censurados y en muchos casos hubo despidos injustificados de los firmantes. La gran actividad intelectual y cultural que generó la *Declaración* se fortaleció después con una participación ciudadana con intelectuales y políticos incluidos, al punto de hablar de una primavera croata. Al año siguiente, los albanos en Kosovo y los musulmanes en Bosnia exigieron más derechos y más presencia en la vida civil; volvieron a tomar universidades y a realizar marchas. Para el gobierno de Belgrado la decisión fue clara: otorgar más poderes a la federación a riesgo de perder el control central, o apretar las riendas del centralismo a riesgo de promover la inconformidad y el resurgimiento de nacionalismos populistas. Yugoslavia, Belgrado y Pitol, que vivía en esa ciudad, estaban a la expectativa de lo que el general Tito decidiera.

---

17. Archivo Diplomático Genaro Estrada. Embajada de México en Yugoslavia.

El pasado no aportaba grandes esperanzas. Yugoslavia había sido a comienzos del siglo XIX la parte más occidental de un decadente imperio otomano. Los serbios fueron los primeros en independizarse; les costó una guerra de guerrillas y acuerdos desfavorables con potencias internacionales. Desde entonces soñaron con un imperio o federación de pueblos eslavos. Los eslavos no eran, sin embargo, un grupo homogéneo: había ortodoxos, católicos y musulmanes que hablaban dialectos tan distintos entre sí que en muchos casos resultaban incomprensibles. Al lado de esto la región fue un botín para los imperios que en 1878, reunidos en Berlín, se distribuyeron de manera arbitraria los territorios que los otomanos fueron perdiendo. Croacia, Bosnia Herzegovina y Eslovenia quedaron bajo el control del imperio austro-húngaro. Albania y Macedonia siguieron siendo otomanos. Bulgaria ganó una aparente independencia, controlada, sin embargo, por Rusia. La posibilidad de una Yugoslavia unida y fuerte enfrentó en primera instancia una guerra entre pueblos vecinos (Bulgaria contra Serbia; Serbia y Croacia cada uno interesado en invadir Bosnia; Serbia y Bulgaria cada uno interesado en invadir Macedonia), seguida de una guerra de impacto internacional que obligó a los imperios a renunciar a sus colonias (la Primera Guerra Mundial, cuyo detonante sucedió de hecho en Bosnia). Para quien confiara en una solución fácil al problema del centralismo o de la federación debía tomar en cuenta que las seis repúblicas que formaban Yugoslavia habían sido regiones pertenecientes al imperio otomano y al imperio austro-húngaro durante cuatro o cinco siglos y que, desde su independencia, habían luchado entre sí para ampliar o defender sus fronteras.

Pitol estaba informado de la política de la región, su trabajo dependía de lo que sucediera en ella. Siguió de cerca la protesta juvenil en Yugoslavia y también la Primavera de Praga en Checoslovaquia. Los jóvenes de esa ciudad protestaron contra la libertad cooptada de sus instituciones. Como respuesta, la URSS y sus países satélites reprimieron el movimiento estudiantil con extrema violencia. Su desilusión fue tremenda. Polonia participó en la invasión a Checoslovaquia. El país que había visto su soberanía atacada una y otra vez era ahora una fuerza represora bajo las órdenes de la URSS. Lo entristeció sobremanera saber esto. Creía que las cosas no podían estar peores cuando sucedió lo de México.

Las noticias provenientes de México fueron cada vez más desconcertantes: marchas de estudiantes, represión con violencia e imposibilidad de diálogo. La economía del país prosperaba, se hablaba de un milagro económico y el surgimiento de una clase media con educación universitaria que, en cierta medida, fortalecía el medio cultural. Pero la política seguía estancada en una posición autoritaria retrógrada, como si el tiempo no hubiera transcurrido desde Porfirio Díaz. Se sentía avergonzado de trabajar para un gobierno como el de Gustavo Díaz Ordaz. Soñó con volver a ser independiente, trabajar en sus traducciones, recibir el pago de las editoriales. "Romper con todos estos agachados y perseguir mi camino solo".[18]

Cuando sucedió la toma de la UNAM por el ejército sufrió de una fuerte depresión. Al trabajar para el gobierno mexicano, su posición era sumamente comprometida. ¿Qué hacer? ¿Renunciar? ¿Volver a México? Y entonces sucedió la masacre de Tlatelolco. Pitol escribió de inmediato a sus amigos. Resultó que Luis Prieto había estado presente en la plaza de las Tres Culturas y sobrevivió al ataque del ejército de milagro. La *China*, que vivía en un departamento en Tlatelolco, le respondió a su carta: "Aquí todo fue la muerte, pero de esa de a de veras que no pensé nunca vivirla. Vivir la muerte. Extraña manera de ser hoy joven. De pronto era la noche y era la muerte en cada tiro. Me ha quedado un 'tic' de bala, de ametralladora".[19] A García Ponce lo arrestaron dos días después, a la salida del periódico *Excélsior*, adonde fue a dejar un manifiesto de protesta. Cinco días después, *El Universal* publicó una entrevista a Elena Garro en la que la autora de *Los recuerdos del porvenir* acusaba a varios intelectuales –entre ellos estaba su amigo Carlos Monsiváis– de azuzar a los jóvenes para realizar las protestas que les costaron la vida. Continuaron los arrestos –el más notable, meses después, fue el de José Revueltas–, el miedo y como epílogo de todo esto, la antorcha olímpica.

"El mundo se va acabando. Lo digo así, sin enumeración, pues es cosa obvia –[le escribió María Zambrano]–. Y no entiendo bien su comentario de 'Qué espectáculo de barbarie hemos dado', ¿a quién? Quien esté libre de pecado... de barbarie o de necedad".[20] Estaba avergonzado del gobierno mexicano. Ese fue el momento de tomar una decisión. Octavio Paz lo hizo y solicitó que se le pusiera en disponibilidad de su puesto de embajador en la India.[21] Pitol decidió mejor esperar. Su situación era más precaria que la de Paz; para obtener

---

18. Pitol. "Belgrado". *SPP.* 26 de septiembre de 1968.
19. Pitol. "Mendoza, María Luisa (La China)". *SPP.* 4 de noviembre de 1968.
20. Pitol. "Zambrano, María". *SPP.* 1 de noviembre de 1968.
21. En realidad, Octavio Paz no renunció formalmente hasta 1971. (Flores. *Estrella de dos puntas. Octavio Paz y Carlos Fuentes: crónica de una amistad.* 316).

el trabajo en Belgrado debió esperar meses, casi un año, a que surgiera una vacante. Había invertido grandes esfuerzos como para tirarlo todo por la borda. Transcurrió un mes. El cargo de conciencia era cada vez más intenso. "Me siento muy a disgusto ante la idea de trabajar para un gobierno criminal. El 2 de octubre de Tlatelolco difícilmente se me borrará. Me siento Judas. No me importa ya irme de Belgrado".[22]

En diciembre de 1968 pasó una temporada breve en Montenegro. El paisaje era deslumbrante, de una belleza brutal: playas vírgenes accesibles por senderos escarpados entre montañas. Pitol le contó a Marco Antonio Correa:

> En un café trabé conversación con un viejo italiano casi harapiento que decía haber sido poeta en la juventud y a quien los años o los exilios habían convertido en una especie de detritus humano. Al regresar a Belgrado traté de escribir un cuento sobre este tipo de personajes que se van y a los que la vida va hundiendo.[23]

Transcurrieron varios días sin que lograra encontrar el estilo ni la trama del cuento. Entonces recordó otra anécdota que lo había obsesionado antes del viaje a Montenegro.

> La historia de un artista, en este caso un pintor, que después de años en el extranjero, regresa a pasar unas vacaciones en su ciudad natal, una pequeña ciudad de provincia mexicana, y a quien el medio se lo traga nuevamente.[24]

Podía juntar las dos historias. Su estructura era perfecta, las correspondencias formaban la verdadera trama de la novela.

En enero del 69 solicitó un permiso para ausentarse del trabajo y regresar a México. Recibió la autorización, pero no pudo viajar debido a problemas de salud. Una lesión en el nervio del oído izquierdo le causó una pérdida auditiva de al menos una tercera parte. Estuvo en recuperación durante cuatro semanas. En esas fechas llegó de visita a Belgrado su amiga polaca Zofia Szleyen,

---

22. Pitol. "Belgrado". *SPP.* 16 de noviembre de 1968.
23. Pitol. "Entrevista a Sergio Pitol" por Marco Antonio Correa. *La cultura en México.* 9.
24. Pitol. "Entrevista a Sergio Pitol" por Marco Antonio Correa. *La cultura en México.* 9.

Belgrado (1968-1969)

hispanista a la que dedicó su cuento "Hacia Varsovia". A ella le había regalado, años atrás, un perro de ónix de Puebla (México) con la advertencia de que debía cuidarlo mucho porque el perro lo representaba. "Todo lo que le pasara al perro era como si me sucediera a mí" –le dijo Pitol. Cuando ella supo que acababa de perder el sentido del oído se impresionó muchísimo. "Poco antes de que ella saliera de Varsovia, para visitarme en Belgrado, se le había caído el perro y se le había separado la oreja izquierda".[25]

Recibió una carta de la *China* Mendoza en la que le contaba que su amigo Juan Manuel había regresado al país y trabajaba nada menos que en la misma agencia publicitaria, McCan Erickson. Juan Manuel había publicado su primer libro de relatos *El viaje*, que Pitol envió a Joaquín Mortiz. El libro recibió pocas reseñas, pero encontró un lector devoto en Carlos Fuentes. "Incluso me ha dicho que está escribiendo algo y que en una entrevista que le hicieron para *Visión* se la pasa hablando de mí. Por lo visto estoy destinado a escribir para él".[26]

El 10 de marzo de 1969 volvió finalmente a México. Pudo percatarse del ambiente social y político tenso del país. El medio cultural más cercano a Pitol condenaba de manera clara y contundente al régimen político de Díaz Ordaz. Nadie creía ya en él ni en su promesa de apoyar la democracia. Las Olimpiadas no habían ayudado a calmar los ánimos, al menos no para quienes estaban informados. El 25 de marzo Pitol renunció finalmente a su trabajo en la Embajada de México en Yugoslavia. La renuncia fue mucho menos mediática que la de Octavio Paz. Se entiende porque Pitol era una figura menos visible en el medio cultural, además de que su renuncia sucedió cinco meses después del 2 de octubre.

Adiós, Polonia. Adiós, Belgrado. Después de su renuncia Pitol se encontró de nuevo a la deriva, sin trabajo. Fue a Córdoba a visitar a la familia y luego a Xalapa. Lo salvó, como siempre, la literatura. Tenía un nuevo proyecto, una nueva novela que había pensado escribir después de *Juegos florales*. Parte de la acción sucedería en Belgrado. Habría dos personajes claves, aquel que había decidido viajar por el mundo y el otro que se quedó en México. Ese era también el tema de su vida en los últimos años. Roma, Pekín, Varsovia y Belgrado.

---

25. Pitol. "Sergio Pitol: la literatura como intento de dar orden a un caos" por Luis Terán. 5.

26. Torres. *Obras de Juan Manuel Torres*. Tomo II. 310.

Su estancia en cada una de esas ciudades había sido temporal; su viaje, un aprendizaje. Cuando regresó a México pudo ver sus logros y fracasos en comparación con los de sus amigos y compañeros de generación. Esa sería la idea central de su novela. Si no lograba avanzar en *Juegos florales* podría hacerlo ahora con la novela que tituló *El tañido de una flauta*.

BARCELONA
(1969–1971)

Escudellers

DE REGRESO EN MÉXICO retomó su trabajo en la editorial de la UV. Con ese dinero podía instalarse en la ciudad de Xalapa, otra opción era vivir en la Ciudad de México. Pero él quería seguir viajando. Sus amigos lo sabían y le hablaron entonces de un posible trabajo como traductor en el periódico *The Economist*, que estaba por publicar una versión dirigida al público de lengua española. El trabajo era en Londres. A pesar de que no tenía nada asegurado, de que las plazas no se abrían hasta el mes de septiembre, tomó el barco Tampico de regreso a Europa el 16 de abril.

Necesitaba el contacto con un centro creador de primera importancia donde se lograra sentir una presencia artística realmente contemporánea – [le comentó Pitol a Marco Antonio Correa en una entrevista]–.... Como había pasado muchos años en ciudades o países marginados de estos movimientos en que éstos llegaban de rebote y como en la novela que había ya comenzado a escribir en Belgrado trataba en cierta manera de las relaciones que se vislumbran entre creador y tecnología, suponía que Londres era el sitio indicado para entender esta experiencia.[1]

Se detuvo en Nueva York, fue después a Portugal y a Grecia. Durante el viaje trabajó en su nueva novela *El tañido de una flauta*. Desarrolló el personaje de Paz Naranjo, una mujer parlanchina y extravagante; un enigma y un

---

1. Pitol. "La escena literaria en Barcelona y Buenos Aires" por Marco Antonio Correa. 8,

deseo erótico irrefrenable. Por ella, el personaje del cineasta traiciona a su amigo, Carlos Ibarra; con ella, Ibarra se entrega a una vida itinerante y bohemia; y gracias a ella, el pintor Ángel Rodríguez obtiene el reconocimiento de la crítica. Pitol le escribió a Juan García Ponce:

> Escribo y escribo; rehago, corrijo, trato de ver hacia dónde voy, pero todo es en balde. No sé si esto que hago es una novela o una pura vacilada. A ratos me divierto, por primera vez creo que hay algo de humor, me llego a reír mucho con ciertos capítulos, pero luego me empantano, y me dan ganas de tirarlo todo por la borda, pero entonces seguramente me echaría yo y no vería Salónica que está ya a un paso.[2]

Pitol escribía tres horas diarias, el resto del tiempo lo dedicaba a sus lecturas. Leyó *La montaña mágica,* y tanta fue la impresión que le causó la novela que, al terminarla, la inició de nuevo. También leyó *62/Modelo para armar* de Cortázar. En total estuvo mes y medio de viaje.

Desembarcó en Grecia y se dirigió de vuelta a la ciudad de Belgrado. Pensó pasar el verano en una ciudad donde pudiera vivir con sus ahorros. En Londres el dinero se le iría como agua. Una opción era esperar en un lugar como Montenegro o en una ciudad de Hungría, como Budapest. Podía quedarse en Yugoslavia o viajar a Varsovia. Al fin decidió tomar un tren a Barcelona.

Se había publicado el año anterior la traducción del *Diario argentino* de Gombrowicz en la editorial Seix Barral. Carlos Barral, el director editorial, quedó fascinado con el autor y su trabajo. Pitol emprendió, con la aquiescencia de su amigo Juan Manuel, la traducción de la novela *Cosmos*. En realidad, Torres tenía una primera versión terminada a la que solo le faltaba pulir un poco.[3] Confió en que, en tres semanas en Barcelona, tendría la versión final,

---

2. Pitol. "García Ponce, Juan". *SPP.* 27 de mayo (sin año).
3. De acuerdo con José Luis Nogales Baena es muy posible que esta primera versión completa del borrador la hubiera escrito Juan Manuel Torres. No queda claro todavía porqué Juan Manuel se la cedió a su amigo. Nogales Baena escribe: "es posible que Torres, una vez llegado a México, prefiriera ocuparse en otros menesteres que le dieran más dinero y estabilidad…, que estuviera cansado del difícil y mal remunerado arte de la traducción; mientras que Pitol, por su parte, acosado por problemas económicos, sin trabajo, y con la idea de dedicarse por entero al mundo de las letras y la cultura… estuviera contento de poder terminar el encargo" (Torres. *Obras Completas de Juan Manuel Torres.* Tomo II. 30).

reunirse después con Carlos Barral y recibir el pago por su trabajo. Con ese dinero viajaría en septiembre a Londres.

Llegó a Barcelona en el verano de 1969. Eran los últimos años de la dictadura, Franco tenía ya setenta y siete años y el cambio en el país era evidente. En las calles y en los bares había *hippies* de varias partes del mundo, la vida nocturna era muy activa, se notaba el avance económico. Se hospedó en un hostal de bajo precio, en una calle que, según descubrió días después, era una de las más animadas y baratas de la ciudad, Escudellers. Los primeros días se encerró en su cuarto a trabajar hasta terminar la traducción de *Cosmos*. No se tomó un descanso, necesitaba el dinero. Continuó con la traducción de un texto crítico de Jean Franco, una académica anglosajona especializada en la literatura hispanoamericana. El libro se titula *The Modern Culture of Latin America: Society and the Artist*. Monterroso había servido de contacto entre él y la autora.

Escribía a todas horas encerrado en su pequeña habitación. Cuando se cansaba, salía a caminar y a conocer el barrio y sus alrededores. Vivió noches de alcohol, romances y ligues. La homosexualidad en España estaba penalizada con cárcel, pero era claro que la policía no ponía gran atención en el cumplimiento de esas leyes retrógradas. Importaba sobre todo la discreción, el actuar en forma velada. En el bar Dingo conoció a un joven checo. Entre las bebidas, este le soltó una confesión confusa y amenazante: temía que fueran a deportarlo, la policía se ensañaba contra los extranjeros, especialmente los de países comunistas, y le pidió ayuda. Pitol, que no podía hacer nada, y que no entendió el tipo de ayuda que le solicitaba, evadió como pudo al joven y luego se escondió de él.

Cuando volvió a salir a la calle tuvo otra experiencia de pánico. "Mi estupor ante este inmenso, truculento burdel que es el barrio chino y sus aledaños".[4] Un joven negro, elegantemente vestido, pero con las pupilas sumamente dilatadas, se acercó a su mesa para hacerle charla. Él le siguió el coqueteo durante un rato. Hasta que intervino otro personaje. Le preguntó de dónde era, lo acusó de mentiroso y le ordenó, de improviso, que salieran de inmediato. Pitol se negó y el otro estalló en cólera: "–Dile a tu compañía que necesito dinero. Quiero que me paguen veinte mil dólares y me den un pasaporte argentino".[5] Pitol entonces salió como pudo. Llegó a otro bar donde encontró a un joven

---

4. Pitol. Barcelona. *SPP.* 30 de agosto de 1969.
5. Pitol. Barcelona. *SPP.* 30 de agosto de 1969.

hippie con quien había tenido un encuentro amoroso hacía un par de días. Su nombre era Ralph, apenas mascaba el español y su vida parecía regirse por la novela *On the Road*. Pitol le preguntó si quería acompañarlo a su cuarto de hostal. El joven aceptó, pero al salir le comentó que no tenía identificación. En ese barrio, a esas horas de la noche, era preferible siempre tener una. Quedaron de verse al día siguiente a las once de la noche. Pitol lo esperó en vano.

Lo más extraño fue que, mientras esperaba a Ralph, vio al joven checo aquel que temía ser deportado, acompañado de otras dos personas. Entró a un bar para esconderse y después de un par de horas, vio a Ralph ahí adentro. Terrible. El barrio chino era un pequeño pueblo, donde todos se conocían y se topaban a cada rato, en cada esquina. Se cansó de vivir ahí, de esa vida inestable y a la vez tentadora. "Cada una de mis células protesta y se indigna ante la existencia de este infame barrio".[6] El sexo en ese barrio, a diferencia de Belgrado, solía ser algo promiscuo, pecaminoso, una transacción monetaria; carecía de alegría y de espontaneidad. Con el tiempo descubrió que era un barrio de la zona roja; un día vio incluso un intento de asesinato con cuchillo. Decidió mudarse. Pero para ello necesitaba dinero. Los pagos de México demoraban en llegar. Para su gran fortuna, Félix de Azúa lo contrató para que realizara notas de lectura en Seix Barral. Después del libro de Jean Franco, tradujo la novela *Detrás de la puerta* de Giorgio Bassani. Era un ritmo sumamente acelerado de trabajo en un barrio ruidoso, activo y estridente.

Witold Gombrowicz murió el 24 de julio del 69. Su relación de escritor y traductor, iniciada con él años atrás en Varsovia había concluido. Terminó su traducción de la novela *Cosmos* un mes antes de su fallecimiento; el autor polaco no pudo verla publicada en Seix Barral.

Finalmente, encontró un departamento en la calle de Lucano, ubicada en un barrio más tranquilo. Viviría fuera de ese ambiente infecto, una limpieza de espacio y de salud. Se mudó el 11 de septiembre a su nuevo departamento y fue como si iniciara una nueva vida. El día de su mudanza coincidió, sin embargo, con el de su supuesta muerte. Francisco Zendejas publicó en el diario *Excélsior* de México una nota anunciando su fallecimiento. Zendejas no ahondaba en detalles ni daba explicaciones. Su familia y amigos entraron en pánico. Ángel, su hermano, le habló de inmediato por teléfono. Cuando se enteró la *China* Mendoza, se echó:

---

6. Pitol. Barcelona. *SPP.* 30 de agosto de 1969.

en el suelo, de rodillas, sollozando a gritos cada vez más fuertes y gritando: ¡No es cierto! ¡no es cierto!... Entró Juan Manuel a mi cuarto al oír el gritadero y lo golpee, golpee sus hombros, el pecho, mientras seguía aullando ¡se murió Sergio Pitol!... En eso llegó Elena Poniatowska a la que no había querido decirle nada. Empecé a contarle y gritó ¡se murió Sergio!, lívida.[7]

Les tomó un par de horas descubrir que la nota era falsa. Inexplicable el motivo. ¿De qué fuente se había informado Zendejas? Temiendo que la nota fuera un mal augurio, Pitol se hizo en esos días un examen de sangre y los resultados fueron perfectos. Estaba muy bien de salud.

Max Aub regresó por esas fechas a España, era la primera vez que volvía desde su exilio de más de treinta años en México. Le organizaron un coctel con lo más destacado del medio literario de Barcelona.[8] Pitol estuvo entre los invitados. En el coctel conoció a más gente que lo invitó a otra cena con los Tusquets. En ambas ocasiones, impresionó a la compañía por su conocimiento de literaturas que en España no se leían, que eran una rareza, como la china y la polaca. Ese joven mexicano era más cosmopolita y culto que cualquiera de ellos. ¿Por qué no crear una colección que difundiera a estos autores en España? Se habían liberado finalmente de las amarras del franquismo. España quería ser europea, internacional. Para ello, Beatriz de Moura y Óscar Tusquets invitaron a Pitol a formar una colección en su editorial. Él aceptó de inmediato y nació así la colección Heterodoxos, con la idea de publicar a autores que eran hasta entonces inaccesibles en español: Lu Hsun, Raymond Roussell, Gombrowicz e incluso la primera y única novela satírica de Karl Marx. Autores como Lu Hsun y Gombrowicz estaban en una posición incómoda frente a la hegemonía política y literaria de su país. De ahí el recurso del humor o de géneros supuestamente menores, de narrativas que cuestionaban

---

7. Pitol. "Mendoza, María Luisa (La China)". *SPP.* 12 de septiembre de 1969.
8. Max Aub escribió un diario sobre este viaje, el primero que hizo después de su salida al exilio. Se trata de su libro *La gallina ciega*. Allí ofrece de una pincelada una rápida impresión de Pitol en esos momentos: "Comida con Sergio Pitol y otro joven, Azúa. Sergio ha ganado en todo: más ancho parece más alto; más seguro, más entero; su estancia en el extranjero le ha servido. Se quiere quedar, por ahora, a vivir aquí, traduciendo o a lo que salga". (*La gallina ciega.* 246).

el imperativo épico de su momento. En cuanto a Karl Marx, fue muy significativo publicar su veta artística cómica.

Pitol tenía por fin un trabajo estable y un proyecto interesante. Llegado el mes de septiembre, descartó la idea de viajar a Londres para solicitar el trabajo en *The Economist*. Era una apuesta que ya no estaba dispuesto a tomar. En los primeros días de la calle de Lucano trabajó en la traducción de *Adiós a todo eso* de Robert Graves y en dos cartas de Malcolm Lowry.[9] Su rutina era traducir de las 9:00 a las 14:00, y luego las tardes las tenía libres para escribir su novela, leer, salir a la ciudad o encontrarse con amigos. Separaba los horarios de traducción de los de su escritura.

> Cuando se traduce a autores con una visión muy personal de la literatura y de recursos –[le dijo Pitol a Luis Terán]–, como es el caso de Henry James o de Gombrowicz, uno tiene que luchar para no incurrir, en la obra de creación propia, en los elementos superficiales de aquellos autores. Con mucha facilidad se podría caer en la parodia de un estilo o de un lenguaje.[10]

Amor y creación

En Barcelona, en una casa de campo en lo alto de una de las colinas que rodean la ciudad, aislados y a la vez cercanos del medio literario, vivía José

---

9. Pitol tradujo dos cartas que Malcolm Lowry escribió a su editor Jonathan Cape y a su abogado. La carta a Cape es un texto sumamente valioso para entender la poética de este novelista inglés, ya que en ella defiende de manera pormenorizada la estructura, extensión y contenido de su novela *Bajo el volcán*. Ante la amenaza de que esta no se publicara o no se lo hiciera en su totalidad (un lector de la editorial había escrito un dictamen desfavorable), Lowry responde a las críticas punto por punto. La segunda carta refiere su conflicto con las autoridades mexicanas durante su segunda estancia en México, en 1945 y 1946, que es cuando escribe justamente la carta a Cape. Lowry fue víctima entonces de un sistema burocrático mexicano sumamente corrupto que lo amenazó, lo detuvo y lo multó en reiteradas ocasiones sin motivos claros.
10. Pitol. "Sergio Pitol: la literatura como intento de dar orden a un caos" por Luis Terán. 5.

Donoso con su familia. Pitol retomó con cierta reticencia el contacto con los chilenos, a quienes había conocido en México. Le molestaba tener que servir de público y ocupar el lugar de pupilo ante Donoso, quien padecía en ese momento de un deseo intenso de ser reconocido. El *boom* se había proyectado al mundo desde Barcelona, la editorial de mayor capital cultural, Seix Barral, había estado desde siempre en esa ciudad. Donoso sentía que había llegado su momento. García Márquez, Carlos Fuentes, Mario Vargas Llosa habían sido premiados, aplaudidos y alabados mundialmente; sus ventas les permitían vivir de la literatura: subieron al carro de la fama que Donoso soñaba también para él.

Terminó su novela, *El obsceno pájaro de la noche*, que le había costado estancias en el hospital, años y más años de esfuerzo y trabajo, y la envió al Premio Biblioteca Breve –que había ganado años atrás Vargas Llosa. Preguntaba a todo aquel que pudiera saber algo, si él sería el siguiente ganador. Asumió que Pitol, al estar cercano con Barral, tendría más noticias. Él, Pitol, lo ignoraba todo del premio, pero esto no evitaba las mismas discusiones circulares entre los dos: ganaba o no ganaba, sabía o no sabía. Esa actitud lo cansó tanto que, cuando el premio finalmente se declaró desierto –debido a problemas internos en la editorial–, Pitol se alegró de la noticia con una felicidad morbosa. Él era un autor que había escrito por convicción y entrega total a la literatura. No estaba en el escenario central de un Carlos Fuentes y tampoco le interesaba estarlo. Cuando vio la desesperación de Donoso, confirmó su convicción de tomar distancia. Cuando llegara la fama, si llegaba, no debía caer de cabeza en la tentación ni en la desesperación.

La vida afectiva se estabilizó por un momento. Creyó encontrar el amor, pero encontró en cambio el ansia, el tormento. De nueva cuenta un joven, esta vez un español, el escritor y cineasta Antonio Maenza. Con él, Pitol perdió los referentes, la claridad, no sabía si era broma o verdad lo que el otro le decía. En una ocasión, mientras tomaban un café, llegó un amigo de Antonio, sucio, horrible. Cuando se fue el amigo, Maenza le dijo que ese tipo usaba drogas y se acostaba con su hermana. No se rio y quizá hubiera sido peor que lo hiciera. Maenza podía usar un discurso poético, como cuando al hablar de un animal mexicano lo describió como un mar con muchas playas. Para después enlodar estas imágenes con un lenguaje sumamente vulgar y grosero. A pesar de todo, Pitol sentía una atracción sincera por él. Creía que podían formar una pareja más seria. Los dos eran creadores: Pitol, viajero y escritor, Maenza, un joven cineasta sin prejuicios.

La relación sin embargo se vino a pique. A las declaraciones de amor de Pitol, Maenza respondió con una clara ambigüedad irónica. Era dado a hacer desplantes y a adoptar actitudes soberbias. Despreciaba a toda la gente supuestamente ignorante, idiota, mediocre. A todos, salvo al cineasta Portabella. Pitol le habló por teléfono una tarde y a pesar de que sabía que estaba en su casa, Maenza se negó a responder. Transcurrieron días sin encontrarse. Maenza debía enrolarse en esos días en el ejército para realizar su servicio militar, y en lugar de una despedida le dio la vuelta.

Al desengaño amoroso le siguió el sexo ocasional, la aventura, la puerta del bar "que se abre siempre como una esperanza".[11] En el mes de febrero se convirtió en un personaje de la noche. A veces no despertaba sino hasta el mediodía, comía algo y volvía a dormir. Escudellers, Varsovia, Belgrado, todo de vuelta, una y otra vez. Fue hasta mediados de marzo cuando pudo retomar la rutina. Volvió por las mañanas a trabajar en las traducciones de Henry James y Ford Maddox Ford, y en la tarde en la novela. Para mejorar su concentración buscó el aislamiento. Encontró un lugar en Cadaqués, que era un pueblo muy bello donde habían vivido Salvador Dalí, David Hockney, Marcel Duchamp, Henri Matisse, Pablo Picasso, Federico García Lorca y Richard Hamilton; casas pintadas de blanco, ubicado frente al mar Mediterráneo, a un par de horas de distancia de Barcelona. En una de esas casitas de muros encalados, propiedad de los Tusquets, se encerró y se dedicó por completo a la novela, día y noche. Desayunaba ligero, comía en el puerto y cenaba en casa. Al terminar un primer borrador, lo releyó y estuvo a punto de destruirlo. Regresó a Barcelona en abril con la incertidumbre en torno al verdadero valor de su trabajo, ignoraba si en realidad había perdido el tiempo.

En Barcelona encontró de nuevo el amor. Altibajos constantes, escritura y dudas sobre lo que escribía. El amor y la incertidumbre de ser correspondido. Norbert era un joven de veintiún años, de origen rumano, seguro de sí mismo, un poco petulante. Le propuso a Pitol viajar a Mogador, un pueblo en Marruecos frente al mar. Era la primera vez que escuchaba el nombre de esa ciudad, investigó y resultó que ahí había vivido Samuel Beckett, un dato que le agradó sobremanera. ¿Estaría dispuesto a seguir a Norbert?

Norbert, a diferencia de Maenza, era un ingenuo de las artes y de la literatura. Masticaba dos o tres nombres de escritores que seguramente había escuchado en las charlas de bares. "Y, sin embargo, su capacidad de *sentir*, de

---

11. Pitol. "Barcelona". *SPP.* 20 de enero de 1970.

percibir la belleza es extraordinaria".[12] El joven solía reunirse con sus amigos en la Plaza Real. Al día siguiente del primer encuentro, Pitol tuvo una actividad cultural con José Agustín y José Donoso. Despertó tarde al día siguiente, trabajó, y a la medianoche salió en su búsqueda. Comieron y bebieron juntos, pasearon por el barrio de Gracia, el barrio Gótico, el parque Güell, la casa de Gaudí. Fue un día y una noche increíbles. Invitó a Norbert a quedarse en su casa, pero al instante se arrepintió de lo dicho. Norbert consumía drogas y era muy probable que también las vendiera. Dentro de unos días llegaría a Barcelona su amiga Milena Esguerra. Ella pensaba hospedarse en su departamento y él temía que Norbert pudiera robarle dinero. Una posible solución sería dejarlo todo e irse a Marruecos.

Mogador se convirtió en un ideal. Cuando todavía soñaba en ese viaje, se encontró con Norbert en un café. Estaba bajo el influjo del *speed*, insomne y sucio. Habló de Mogador mencionando únicamente el hachís: el negro, el verde, el de tal o cual tipo. Reparó entonces que era muy posible que Norbert quisiera realizar el viaje solo para comerciar y traficar droga a España. ¿Iba a ser parte de ese tráfico? ¿Sería el segundo de a bordo de un *dealer*?

Había días en los que discutía con Carmen Balcells la posible publicación de su novela y con los Tusquets sobre los libros de la colección Heterodoxos; y otros en los que hablaba de un viaje a Mogador para comprar hachís con un joven rumano. ¿Cómo era posible que mantuviera una vida así? Recordó la noche en que Calvert Casey le dijo: "el amor para mí es como una enfermedad".[13] Debía combatir el amor, no caer en la ensoñación ingenua de que algo serio, profundo, podría pasar entre él y otra persona. "Nunca seré capaz de amor, ni de tener una vida amorosa real".[14] Se le vino encima la depresión. La intentó vencer con el trabajo y pasó un día entero escribiendo la novela. En la noche, lo visitó Norbert para informarle que ya no iba a Mogador, iba a vivir en cambio con unos amigos *hippies* alemanes dentro de unas cuevas del Tibidabo, en las afueras de la ciudad. Su relación había terminado, era claro que no podía seguirlo, no iba a vivir en una cueva.

Esta vez el dolor fue tremendo. Le faltó la estabilidad emocional, una pareja con la cual poder conversar con la complicidad del afecto. ¿Estaría condenado a una vida de efervescencia creativa combinada con pasajes repentinos de

---

12. Pitol. "Barcelona". *SPP.* 25 de abril de 1970.
13. Pitol. "Barcelona". *SPP.* 27 de abril de 1970.
14. Pitol. "Barcelona". *SPP.* 27 de abril de 1970.

erotismo? Acudió al psiquiatra. Después de catorce sesiones se sentía fatigado, pero más tranquilo, sereno, quizá resignado. "¡Qué ganas de poder meterme diez días en una clínica!"[15]

Publicaciones

En la editorial Tusquets publicó *Del encuentro nupcial* (1970), una antología de tres cuentos suyos publicados ya en otros volúmenes, y un cuento nuevo, el que le daba título al libro. Pitol le dedicó el libro a Juan García Ponce, quien había escrito el año anterior un artículo sobre su obra, y utilizó como epígrafe y título del libro un verso del poema "Escorpiones" de José Emilio Pacheco: "Termina / el encuentro nupcial: / el macho / es devorado por la hembra".[16] En el cuento que le daba título al libro había abordado de lleno la técnica narrativa soñada para sus dos novelas: el protagonista que reflexiona sobre el cuento que desea escribir mientras que éste se realiza, adquiere forma y se convierte en aquello que terminamos leyendo.[17]

Cuando Monsiváis leyó el libro se quedó impresionado: "Pienso hacer una nota para *Siempre!* Creo que el libro lo merece porque te estás convirtiendo en un prosista y en un narrador de primera. La envidia que me provoca tu manejo del lenguaje no es describible".[18] A Monsiváis le gustaba sobre todo el cuento "La mano en la nuca", que ya había publicado antes en ERA. Los personajes del cuento eran gente culta, viajera, de clase media y media alta mexicana; vivían en el hotel Bristol de Varsovia y conocían a los escritores polacos que él había traducido. La trama era apenas una excusa para la experimentación con recursos narrativos, como el discurso libre indirecto reproduciendo el monólogo interior al estilo de un James Joyce y de Virginia Woolf. Se trataba de una experimentación que reconocían quienes estaban atentos a la vanguardia como sus amigos Monsiváis y Pacheco.

---

15. Pitol. "Barcelona". *SPP.* 13 de septiembre 1970.
16. Pacheco. *No me preguntes cómo pasa el tiempo. Tarde o temprano.* 2014.
17. José Luis Nogales Baena identifica el posible origen de su interés metaficcional en sus lecturas favoritas, *La novela de la novela* de Thomas Mann y *Los monederos falsos* de André Gide. En cuanto a la práctica metaficcional es común que se desarrolle con los recursos del "esbozo y el pseudoresumen comentados" (Pitol. *Cuentos.* 81)
18. Pitol. "Monsiváis, Carlos" *SPP.* 2 de diciembre de 1970.

En ese año de 1971, Monsiváis era uno de los seis directores del suplemento *La Cultura en México* junto con Fernando Benítez, Carlos Fuentes, Gastón García Cantú, Henrique González Casanova y José Emilio Pacheco. Su generación –que era la de Pitol– se distinguía de las precedentes porque habían participado desde jóvenes en revistas y suplementos, y estudiado una licenciatura en la universidad.[19] El crecimiento demográfico acompañado del desarrollo urbano, la ampliación educativa (sobre todo la universitaria) y la industrialización de la posguerra fortaleció el medio cultural.[20] En la Ciudad de México, por ejemplo, el Centro Mexicano de Escritores, fundado por Margaret Shedd —con el apoyo de varios escritores del país, señaladamente de Alfonso Reyes—, otorgaba becas para la realización de proyectos literarios, involucrando en el financiamiento a organismos mexicanos, desde PEMEX hasta la UNAM. Si bien las becas se daban por un año, la mayoría logró extenderlas a otro más. Además de las becas, estaba la posibilidad de trabajar en alguna rama de la Coordinación de Difusión Cultural de la UNAM: la *Revista de la Universidad de México*, la Imprenta Universitaria, en los espacios culturales como la Casa del Lago (desde 1959) dando conferencias o cursos extracurriculares, e incluso en los cineclubs (que dirigió por un tiempo José de la Colina). También estaban, más allá del ámbito universitario, las revistas y los suplementos culturales como el ya mencionado *México en la Cultura*, *Revista Mexicana de Literatura*, *Diorama de la Cultura*, etc. La nueva generación de escritores había ejercido la crítica literaria o artística, sus textos de creación eran complejos con poéticas en clara correspondencia con la de los y las autoras que leían, analizaban y reseñaban.[21]

---

19. A esta generación se le conoció después como la de Medio Siglo. Este fue el nombre de una revista de la UNAM, impulsada por Mario de la Cueva. Carlos Fuentes y Sergio Pitol formaron parte del consejo de redacción del primer número. Armando Pereira y Claudia Albarrán estudian a esta generación desde la sociología literaria en *Narradores mexicanos en la transición de medio siglo 1947–1968*. Algunas características principales de esta generación que mencionamos aquí, como su vocación crítica, vienen de este libro.
20. Esta es la hipótesis de Ángel Rama en su artículo "El boom en perspectiva", y de Armando Pereira y Claudia Albarrán en *Narradores mexicanos en la transición de medio siglo 1947–1968*.
21. En la Introducción de su edición crítica de los cuentos de Pitol, José Luis Nogales Baena retoma un comentario de Piglia sobre Borges para afirmar: "Pitol es un

La publicación de su volumen de cuentos le dio un impulso para escribir y terminar una primera versión de *El tañido de una flauta*. Estaba a punto de revisar la novela cuando extrañamente decidió hacerla a un lado y volver a *Juegos florales*. Es posible que en esto influyera su logro con "Del encuentro nupcial": la resolución de la trama en el interior de la trama, del escritor que reflexiona sobre la historia que se está narrando. Leyó el borrador mientras apuntaba notas en su cuaderno. Era necesario simplificar la trama con solo dos historias que se entrecruzaran, olvidarse pues del relato dentro del relato. Sería una novela corta. Después de los apuntes empezó la edición: cortó y editó pasajes. Frente a los retazos de su antigua novela, se quedó de nueva cuenta mudo, paralizado. *Juegos florales* se le escapaba de las manos, imposible encontrar el hilo narrativo, la voz, el tono. Nada. La volvió a guardar en un cajón.

Jean Franco lo invitó a dar una conferencia en la Universidad de Essex, ubicada a pocos kilómetros de la ciudad de Londres. Estaba muy contenta con el trabajo de traducción que Pitol había realizado y era una manera de agradecerle. Él pensó, para su charla, en un tema relacionado con Joseph Conrad, Charles Dickens o Jane Austen. Franco le pidió que hablara mejor de la literatura mexicana contemporánea, ya que sus alumnos eran hispanistas. No llegaron a un primer acuerdo, pero surgió después la posibilidad de ocupar una plaza de profesor invitado en la Universidad de Bristol. El contrato era de un semestre con la posibilidad de renovarlo. Pitol apenas contaba con un título de licenciatura en Derecho; por otro lado, tenía cuatro libros de cuentos publicados, traducciones y ensayos. Quizá la docencia era su vocación, nunca la había ejercido; podría intentarlo ahora. Carlos Monsivías realizaría una estancia en la Universidad de Essex, que la propia Jean Franco había organizado y apoyado. Si todo salía bien, los amigos podrían reencontrarse por primera vez fuera de México, en el espacio que soñaron con sus lecturas de juventud. Hizo la solicitud a la universidad y siguió las indicaciones de Jean Franco.

El año 1970 terminó con una fiesta en casa de Luis Goytisolo a la que acudió el *boom* literario. Cortázar bailó tangos con su pareja Ugné, directora de la sección internacional para varias regiones, entre ellas la de América Latina, de la editorial francesa Gallimard; los Vargas Llosa bailaron valsecitos peruanos

---

escritor que construye, al tiempo que ejercita la crítica literaria, el espacio teórico en el que leer sus textos". (48)

y los García Márquez merengue y vallenato. En la fiesta estaban también los Donoso y la Balcells.

> Carmen Balcells, reclinada sobre los pulposos cojines de un diván, se relamía revolviendo los ingredientes de este sabroso guiso literario, alimentando, con la ayuda de Fernando Tola, Jorge Herralde y Sergio Pitol, a los hambrientos peces fantásticos que en sus peceras iluminadas devoraban los muros de la habitación: Carmen Balcells parecía tener en sus manos las cuerdas que nos hacían bailar a todos como a marionetas.[22]

Jorge Herralde era un joven editor que había sacudido el mundillo literario con la creación, en 1968, de Anagrama. En su colección de Cuadernos publicaba ensayos de pensadores de izquierda y contraculturales. Había sufrido como pocos la censura del gobierno franquista. "Yo a nadie había visto cargarse tantos títulos", le dijo Miguel García Sánchez, responsable de Visor Libros, a Herralde.[23] Cuando conoció a Pitol, que había vivido en países socialistas y tenía una gran formación literaria, la amistad nació de inmediato.

El año 1971 inició con una entrega total a sus proyectos creativos. "¡Necesito acabar la novela! Y seguir con *Juegos florales*. ¿Cómo ordenar mi vida? Ocho horas de trabajo, con rigor, y si es posible, diez. Una hora de paseo, caminatas... Beber poco. No fumar".[24] Desaparecieron casi por completo las relaciones amorosas y las veladas nocturnas.

En México, la UV volvió a editar *Infierno de todos*. Rosario Castellanos le escribió desde Tel Aviv, donde era embajadora, una carta muy emotiva sin dejar de ser humorística. "Gracias por la segunda dedicatoria del segundo libro... Gracias porque es de sabios rectificar y no rectificaste".[25] De todos los cuentos, ella prefería "Semejante a los dioses", que la conmovía y afectaba sobremanera. Aprovechó la carta para expresarle también su amor y su apoyo. Eres –le dijo ella– una de las personas más fuertes y estructuradas que conozco.

---

22. Donoso. *Historia personal del "boom"*. 92–93.
23. Jordi Gracia (ed). *Los papeles de Herralde. Una historia de Anagrama. 1968–2000*. Barcelona: Anagrama, 2021. p. 36.
24. Pitol. "Barcelona". *SPP*. 19 de enero de 1971.
25. Pitol. "Castellanos, Rosario". *SPP*. 27 de agosto de 1971.

La nona

El 26 de marzo fue aceptado en la Universidad de Bristol. Medio año más en Barcelona y continuaría su vida itinerante. Sería entonces profesor. Viviría en los ambientes ingleses de sus novelistas favoritos, muchos de los cuales había traducido y de los que había escrito ensayos: las hermanas Brontë, Dickens, Lowry, Conrad, Woolf. El cambio lo emocionaba, le daba fuerzas. Cuando, de pronto, el 23 de abril recibió un telegrama de su hermano Ángel. La abuela (la nona) estaba muy grave de salud. Ella, Catalina Buganza, había sido una madre para los dos. Después de la muerte de sus padres –su padre a causa de una meningitis y su madre ahogada en el río Atoyac– Ángel y él se mudaron a casa de la abuela. Él tenía cuatro años. Crecieron con ella y la familia de su tío Agustín en el ingenio azucarero El Potrero, a quince kilómetros de la ciudad de Córdoba. Cuando partió de México por primera vez, hacía once años, la abuela era una señora mayor, delicada de salud; había pensado en la posibilidad de su muerte y que él no podría soportarla estando los dos juntos. Ahora, a la distancia, el sufrimiento siguió siendo intolerable.

Habló por teléfono ese mismo día a Córdoba. Su voz revelaba a una persona muy enferma y anciana. Cuando colgó, Pitol lloró y vomitó. Sabía que no le quedaba mucho tiempo, que ella moriría con él lejos. Hizo un examen de conciencia: ¿le había dado satisfacciones? ¿Había sido lo que ella soñaba de él? Quizá la mayor alegría que le dio fue titularse en la universidad. Ella había soñado en un Sergio respetable, establecido, un licenciado. Lo otro, la vida literaria, la habría seguramente decepcionado. "Le he causado menos problemas y dolores viviendo lejos que si estuviera en México".[26]

El 3 de junio falleció la nona. Apenas un día antes su sobrino Luis le había informado por teléfono que ella se estaba recuperando. Pero fue una mejoría pasajera, la del momento postrero. Siguió a la distancia las noticias del funeral y del entierro. Era el fin de una época de la cual, en realidad, ya se había despedido. Monsiváis le escribió una carta donde le recordaba que contaba siempre con sus amigos, "que no es mala familia".[27] La *China* le habló de lo mucho que había aprovechado él a su abuela. "Era mucha pieza, padre y madre a la vez. Así, yo pienso que de esas presencias se nutre uno, y de esas muertes renace uno".[28]

---

26. Pitol. "Barcelona". *SPP.* 23 de abril de 1971.
27. Pitol. "Monsiváis, Carlos". *SPP.* 17 de junio de 1971.
28. Pitol. "Mendoza, María Luisa (La China)". *SPP.* 5 de junio de 1971.

Regresó en el verano a Cadaqués, su lugar de encierro y de calma, para escribir su novela. Tres semanas después, el 24 de junio, terminó finalmente *El tañido de una flauta*. Su primer proyecto de novela había nacido tres años atrás en Papantla, Veracruz, con la convicción y la inspiración necesarias para llegar a buen término. Pero quedó solo en eso, en inspiración. Cada vez que decidió acabarlo enfrentó una decepción, una falta de confianza en sí mismo y en lo que escribía. En cambio, *El tañido de una flauta* surgió de improviso y poco a poco fue obteniendo un lugar protagónico. Estaba ahora terminada.

En Cadaqués, con tiempo y buen ánimo, releyó *Las olas* de Woolf. Deseaba que su nueva novela tuviera en su interior la discusión crítica que indagara sobre el acto de escribir, de leer y de crear, sobre su poética personal y la de los autores que admiraba, todo esto conectado con la trama y con una escritura compleja, poética. Una novela que hiciera crítica y a la vez fuera una búsqueda del lenguaje. Algo similar a la obra de la Woolf. "*Juegos florales* pueden cuajar en esa forma de novela-ensayo-poema que me interesa lograr".[29] Si regresaba a *Juegos florales* sería en otro país. Lo esperaban en la Universidad de Bristol.

La fiesta de despedida en Barcelona fue extraordinaria. Había llegado hacía dos años pensando quedarse tres semanas. En ese tiempo vivió una de sus peores depresiones, una etapa de aventuras amorosas, una novela, ensayos y traducciones, muchas traducciones. Conoció al editor de Anagrama, Jorge Herralde, y trabajó para Tusquets y Seix Barral. Habló con Carmen Balcells sobre la posibilidad de que ella fuera su agente. En ese mismo periodo tradujo a Henry James, Malcolm Lowry, Giorgio Bassani, Giuseppe Berto y Elio Vittorini entre otros.[30] Había estado en el centro del mundo literario de lengua

---

29. Pitol. "Diary: Ars poetica". *SPP.* 21 de junio de 1971.
30. Una lista de sus traducciones, sin contar las que realizó del polaco, es: "*Detrás de la puerta* (1969), *Lida Mantovani y otras historias de Ferrara* (1971), y *Los anteojos de oro* (1972) de Giorgio Bassani, *El mal oscuro* (1970) de Giuseppe Berto, y *Las ciudades del mundo* (1971) de Elio Vittorino. Del inglés, *Washington Square* (1970), *Las bostonianas* (1971), *Lo que Maisie sabía* (1971), *La vuelta de tuerca* (1971), *Dasiy Miller* y *Los papeles de Aspern* de Henry James; *Adiós a todo eso* (1971) de Robert Graves, *La cultura moderna en América Latina* (1971) de Jean Franco, *El buen soldado* (1971) de Ford Maddox Ford, dos cartas de Malcolm Lowry sobre la novela *Bajo el volcán* (1971), *El corazón de las tinieblas* (1974) de Joseph Conrad, *En torno a las excentricidades del cardenal Pirelli* (1985) de Ronald Firbank, *Vales tu peso en oro* (1989) de J. R. Ackerley, y *La defensa* (1990)

española justo en el momento en que éste se volvía mundial. No hubo timidez ni amedrentamiento de su parte, nada de la figura del provinciano cohibido ante la metrópoli. Al contrario, Sergio Pitol fue en España una persona desenvuelta, inteligente, cosmopolita y entrañable. España, Barcelona y Cadaqués formaban ahora parte de su vida y obra literaria.

---

de Vladímir Nabokov. Además, en dos ocasiones también preparó versiones castellanas de otros idiomas a través de alguna de estas lenguas, es el caso de los tres relatos del húngaro Tibor Déry recogidos en *El ajuste de cuentas* (1968), y de los del chino Lu Hsun en *Diario de un loco* (1971). Más tarde, cuando vivió en Rusia, aún traduciría de esta otra lengua eslava una novela corta y otros relatos de Boris Pilniak (1980), así como *Un drama de caza* de Chéjov (1985)" (Nogales Baena. *Hijo de todo lo visto y soñado*. 80).

BRISTOL

(1971-1972)

El Neobarroco Y El Relato Reflexivo

MICHEL FOUCAULT LLAMÓ LA atención sobre el impacto filosófico de una época como la nuestra, en la que la representación se alejaba de lo representado creando con ello un posible vacío o al menos una distancia entre uno y otro. Barthes entendió esta distancia como el espacio de la crítica, del metalenguaje, y utilizó como ejemplos a los escritores franceses que habían hecho de su oficio un arte y luego una búsqueda filosófica. En 1972, un crítico francés, Jean Verrier, y el escritor y crítico cubano Severo Sarduy, escribieron textos que abordaron el tema de la literatura reflexiva. Ambos conocían personalmente y habían leído a Barthes.

En su artículo "Le récit réfléchie", Verrier hizo una clasificación entre las obras literarias que son gobernadas por las reglas convencionales y las que crean sus propias reglas. Las novelas sobre novelas y las novelas dentro de novelas estaban en el segundo grupo. El hecho de presentarse como ficción les permitía desarrollar la manera en que debían ser leídas e interpretadas; es decir, la literatura reflexiva no solo era relato sino también un manual de uso. Era ficción con crítica. Las piezas de un mecanismo y el manual para armarlo.

El texto "El barroco y el neobarroco" de Sarduy siguió la idea de Foucault acerca del cambio de la mentalidad en la edad barroca. Algo sumamente novedoso es que abordó, por vez primera, a los autores latinoamericanos del siglo XX. Para Sarduy, autores como Carpentier, Cabrera Infante, García Márquez estaban realizando una creación que revelaba al lenguaje como un artificio y a la literatura como una parodia. El significante estalla, condensa y se retuerce como nunca lo había hecho. Esto provoca, entre otras cosas, que el medio se convierta en el mensaje, que la envoltura sea el verdadero contenido. Sarduy desarrolla el recurso de la obra en la obra –o creación especular– dentro de la categoría de la parodia y la intertextualidad. Para él, esta creación permite a los autores apropiarse de la tradición literaria y ganar una mayor autoridad. Esto se hace con una motivación más lúdica que crítica: el barroco y el neobarroco eran creaciones que reventaban las normas clásicas con un fin de novedad o vanguardia literaria.

Primera novela

En *El tañido de una flauta* Pitol se enfocó en el acto de creación y en el medio cultural. Sus protagonistas eran creadores de cine, pintura y literatura; cada uno representaba una opción de vida y de compromiso poético. Por un lado, Carlos es un bohemio en un medio literario mexicano casi inexistente; hilvana viajes, fracasos, una relación tormentosa con una mujer, hasta terminar como el criado de un vago en una ciudad cuyo idioma ignora. Carlos es una promesa de escritor que nunca se cumple. El cineasta –de quien ignoramos su nombre– es alguien que ha renunciado a su proyecto creativo para buscar en cambio la comodidad y la estabilidad económica. Deja la dirección cinematográfica por la producción de películas comerciales, de fácil consumo y éxito taquillero. Por último, el pintor entrega su vida a su arte, logra un cierto reconocimiento cultural en demérito de la estabilidad económica.[1] Tenemos en esta novela los tres caminos posibles para los creadores de todo país latinoamericano a mediados del siglo XX. ¿Es posible una producción cultural de calidad que venda? ¿Se puede ser escritor, cineasta, pintor profesional en México, en Hispanoamérica, o queda únicamente pensar en lectores o espectadores futuros?[2]

---

1. Esta es la hipótesis de Alfonso Montelongo en el análisis de la novela hecho en *Vientres troqueles*: "La escritura metaficticia contemporánea es respuesta a la sensación radical de que la realidad y la historia es provisional: ya no es un mundo de verdades eternas, sino una serie de construcciones, artificios, estructuras temporales" (96).
2. En *El tañido de una flauta* Pitol puso atención en el medio cultural y en la poética de sus creadores, la manera en que el primero condiciona en muchos casos a la segunda. Pierre Bourdieu, en *Les règles de l'art. Genèse et structure du champ littéraire* (1998), llamaría al escritor de una obra personal –aparentemente

La cultura no debe ser un sacrificio, una condena a la pobreza y a la inestabilidad. El cineasta transige con el cine comercial que sí vende e incluso recibe premios. Al inicio de la novela se encuentra en el festival de cine de Venecia, ciudad capital de la cultura, centro del arte renacentista. En ella cree encontrar a su doble, al escritor que pudo haber sido, aquel que fue un enigma, un anhelo y, posiblemente, un deseo homosexual frustrado (el tema homosexual se presenta, sin embargo, de manera muy velada). Venecia se convierte entonces en una suerte de pesadilla donde el director se revela perdido, golpeado, vagando sin rumbo. Al final ambos, escritor y cineasta, se revelan perdedores, sin éxito, sin guía ni obra que los trascienda.

Con esta primera novela, Pitol logró lo que había intentado desde que tuvo la idea de *Juegos florales*. Cuando las formas de expresión literaria parecen haberse agotado y se narra con moldes trillados, una manera de innovar es revelar aquello que subyace bajo la creación. Se trata de poner distancia entre el texto y los lectores para que entiendan y recreen el mecanismo de creación: leemos la novela a la vez que se nos descubren los artificios que la forman. Algo parecido sucedió, de hecho, con la pintura contemporánea. Los artistas fueron removiendo una a una las técnicas visuales que en su momento representaron grandes descubrimientos: la perspectiva, el difuminado, la tercera dimensión. Lograron con ello una pintura expresionista y abstracta, aparentemente sencilla, una pintura ante la cual el espectador debía hacer un recorrido en sentido inverso al de la historia: ver la obra como pudieron haberla visto nuestros antepasados, si hubieran tenido todo el conocimiento futuro, o como la hubiera visto un oráculo: pasado y presente unidos.

La novela de Pitol nos lleva a una cámara de espejos en la que una historia se refracta en otra. El camino se convierte en una suerte de laberinto y la salida se posterga de manera indefinida. Salvo que se considere al arte mismo, el arte puro, como una salida. La salida es también un artificio: el mayor de todos. Al tiempo que nos da una solución, nos dice que la solución está en la creación de caminos. Shakespeare es la influencia principal de Pitol y aporta el título a la novela.

---

compleja–, un autor autónomo, uno que entrega su vida a su creación con riesgo de morir en la miseria, y a un director de cine que tras su primera experiencia repara que su único futuro estable es el cine comercial, lo llamaría un autor heterónomo. El primero le da más prestigio y valor al campo literario porque sacrifica todo por él; al segundo le interesa más el bien el sesgo político y económico.

El narrador de *El tañido de una flauta* cuenta la historia como si estuviera dentro de la mente de los personajes. Sus voces y sus pensamientos son en ocasiones un torrente y un remanso, una corriente y una fragmentación interminable. La tensión de la trama se distiende en ocasiones a límites que obligan a una lectura atenta, comprometida.[3]

Los referentes literarios y artísticos son parte clave de la novela. En primer lugar, sirven para describir a los personajes. Tenemos, de esta manera, a Paz Naranjo, quien fue "una gota del Veronés caída en una superficie innoble";[4] y a Carlos, de quien se pregunta: "¿Le gustó el papel de Rimbaud y el de Nerval, quiso ser Dylan Thomas, le divirtió emular a Malcolm Lowry?"[5] Las referencias culturales sirven también para activar y desarrollar la trama. Carlos se exalta y provoca a su amigo, el cineasta, con referencias culturales. La primera tiene que ver justo con el título de la novela. "¿Piensas acaso que soy más fácil de tañer que una flauta? ¡Grandísimo imbécil!, ¿para esto me sirvió haberte arrastrado al *Hamlet* de Gilguld?"[6] En su último encuentro, "Carlos citó la escena de Stendhal y el joven oficial ruso y el comentario de Thomas Mann, y fue como si le arrojaran agua helada en el rostro. A partir de ese momento, al menos por un buen rato, todo se le vuelve confuso".[7] Un encuentro entre ambos es descrito como "un dibujo de Orozco".[8]

---

3. En *Del tañido al arte de la fuga* Luz Fernández de Alba analiza la novela desde la perspectiva teórica de Bajtín (heteroglosia y dialogismo) y la parodia. Pitol parodia el lenguaje oficial, la jerga de los burócratas y los diplomáticos con el fin de crear un universo complejo y vivo; un universo que conjunte voces diversas y antagónicas. A la par de los burócratas, tenemos sobre todo los personajes de la alta cultura. Luz de Alba realiza una clasificación pormenorizada de al menos siete voces distintas, muchas de ellas dentro de la función del propio narrador (dialogismo). Por su parte, Elizabeth Corral hace un análisis textual de la novela y retoma el tema de la metaficción en *La escritura insumisa*. Añade la noción de lo grotesco, en especial mediante el análisis de dos personajes (Tía Amelia y la Falsa Tortuga), sin desatender la manera en que los personajes se definen y se explican a través del arte.
4. Sergio Pitol. *El tañido de una flauta*. 74.
5. Sergio Pitol. *El tañido de una flauta*. 93.
6. Sergio Pitol. *El tañido de una flauta*. 38.
7. Sergio Pitol. *El tañido de una flauta*. 220.
8. Sergio Pitol. *El tañido de una flauta*. 193.

La novela inicia con la reacción del cineasta ante la película que lleva como nombre *El tañido de una flauta*, y que él piensa está basada en la vida de Carlos. Por último, las referencias culturales son guías para la creación y la escritura de los personajes y para la crítica que deben realizar sus lectores. Se nos cuenta que la novela que desea escribir Morales se detendría a cada momento "con referencias según él no sólo pertinentes sino del todo necesarias para visualizar a los protagonistas y establecer el marco en que se movía. Diría, con Henry James, que un personaje fuera de su escenario no representa nada".[9]

Pitol describe a sus personajes, acelera o ralentiza la trama, y describe las obras que sus personajes crean mediante referencias culturales, sobre todo literarias y pictóricas, pero también cinematográficas y musicales. De esta manera la cultura se vuelve tema y estructura de la novela. El metalenguaje de Barthes, el neobarroco de Sarduy y la literatura reflexiva de Verrier presentaban en la teoría lo que Pitol creaba en la ficción: una literatura consciente de sus medios de representación. Antes de renovarse, la obra se detiene y se observa. Se reconoce como creación. ¿Cuál será su siguiente paso? ¿La observación insana de Narciso, romper el espejo o una renovación de sus medios de representación? Si renovación, ¿cómo?

Pitol profesor

Pitol llegó a Londres a finales de agosto. En la capital inglesa habían vivido en los años recientes Carlos Fuentes, Guillermo Cabrera Infante y Mario Vargas Llosa. José Emilio Pacheco pasó una estancia en la Universidad de Essex, donde ahora enseñaba Carlos Monsiváis. Londres se había convertido en una de las capitales de la literatura hispanoamericana. Cuando el *boom* literario y luego el premio nobel al escritor guatemalteco Miguel Ángel Asturias despertaron el interés en la academia inglesa por esta literatura, Jean Franco estuvo en el centro de las actividades, fue una pieza importante de esta efervescencia cultural. "Las Universidades están a la caza de conferencias y lectores –[le escribió Vargas Llosa a Jorge Edwards]–. Y además esta [Londres] es una ciudad ideal para escribir".[10]

---

9. Sergio Pitol. *El tañido de una flauta*. 98.
10. Citado en Malva Flores. *Estrella de dos puntas. Octavio Paz y Carlos Fuentes: crónica de una amistad*. 307

Pitol se encontró en Londres con Carlos Monsiváis. Pasaron días visitando las librerías, bares y sitios importantes de la ciudad. Monsiváis había leído para entonces su novela. Se estaba convirtiendo –le dijo su amigo– en uno de los autores más importantes de su generación. Monsiváis le prometió una reseña en *Siempre!* Le habló también de la posibilidad de regresar a trabajar para el gobierno mexicano en Relaciones Exteriores. México se reinventaba cada sexenio, y Luis Echeverría había dado un giro drástico con respecto al gobierno precedente. Quiso reconciliarse sobre todo con los estudiantes y la clase intelectual del país, que fue la que más criticó y sufrió la matanza de Tlatelolco. Además, promovió una ideología de izquierda y algunos intelectuales, principalmente Carlos Fuentes, le dieron el espaldarazo. Quizá las cosas podían mejorar.

Pitol tomaría la decisión cuando se presentara una oferta realista. Mientras tanto, era profesor y el 8 de septiembre impartió su primera clase en la Universidad de Bristol. Enseñó español, literatura y arte dramático. Uno de sus grupos montó con su apoyo (participó como director y actor) *Fuenteovejuna* de Lope de Vega. Poco a poco fue entrando en la dinámica escolar; le gustó, sobre todo, la relación con los alumnos. Apenas tenían referencias de la literatura hispanoamericana, pero su formación general era muy sólida. El trato con los colegas, en cambio, le causó una fatiga tremenda; críticos que se habían insertado en la academia de un país extranjero por comodidad y por pretensiones falsas de cosmopolitismo. Eran muy parecidos, en ese sentido, a sus colegas de Relaciones Exteriores. En Belgrado, sus colegas mostraban total indiferencia ante la complejidad cultural de ese país, les preocupaban más los chismes de la oficina, vivían en un lugar extranjero, pero encerrados en su burbuja. Él, en cambio, después del trabajo vagaba por las noches entre calles y bares. Había penetrado en las entrañas de nuevos mundos.

En Bristol los bares cerraban a las once de la noche, después se abrían discotecas y otros lugares frecuentados en su gran mayoría por estudiantes. Era una ciudad pequeña, tranquila, con aires de provincia. Su departamento estaba situado, además, a una distancia considerable de la universidad y del centro. Debía tomar un par de autobuses para llegar a ambos destinos. Se ahorró el esfuerzo y aprovechó la soledad para continuar con la traducción, iniciada el verano anterior en Barcelona, de *El buen soldado* de Ford Maddox Ford. La novela del escritor inglés había revolucionado con el uso de un narrador digresivo en primera persona. Había en la historia saltos al futuro y al pasado que era a su vez el futuro de otro pasado: el estallido de la línea cronológica del tiempo. Y sin embargo, la trama se mantenía tensa, expectante. Con Maddox Ford, Pitol afianzó su canon de lecturas inglesas que compartía algunas características principales con su canon universal. Sus autores en ambos casos eran marginales. Henry James fue en su momento un autor malentendido y muy criticado. Conrad era de origen polaco y tal extranjería se hizo notar en su manejo extraño de la lengua inglesa. De Maddox Ford decían que había escrito la mejor novela francesa en inglés. Pitol se interesó en aquellos que ocupaban lugares menos protagónicos, incluso subversivos, con poéticas innovadoras y de vanguardia. Algún día quizá podría decirse algo parecido de lo que escribe.

En esos meses aparecieron las reseñas sobre *Del encuentro nupcial*. En el suplemento *La Cultura en México*, del que Monsiváis era director, se publicaron cuatro textos sobre el libro y su autor. Marco Antonio Correa publicó una entrevista en la que Pitol narró, entre otras cosas, la creación de su novela *El tañido de una flauta*. Henrique González Casanova refirió sobre todo la biografía del autor, su vida en Barcelona con la *gauche divine*. Federico Campbell remarcó que el libro presentaba cuentos ya publicados con pequeñas correcciones. El texto más crítico fue el de Héctor Manjarrez, quien identificó de manera inteligente uno de los problemas del autor:

> Pitol es un autor obsesivo. Su prosa es de las más precisas entre nosotros; a veces piensa uno que la que más. Precisa hasta el delirio, así el semántico como el mental. Y a veces piensa uno, también que la obsesión de Pitol lo envuelve a tal punto –mental y gramaticalmente– que el autor pierde de vista el objeto, y nosotros con él. Falla el tiro, y la precisión del lenguaje da vueltas en un vacío conceptual y narrativo. La intención del autor se hunde entre el exorcismo y la evocación. O bien el desenlace... representa un desplome de la intensidad lingüística suscitada por el pasado.[11]

El lector atrapado en el laberinto de sus frases digresivas, de la trama al interior de la trama, de sus cajas chinas: ese era el abismo que había rehuido. La clave era saber hasta qué punto su propuesta implicaba a un lector activo y exigente que Manjarrez no había podido ser, o que su texto era en realidad un abismo.

---

11. Héctor Manjarrez. "Prefacio del Infierno". XIII.

Antes de terminar el primer semestre reparó en la excepcionalidad de uno de sus estudiantes. Philip había estudiado en Cambridge, era un joven serio, estudioso, con un conocimiento profundo de la música de Bach y la filosofía de Nietzsche. Pitol le dedicó gran parte de su atención en clases. Esto debió haber incentivado al joven a participar, comentar y estrechar su relación con su maestro. Se volvieron muy cercanos. El mundo académico era un mundo nuevo que no conocía. A esto había que agregar la idiosincrasia de la sociedad inglesa. ¿Valdría la pena tomar riesgos? A finales del mes de noviembre, se atrevió al primer coqueteo. La reacción fue decepcionante. Dejar pasar, olvidar el suceso, volver a sus lecturas y planes de trabajo.

Pero al término del semestre, Philip invitó a Pitol a cenar a su casa. Él había acudido antes a las fiestas de alumnos, no era algo que se condenara ni se castigara en la universidad, de todas formas, las fiestas habían sido muy tranquilas, nada comparado con el mundo de *On the Road* de Norbert. Cenar en casa de un estudiante era, sin embargo, algo muy distinto. Días antes leyó un trabajo de Philip. Les había dado como tema para un ensayo el de la cárcel, pero él escribió sobre el amor. "Las ganas de amor y ser amado. Por primera vez, me he sentido tan feliz en este sentido, tan realizado. Y ni siquiera se ha cruzado entre nosotros una palabra. Y es posible que todo *sea un error* de consecuencias fatales".[12]

Después de la cena en casa, Pitol invitó a Philip al Arts Centre. La comida y el lugar fueron excepcionales. Y, por primera vez: "Le pregunté si había tenido relaciones bisexuales. No contestó directamente".[13] Un joven estudiante, responsable, muy distinto a los que había tratado en Barcelona. Philip no le iba a hablar del hachís negro o verde, de cuevas a donde mudarse para no pagar renta. Debía irse con calma. Terminó el año con una vida sosegada, en una relación de amistad cómplice con Philip. Su trabajo le daba el tiempo necesario para escribir, tenía casi cinco meses de vacaciones al año. Por primera vez cumplía puntualmente con un programa de lecturas, traducción, clases y escritura. Su conocimiento de la literatura hispanoamericana podía ganar en estructura y profundidad. Conocía en realidad poco de su tradición literaria, sobre todo si se le comparaba con la inglesa y la de Europa central. Bristol podía ser una buena opción para cubrir esas lagunas.

---

12. Pitol. "Bristol". *SPP*. 12 de diciembre de 1971.

13. Pitol. "Bristol". *SPP*. 17 de diciembre de 1971.

Pitol ensayista

Inició el año de 1972. Leyó a las inglesas Ivy Compton-Burnett, Virginia Woolf, Jane Austen y al argentino Julio Cortázar. Creía que estas lecturas iban a inspirarlo a retomar su novela, además de darle una distancia crítica con relación a su texto. Tuvo también el proyecto de escribir un ensayo sobre Conrad, que comprendiera algo de su vida y su aportación a las literaturas de finales de siglo.

Pitol siguió en sus primeros ensayos una tradición clásica del género. Las revoluciones teóricas del siglo XX (formalismo ruso, estructuralismo francés, postmarxismo alemán) fueron relevantes, sobre todo, en el mundo académico. Afuera de la universidad, no se les tomó muy en cuenta.[14] La ensayística de Pitol era lúdica y errante; esa era al fin y al cabo la crítica que generaba ciertas ganancias económicas en medios como las revistas, los suplementos literarios de la prensa y las ediciones comentadas. Debía ser una crítica accesible, entretenida, sin dejar de emitir juicios de valor y de esbozar las mayores aportaciones formales y temáticas de los autores estudiados. Pitol escribió sobre todo prólogos para la colección "Sepan Cuantos..." de la editorial Porrúa.

---

14. Los formalistas y los estructuralistas intentaron realizar un análisis textual con una base científica. Para ello dividieron de manera precisa las partes formales de un texto. La estructura de un relato tiene para Genette: tiempo, modo y voz. Si tomamos, por ejemplo, la novela *El tañido de una flauta* vemos que el narrador relata con una focalización interna (modo) en el productor de cine y con una distancia (modo) muy corta del discurso libre indirecto: la voz del personaje se fusiona casi con la del narrador: "Quería sólo recordar, recordar, recordar a Carlos y a Paz durante los días que pasaron juntos en Nueva York. ¡Que se hundiera Venecia!" (32) Es hasta el capítulo siete, con la analepsis (tiempo) del primer encuentro con Carlos cuando empezamos a descubrir a los personajes. La duración (tiempo) de la última escena –un recorrido onírico en Venecia– es especialmente extensa, lo que nos hace revivir la angustia de quien está caminando en círculos. Un solo acontecimiento, haber visto la película *El tañido de una flauta* del director Yukio Hayashi, se repite seis veces en todo el relato. Esta frecuencia (tiempo) significa algo relevante en el texto: es el título de la novela y es el primer ejemplo de metaficción. Con el estructuralismo, se desmenuza el texto para entender el funcionamiento de la máquina: ¿qué es lo que impulsa el movimiento?, ¿qué lo retarda?, ¿quién narra?, ¿cómo narra?.

Por ejemplo, en su prólogo "Charles Dickens", Pitol nos revela que el autor inglés fue el creador de la novela multitudinaria. En lugar de situar a un protagonista opuesto a las fuerzas sociales, históricas y económicas del momento, de ver en la psique el *ring* de batalla de las ideologías de la época, con Dickens tenemos una red de personajes que hilvana la novela con una serie de tramas aparentemente secundarias. La ausencia de un héroe convierte un universo lineal en otro de realidades paralelas y múltiples. Otra aportación formal de Dickens, según Pitol, fue la descripción de los personajes con el uso de diálogos. Nuestro acercamiento a ellos es directo; su pensamiento, su sensibilidad y su persona no están mediados por la voz del narrador: se muestran con sus voces.

Con la llegada del ensayo académico, basado en una teoría más científica, el canon literario recibió una gran sacudida. Se volvió evidente la dificultad de emitir juicios estéticos sobre una obra artística. No hay manera de comprobar a ciencia cierta una experiencia afectiva, un embeleso o un arrobo estético; estas son, por definición, experiencias personales, subjetivas. Una vez que analizamos el mecanismo de una obra con la minuciosidad de un académico como Gérard Genette es difícil afirmar si hay un mecanismo mejor que otro, algo como el arquetipo de los mecanismos narrativos. En dado caso, hay mecanismos ideales para cada texto y hay grandes obras para distintos momentos históricos.

La crítica que escribió Pitol era un esfuerzo por crear una familia de autores canónicos: el o la autora que estudiaba eran únicos, especiales, habían trascendido el tiempo y valía la pena leerlos. Entendía la literatura como una familia con miembros destacados, en la que bastaba con leer sus textos para ingresar a ella: nadie lo iba a desterrar de esa familia. De esta manera escribió sobre la vida y la obra de sus autores favoritos, investigó sobre su entorno social, analizó sus recursos formales. En su ensayo "Cumbres borrascosas", Pitol inicia con el relato dramático de la familia Brontë. Un padre excéntrico, párroco de una pequeña población del páramo en Yorkshire, educa de manera extremadamente rigurosa a sus tres hijas y a su único hijo confiando en que será este último quien se convierta, algún día, en escritor. Pero de todos, es justamente el varón quien nunca logra destacar; se entrega al alcoholismo y al opio, y muere encerrado en la parroquia del padre. Forzadas a ganarse la vida, e incapaces de hacerlo como institutrices –reniegan de la gran ignorancia de sus alumnas–, las hermanas empiezan a publicar poemas y novelas. Ganan cierta reputación, empiezan a obtener ingresos y ahí es cuando el pueblo miserable en el que están encerradas se las lleva una a una, víctimas de la tuberculosis. Las tres hermanas publicaron novelas significativas. Pitol elige *Cumbres borrascosas* porque es la que, según él, innova más. Emily Brontë deja al narrador omnisciente de la época y cuenta la historia con las voces de los personajes menores: la mujer del servicio doméstico y un inquilino; narradores que están además implicados en la trama, que tienen preferencias e intereses investidos en los protagonistas. Un narrador evoca el pasado y el otro se enfoca en el presente. Ambos le dan a la historia fantástica, irreal, terrible de *Cumbres borrascosas* un aire de realidad, de sentido común, de posibilidad.

En otro ensayo, "Jane Austen y su trozo de marfil", la vida de la autora inglesa se presenta como un misterio que Pitol resuelve con la lectura de sus novelas y su correspondencia. A Austen le tocó vivir las guerras napoleónicas, Waterloo, la Revolución Industrial, la Independencia de las colonias americanas y nada de esto aparece mencionado en sus textos, como si hubiera vivido encerrada en una torre de marfil. La escritura de Austen es de una estructura perfecta (al punto de convertirse después en un género literario: la comedia romántica) y de una perfección formal clásica por su transparencia y claridad. Austen es irónica y nunca condena ni moraliza con la acción de sus personajes. Las mujeres –sus protagonistas– tienen como meta principal conseguir marido y son siempre más racionales, astutas e inteligentes que los hombres que enamoran. Si fallan en su objetivo (una relación adúltera, un encuentro sexual previo al matrimonio) simplemente intentan de nuevo. Austen puso así las bases de un feminismo centrado en las costumbres más que en las ideas. Al leer su correspondencia, Pitol encuentra una posible explicación a su genio: Austen disfrutaba bailar tanto o más que escribir. Si había baile, ahí estaba ella, y era de las últimas en partir. La semilla de la fuerza creativa germinó en esas noches de algarabía y de libertad ante las trabas morales. Los hechos de violencia y de guerra, los cambios políticos no aparecen en sus novelas porque son historias de hombres. A ella le interesaban las fiestas y los bailes; es ahí donde se jugaba el destino de las mujeres de su época.

Pitol tenía un conocimiento profundo de la literatura inglesa de casi todas las épocas. Escribió ensayos sobre autores modernos como Conrad y Woolf. Virginia Woolf era una de las columnas más importantes de la literatura del siglo XX. Novelas como *La señora Dalloway* y *Al faro* habían sido de las primeras en utilizar prácticas formales de vanguardia. Pero Pitol tituló su ensayo "*Flush*". *Flush* es una biografía novelada que utiliza todos los recursos del género (citas, referencias históricas, investigación de archivo) para narrar la vida del perro de la poetisa Elizabeth Browning. De un golpe, Woolf convierte así a uno de los géneros críticos más convencionales –y que practicó su padre Leslie Stephen– en una narración a la vez entretenida y con una gran aportación crítica. *Flush* es también un esfuerzo por recrear el pensamiento animal con un conocimiento más o menos certero de la especie y, sobre todo, con un esfuerzo de imaginación empática.[15] Pitol abordó la obra completa de Woolf, su vida, sus novelas y sus recursos formales. Sin embargo, al titular su ensayo *Flush* reveló el valor y la originalidad de una obra que era ignorada por el público en lengua española. Sus ensayos son reflejos de su erudición, pero también de sus descubrimientos como lector voraz que recorría las librerías de Varsovia, Belgrado, Barcelona y Londres.[16]

Los ensayos de Pitol eran otra manera de estar con sus autores favoritos, compartir su vida, su obra, imaginarlos en un café, en una fiesta, en un baile o en un bar. Conocía e identificaba sus aportes, la estructura y el lenguaje literario. Tenía pleno conocimiento de quién era cada uno de ellos y qué podrían haber dicho, cuál habría sido su reacción. Esa misma experiencia es la que comunica a sus lectores.[17]

---

15. Lorena Amaro Castro escribe sobre *Flush*: "Hay que decir que coincidentemente con el interés de contemporáneos suyos por la etología… Woolf describe, *avant la lettre*, la llamada *Umwelt* animal, esto es, su mundo perceptual desde una refinada observación de sus impulsos corporales y sensaciones olfativas, un intento de penetración en la experiencia cotidiana que ningún biógrafo puede arrogarse antes de ella" (100).

16. De acuerdo con la terminología de Pascale Casanova, en su libro *The World Republic of Letters*, Pitol sería un acelerador temporal, es decir, alguien que traduce las obras de vanguardia formal para que su literatura nacional las conozca y las adopte como un desafío. Esto mismo se revela en la respuesta de Sergio Pitol cuando Margarita García Flores le pregunta por los motivos de sus traducciones de autores polacos: "Me pareció que estábamos con un retraso muy evidente en comparación con Francia, Italia y Alemania donde se conoce casi toda la literatura polaca contemporánea". (Pitol. "Desde París…" *Novedades.* 7)

17. Guillermo Sheridan refiere este tipo de crítica al escribir: "Una crítica que no desdeña los antecedentes biográficos, las síntesis argumentales, las eclosiones de fascinación. Es una crítica conversacional, pero de conversador agudo, compenetrado, enterado". (Sheridan. "Sergio Pitol…" *Tiempo cerrado, tiempo abierto. Sergio Pitol ante la crítica.* 263–264)

Luz de Alba estudió en *Sergio Pitol, ensayista* (2010) el cambio y las constantes en la obra ensayística de Pitol. En una primera etapa, Pitol escribe ensayos que abordan el hecho histórico y literario, la vida del escritor, su poética, sus procedimientos narrativos y finalmente su apreciación personal. En esta etapa se incluyen libros como *De Jane Austen a Virginia Woolf*. En una segunda etapa, que inicia con *El arte de la fuga*, Pitol agregaría a sus ensayos un contenido autobiográfico o autoficcional. En ambas etapas el tema principal es la literatura y la escritura. En ambas, su estilo mezcla el análisis con la narración.

La novela inconclusa

Nunca como entonces había tenido tanto tiempo libre, y si bien lo usaba para trabajar en sus escritos extrañó la actividad, el barrullo, el estruendo al que lo había acostumbrado Barcelona. Se sintió en una suerte de limbo. "Nada me gustaría tanto como ir a dar a un hospital y pasarme tres o cuatro días leyendo los Buddenbrook, y Conrad".[18] La solución habría sido Philip, conversar con él sobre arte y literatura durante encuentros esporádicos en su casa y en su departamento, en caminatas por la ciudad; una relación amorosa que conjuntara el erotismo con el intelecto. O quizá descubrir una Bristol de noche. Pero ese barco zarpó al comienzo del siguiente semestre. Los comentarios de Philip en clase siguieron siendo lúcidos, pero hasta ahí, nada más que una relación de maestro y alumno, "un raquítico remedo de amistad".[19]

Al menos, de acuerdo con Monsiváis, su novela vendía bien. La *China* Mendoza la había recomendado en el programa de televisión de Jacobo Zabludowsky, que era el más visto en el país. Salieron también reseñas. La peor de todas fue la de Héctor Manjarrez publicada en *La Cultura en México*. El crítico había dado en un punto incómodo cuando reseñó su último libro de cuentos: el hecho de que su estilo podía ser laborioso al punto del extravío de la anécdota, los personajes y el desenlace. En este caso, a pesar de confesar en un inicio que sus prejuicios literarios le impedían ver con simpatía los objetivos de la poética de Pitol, escribió: "Hay factores que me desagradan [de Pitol] –la falta de compromiso personal con lo que escribe, una exasperante reticencia escudada con gajes literarios, demasiado énfasis en la

---

18. Pitol. "Bristol". *SPP.* 7 de enero de 1972.
19. Pitol. "Bristol". *SPP.* 2 de mayo de 1972.

perfección 'artística', por ejemplo".[20] Para concluir que *El tañido de una flauta* era una novela que no lo había comprometido, ni interesado, que ahondaba en "zonas del comportamiento... que jamás visitaré".[21]

Al mes, salió una defensa de García Ponce en el mismo suplemento. Si bien era posible que en *El tañido de una flauta* no hubiera una historia clara, ese era justamente su objetivo: "el relato, inevitablemente indirecto, hecho a base de suposiciones que no se confirman, de certezas que inmediatamente se destruyen".[22] El medio mexicano no estaba preparado para estos textos, "un producto marginal y en más de un sentido inaceptable dentro de nuestra cultura".[23] Esa era culpa nuestra, no de Pitol. Esa fue la misma conclusión de Henrique González Casanova ("Esta novela, realmente nueva en el español de México, inaugura otro capítulo de nuestra literatura")[24] y de Adolfo Castañón ("*El tañido de una flauta* es una de esas obras para las que sólo la literatura mexicana más reciente ha hecho un espacio").[25]

Cuatro reseñas en un mismo suplemento muestran el poder que tenía Pitol, a pesar de la distancia. Esto era gracias a su amistad con Monsiváis. Recibió incluso una carta de Manjarrez en la que el crítico, un poco acongojado, le profesaba su amistad y lamentaba que sus amigos, en especial la *China* Mendoza, le habían declarado la guerra después de leer su reseña. Había sido una reseña sincera que no merecía esos ataques. "En efecto: esta novela tuya no es sobre ti ni sobre tu generación. Pero, *my dear*, lo es. Hay mucho, mucho de ti —por lo menos aquellos aspectos tuyos que de vez en cuando has querido que yo vislumbre— en Carlos y Ángel. Niégalo si puedes, cabrón. Y sus preocupaciones, y las de otros, y las conversaciones que sostienen, y el mundo en que viven, y etc., y etc. son muy muy de tu generación".[26] En otra carta, José Donoso le escribió: "Me parece que más allá de tu técnica brillante, me gusta cómo sientes los cambios y movimientos misteriosos, automáticos de la personalidad humana presa de sus innumerables máscaras, y las mutaciones que

---

20. Manjarrez. "Estilo y generaciones: la primera novela de Pitol". XII.
21. Manjarrez. "Estilo y generaciones: la primera novela de Pitol". XII.
22. García Ponce. "Sergio Pitol: del viaje como reflejo". X.
23. García Ponce. "Sergio Pitol: del viaje como reflejo". X.
24. González Casanova. "Autores y libros". Sin número de página.
25. Castañón. "Y tus hombres...". X.
26. *Héctor Manjarrez*, SPP, C1283, MD/DSC, Princeton University Library

estos movimientos y sutiles cambios producen".²⁷ La técnica narrativa de las novelas y cuentos de los autores de su canon personal, el mecanismo perfecto de la máquina; a esto le agregaba temas cercanos para sus tramas: su infancia en Veracruz, sus viajes, el medio cultural.

Leyó el último borrador de *Juegos florales* y no le gustó. Debía cambiarlo, pero ¿cómo? "¿Seguir tal vez la técnica empleada en *El tañido de una flauta*? Dos historias, dos personajes. Podría resultar algo muy chocante. ¿Y la de un observador?"²⁸ Le costó un gran esfuerzo volver al texto. ¿Valdría la pena seguir con lo mismo? A finales de noviembre renunció a *Juegos florales*. Un mes después tuvo una revelación. "Juegos florales será un diálogo ininterrumpido, de varias personas en Palmar Susana, y un monólogo como voz central. A través de la cotidianidad debe ir apareciendo la historia de Enriette. Lo veo todo muy claro. Leer a Manuel Puig. Mucho a la Compton-Burnett... Tal vez Joyce".²⁹ ¿Podría escribir algún día esa novela?

Monsiváis le informó, desde México, que no había olvidado su compromiso de investigar en Relaciones Exteriores. Al comienzo de su gobierno Echeverría expulsó del país a decenas de diplomáticos rusos acusados de espionaje. Después dio un giro considerable para restablecer relaciones con los países comunistas. Se inauguró el puesto de agregado cultural en la Embajada de Polonia. Tras haber consultado durante casi un año en representación de su amigo, Monsiváis obtuvo una respuesta positiva. Si Pitol lo deseaba, podrían enviarlo como agregado cultural a una ciudad como Varsovia.

¿Dejaría la universidad? ¿La rutina, el tiempo libre y los compromisos de la vida académica? Encontrarse de nuevo con un medio de efervescencia creativa, mejorar su polaco. Ganaría más dinero, y tendría así la posibilidad de ahorrar para su futuro. "Soy un *middle-aged*; alguien de edad madura... Y no tengo sino un traje, 17 libras en el banco para llegar al fin del mes y deudas por mil dólares".³⁰

Pitol hizo la solicitud y a finales del mes de abril del año 1972, recibió el nombramiento oficial. Entregó su renuncia a la Universidad de Bristol y continuó con su viaje a una ciudad en la que había vivido nueve años atrás, para incorporarse, de nueva cuenta, a la Secretaría de Relaciones Exteriores.

---

27. Pitol. "Donoso, José (and María Pilar Serrano)". *SPP.* 24 de enero de 1973.
28. Pitol. "Diary: Ars poetica". *SPP.* 21 de septiembre de 1972.
29. Pitol. "Diary: Ars poetica". *SPP.* 23 de diciembre (sin año).
30. Pitol. "Bristol". *SPP.* 7 de abril de 1972.

VARSOVIA
(1972-1975)

Milagro Económico

DESDE SU ÚLTIMA ESTANCIA, Polonia había vivido años difíciles. Ignorantes de su propia historia multicultural y del genocidio ocurrido treinta años atrás, el surgimiento de un partido nacionalista provocó una crisis interna política grave que devino en una caza de brujas contra los miembros del partido comunista de origen judío. Los provocaba —decían los fascistas— la actitud beligerante de Israel en el medio oriente y la posibilidad de que los judíos polacos tuvieran más compromisos con ese país que con Polonia. Wladyslaw Gomulka, el secretario general del Partido Obrero Unificado de Polonia hasta 1970, debió transigir: los judíos fueron expulsados de las élites del poder. Las marchas estudiantiles antisoviéticas y pro-liberales de 1968 estuvieron también mediadas por ese mismo discurso anti-sionista. El gobierno respondió entonces con represión y censura, hubo miles de arrestos en las universidades de Varsovia y Cracovia. Impelidos por esta violencia los nacionalistas hicieron un frente común con la Iglesia, el Sindicato de Escritores Polacos y un grupo parlamentario católico para exigir la expulsión del país de alrededor de veinte mil judíos. Estos hechos mermaron la reputación de Gomulka en Moscú, donde originalmente se le había visto con resentimiento y ahora se le veía, de plano, con desprecio. En una decisión desesperada, Gomulka apoyó con veintiocho mil soldados la invasión soviética a Checoslovaquia. Fue una apuesta fallida que le costó el puesto en Polonia.

Su sucesor, Edward Gierek, logró apaciguar las protestas de obreros tras varias negociaciones y concesiones sindicales. Durante sus primeros años en el gobierno favoreció la nueva ola de reconciliación con Occidente; visitó Estados Unidos y recibió al presidente francés, Giscard D'Estaing. Pitol regresó a Varsovia en el periodo de Gierek. Se vivía de nuevo el sueño de un posible cambio político con más libertades y mayor igualdad sostenido por una industria nacional más fuerte.

Además del reencuentro con una ciudad que amó, Pitol pensaba sobre todo en una persona. Antes siquiera de empezar el viaje se imaginó caminando por las calles de Varsovia con Krzysztof. En retrospectiva podía afirmar ahora que él había sido la pareja con quien había vivido sus momentos de mayor plenitud. Tenía miedo y a la vez deseo de encontrárselo en la calle. Quería hablarle y anunciarle que volvía, pero al momento se reprimía por ingenuo. Cada uno había tomado ya su camino.

Antes de llegar a Varsovia pasó una semana en Budapest. Había visitado antes la ciudad, y como esa primera vez, le fascinó; conservaba su esplendor arquitectónico ancestral; tenía una efervescencia artística que él notaba sobre todo en los teatros, las librerías y en los cafés. A finales de junio, finalmente, llegó a Varsovia. Su puesto era el de primer agregado cultural. Habían pasado apenas unos días cuando le escribió a Jean Franco: "I have fallen again in love with this city".[1]

El Zahir

La Embajada mexicana ocupaba el número 77/79 de la calle Marszsalkowska, en un barrio céntrico y elegante de la ciudad de Varsovia. Pitol rentó un departamento en la calle de Wilcza, en el número 71/3a, a seis minutos de distancia de la embajada y de la biblioteca nacional.

Le fascinó la ciudad, pero al poco tiempo le pesó el trabajo. Había dejado una vida privada y estable en la Universidad de Bristol para entrar al mundo de los rumores y los chismes diplomáticos. Las horas en la embajada solían transcurrir monótonas y tediosas, sin mucho incentivo intelectual. Su trabajo era de gestión cultural: asistencia a conciertos y exposiciones; organización de exposiciones, festivales y conciertos; de vez en cuando había que responder una carta de un ciudadano polaco que pedía la copia de un libro o un LP de un artista mexicano; realizar el envío de los datos de una publicación para una

---

1. Pitol. "Varsovia". *SPP.* 23 de junio de 1972.

posible traducción; y asistir a ciudadanos mexicanos que deseaban, como él hacía casi diez años, quedarse en ese país a estudiar con una beca. Uno de los mayores problemas era el desprecio que expresaban los miembros de carrera –aquellos que habían aprobado un examen de la Secretaría de Relaciones Exteriores– contra quienes eran, según ellos, "miembros a la carrera".[2] Entre estos últimos se encontraba Pitol. A pesar de sus estudios de licenciatura en la UNAM, el hecho de no tener el mentado examen le presentaba problemas entre sus colegas e incluso un salario menor.

Inició el otoño, que en Varsovia es una temporada de colores intensos; en las aceras y los parques imperaba el rojo de los robles, el amarillo y el naranja de los tilos y los sicómoros. Decidió volver a frecuentar bares, probar suerte en la noche. Conoció a un tipo que había estudiado la carrera de ingeniería civil en los mismos años que Krzysztof. Pitol le preguntó por él. Y sí, lo conocía: habían sido compañeros en la universidad. Le dijo a Pitol: "–Hay algo en Krzysztof que no me gusta. No es un polaco puro. Hay algo semita en él".[3] Los tiempos en realidad habían cambiado.

En otra ocasión se encontró en un bar con su antigua pareja y viejo amigo, Marek Keller. La compañía de danza Mazowszi le había permitido a Marek viajar por el mundo (España, Francia, Estados Unidos) en una época y en un país donde esto era particularmente difícil. Soñaba con continuar con sus viajes e incluso con mudarse a otro país; quizá con los cambios políticos, esto último sería posible. Pitol le preguntó a Marek sobre Krzysztof. Estaba casado –le respondió él–, tenía un hijo y una situación familiar de pequeño burgués; una vida aparentemente monótona en la que de vez en cuando encontraba seguramente destellos de aventuras. Pitol temía encontrárselo y a la vez era obvio que deseaba verlo. "Ojalá pueda resistir la tentación de echarme a buscarlo".[4]

Compró por medio de la embajada un carro Volkswagen, modelo 1965, y empezó a manejar por la ciudad. Le encantó esa posibilidad de observar sin ser visto; poder salir y entrar de Varsovia, llegar en menos de diez minutos al Palacio Real, que ya estaba totalmente reconstruido, y en menos de otros veinte a los bosques de los alrededores. Varsovia era una ciudad verde en primavera y colorida en otoño, pronto los árboles estarían cargados de nieve. Si no lograba

---

2. Villoro. "Sergio Pitol con pasaporte negro". 68.
3. Pitol. "Varsovia". *SPP.* 9 de octubre de 1972.
4. Pitol. "Varsovia". *SPP.* 12 de octubre de 1972.

concentrarse en su escritura o si llegaba extenuado a casa por el trabajo salía a dar un paseo en coche.

En el mes de octubre tuvo la alegría de volver a ver a los artistas Leticia Tarragó y Fernando Vilchis, a quienes conoció en su primera estancia en Varsovia. Los tres habían sido becados por el gobierno de Polonia y eran originarios del estado de Veracruz. La exposición de grabados de Tarragó y Vilchis se llevó a cabo en la galería de la Sociedad de Amigos de las Bellas Artes de Varsovia. Pitol ayudó en la organización.

Marek lo invitó una tarde de diciembre a una comida con amigos. Se alistó, llegó en coche y antes de entrar a la casa lo vio en la ventana. Era Krzysztof. Saludó a los anfitriones y luego se acercó a él. Krzysztof iba acompañado, pero encontraron la manera de estar solos. Él seguía siendo un hombre atractivo: cabello negro peinado con gomina, ojos negros, tez blanca y un bigote finamente recortado. Krzysztof le dijo que había soñado con él hacía una semana; sabía que se encontraba en la ciudad, amigos en común le habían dicho. Fue como si el tiempo no hubiera pasado. Antes de despedirse quedaron de verse al día siguiente para tomar un café.

Pitol pasó por él en el coche, tomaron un café y antes de partir se unió Marek al grupo. Estuvieron un rato los tres juntos manejando por la ciudad. Luego Marek se despidió, y en casa de Pitol hablaron del pasado, de lo que habían vivido y fue como si la relación siguiera como antes. Estaba eufórico, excitado, pleno y feliz. Cuando llevó a Krzysztof de vuelta a su casa en el coche se descuidó y tuvo un accidente. Nada grave. Fue solo el susto y sin embargo "lo más terrible, mi deseo de morir a su lado. Nada podría recuperar esa tarde; entonces era preferible morir allí, de manera casual, juntos".[5]

Diciembre continuó con una carta de Manuel Puig. Se alegraba mucho de haber recibido *El tañido de una flauta* que –según él– devoró. No le hacía ningún comentario crítico porque "si de algo no entiendo es de literatura".[6] Puig era uno de los autores más originales del momento, no solo en sus temáticas abiertamente homosexuales, sino en la manera en que había conjuntado la alta literatura con la popular y folletinesca. Mientras que la mayoría de los escritores reconocidos buscaban distanciarse de los autores del siglo XIX con prácticas formales cada vez más complejas, Puig lo había hecho desde una posición diametralmente opuesta: adaptando a sus novelas la narrativa

---

5. Pitol. "Varsovia". *SPP.* 11 de diciembre de 1972.
6. Pitol. "Puig, Manuel". *SPP.* 5 de diciembre de 1972.

cinematográfica y de géneros populares, como el melodrama de gran consumo. Esa carta era un testimonio claro de la personalidad humilde y lúdica del genio.

Cenó el 25 de diciembre con amigos y con Krzysztof en el restaurante Spatif. Al día siguiente viajó a Milán donde pasó gran parte del día en las librerías, y luego tomó el tren a Barcelona. Fue una estancia corta que aprovechó al máximo para ver a sus viejas amistades como Milena Esguerra y Luis Goytisolo. Asistió a una fiesta que organizó Carmen Balcells. Estuvo alegre y seguro de sí mismo.

De regreso en Varsovia se preparó de nuevo para la rutina y la gran pregunta: ¿quería que Krzysztof estuviera en su vida? Varsovia era una ciudad iluminada por su recuerdo. ¿Podría iluminarla de nuevo, aunque fuera de manera intermitente? "No pasa un momento en que K. desaparezca de mi mente; como el Zahir de Borges".[7] Estaban además sus proyectos, su deseo de escribir: una relación estable ayudaría con eso. Retomaron la relación. Se veían en las tardes y en los tiempos libres que le dejaba el trabajo. Escuchaban música, a Jacques Brel, bebían vodka y salían a la ciudad con Marek para ver espectáculos de baile o teatro.

Premio literario

El año 1973 empezó con una serie de conferencias sobre la civilización olmeca en la Asociación de Amigos de la Cultura Ibérica. Asistió después a la ciudad de Torún para la celebración del quinto centenario del nacimiento de Copérnico. En marzo invitó a la pareja formada por la actriz Marta Verduzco y Salvador Flores para presentar el espectáculo *Nostalgia de la muerte*, inspirado en la obra de Xavier Villaurrutia y seleccionada por el Festival Mundial de Teatro de Nancy, Francia. Marta y Salvador estuvieron dos semanas en Varsovia. A finales de marzo dio un discurso sobre Sor Juana y leyeron en la radio pasajes de su novela *El tañido de una flauta*.

A comienzos de abril sintió que había llegado el momento de regresar a su novela. Leyó las notas sobre *Juegos florales*. Dudó si continuar con el último borrador o, de plano, deshacerse de él y empezar de nuevo. Un colega

---

7. Pitol. "Varsovia". *SPP*. 9 de febrero de 1973.

de Xalapa le habló para pedirle una colaboración en una nueva revista de la Universidad de las Américas, en la Ciudad de México. Quizá podría enviar un capítulo de la novela. Era un buen aliciente, la publicación lo impulsaría a continuar con el resto. Inició el trabajo en la segunda semana de abril, pero después de un par de días se detuvo, releyó el capítulo y lo tiró a la basura. La estructura le seguía pareciendo interesante, pero era muy similar a la de *El tañido de una flauta*. Tenía además mucho material autobiográfico en el que no le interesaba indagar. Le informó a su amigo que no podía enviarle nada. Esa novela, *Juegos florales,* había detenido todos sus otros proyectos creativos, había funcionado como una suerte de dique, de barrera, de pozo. Debía tomar una decisión: armarse de valor y deshacerse por completo de ella, liberarse de esa carga para poder empezar con algo nuevo.

En la primavera volvió a enfermarse de la garganta y fue internado en el Hospital de Laringología Czerniakowski. Hacía ocho años que lo habían internado en esa misma ciudad, y en los días en que estuvo ahí Krzysztof lo fue a visitar una sola vez y de prisa. Se acordó de ese hecho porque una vez más notó un distanciamiento de su parte. El mismo ciclo una y otra vez, semanas de amor y afecto, de planear vacaciones en Italia y Grecia, de paseos por la ciudad en coche, seguidos de días enteros en los que no le respondía las llamadas. Le exasperaba esta situación donde se sentía manipulado. Un poco de afecto y de cuidado, ¡acaso era mucho pedir! Al salir del hospital decidió terminar su relación con él. Sabía que podía topárselo de nuevo en la ciudad, pero no quería verlo más como a una pareja romántica. Así se lo dijo y el otro pareció entender. Volver a una vida en solitario.

Tenía al menos un trabajo estable en una ciudad y país que conocía y amaba. El embajador Navarrete solicitó permiso en esos meses para llevar la exposición de cultura maya, colección Manuel Barbachano, de Londres a Varsovia. Tuvo éxito y logró que se expusiera cuatro meses en el Museo de Arqueología de Varsovia. Los periódicos anunciaron una asistencia de más de trece mil personas. En el mes de junio, Pitol recibió al compositor Carlos Jiménez Mabarack y al violinista Hermilo Novelo; este último dio una gira por seis ciudades. Pitol estuvo presente en sus conciertos de Varsovia y Lódz.

El 2 de julio recibió la noticia de que había ganado con su novela *El tañido de una flauta* el premio convocado por el Instituto Nacional de Bellas Artes y la Fundación Rodolfo E. Goes. El jurado estuvo integrado por Jorge Ibargüengoitia, Ricardo Garibay y Emilio Carballido. El premio estaba dotado de cincuenta mil pesos.[8] Pidió y le fue otorgado un permiso para ausentarse quince días de la embajada, visitar México, sus amistades y familia. Tenía un motivo para festejar y un aliciente para continuar con su obra literaria.

El accidente

Cuando regresó a Varsovia a inicios de septiembre la ciudad le pareció gris y triste. La gente había perdido la confianza y el ánimo en el nuevo gobierno; siempre lo mismo: un esfuerzo por ganar autonomía truncado por el capricho de las potencias vecinas y la incompetente política nacional. El supuesto milagro económico polaco duró menos de un año. La crisis del petróleo (seguida del conflicto árabe-israelí), la corrupción en el partido y la mala calidad de los productos de exportación polacos, fueron las causas principales de la caída. Sucedió una nueva crisis económica con marchas y protestas sindicales, agravadas cuando se incluyó en la Constitución una cláusula donde se explicitaba el liderazgo único del partido comunista y otra donde se declaraba una alianza permanente con la URSS. Debido a la necesidad del débil, que aprovechaba el más fuerte, Polonia no lograba salir de la atmósfera soviética.

Esta misma actitud derrotista se notaba en la Embajada de México; algunos colegas lamentaban que, de todas las ciudades de Europa, los hubieran asignado en el lado incorrecto de la cortina de hierro. Eso a Pitol –que conocía la literatura y la cultura polacas, que había traducido al español a sus autores como ningún otro– lo sacaba de quicio. Encontró al menos un par de colegas, Manuel Pinto y otro al que llamaba Arletty, con quienes divertirse. No eran personas muy letradas, ni podía entrar en confidencias con ellos, pero salían juntos en la noche para regresar hasta altas horas de la madrugada. El tiempo se iba volando con ellos; hacía su estancia más llevadera. Recibió también en esas fechas la visita de un joven escritor catalán, Enrique Vila-Matas, que recién acababa de publicar su primera novela en Tusquets. Con Vila-Matas sí que pudo disfrutar de la vida nocturna y cultural. Vila-Matas escribió: "Además de sutil y excelente escritor, Sergio Pitol es un conversador de primer orden. Nunca olvidaré cómo en el verano de 1973 y a lo largo de una infinita

---

8. El salario en ese año de una secretaria ejecutiva era de cuatro mil pesos mensuales; un terreno en la Avenida Chapultepec valía dos mil quinientos pesos por metro cuadrado (*Excélsior*. Sección F. "Anuncios y ofertas de trabajo").

serie de sobremesas en su casa de Varsovia, se dedicó con una habilidad fuera de lo común a iniciarme en la oscuridad y magia del mundo de Gombrowicz".[9]

A mediados de septiembre intentó en lo posible volver al trabajo creativo, empezar de una buena vez a escribir. Pero la novela sobre el acto de escribir una novela se estaba convirtiendo en la de la imposibilidad de escribir. Fue entonces cuando sucedió un nuevo accidente automovilístico, este sí fue grave. Era el 16 de septiembre de su segundo año en Varsovia. Viajaba en la carretera acompañado de un joven, Jerzy Serwik. Manejaba un Ford Cortina modelo 72 que adquirió en el mes de julio de ese año después de vender su Volkswagen. Pitol rebasó un tráiler y se topó de frente contra otro carro, un Fiat. En el otro coche iba una familia de tres hijos, una pareja y una anciana.

> Había sangre por todas partes. Alguien me saca y me tiende a un lado de la carretera. Sombra. Al volver en mí, una joven muy hermosa está arrodillada a mi izquierda. Le pregunto en francés si el accidente había sido muy grave. Un muchacho me responde que sí en francés. Vuelvo a preguntar si hubo víctimas en el otro coche. El muchacho me dice que ha muerto una persona.[10]

Sintió terror, culpa, miedo. Lo transportaron al hospital Praski. Sufrió una doble fractura en el pie derecho y el pulmón perforado por cuatro costillas. Tenía problemas respiratorios y fue intervenido de emergencia. Al despertar supo que en el hospital había muerto también la esposa del conductor. Las niñas habían quedado huérfanas. En las noches en el hospital soñó que conducía un carro y que alguien más lo golpeaba, que milagrosamente se libraba del accidente. "Son sueños compensatorios donde trato de reducir mi responsabilidad sobre cualquier siniestro que pueda ocurrir".[11]

El dolor en el cuerpo era insoportable. Apenas y podía respirar. Sentía un pálpito en el corazón y los huesos rotos. En esas circunstancias, recibió una invitación para asistir a un encuentro de escritores en Belgrado y una carta de Félix de Azúa en la que le preguntaba si deseaba traducir *Bakakaï* de Gombrowiczk. Respondió que no al viaje y sí a la traducción. Había trabajado en ese libro con su amigo Juan Manuel y contaba con un texto bastante avanzado.

---

9. Enrique Vila-Matas. *El viajero más lento*. Barcelona, Seix Barral, 2011, p. 20-21.
10. Pitol. "Varsovia". *SPP.* 3 de noviembre de 1973.
11. Pitol. "Varsovia". *SPP.* 8 de noviembre de 1973.

El 25 de octubre dejó el hospital, la pierna derecha enyesada, con la indicación de pasar treinta días de convalecencia en casa. Acordó con la familia de las víctimas una indemnización de diez mil dólares. Pitol pagaría cinco mil de contado en enero y los cinco mil restantes en diez mensualidades. La familia de las víctimas accedió al convenio. "Cancillería... considera esta cantidad como una compensación voluntaria a los deudos de personas fallecidas".[12]

El lunes 26 de noviembre volvió de nuevo a la oficina. En las tardes y los fines de semana revisó la traducción de *Bakakaï* y la envió a Barcelona para que se publicara ese año en Barral. Quiso retomar la novela y releyó lo que había escrito hasta entonces. No servía, había perdido su tiempo. Ya no podía regresar a ella, la novela estaba muerta. Frustración en el trabajo, hospitalización y sensación de culpa a causa del accidente. Antes de que terminara ese año, se armó de valor y destruyó el manuscrito de *Juegos florales*.

Dejar Varsovia

Inició 1974 en casa releyendo sus cuentos. "¡Qué pantano de adjetivos, de digresiones inútiles, de opiniones pedantes que no son sino meros lugares comunes!".[13] Tradujo para la editorial Lumen la novela breve de Conrad, *El corazón de las tinieblas*. Y a finales del mes de febrero, inició de nuevo *Juegos florales*. Esta vez no tenía borrador sobre el cual trabajar; tabula rasa. La protagonista sería como siempre la poetisa, a quien le había cambiado el nombre a Henriette. Dudó si narrarla como lo había hecho en casi todos sus cuentos, con la voz del narrador en discurso libre indirecto. Podía sino cambiar la estrategia. ¿La voz del escritor en primera persona como en *El buen soldado*? ¿Un conjunto de monólogos como en *Las puertas del paraíso*? Esta historia, la de Henriette, le impedía iniciar. Una a una probó la manera ideal de contar la historia. El 18 de abril se dio por vencido. Para aprovechar, al menos, el impulso y la disciplina trabajó en una nueva traducción, *Transatlántico* de Gombrowicz. Los fines de semana –libre ya de sus compromisos en la embajada– trabajó hasta catorce horas seguidas. Era una actividad, la traducción, que lo mantenía activo y despierto frente a la literatura.

Medio año había pasado desde el segundo final de su relación con Krzysztof. La vida en el trabajo seguía siendo monótona, triste, fatigosa. El embajador

---

12. Archivo Diplomático Genaro Estrada. Embajada de México en Polonia.
13. Pitol. "Varsovia". *SPP.* 22 de enero de 1974.

Navarrete le resultó de pronto antipático y pretencioso. Sus colegas eran en su gran mayoría gente burócrata con pocas miras e intereses culturales. En las noches y durante los fines de semana le faltaba la inspiración creativa. Se vio forzado a pedir un préstamo al Instituto de Seguridad y Servicios Sociales de los Trabajadores del Estado (ISSTE) de mil quinientos dólares para cubrir sus deudas ocasionadas por el accidente automovilístico.

Llegó el otoño y con él de nuevo la enfermedad: tonsilitis aguda; internación de tres a cuatro días en el hospital. Se sintió feliz. Tendría tiempo para pensar en sus logros y sus planes a futuro. Deshacerse de *Juegos florales* le abriría el paso a algo nuevo. ¿Pero qué? "Pienso, como Forster, en el hastío de tener que escribir siempre sobre relaciones sentimentales y sexuales que no conozco sino por inferencias, en vez de hacerlo sobre las que personalmente me atañen".[14] ¿Escribir sobre la homosexualidad? Hasta entonces había vivido siguiendo las reglas y las convenciones sociales, es decir, de manera velada. ¿Estaba dispuesto a invertir en ese esfuerzo? ¿Era consciente de los riesgos que corría? Sus colegas homosexuales en Relaciones Exteriores no se habrían atrevido, ni siquiera sus amigos escritores. La causa gay era justa, además de que le afectaba en el nivel más íntimo, pero le cambiaría la vida. "Debería pensar en algo que se imprimiera de manera privada o con seudónimo para tener toda la libertad de expresión".[15] Mejor así, menos complicado, menos peligroso. Pensó de hecho en una trama posible para la nueva novela: *La muerte en Venecia* actualizada en un escenario eslavo. Una buena parte de sus parejas habían sido menores que él. Podría utilizar esto como material literario.

La trama de su posible novela se convirtió de pronto en realidad. Conoció a un joven polaco. La relación inició a finales de ese otoño. Fue una temporada de vida nocturna, de cenas y borracheras espesas. "Ya bebido actúo como en algunos de los peores dramas psicológicos de Strindberg, que en estos días he leído en abundancia".[16] Su nueva pareja se mudó de manera temporal a su departamento. Fue un intento de una vida estable. Pitol, al menos pudo trabajar bien con él a su lado.

Se encargó en el trabajo de la organización de una nueva exposición de arte prehispánico en Polonia. El Museo de la ciudad de Koszlain registró más de siete mil visitantes. Había un claro interés en ese país por las culturas distantes

---

14. Pitol. "Varsovia". *SPP.* 21 de noviembre de 1974.
15. Pitol. "Varsovia". *SPP.* 21 de noviembre de 1974.
16. Pitol. "Varsovia". *SPP.* 8 de diciembre de 1974.

y exóticas de América. Esa misma exposición la envió a Estocolmo gracias al intercambio epistolar con Fernando Fernández Nieto.

A principios de diciembre fue con su pareja de viaje a Suecia. Fernando Fernández organizó para Pitol una serie de conferencias en el Instituto Latinoamericano de Gotemburgo, en la Embajada de México y en el Centro de Estudios Latinoamericanos de Estocolmo; estuvo en la Universidad de Uppsala y se entrevistó con Artur Lundkvist, quien tenía gran poder de decisión sobre las candidaturas de autores de habla española para el Premio Nobel. Lundkvist le dijo que en los siguientes años era muy posible que un mexicano ganara el Nobel: Octavio Paz seguramente.

Fue un viaje extraordinario, pero cuando Pitol y su joven pareja regresaron a Varsovia la relación se deterioró; los actos de crueldad del joven se agudizaron. En una cena con un amigo, Carlos Rosso, su pareja coqueteó de manera abierta con él. El problema ni siquiera fue ese. A Pitol no le hubiera molestado la libertad sexual tanto como la mentira y el engaño. Si la relación iba a ser abierta que se lo dijera, prefería eso a tener que actuar los papeles grotescos de marido engañado, de viejito cornudo.

El Año Nuevo lo pasaron juntos con una amiga. Fue un intento de revivir la relación, de olvidar los problemas. Lo lograron por esa sola noche. Su joven pareja desapareció en los siguientes días. Cuando volvió a llamarle, el 3 de enero, Pitol le colgó. No quería saber nada más de él. Debía olvidarlo, incluso se mudó temporalmente a otro departamento en la calle Grzybowska para poder trabajar sin su recuerdo. Le fue imposible entusiasmarse con sus proyectos, pero encontró cierta paz con la lectura por cuarta vez de *Rayuela*.

Transcurrieron los días; vencer la tentación de volver al departamento en Wilcza, llamar por teléfono. Leyó a Louis-Ferdinand Céline, *De un castillo a otro*. Debía superar la relación fallida, dejar de pensar en él, dejar de sentir tristeza, depresión, cansancio. Sobrevivía. "A pesar de que todo esto es como caminar entre los muertos".[17] Lo volvió a encontrar el domingo 12 de enero cenando con otro tipo en el restaurante Ambassadeurs. Fingió no verlo. Pitol bebió mucho y en casa tuvo un ataque de llanto. "La verdad es que he quedado hecho un estropajo, y que nada me gustaría tanto, y eso ya es imposible, que se volvieran a repetir ciertos momentos. No los eróticos en especial, sino los de verdadero afecto".[18]

---

17. Pitol. "Varsovia". *SPP*. 6 de enero de 1975.
18. Pitol. "Varsovia". *SPP*. 13 de enero de 1975.

Dejar Varsovia. Los rumores que le llegaban de amistades y conocidos del medio diplomático era que pensaban enviarlo a París, donde desde febrero del 75 Carlos Fuentes era embajador, en sustitución del historiador Silvio Zavala. La capital de la cultura, el centro literario por excelencia; el cambio podría ser benéfico. Antes de que iniciara una nueva etapa volvió a su obsesión: *Juegos florales*. Si lo trasladaban a París quería llegar a esa ciudad con su novela, o al menos con un nuevo inicio, un borrador. La novela podía situarse en el hospital del pequeño pueblo de Śródborów. Una suerte de *La montaña mágica* en la que el narrador sería un paciente internado a causa de un accidente.

Fue inútil; ni en su departamento en Wilcza ni en Grzybowska podía escribir nada. "Cuatro o cinco días de desveladas sin tregua. Mucho alcohol. Tristeza".[19] Se sintió deprimido, nervioso y temeroso de dejar Varsovia. Transcurrieron así los meses de febrero y marzo. En abril le anunciaron que debía presentarse a su nuevo trabajo en la ciudad de París.

---

19. Pitol. "Varsovia". *SPP.* 29 de enero de 1975.

PARÍS

(1975-1976)

La Tradición Alternativa

EN EL AÑO 1975 Robert Alter se encargó de adaptar la teoría de los franceses a la descripción y a la formación de un nuevo grupo de obras, a una nueva tradición literaria que se distinguía de las otras por su carácter lúdico, autoconsciente y crítico. Era una tradición que antecedía a la de la novela burguesa y realista, pero que no había sido estudiada a profundidad. Se trataba del género de la novela autoconsciente y su origen era el *Quijote*.

La novela de Cervantes plantea problemas de gran complejidad filosófica. Las palabras son herramientas de representación que nos permiten conocer y entender. Cervantes da un paso más allá cuando revela que los personajes mismos, su conciencia y su realidad, están construidos con esta misma materia: las palabras entretejidas en historias. Si el Quijote es el artífice de su mundo, y Cervantes el del nuestro, lo hacen porque están contando su historia. Entendemos el mundo cuando lo creamos. La literatura se convierte también en crítica. ¿Qué es la realidad, qué es la ficción? ¿Cuáles son los acuerdos y las convenciones sociales que permiten la existencia de una y de otra?

El escritor Lawrence Sterne retomó estas preguntas en su novela *Tristram Shandy* y las respondió con acertijos. Cada lector debe entrar y recorrer las interminables digresiones del narrador, las intervenciones y modificaciones tipográficas (ilustraciones, páginas en negro, páginas en blanco, cambio de tipografía), y la interpelación del narrador para obtener una respuesta. Sterne muestra que las historias obedecen a convenciones que pueden torcerse, cambiarse, ponerse de cabeza.

Si el genio de Sterne está en el recorrido, el de Diderot se encuentra en el diálogo filosófico. ¿Hasta dónde podemos hablar de una creación lingüística sin quebrantar la frontera de lo real? ¿Cuál es el límite de la creación, como competencia mental o como distorsión rayana en la locura? Los personajes de *Jacques le fataliste* refieren la arbitrariedad del lenguaje y el hecho de que toda historia, para serlo, debe abrevar de este material desconfiable. Somos construcciones lingüísticas y de ahí que seamos seres falibles. Tenemos con las novelas de Cervantes, de Sterne y de Diderot un recorrido epistemológico (¿cómo –nos– conocemos?), experimental (¿cómo leemos?) y finalmente metafísico (¿qué es ficticio y qué es real?).

La tradición de la literatura autoconsciente es tan sólida y antigua que coincide incluso con el comienzo de la literatura moderna. Su mayor riesgo es, por un lado, convertirse en un ejercicio árido de disquisición filosófica y, por otro, en una invención indiscriminada de artificios narrativos. En ambos casos, el pensamiento opaca la trama, la anécdota. Y la literatura –reconoce Alter– es ante todo una historia y el ejercicio de contar esa historia.

Fuentes y Pitol

El embajador en París era Carlos Fuentes, el escritor mexicano más reconocido y leído mundialmente, uno de los más prolíficos e innovadores. Fuentes había escrito la primera novela polifónica cuyo personaje principal era la Ciudad de México (*La región más transparente*), otra novela escrita con un narrador en los tres pronombres singulares y en tres tiempos verbales (*La muerte de Artemio Cruz*), *Cambio de piel* y *Terra nostra*. Fuentes había obtenido los premios más importantes de la lengua española, había sido traducido a varios idiomas convirtiéndose en el primer autor mexicano profesional, es decir, aquel que podía vivir de su obra.[1]

---

1. De acuerdo con Ángel Rama, en su artículo "El boom en perspectiva", el autor profesional tiene un ritmo productivo constante, acelerado. La escritura es su único empleo (aquel que le aporta la mayor ganancia económica); de ahí su presencia en el medio editorial: si no publica, no vive. Corre el riesgo, por lo mismo, de que sus obras sean en ocasiones descuidadas, que se publiquen sin una maduración artística suficiente y que sus temáticas respondan a las necesidades mediáticas del momento. Opuesto al autor profesional, está el aficionado. El autor

La figura autoral de Pitol, a diferencia de la de Fuentes, era la de un aficionado: escribía en el tiempo libre que le dejaba el trabajo. Pitol había publicado hasta entonces tres libros de cuentos y una novela; poco si se le comparaba con otros autores del *boom*. Para él, era un error, un sacrilegio, escribir solo para entretener. Una novela concluida con prisas con el fin único de publicarla era un fracaso terrible. Si había demorado tantos años en *Juegos florales* era porque la quería única, original, nueva. Y para ello había diseñado un laberinto en donde él mismo, lamentablemente, se había perdido. Mejor eso, sin embargo, a escribir de nuevo "la marquesa salió a las cinco".[2] Además, Pitol no vivía de sus obras de ficción, como sí llegó a hacerlo de sus traducciones. En sus primeros años en Varsovia publicó una traducción por año. En España siguió un ritmo frenético con traducciones de novelas, ensayos y libros académicos publicados en Tusquets, Seix Barral, Sudamericana y Joaquín Mortiz. El problema fue, no obstante, el mercado. A pesar de que el medio literario en lengua española se fortaleció de manera contundente en los años avanzados del siglo XX, estaba todavía lejos de la fuerza que tenía, por ejemplo, el mercado de lengua inglesa, alemana o francesa. Había dinero en las letras, el problema es que aún era muy poco. Pitol se vio obligado casi siempre a completar su salario con otro trabajo.

Pitol conoció a Fuentes en la UNAM, cuando ambos cursaban su licenciatura en Derecho. A pesar de que eran casi de la misma edad, Fuentes regresaba de vivir en París y Ginebra, además de haber pasado su infancia y adolescencia en Brasil, los Estados Unidos, Argentina y Chile. Era lo más cercano a un dandi, a un cosmopolita, el equivalente –para Pitol– a un personaje de Henry James. Visitaron juntos la casa biblioteca de Alfonso Reyes en la avenida Benjamín Hill. Con el grupo de Muñoz Ledo, González Pedrero y Flores Olea formaron la revista de la Facultad de Derecho que se llamó

---

aficionado no vive de sus libros; cuenta para ello con otra fuente de ingresos. Esto le permite escribir sin las presiones del mercado y las modas. La escritura es para él o ella un pasatiempo o una suerte de religión. En este último grupo están, por ejemplo, los bohemios, para quienes el arte es el fin máximo y único.

2. En el texto "La marquesa nunca se resignó a quedarse en casa" (publicado en *El arte de la fuga*) Pitol aborda una de las tantas profecías sobre la supuesta muerte de la novela. Pitol toma la frase con la que Paul Valéry quiso resumir la banalidad del género: "La marquesa salió a las cinco", y la compara con otros inicios de novelas de vanguardia (Woolf, Joyce, Musil) realizando un lectura crítica y admirativa de cada inicio para concluir que el género sigue más vivo que nunca.

Medio Siglo. Coincidieron también en el curso de "Teoría general del Estado" impartida por don Manuel Pedroso. El exiliado español abordaba el derecho penal con la novela de Dostoievski, *Crimen y castigo,* el derecho mercantil con Honoré de Balzac y la filosofía del derecho con Shakespeare. Ese curso fue, para los jóvenes amantes de la literatura, la luz en una carrera oscura y tediosa. Pitol recordó en una entrevista con Poniatowska que don Manuel Pedroso "nos daba el gusto por la pintura, por la música, por el teatro, por la comida, por la vida misma y mientras nos metía en libros nos contaba de sus años de estudiante en Alemania y de cómo fue el último embajador de la República en Moscú. Por él creo aumentaron mis deseos de viajar... y por él decidí aprender idiomas. Todos aprendimos idiomas *por él*, todos viajamos *por él*, todos quisimos ir más lejos, yo tomé puros boletos de ida, impulsado por las palabras de don Manuel Pedroso, la nobleza de sus ideales, su amor a la tierra".[3]

Cuando Echeverría inició su presidencia en 1970, Carlos Fuentes le expresó su apoyo incondicional. Si bien su generación se distinguía de otras porque la gran mayoría ejercía la crítica literaria, era muy parecida a las precedentes porque el medio cultural seguía estando muy ligado al político. Ya fuera una labor crítica en contra del gobierno o de apoyo, las opiniones de los escritores eran consideradas de gran valor por las élites.

En junio de 1971, apenas unos meses después de haber iniciado su presidencia, se dio una nueva matanza de jóvenes en la Ciudad de México. No se supo nunca la cifra exacta de muertos y heridos, se calculaba un número mayor a cien. Otra vez un grupo de infiltrados y grupos de choque –los Halcones– habían llevado palos, tubos y armas largas para reventar una marcha pacífica de jóvenes. El autoritarismo y la violencia reaparecían. Un grupo de intelectuales, entre ellos Octavio Paz y Gabriel Zaid, fueron muy críticos en contra del presidente. Fuentes, en cambio, lo apoyó, argumentando que Echeverría había caído en una trampa. Dos años después de estos hechos –que nunca se resolvieron–, en 1973, la revista *Plural*, dirigida por Octavio Paz, trató la discusión sobre el rol del intelectual en la política. Paz y Zaid defendieron la independencia; Fuentes y Monsiváis la colaboración, el primero con la élite intelectual y el segundo con la ciudadanía. Echeverría nombró a Carlos Fuentes embajador de México en Francia en febrero de 1975.

Los escritores se volvieron a encontrar en el mes de abril de ese año. Las tareas de Pitol eran las mismas que había llevado a cabo en Varsovia: supervisar

---

3. Poniatowska. "Sergio Pitol, el de todos los regresos". 10–11.

y promover la agenda cultural; recibir invitados, asegurarse de las reservas de hotel y de los restaurantes; presentar a cada ponente y verificar que no enfrentara ningún problema. La diferencia era el ritmo mucho más acelerado de la capital francesa: acudían más artistas, escritores y músicos. A esto había que agregar el problema del dinero. Carlos Fuentes le escribió a la cancillería: "situaciones deficitarias, adeudos y aun deterioro crédito".[4] Pitol debía suplir la falta de personal y la excesiva demanda con ingenio y esfuerzo. A las tareas tuvo que agregar además el acoso de la prensa, que lo veía como "una especie de clon"[5] del escritor famoso. "No puede beber un whisky en un coctel sin que alguien le pregunte sobre la postura de Fuentes de los más diversos temas".[6] Cuando Jorge Herralde lo visitó en una ocasión, apenas y pudo verlo durante una hora libre. Pitol estaba estresado y nervioso, desbordado de tareas. "Las termitas, las infaltables termitas devorándolo todo: mi tiempo, mis nervios, mi espacio".[7]

Aunque era posible que Pitol no estuviera estresado únicamente por sus actividades diarias en el trabajo; su vida personal había dado también un vuelco. Un mes antes de dejar Varsovia conoció a un joven polaco de nombre Piotr. Hubo sintonía desde el principio. La premura de la mudanza apenas les permitió conocerse más. ¿Sería recomendable que Piotr lo alcanzara ahora en París? ¿Estaría él dispuesto a hospedarlo en su departamento? ¿Estaba enamorado de nuevo?

Piotr

Conoció a Piotr en una fiesta en su departamento, ubicado en las afueras de Varsovia, en la estación Glowna. En la fiesta, Pitol le habló de su próximo viaje a París y eso fue para Piotr como un sueño. De inmediato compró un libro de conjugaciones de verbos en francés que repetía a cada momento con un acento horrible. Era difícil salir de Polonia, pero tampoco imposible, bastaba una carta, una invitación y un buen historial para solicitar el permiso. Ellos se conocían, sin embargo, muy poco.

---

4. Citado en Malva Flores. *Estrella de dos puntas. Octavio Paz y Carlos Fuentes: crónica de una amistad.* 448.
5. Villoro. "Sergio Pitol con pasaporte negro". 74.
6. Villoro. "Sergio Pitol con pasaporte negro". 74.
7. Pitol. "París". *SPP*. 26 de enero de 1976.

Pitol llegó a París a comienzos de abril y, en las primeras semanas, se dedicó a buscar departamento. A diferencia de Varsovia, encontrar el lugar ideal fue extremadamente difícil; estuvo más de veinte días hospedado con colegas y amigos. En ese tiempo dejó incluso de escribir sus diarios por miedo a que alguien pudiera leerlos sin su permiso. Finalmente encontró un lugar en la rue de la Fontaine, en el barrio XVI de París. Estaba muy cerca de la embajada, ubicada en el número 9 de la rue de Longchamp, de la torre Eiffel y del bosque de Boulogne: era un barrio burgués, de clase media y media alta. Ahí, en la misma calle de la Fontaine, había nacido Marcel Proust y había vivido y escrito gran parte de su obra Honoré de Balzac. Se instaló en su nuevo departamento con sus libros y su colección de pinturas. De acuerdo con la lista de su menaje tenía cien discos de música, de tres a cuatro mil libros, dos cuadros de Gunther Gerzso y un samovar.

A finales de mes intentó retomar su trabajo creativo. ¿Acaso podría regresar a su novela? "A lo mejor salgo del empacho de los *Juegos florales*, escribiendo la historia de un escritor imposibilitado de continuar escribiendo porque en el momento en que concibió una historia se empachó con ella y nunca pudo encontrar el punto de mira ni el tratamiento adecuado".[8] No escribió gran cosa. *Juegos florales* estaba perdida.

A mediados de abril recibió la noticia de que había recibido un premio, entregado por la sociedad de autores ZAIKS de Varsovia, por su labor de traducción del polaco. Carlos Fuentes firmó su permiso y avisó a la Cancillería de su partida. Regresó a Varsovia apenas unos días después, pero tuvo la posibilidad de volver a ver a Piotr y evaluar la posibilidad de vivir con él en París.

Llegó mayo y con él una serie interminable de trámites burocráticos y una enfermedad de la garganta y bronquios. Dudaba si invitar o no a Piotr. En ocasiones sentía que ya lo había olvidado, pero en otras volvía a experimentar añoranza por él. La diferencia de edad entre ambos era considerable. Estaba repitiendo los modelos literarios de Thomas Mann y de E.M. Forster. Quizá podría escribir una novela como *Maurice*, *La muerte en Venecia*, y publicarla de manera póstuma. "¿Algo relativo a la búsqueda de un padre, y que termina con el encuentro de un hijo? Porque mi relación con P. tiene un poco ese carácter".[9] Si Piotr venía a París, se haría cargo de él, estaría pendiente de su bienestar y de su cuidado; sería una relación como las que había tenido antes

---

8. Pitol. "París". *SPP.* 29 de abril de 1975.
9. Pitol. "París". *SPP.* 21 de mayo de 1975.

en Varsovia. Piotr aprendería francés, conocería el mundo, estaría en la capital cultural de Europa.

Lo invitó finalmente a París. Si obtenía los documentos podía quedarse en su casa. De inmediato, Piotr realizó los trámites necesarios y, en menos de un mes, estaba ya en camino. Llegó el 21 de junio. La persona que conoció en Varsovia meses atrás fue muy distinta a la que recibió en la plataforma del tren de la Gare de l'Est. Piotr estaba lleno de energía y deseos de actividad, Pitol, en cambio, era un hombre de rutinas y de hábitos; desde el primer día, el joven le preguntó por los bares de ambiente. Si él, Pitol, no deseaba ir, Piotr iba solo. Estaba además el problema de la comunicación. Piotr hablaba únicamente polaco, por lo que era imposible que conviviera con las amistades y conocidos de Pitol. Estaba aislado en su mundo de fiestas y escapadas nocturnas.

Pitol hizo lo que pudo para mantenerlo interesado en el aprendizaje del francés y en la parte cultural de la ciudad. Al poco tiempo reconoció su fracaso. Tres meses esperando para que todo se arruinara en tan poco tiempo. Había fallado como guía moral. "El hacerme responsable de la degradación de una persona que amo y en la que no encuentro las resistencias suficientes a la corrupción que puede circundarlo".[10] Fue entonces que le propuso volver a Varsovia. Él le compraría el boleto del tren, pagaría por todo. El problema no fue la fidelidad, al menos no fue el único. Pitol habría deseado que Piotr fuera distinto, más maduro, menos veleidoso, y se daba cuenta, a la vez, de que eso era imposible. La relación parecía haber terminado. Pitol no iba a promover ni a tolerar esa nueva vida que llevaba.

Sin embargo, Piotr no regresó a Varsovia. Cuando no era una excusa era otra: había perdido el pasaporte, había conocido a alguien –un malayo, un portugués– con quien deseaba mudarse a vivir. Empacaba y desempacaba, se alistaba para ir y no lo hacía. Mientras tanto, él, Pitol, sufría de insomnio y de crisis nerviosas. No escribía, no leía, vivía como un sonámbulo. Ya se lo había dicho Calvert Casey: "el amor para mí es como una enfermedad".[11] Había comprobado en carne propia una y otra vez la verdad de esa frase. La relación que había soñado como de un guía espiritual se convirtió en otra de mentiras y de celos. Los únicos días en que Piotr se quedaba en casa era porque no podía salir por falta de dinero. En el mes de noviembre venció su visa de turista y tuvieron que tomar una decisión. Habían pasado casi seis meses

---

10. Pitol. "París". *SPP.* 19 de julio de 1975.
11. Pitol. "Barcelona". *SPP.* 27 de abril de 1970.

desde su llegada y de nuevo Pitol sintió el miedo a la pérdida, a la soledad. Contactaron a un abogado que afirmó podía ayudarlos. Piotr fue a verlo y no volvió en toda la noche. Se ahorró las explicaciones: el abogado simplemente no podía hacer nada. Pitol tuvo otra idea: un matrimonio arreglado con fines únicamente legales. Le propuso este plan a su amiga, la escritora Vilma Fuentes, que al final no se concretó.

Inició 1976, y sin importarle ya la visa, Piotr se quedó en París. La Navidad y el Año Nuevo fueron horribles. En enero, para compensar el mal tiempo que pasaron juntos, Piotr salió de casa y no volvió en cuatro días. Cuando finalmente regresó, Pitol propuso darle mil dólares si se regresaba de inmediato a Varsovia; el dinero le serviría para volver a instalarse en su ciudad, recobrar la calma y la estabilidad. La respuesta de Piotr fue dejar su departamento.

> En las dos últimas noches tengo pesadillas desesperantes: celos, miedo, inseguridad... El sufrimiento fue tan intenso que desperté sobresaltado y durante todo el día no hice sino pensar (rumiar) en el tejido de deslealtades, engaños, etc. tramado durante estos siete meses de vida en común en París.[12]

Marek y Juan

La pintura en México en la primera mitad del siglo XX fue de los tres gigantes: Diego Rivera, David Alfaro Siqueiros y José Clemente Orozco. Ellos fueron el cimiento de un medio artístico nacional que, por primera vez, se proyectó al extranjero. México era ante el mundo pintura muralista. De ahí que los artistas de las siguientes generaciones tuvieron una tradición sobre la cual construir su legado, pero a la vez un desafío muy duro contra el cual luchar. Uno de los pintores que libró con mayor éxito este desafío fue Juan Soriano.

Originario de Guadalajara (Jalisco) y autodidacta, Soriano encontró su estilo artístico de manera intuitiva y espontánea en el transcurso de su juventud. Trabajó de adolescente con artesanos de Tlaquepaque, imitó retratos coloniales y pintó a familiares y amigos, se entregó al aprendizaje de su oficio. Cuando su familia se mudó a la Ciudad de México, completó ese aprendizaje con las lecturas y exposiciones del mundo artístico e intelectual de la capital. Su escuela fue el café París y el Tenampa. En el primero se reunían Lola

---

12. Pitol. "París". *SPP.* 21 de enero de 1976.

Álvarez Bravo, Lupe Marín, los poetas contemporáneos, en especial Xavier Villaurrutia, Carlos Pellicer y Manuel Rodríguez Lozano, entre los jóvenes estaba Octavio Paz. Al Tenampa iban Luis Cardoza y Aragón, las hermanas Campobello, Josefina Vicens y todo aquel que tuviera como ídolo y símbolo a Antonin Artaud y a Arthur Rimbaud.

En ese torbellino creativo de bohemia trabajó pintando retratos y diseñando escenarios teatrales sin obtener a cambio mucho dinero, pero sí el reconocimiento de sus pares y críticos de la época. "Soriano es un pintor al que le estorba la pintura –[escribió Juan García Ponce]–; las grandes obras de los grandes maestros, no le producen admiración, sino indignación: se interponen como un elemento más del muro que él ha tenido que destruir para llegar a ser".[13] A diferencia de la vanguardia europea, su obra no era irónica ni paródica. A sus maestros los había superado con una fuerza creativa inocente sin ser ingenua, desarmada, pero con gran oficio y técnica. En las décadas de los cincuenta y sesenta expuso en las mejores galerías de México (Inés Amor) y en varias de Europa (Roma, París); Soriano era uno de los artistas más reconocidos y admirados por la crítica.

Cuando Pitol llegó a París, Soriano se encontraba en esa misma ciudad. Vivía en el 29 Boulevard St. Martin y trabajaba en un proyecto de cuatro grabados que financiaba la compañía Olivetti. Él y Pitol eran de generaciones distintas, pero se conocían y tenían amistades en común. Soriano había diseñado los escenarios de *Poesía en Voz Alta*, patrocinada por Difusión Cultural de la UNAM, en una época en la que Pitol y los escritores jóvenes de su generación trabajaban alrededor de la figura de Jaime García Terrés. Una de las parejas románticas de Soriano, Diego de Mesa, fue un exiliado español; con él conoció al grupo de intelectuales y artistas que salieron de España, entre ellos, a María Zambrano. Ella fue su amiga y admiradora sincera, como lo fue también de Pitol. Así que en París, Soriano y Pitol reanudaron la amistad; organizaron juntos comidas y veladas.

Soriano batallaba entonces contra una depresión que había iniciado en México, en 1968, y continuó en los años vividos en Roma con su pareja romántica, Diego de Mesa. Le cansaba de México el discurso nacionalista, y de Diego, sus prejuicios de clase. Tenía más de cincuenta años y seguía viviendo al día. Tuvo un problema en París con una muela, acudió al dentista, quien le hizo un diagnóstico. Soriano no tenía dinero ni para pagar esos gastos. A punto de la depresión, conoció para su gran fortuna a Marek Keller.

---

13. Citado en Elena Poniatowska. *Juan Soriano, niño de mil años*. Kindle.

Cuando Marek pudo salir de Varsovia, viajó a París y contactó de inmediato a Pitol. En los primeros días se hospedó en su departamento; había confianza, aprecio y muchos años de amistad. Organizaron una cena en la que invitaron a Soriano. A Soriano, el joven polaco le pareció una persona sencilla, amable y atractiva. Lamentablemente su inglés no era muy bueno y Marek no hablaba francés, así que en las primeras citas apenas se entendieron. Pero fue suficiente para el inicio de un romance que, con los meses, se consolidó en una relación estable. El polaco se encargó de buscar y preparar un departamento para los dos en París, y de escribirles a todos los deudores de Soriano para exigirles su pago, ya fueran compradores privados o galerías. Con ese dinero pudieron sobrellevar una vida estable. Marek fue la pareja romántica y una suerte de mánager para Soriano; era una persona culta, que había sido bailarín durante muchos años. De inmediato tomó cursos de español en Berlitz y a los tres meses ya lograba comunicarse en esta lengua.

Juan y Marek no ocultaban su afecto ni su relación. Les molestaba, por otro lado, tener que dar explicaciones que a una pareja heterosexual no le habrían pedido. En una ocasión el Museo de Arte Moderno en México organizó una retrospectiva de su obra artística. Su director, Fernando Gamboa, había cenado con ellos en París; hablaron sobre los últimos detalles de la exposición y de su gran impacto en el medio cultural. Era un momento importante de su consagración nacional y, no obstante, Soriano amenazó con no asistir. La invitación que le llegó a su departamento estaba dirigida únicamente a él. Esto lo enfureció. Gamboa conocía a su pareja, ¡cómo se atrevía a ignorar a Marek! Luis Echeverría iba a asistir a la inauguración; era imposible que el artista no fuera. De inmediato se envió una nueva invitación para el Maestro Soriano y "las personas del mundo artístico en París que deseen acompañarlo".[14] El eufemismo era ridículo, pero así era la época y sus prejuicios.

Secretaría de Relaciones Exteriores

Luis Echeverría dejaría la presidencia ese año y con ello se avecinaban cambios. Había rumores de que quizá Carlos Fuentes permanecería hasta 1977 en el cargo de embajador. Con miras a aclarar, en la manera de lo posible, su futuro, Fuentes mandó llamar a Pitol. Le aseguró que, si él se quedaba en París, Pitol tendría su puesto asegurado. Si Fuentes partía, él haría todo lo

---

14. Entrevista con Marek Keller. 12 de septiembre, 2020.

posible para que lo nombraran a él, Pitol, como embajador. Apenas pudo creerlo. Un ascenso así era extremadamente difícil, casi imposible, sobre todo en una embajada como la de París. Pero le agradeció el gesto a su jefe y colega.

La Secretaría de Relaciones Exteriores era de las más destacadas y brillantes del gobierno mexicano. Había logrado con gran inteligencia y decisión marcar una distancia necesaria con el imperio más fuerte del mundo, su vecino del norte. Esto fue particularmente difícil en los años en los que se vivía. La Guerra Fría dividió el mundo en dos bloques, y mientras que la URSS dominó a sus países vecinos –con excepción de Yugoslavia–, México nunca sufrió una intervención política, económica y militar por parte de los Estados Unidos. De hecho, México fue uno de los críticos más tenaces y certeros de este país, y luchó en todas las ocasiones para que no se le obligara a participar en sus conflictos militares. En 1947, por ejemplo, Jaime Torres Bodet evitó la creación de una organización de países de la región aliados a Estados Unidos a pesar de la presión en contra que ejercieron países como Brasil. Un año después nació la Organización de los Estados Americanos, y países como Brasil, Chile y Perú quisieron darle desde un inicio una función censora para patrullar y evitar a toda costa gobiernos con inclinación comunista. México se opuso a esto argumentando que era mejor resolver las raíces profundas del descontento de las poblaciones más pobres y atrasadas de la región. Cuando Estados Unidos intervino para derrocar al gobierno electo de Guatemala, Luis Padilla Nervo se negó a firmar un tratado militar bilateral y en la VIII Asamblea General de la ONU defendió el derecho que tenían las naciones para elegir al gobierno que desearan. Volvió a defender la autonomía de Guatemala en la X Conferencia Interamericana realizada en Caracas y le ofreció además asilo al presidente derrocado Jacobo Árbenz con todo su gabinete, a pesar del enojo y el escándalo de los Estados Unidos. Después de esto, sucedió lo de Cuba.

El gobierno de Kennedy quiso intervenir en la política de Cuba –así como antes se había hecho en Guatemala– y fracasó notablemente en playa Girón. El gobierno cubano se hizo más fuerte y en México se fijó una posición desde el inicio donde se declaraba el apoyo para que todo país decidiera sobre su propia situación política, además de un rechazo a toda agresión externa. Un año después, el canciller mexicano se opuso a la expulsión de Cuba de la OEA y fue México el único país en la región que no rompió relaciones con la isla. Tampoco fue la suya una relación de apoyo incondicional. Cuando en 1962 los soviéticos transportaron de manera clandestina misiles nucleares a Cuba, el presidente López Mateos expresó todo su apoyo a los Estados Unidos.

México reanudó relaciones con la mayoría de los países de Europa del Este después de la Segunda Guerra Mundial (Checoslovaquia, Polonia y Yugoslavia), a pesar de que no tenía ningún intercambio comercial con ellos. Su intención fue claramente política: en la Guerra Fría no sería el satélite de ninguna de las dos potencias. Pitol vivió en Varsovia y en Belgrado cuando era posible que nadie en esas ciudades hubiera conocido, quizás ni siquiera escuchado hablar de un mexicano o un latinoamericano. Su presencia ayudó a México, pero también a esos países europeos que habían quedado del otro lado de la cortina de hierro.[15] Este era el mundo en el que se había movido México y esa era la secretaría para la que trabajaba Pitol. La masacre en Tlatelolco sacudió este balance a punto casi de romperlo. Octavio Paz no volvió al trabajo diplomático, pero escritores como Carlos Fuentes y Sergio Pitol sí lo hicieron después de un lapso de cuatro años. Su meta –la de Pitol– era ahora ascender en la pirámide.

---

15. A pesar de las presiones estadounidenses, México desarrolló una economía proteccionista, con una fuerte participación del Estado. Se negó a formar parte del Acuerdo General sobre Aranceles y Comercio (GATT) porque era evidente que su industria no resistiría el impacto de la estadounidense. Consciente, por otro lado, de la necesidad de desarrollar su economía promovió la participación extranjera, en tanto que un 51% del capital fuera nacional. Hay que decir que, por otro lado, tampoco recibió ayuda de los Estados Unidos. Cuando en una reunión de la OEA, los países latinoamericanos pidieron una ampliación del Plan Marshall a su región, la respuesta fue negativa. El apoyo que dio Estados Unidos a los países latinoamericanos fue siempre selectivo, mediante convenios bilaterales, buscando ante todo mejorar sus intereses económicos y políticos. Apoyó de esta manera a los gobiernos militares de Argentina, Bolivia, Brasil y Perú para contener el avance de movimientos procomunistas. En el caso de México no hubo riesgo político, así que su relación se centró sobre todo en el intercambio económico. Debido a que México apoyó al gobierno cubano, este no intervino en su política interna. El surgimiento de los movimientos de guerrilla que luchaban contra el *statu quo* y el enriquecimiento de una élite, no tuvo en México –como sí lo tuvo en otros países de la región– el apoyo exterior cubano ni, por lo mismo, soviético.

Depresión y bloqueo

Soriano había estado deprimido durante años, pero su creación había seguido intacta, ella lo sacaba a flote, le daba una disciplina y un objetivo de vida. Le sorprendió por lo mismo que Pitol se dejara llevar por la desidia, la vida social y el exceso de trabajo administrativo. Si quería trascender en su obra, debía encontrar el tiempo para su escritura. Esa era su obligación principal. La vida podría ser triste, frustrante, problemática, pero no podía dejar de ser creativa.

Organizó una exposición de la obra plástica de José Luis Cuevas en el Museo de Arte Moderno de París, y en los pueblos costeros de Cagnes-sur-Mer y Menton. En los últimos meses del año, Pitol leyó a Marcel Proust y releyó a Emil Cioran a quien, por cierto, pudo conocer en esos días. Había estado sumamente ansioso antes de su encuentro, pero finalmente cuando lo vio quedó gratamente impresionado. Hablaron sobre Dostoievski, del pueblo ruso y de los místicos españoles. Cioran lo trató como a un igual.

Junto con sus lecturas y encuentros, buscó un nuevo proyecto de escritura. Se había despedido de *Juegos florales*. En Varsovia quemó el manuscrito para liberarse físicamente de él. Debía ahora encontrar una nueva novela. Pensó en un texto autobiográfico, quizá sobre su última relación fallida con Piotr. Releyó sus diarios en busca de una imagen, un detalle que accionara la trama. Recordó la novela con temática homosexual que había imaginado en Varsovia:

> ¿Una *Mrs. Dalloway* gay? ¿Por qué no?... Pero ¿dónde fijar el núcleo? La emoción de la fiesta. Alguien está escribiendo una novela sobre una fiesta: esta sería posiblemente la voz narradora. Es además la persona que va a darle la fiesta a un funcionario mexicano de paso por París y que recuerda cómo en Varsovia, la noche que en una fiesta conoció a la chimpletita, se le ocurrió la idea de esa novela, en la que por el momento se encuentra varado.[16]

La trama era muy similar a *Juegos florales*; cambiaba únicamente el escenario y el narrador; se mantenía el núcleo central de la historia dentro de la historia, el protagonista como narrador frustrado. Quería adentrarse en ese mundo de espejos, y no lo lograba.

---

16. Pitol. "Diary: Ars poetica". SPP. 25 de junio de 1976.

A Piotr volvió a verlo meses después de su partida, caminando en una calle del barrio del Marais. Vestía la misma ropa con la que lo había visto salir de su departamento. ¿De qué estaría viviendo ahora? ¿Habría conseguido a otra pareja que le pudiera resolver su situación laboral y legal, alguien que sí le fuera útil? Transcurrieron los meses, el trabajo, el olvido hasta que a finales de marzo Piotr lo llamó por teléfono. Salieron juntos a La Rhumerie, el bar favorito de Jean-Paul Sartre, situado en el Boulevard St. Michel. Bebieron con un grupo de amigos y luego fueron al nuevo departamento de Piotr. Fue una velada muy cordial, aunque él sintió que Piotr buscaba en ocasiones despertar sus celos.

Había sido una relación difícil y compleja. En una ocasión, un amante de Piotr habló por teléfono a su departamento. La otra persona colgó cuando se dio cuenta del equívoco. Pitol se puso furioso. ¿Hasta cuándo debía soportar eso? "He pensado toda la tarde en un cuento donde un personaje llega a su casa y encuentra el cadáver de un amante, un tal Piotr, que le hizo mucho daño".[17] En lugar de una fiesta, de una *Mrs. Dalloway* gay, podría tratarse de un crimen y la búsqueda de su solución, una novela detectivesca. Demasiado convencional. Podría ser una novela detectivesca con un giro. ¡La historia dentro de la historia! Un escritor que desea escribir una novela sobre un crimen y al hacerlo siembra la ambigüedad sobre si el crimen ha sucedido o no, si es realidad o ficción. Uno de los personajes sería Piotr. La relación seguía muy viva en su recuerdo. Quería por un lado superarla y, por el otro, seguir en contacto con él; cuidarlo, ese había sido su compromiso.

Volvió a verlo en el mes de septiembre, ahora con una nueva pareja, un joven vietnamita. Comieron los tres juntos y hablaron de sus planes de vida. Parecía haberse adaptado a París, no pensaba regresar a Varsovia, su vida giraba ahora en esa nueva ciudad. Un año había pasado desde su llegada y era claro que ya no lo necesitaba, quizá nunca lo hizo. Piotr había tomado su camino y esa fue la última vez que Pitol lo vio. Continuó, eso sí, con su proyecto. Escribió un relato extenso sobre su relación con Piotr. Dudó si firmarlo con su nombre o con seudónimo: la trama abordaba de manera abierta la relación homosexual.

Antes de tomar una decisión, releyó el texto y lo encontró sin vida. Necesitaba reescribirlo, más que un relato, podía convertirlo quizá en una novela breve. Si obtenía el puesto de embajador en París sería difícil encontrar el

---

17. Pitol. "París". *SPP.* 5 de abril de 1976.

tiempo necesario para escribir. Tenía, no obstante, el ejemplo de Fuentes; en esos dos años había publicado una novela monumental *Terra nostra* y un libro de crítica literaria *Cervantes o la crítica de la lectura*.

Llegó diciembre y la toma de posesión del nuevo presidente en México, José López Portillo. Después de las fiestas navideñas y el Año Nuevo, regresó a la embajada el 4 de enero. Ese mismo día fue notificado de su cambio. No sería embajador, ni se quedaría en París; ocuparía el mismo cargo de consejero cultural en la ciudad de Budapest, Hungría. Tenía un mes para realizar la mudanza. Continuar el viaje, volver a Europa del Este, detrás de la cortina de hierro. Al menos llegaría a su nueva ciudad con un nuevo proyecto bajo el brazo. Esa había sido la enseñanza de su amigo Soriano. A pesar de la depresión, del desamor y la tristeza, mantener siempre la disciplina creativa.

BUDAPEST

(1977-1978)

Hungría

LOS HÚNGAROS SON ORIGINARIOS de la Siberia occidental. En el siglo VI cruzaron los montes Urales, las estepas, el mar Negro, los Balcanes y los montes Cárpatos hasta establecerse, cinco siglos después, en el valle del Danubio. Un pueblo nómada, guerrero, de grandes domadores de caballos; en menos de dos siglos se convirtieron al cristianismo, se gobernaron bajo una familia real, la casa de Árpad, y lograron la estabilidad suficiente para desear incluso expandir sus dominios en las zonas aledañas. Llegó la calma, el progreso y luego un hecho extraño. Del Oriente, de donde ellos mismos habían migrado, surgió un ejército con su misma táctica de guerra a caballo y en redadas. Fueron derrotados por quienes ellos mismos habían sido siglos atrás. Pidieron ayuda a los reinos cristianos y al Vaticano, recibiendo como respuesta una bendición a la distancia. Si no hubiera sido porque el gran Kan de los mongoles murió en esas fechas y los ejércitos debieron regresar a rendirle homenaje al nuevo jefe, los húngaros quizá no habrían recobrado nunca sus tierras.

Después de la invasión mongola hubo un intervalo de calma y desarrollo entre 1242 y 1526. Se creó la primera universidad, hubo un florecimiento de las artes y las letras; entró el Renacimiento italiano de la mano de la familia real napolitana y del rey Matías Corvino; surgió el esplendor de las ciudades reales de Buda y Visegrád con sus palacios y su biblioteca de más de dos mil quinientos manuscritos. Hungría se convirtió en un reino poderoso de la región. De ahí que su caída fuera esta vez más estruendosa. El Sacro Imperio Romano Germánico, los Habsburgo y los Jagellón de Polonia lucharon para contener la invasión otomana. Viena apenas pudo defenderse. Buda y un tercio del reino de Hungría se dieron por perdidos: eran ahora parte del imperio otomano.

Cuatrocientos años de dominación: al siglo y medio de reino otomano le siguieron dos de dominio de los Habsburgo. Es claro que la situación con uno y otro imperio fue muy distinta: los otomanos utilizaron el territorio húngaro como punto de partida para una futura expansión en Europa; expansión que nunca se dio. Fue una región que por lo mismo vivió una actividad bélica constante, pero a su vez una gran tolerancia religiosa y autonomía política. Cuando finalmente se liberó la ciudad de Buda, el parlamento húngaro tomaba ya gran parte de las decisiones importantes del reino. El caso de los Habsburgo fue más complejo.

La ciudad que conoció y admiró Pitol era sobre todo la Budapest del siglo XIX, es decir, la de los Habsburgo. Después de un intento de independencia fallido, en 1849, los Habsburgo optaron por una política conciliadora. Hungría se convirtió en casi un igual de Austria. Los Habsburgo podían intervenir únicamente en dos áreas: el ejército y el servicio exterior. Todo lo demás era del control del Parlamento. La ópera, los museos, los balnearios y los jardines que se construyeron en Viena, se construyeron de igual manera en Budapest. Los húngaros incluso recibieron en 1878 el control sobre los nuevos dominios de Croacia y Bosnia en una suerte de gobierno escalonado cuya cima era el palacio de los Habsburgo, seguido del Parlamento húngaro, y luego de los otros reinados e imperios: Bohemia, Moravia, Galizia, etc. En 1902, para iniciar el nuevo siglo, se concluyó el edificio del Parlamento húngaro, uno de los más majestuosos de Europa, comparado en belleza con el británico. Era este el símbolo de la autonomía de un país que, sin embargo, sufriría en ese siglo XX sus peores derrotas.

Hungría luchó junto con Austria en la Primera Guerra Mundial. Su derrota implicó la pérdida de dos tercios de su territorio y una población de más de tres millones de húngaros que, de pronto, dejaron de serlo. En el Tratado de Trianón, al final de la Gran Guerra, no tuvieron voz ni voto. Cayó el imperio de los Habsburgo y con él Hungría. El periodo de entreguerras fue difícil y conflictivo: a un gobierno fugaz comunista, le siguió otro conservador –del terror rojo al terror blanco–; a una población multicultural le sucedió otra homogénea y con una nueva inclinación al antisemitismo y el fascismo. Hungría, sin embargo, no deseaba luchar una nueva guerra, y fue solo por su posición geopolítica por la que tuvo eventualmente que aceptar la pertenencia al bloque del eje en la Segunda Guerra Mundial. Los nazis entraron al país y lucharon en la ciudad de Budapest contra los soviéticos causando grandes daños y muertes. A Pitol, que había vivido en Varsovia y en Belgrado, la ciudad le pareció sin embargo majestuosa. Los palacios y el parlamento se habían ya reconstruido para la década de los años setenta.

Al término de la Segunda Guerra Mundial, los húngaros llevaron a cabo elecciones claramente fraudulentas en las que se impuso la dictadura del partido comunista. Hubo, como en casi todos los satélites de la URSS, una política de colectivización de los cultivos e industrialización forzada, acompañada de persecución policial, juicios, encarcelamientos masivos y constantes purgas en la élite del partido. En seis años más de un millón de personas —en un país de nueve— enfrentó un juicio penal.

Apenas dos décadas antes de su llegada a Budapest, en 1956 ocurrió en Hungría un hecho extraordinario. La población enfrentó con violencia a los tanques soviéticos para proclamarse independientes de la URSS. Pero aquellos que esperaron un apoyo de los países democráticos sufrieron una gran desilusión. La lucha en las calles de Budapest duró trece días. Imre Nagy, el presidente del partido comunista húngaro durante la revuelta, que había hecho ciertas reformas para liberalizar su país, fue ejecutado por los nuevos gobernantes de Hungría, fieles a la URSS. El crítico literario e intelectual Georg Lukács apenas salvó la vida. Entre los presos que siguieron al levantamiento se encontraba el escritor Tibor Déry. En su primera estancia en Varsovia, Pitol había leído con gran admiración y fervor su obra, y tradujo tres cuentos suyos.[1]

Cuando Pitol llegó a Budapest el líder del partido era János Kádár, un oportunista, represor, torturador y a la vez, cuando obtuvo el poder, un político que logró distanciarse de la URSS y complacer a la población húngara, que antes había reprimido. Esta ambigüedad e hipocresía hacía de Hungría un país a la vez soviético y no: respetaba la colectivización del campo, pero con prácticas de mercado liberales, había dictadura de partido, pero sin grandes

---

1. Pitol tradujo "El ajuste de cuentas", "Amor" y "Filemón y Baucis". En los tres cuentos se relatan situaciones de represión y violencia estatal. En "El ajuste de cuentas" un profesor se ve obligado a huir del país después de haber hospedado en su departamento a un estudiante revolucionario. Guarda cierta relación este cuento con la novela *Sostiene Pereira* de Antonio Tabucchi, que admiró Pitol y que es, seguramente, una de las mejores del siglo XX.

persecuciones ni restricciones civiles. En una extraña manera, Kádár cumplió el sueño de quienes ayudó a reprimir en la Revolución de 1956.

Novela gay

La Embajada de México se ubicaba en un suburbio de la ciudad de Pest, en Budakeszi. Ocupaban el noveno piso. El espacio era claramente insuficiente. El embajador Roberto de Negri Yberri había insistido desde un año antes en la necesidad de cambiar de sede. Envió a la Cancillería un croquis de la Embajada en donde se mostraban tres oficinas, una junto a la otra. Pitol, como agregado cultural, tuvo derecho a una de ellas.

Llegó a su nueva ciudad el 27 de febrero de 1977. En esos primeros meses apuntó en su diario una serie de pesadillas. En una de ellas asesinaba a una persona en venganza de un agravio. Trataba de encubrir sin éxito su crimen. Interpretó ese sueño como una sensación de culpa por no escribir, las mentiras eran las excusas con las que se justificaba y que habían escuchado una y otra vez Marek y Juan Soriano. En otra pesadilla debía salir en el intermedio de una función de ópera a responder una llamada telefónica. Tomaba el auricular y un amigo le pedía que esperara a que la otra persona se pusiera al habla. Una fila se formó detrás de él, primero enojados, luego furiosos y al final violentos. En otra ocasión soñó que tenía una serpiente enredada en el cuerpo y que debía, por lo mismo, andar desnudo. En otra que estaba en una comida con Carlos Fuentes, Silvia Lemus y Rita Macedo, y él era completamente ignorado, como si no existiera. Al menos en esos primeros meses se había librado del insomnio, desde hacía años tomaba pastillas. Recordaba haber trabajado en Varsovia hasta altas horas de la madrugada y a las cuatro o cinco tomar una pastilla para dormir.

A finales de mayo visitó Viena en un recorrido histórico y simbólico de Kakania, el imperio bicéfalo de Kaiserlich *und* Königlich. Viena era el esplendor y el fausto, la casa de la ópera, los palacios, las iglesias, los museos sobre la Ringstrasse, las librerías y los cafés. Su estilo arquitectónico barroco era muy parecido al del México colonial. Era el estilo de los Habsburgo, reyes de España durante gran parte de la Nueva España y defensores del catolicismo en la Contrarreforma. Viena era la ciudad que habían narrado con gran carga filosófica Robert Musil y Hermann Broch; con parodia, diversión y tramas ágiles Joseph Roth, Arthur Schnitzler y Stefan Zweig. La pintura expresionista de Egon Schiele, sus retratos de mujeres y hombres de cuerpos tortuosos y sensuales, manos nudosas, miradas dramáticas; Gustav Klimt y su pintura simbolista de esplendor y decadencia, la Viena de los edredones de retazos y telones de oro y diamantes.

"Ayer que venía de Viena me decía, tengo que escribir lo que soy sin ambages, para poder sentirme libre de culpas. ¿Me sentiré mejor sólo con afirmar que soy homosexual? Creo que sí".[2]

Estaba lejos de las tensiones de París y tenía el relato sobre su relación con Piotr. Un proyecto creativo nuevo, original, algo que en México no se había hecho. Estaba inspirado y con ánimos de escribir. Europa del Este le daba más libertad, prefería la periferia al centro. Su nueva novela abordaría el tema de la homosexualidad con la complejidad y la elaboración formal de la vanguardia literaria. En su novela habría discurso libre indirecto, monólogo interior, una manera oblicua de desarrollar la psicología espontánea de sus personajes y parodia. El espacio cerrado de un departamento podría darle a la trama una agilidad dramática. Le preocupaba, sin embargo, que la parodia se entendiera como una burla y una manera de ridiculizar a los homosexuales. Sobre todo, quería evitar una lectura que caricaturizara a quienes habían sido hasta ahora silenciados, mal interpretados y atacados.

Una manera de darle mayor profundidad a la psicología de los personajes era el uso de la narración de sus propios recuerdos. "Imagino que todos los novelistas parten más o menos de personajes reales ... –[le dijo Pitol a Elena Urrutia]–. Me gustaría que se estudiara más, y de una manera teórica, ese fenómeno de conversión o transmutación de un ser real en alguien que solo muy remotamente se le parece".[3] Recordó su primer viaje a La Habana en busca de anécdotas. Tendría entonces veinte años. Se perdió en el laberinto de calles estrechas con edificios coloniales, en los bares y discotecas de ambiente. "El cuete ¿fingido? del cubano y de pronto su declaración: –Sergio, te voy a zingar. La bofetada cuando traté de llevar su mano a mi pene, el susto, las carreras".[4] Había experimentado el peligro desde sus primeras experiencias sexuales. La amenaza de Mischo en Belgrado: si no le pagaba, hablaría con el embajador sobre "*ciertos aspectos*" de su vida. Pesadillas en las que se revelaba su secreto. "*Se me acusa, veladamente, de seducción*". Los bares de Barcelona

---

2. Pitol. "Budapest". *SPP.* 20 de mayo de 1977.
3. Pitol. "Soy de los que se van sin renegar" por Elena Urrutia. *El Sol de México en la Cultura.*
4. Pitol. "Budapest". *SPP.* 22 de junio de 1977.

y las noches de amores pasajeros. El accidente con Krzysztof. "*Mi deseo de morir a su lado*". Calvert Casey, "*el amor es una enfermedad*". El amor era el secreto y la muerte, apenas destellos de calma y de afecto. Sería terrible banalizar al homosexual con una caricatura. Y a la vez no debía caer en la tragedia, el texto plañidero, lacrimoso. ¿Qué escribir? Novela o cuento. Confesar u ocultar. Publicar o no hacerlo. Escribirlo, pero en su diario. Publicarlo con seudónimo.

¿Cuándo iba finalmente a trabajar? ¿Cuándo su segunda novela, su siguiente libro de relatos? ¿Cuándo una relación de amor estable? El tiempo indicado parecía muy cercano y, sin poder evitarlo, había consumido varios años a su paso. En lugar del viaje se había entregado a una errancia, en lugar de un viajero se había convertido en un juguete del azar.

Retiro

En 1977 México reestableció relaciones diplomáticas con España. Desde la Guerra Civil ambos países habían estado separados políticamente, aunque unidos por la gran migración española a México. Para mostrar la importancia de este hecho, el presidente López Portillo nombró embajador en España al expresidente Gustavo Díaz Ordaz. No pudo ser peor decisión. El responsable de la masacre de Tlatelolco volvía a la vida política en un puesto de gran importancia por su simbolismo. Carlos Fuentes renunció a la diplomacia en señal de protesta. Imposible dejar atrás el 68. En la embajada en Budapest hubo un pequeño revuelo. De pronto, un colega de Pitol le informó que su nombre estaba en la lista de posibles consejeros culturales en Madrid. Pitol había vivido en Barcelona y era una figura clave en el intercambio cultural de ambos países: el rumor no estaba totalmente infundado. Pero él no iba a ser empleado de Díaz Ordaz. Tampoco iba a dejar la diplomacia como Fuentes. Había invertido mucho en esa vida; obtuvo su licenciatura en Derecho y pasó todos los exámenes que le habían pedido; no iba a tirar todo por la borda. Si le pedían el cambio argumentaría problemas de salud o una licencia por tiempo indefinido.

A pesar de la decisión errada de nombrar embajador a Díaz Ordaz, la Secretaría de Relaciones Exteriores había actuado en otras áreas de manera brillante. Notable fue la actuación del subsecretario Alfonso García Robles para elaborar desde 1963 un acuerdo latinoamericano para la "Desnuclearización de América Latina". En un mundo presa del pánico por una posible guerra que terminaría con todas las guerras, este acuerdo fue el primero de su tipo. Los países de la región lo firmaron en 1967 y de inmediato sirvió como un modelo para que otros países, incluyendo los cinco poseedores de armas nucleares, lo firmaran también. Luis Echeverría había sido el presidente que realizó más visitas de Estado en la historia del país; las relaciones diplomáticas aumentaron en su sexenio de sesenta y siete a ciento veintinueve. Fue el primer presidente mexicano en visitar la URSS.[5]

Para su gran fortuna no se le trasladó a España. Pitol se quedó en Budapest y Budapest se convirtió en una suerte de retiro, un descanso del París que había sufrido el año anterior. Realizó una lista de posibles publicaciones para la colección Heterodoxos que incluían los diarios de Gombrowicz, *En nadar-dos-pájaros* de Flann O'Brien, un libro sobre ópera y dos novelas de Conrad. Leyó a E.M. Forster y a Christopher Isherwood. De este último le sorprendió el humor y una ligereza opuesta a lo superficial. "¿Por qué a todo el mundo en mis cuentos, en mi novela, se lo debe llevar la chingada? Hay detrás de eso, tal vez, un complejo de culpa inconfesado, una torturante noción de pecado".[6] Añoró esa pulsión de vida, esa libertad, esa ausencia de culpa de Isherwood. ¿Era posible que de manera inconsciente estuviera intentado justificar su modo de vida, su orientación sexual? Si ese era el caso, sus personajes tristes y desorientados estaban pagando las consecuencias. ¿Acaso la estructura laberíntica de sus relatos, construida alrededor de un misterio velado, de un secreto inconfeso, respondía a este mismo problema? La historia sobre la historia, el escritor que escribe que escribe, ¿podía estar en realidad huyendo de la ficción directa por temor a revelar algo personal?

Antes de emprender un proyecto de ficción, regresó a su mejor escuela: tradujo *Daisy Miller* y *Los papeles de Aspern* de Henry James. En una ocasión estuvo más de siete horas consecutivas escribiendo. Cuando se levantó del escritorio le dolían los dedos y las muñecas, pero era la experiencia más cercana a la inspiración, al arrobo místico del creador. A finales de agosto se enfermó de bronquitis y laringitis. "Seis días en cama: ¡magnífico! Hoy... *Daisy Miller*".[7]

---

5. Esta imagen de prosperidad que promovió Echeverría se arruinó, sin embargo, a finales de su sexenio debido a una crisis económica sumamente dura que devaluó el peso un 59% y provocó un endeudamiento externo fuerte.
6. Pitol. "Budapest". *SPP.* 20 de julio de 1977.
7. Pitol. "Budapest". *SPP.* 30 de agosto de 1977.

Su mundo en Budapest fue literario. Tenía pocos amigos y algunos conocidos a quienes apenas frecuentaba. En realidad, sentía que la gente a su alrededor le quitaba un tiempo valioso, desorganizaba su rutina, le generaba más problemas que soluciones. La situación empeoraba cuando tenía visitas. Al vivir solo, sus amistades se sentían con más confianza para pedirle alojamiento en su departamento, uno o dos días estaba bien, pero las estancias solían en ocasiones extenderse a semanas. "A veces pienso que sólo por esto valdría la pena casarse, para ahuyentar a las termitas, y poner un orden a la reglamentación del tiempo".[8] La relación de Soriano y Marek era el milagro que buscaba para sí. Para ello debía esperar, tener paciencia, llegaría de manera espontánea, sin forzarla, ni buscarla en bares. Dejó las escapadas nocturnas y los amores pasajeros. Si le interesaba alguien de manera romántica, que fuera fruto de un encuentro distinto. Si no encontraba a nadie, resignarse y resistir.

A comienzos de noviembre viajó a Zúrich y después a Belgrado. En la ciudad suiza vio una película con temática homosexual. La mentalidad estaba cambiando en el mundo. No todo estaba perdido. A Belgrado fue "en calidad de observador a las sesiones sobre creación literaria y cinematográfica que tuvieron lugar en el Centro Estudiantil Cultural de esa ciudad".[9]

Regresó a Budapest a mediados del mes de noviembre. Después de terminar con *Daisy Miller* decidió escribir un ensayo sobre Henry James. Dos años atrás había publicado un libro con los prólogos que había escrito sobre las obras de Charles Dickens, Emily Brontë y Jane Austen, entre otros. *De Jane Austen a Virginia Woolf* recibió una reseña favorable en *La Cultura en México*:

> Los prólogos tienen un evidente fin didáctico, divulgador, y también una descripción e interpretación de cada obra prologada; pero habría que insistir en el hecho de que el gusto de Sergio Pitol por estos escritores, que lo lleva a anteponer su discurso al texto de seis novelas, es un gusto marcado por sus propias obsesiones, y quizás, por encima de todo, por una en particular: "la marginalidad".[10]

En el ensayo sobre Henry James abordó la vida del autor, hizo luego un repaso general de su obra comparándola con la de sus contemporáneos y describió con precisión su mayor aportación formal: "la eliminación del autor

---

8. Pitol. "Budapest". *SPP.* 11 de septiembre de 1977.
9. Archivo Diplomático Genaro Estrada. Embajada de México en Hungría.
10. Henríquez Ureña. Reseña *de Jane Austen a Virginia Woolf.* XIII.

como sujeto omnisciente que conoce y determina la actuación de los personajes para sustituirlo por uno o, en sus novelas más complejas, varios *puntos de vista*".[11] Terminó con un breve análisis de *Los papeles de Aspern* en el que destacó el lenguaje de parodia y de humor grotesco de la novela breve.

En la segunda semana de diciembre viajó a la Universidad de Bolonia para dictar una conferencia sobre Ramón López Velarde, Carlos Pellicer y Octavio Paz. La sala mayor de la universidad se llenó con una asistencia de más de doscientas personas. El resto del mes lo dedicó al proyecto de su novela con temática gay. Se impuso un mes para terminar. En enero viajaría a México pasando antes una breve temporada en París. Necesitaba ese viaje, ver amigos, estar cerca del medio literario mexicano. Pasó Navidad en casa encerrado. Recibió cartas y postales de amigos. "¿Me irá a enviar alguna postal Piotruszek? Si no lo hace, no lo buscaré en París".[12] No recibió de él absolutamente nada y tres días antes del Año Nuevo revisó su trabajo. "No salió la novela, ni modo, seguramente saldrá el año próximo".[13]

El medio literario mexicano

El día primero del año de 1978 escribió un decálogo de resoluciones:

> 1. Moderarme en el beber. Aunque puedo decir que bebo ya muy poco. 2. Escribir mi novela. 3. Escribir el libro sobre Forster. 4. Estudiar algo de música. Lo suficiente como para leer partituras. 5. Seguir con mis ensayos sobre literatura. 6. Viajar a Polonia, a Italia, cada vez que pueda, a España. 7. Ser impermeable a las minucias de la chismografía diplomática. 8. Impedir que mi casa vuelva a ser invadida, como ocurrió con tanta frecuencia este año. 9. Hacer un poco de ejercicio. 10. Ahorrar.[14]

Un día después de su decálogo, pasó en limpio el cuento que había iniciado en París sobre su relación con Piotr. Estaba finalizado. Había por fin escrito un nuevo texto de ficción. Le dio como título *El único argumento*. Para festejar salió esa noche al hotel Hilton con unos colegas del trabajo. Conversaron, bebieron y al regresar a su departamento se sintió feliz. Envió una copia

---

11. Pitol. *Adicción a los ingleses. Vida y obra de diez novelistas*. 62.
12. Pitol. "Budapest". *SPP.* 28 de diciembre de 1977.
13. Pitol. "Budapest". *SPP.* 28 de diciembre de 1977.
14. Pitol. "Budapest". *SPP.* 1 de enero de 1978.

del cuento a una amiga en Varsovia, y la otra la llevó a París para mostrársela a Soriano.

El trabajo como diplomático le permitía treinta días de vacaciones al año. Recibió el permiso para ausentarse desde la segunda semana de enero. Los días previos a su viaje había buscado en el buzón una carta navideña de parte de Piotr, pero nada. Debía evitar a toda costa buscarlo. En París Marek lo recibió en el aeropuerto Charles de Gaulle y lo llevó directo a su departamento. Él y Juan Soriano hablaron de sus proyectos y sus planes de trabajo. Antes de despedirse para ir a su hotel, aprovechó una pausa para preguntar por Piotr. ¿Lo habían visto? Desde hacía dos meses vivía en Bruselas, con un amigo, director de teatro.

Pitol estuvo cinco días de visita por la ciudad. Soriano había realizado grabados para la plaquette "Homenaje a Sor Juana", editada por Arreola en Los Presentes; ilustró el *Bestiario* de Apollinaire, publicado en Joaquín Mortiz, y realizó diez dibujos para el volumen *Xavier Villaurrutia en persona y en obra* escrito por Octavio Paz. Conocía el medio editorial y al leer su cuento *El único argumento* le propuso a Pitol trabajar con él. Pitol aceptó encantado. Soriano quedó en enviarle a Budapest las litografías. Pitol tuvo la confianza entonces de comentarle sobre su novela, *Juegos florales,* que no había logrado escribir en varios años. Quizá ahora podía aprovechar el impulso creativo. Soriano le recomendó adquirir una disciplina con fechas fijas, plazos claros y metas muy precisas. Escribir, por ejemplo, un capítulo cada mes. Una vez que tuviera un texto considerable podía evaluar el resultado. Pero siempre mantener la disciplina, esa era la clave.

Al llegar a la Ciudad de México se enteró de que Carlos Fuentes estaba también en la ciudad. Había dejado la embajada y ocupaba ahora un lugar estelar en el medio literario. "¡Qué pereza encontrarlo en algún lugar! Y ahora, como siempre, me siento disminuido, fastidiado, con ganas de evadirme ante su segura 'marcha triunfal'".[15] Buscó a sus amigos de siempre. Descubrió que un mes antes, Monsiváis había tenido una polémica con Octavio Paz que se publicó en el semanario *Proceso*. Monsiváis estaba todavía muy afectado por la reyerta. Pitol indagó más sobre el asunto.

Paz había mantenido desde hacía años una actitud crítica contra el poder político y una visión del campo cultural como su feudo. En 1968 se ausentó de su puesto en la Embajada de México en la India como protesta en contra

---

15. Pitol. "Budapest". *SPP*. 20 de enero de 1978.

de los hechos sucedidos en Tlatelolco. Desde su lectura del informe de David Roussel sobre el genocidio estalinista, en 1951, su visión crítica se centró en contra de la izquierda totalitaria. Esto le generó de inmediato problemas. Eran los años de la Guerra Fría, el mundo estaba dividido en dos bandos y él estuvo muy atento a los escritos que revelaban las atrocidades detrás de la cortina de hierro; publicó y difundió estas denuncias, y escribió textos de crítica muy fuerte. Para los intelectuales de izquierda, esto era *darle armas al enemigo*.

En este contexto, Paz criticó a la izquierda mexicana de sufrir una "parálisis intelectual..., piensa poco y discute mucho".[16] Monsiváis, sintiéndose aludido, respondió a esto sugiriendo que la mentalidad de Paz era autoritaria. Se encendió así la polémica con un intercambio de cinco textos en los que ambas figuras acompañaron los argumentos con golpes personales. "Procuraré responderle con brevedad [a Monsiváis]. No será fácil. Si mi pecado es 'la manía generalizadora', el suyo es el discurso deshilvanado, hecho de afirmaciones y negaciones sueltas. Monsiváis no es un hombre de ideas, sino de ocurrencias".[17] El ataque de Paz pegó en la fibra más sensible: cierto que el estilo del joven Monsiváis podía ser en ocasiones alambicado y difícil. Dos semanas después respondió Monsiváis queriendo imitar la fórmula: "Paz no es un hombre de ideas, sino de recetas".[18] Paz trató después a Monsiváis de pepenador en los basureros del periodismo. Se defendió éste como pudo argumentando que su escritura se basaba en ejemplos y no en "ideas parmenídicas"[19] como las de Paz. Hubo otros dos intercambios, pero no se zanjó ningún tema, ni se llegó a una reconciliación.[20]

Cuando Pitol vio a su amigo en México, el estado de ánimo alrededor suyo era el de la derrota. "Monsi no midió bien sus fuerzas".[21] Si bien era cierto que podría haber perdido la polémica, también lo era que Octavio Paz le había

---

16. Redacción. "La polémica Paz-Monsiváis". *Proceso*. 27 de junio 2010.
17. Redacción. "La polémica Paz-Monsiváis". *Proceso*. 27 de junio 2010.
18. Redacción. "La polémica Paz-Monsiváis". *Proceso*. 27 de junio 2010.
19. Redacción. "La polémica Paz-Monsiváis". *Proceso*. 27 de junio 2010.
20. Rafael Lemus, al abordar esta polémica, identifica el campo político en diálogo con el cultural: "Finalmente, y como consecuencia de todo esto, uno y otro privilegian distintas zonas de la producción cultural: Paz, la 'alta cultura' y lo que más tarde llamarán en *Vuelta* la 'cultura libre'... Monsiváis, la 'cultura popular' y la vida diaria urbana" (*Breve historia de nuestro neoliberalismo*. 101)
21. Pitol, "Budapest". *SPP*. 24 de enero de 1978.

respondido una y otra vez, y no solo con argumentos, sino con ataques que revelaban enojo, rabia y, claro, interés. En una comida con su editor, Joaquín Mortiz, Pitol le preguntó su opinión sobre lo sucedido. Descubrió entonces que se estaban formando dos bandos de intelectuales. "Los ricos, cosmopolitas y mandones que veneran a Paz y publican o aspiran publicar en *Vuelta* y los populares que siguen a Monsi y publican en el suplemento de *Siempre*".[22] La polémica había servido finalmente a ambos bandos. ¿En cuál le gustaría estar a él, con quién se sentía más identificado? Si se quedaba en México, debía elegir entre uno u otro. Desde el momento en que publicara un texto, habría elegido a su grupo. Seguramente lo haría en el suplemento de *Siempre!*. Pero esas eran decisiones que de momento no deseaba tomar.

Regresó a su encierro en Budapest a principios de abril. Iba con nuevas energías para leer y escribir, y con la noticia de que probablemente ese año la Secretaría de Relaciones Exteriores cambiaría su asignación de Hungría a la embajada de Moscú. Recibió la noticia con gran emoción y empacó en su maleta de viaje *Crimen y castigo*.

El viaje continúa

En Budapest inició clases de ruso y retomó su novela. Escribía a todas horas, incluso revisaba sus textos en los tiempos muertos que le dejaba su trabajo en la Embajada. "El lenguaje, Dios mío, habrá que cepillarlo con ganas: todo sobra, y es relamido, ampuloso, un lugar común tras otro. Ahora me aterra pensar en las novelas que habrá dentro de la novela. ¿No irán a desquiciar la estructura del relato?".[23] Un domingo trabajó nueve horas seguidas en la conclusión del capítulo "Celeste y la vidente". La protagonista le recordaba mucho a Paz Naranjo de *El tañido,* que, a su vez, le recordaba a Araceli Zambrano. Quizá le enviaría el capítulo a Monsiváis para publicarlo en *Siempre!*. O quizá sería mejor guardarlo y esperar a su publicación final. Por lo pronto le escribió una carta a Juan Soriano para agradecerle su consejo y decirle que lo estaba cumpliendo a cabalidad. El último domingo de marzo volvió a trabajar diez horas seguidas. En su primer mes en Budapest había trabajado más que en todo un año.

---

22. Pitol. "Budapest". *SPP*. 20 de enero de 1978.
23. Pitol. "Budapest". *SPP*. 28 de abril de 1978.

En esos días tuvo una pesadilla que lo desconcertó. Regresaba a Varsovia y su amiga Danuta le recordaba que había dejado olvidado en su casa un pantalón café rojizo de lana muy gruesa. Lo tomaba, y al hacerlo se daba cuenta de que estaba raído, comido por las ratas en la parte interior de la pernera. Despertó muy perturbado por la impresión de ver y recordar esa prenda. Buscó explicaciones: la primera –y más sencilla– era que le faltaba ropa, la última era la culpa por no haberle escrito a Danuta. Pero la segunda y tercera fueron: "2. Mi virilidad (los pantalones) definitivamente atrofiada en Varsovia. 3. Mis recuerdos de Varsovia vueltos garras. El pasado con P., que cada vez me parece más estúpido".[24] ¿Hasta cuándo Piotr? *El único argumento* era el exorcismo mediante la escritura de esa relación. Pero sabía que mientras estuviera solo sería difícil olvidarlo.

Intentó revivir su vida sexual. A finales de abril salió de vuelta a los bares y tuvo dos aventuras significativas. "Tonta a momentos, genial en otros. Por ejemplo, ayer S: 'Ja jestem Virginia' [Yo soy Virginia], y después de todas mis trampas, que al fin dieron resultado: 'Sergio, ty miales racja. [Sergio, tenías razón] To jest wspanialy [Esto es hermoso]'".[25] Una de sus aventuras fue con un peruano y la otra con un joven de nombre Slawek.

Un domingo a comienzos de abril terminó de leer *Crimen y castigo* entre sollozos. Sabía que se trataba de un clásico, pero no esperó que le causara tanta impresión. ¡Cómo era posible que no la hubiera leído antes! Dudó de su propio trabajo. La duda le generó desidia y así perdió de nuevo la rutina. Adiós por cuarta –o quinta, o sexta– vez a su novela.

Moscú: esa ciudad podía ser su inspiración. Le confirmarían su traslado a finales de año. Hasta entonces no sabía nada con certeza. Aun así, trazó un nuevo plan de lectura con textos de Dostoievski –su obra completa– y otros autores de su generación, Turguénev, Tolstói, Chéjov. En cinco años sería un especialista en literatura y cultura rusas. Quizá, con suerte, podría retirarse del servicio exterior a los cincuenta y cuatro o cincuenta y cinco años y buscar un trabajo, ¿por qué no?, universitario. Lo buscaría esta vez en México, en la UNAM o El Colegio de México. Moscú se volvió una obsesión, un escape, era la convicción de que su escritura ganaría mucho con esa tradición. La literatura rusa sería el incentivo clave.

---

24. Pitol. "Budapest". *SPP.* 26 de abril de 1978.
25. Pitol. "Budapest". *SPP.* 30 de abril de 1978.

Escribía cada vez menos y se quejaba cada vez más de la embajada. Después de un año de solicitudes, De Negri escribía mensajes a México quejándose: "Seguimos ocupando el mismo pequeño e inadecuado local que nos asignó la Cancillería".[26] El embajador dejó su puesto sin ver su sueño cumplido. El 20 de octubre llegó su reemplazo, Mario Armando Amador. Pitol tuvo una pesadilla. En ella expulsaban a un diplomático "por 'anomalías' en su vida sexual, y otros dos estaban muertos de miedo porque estaban 'bajo vigilancia'".[27] El mismo miedo que había experimentado en Varsovia, la misma historia de su amigo Luis una década antes en Belgrado, la inseguridad de que sus planes podrían venirse abajo en un instante. Para colmo recibió en esas fechas una carta de Piotr. Este introdujo una cinta grabada dentro del sobre. No había podido siquiera escribirle, tuvo que buscar y comprar un magnetófono para escucharlo. "¡Qué de estupideces! ¡Qué farsa! Desde hace algún tiempo me abochorna pensar en la estupidez de esa relación. En la tontería que fue mi vida en París con ese pequeño imbécil".[27] Error tras error en su vida romántica. Se había enamorado de un joven inexperto, inmaduro y fácilmente impresionable. ¿Estaba condenado a cometer una y otra vez el mismo error?

Se había alejado de México para escribir a distancia del ruido y el murmullo del medio literario. Y había caído en otro medio, el diplomático, que lo atenazaba, con proyectos que dejaba a medias. "Hoy se cumplen cincos años del accidente. ¿Y qué he hecho para justificar mi vida desde entonces? Poquísimas cosas".[28] Los fines de semana los ocupaba cada vez más en visitas a amigos y amantes. Volvieron los días de "*erotomanía alcohólica*" y con ellos el descuido de la disciplina y el cargo de conciencia. La relación amorosa en la que menos confiaba fue la que se mantuvo con el paso de los días. Slawek era un joven con un odio visceral contra el comunismo. La URSS había invadido Hungría; el despertar de una sociedad libre había sido reprimido con tanques. Pero había que ser críticos, entender las opciones y los bandos de la Guerra Fría. No se podía ser tan impulsivo en los argumentos, había que tener información, analizarla. Después de una discusión política con Slawek, éste salió y regresó al departamento a las 4:30 de la madrugada. Pitol despertó furioso por no haber dormido lo suficiente. Había una diferencia generacional considerable entre

---

26. Archivo Diplomático Genaro Estrada. Embajada de México en Hungría.
27. Pitol. "Budapest". *SPP*. 6 y 7 de junio de 1978.
28. Pitol. "Budapest". *SPP*. 16 de septiembre de 1978.

ambos. De nuevo el deseo de llenar una imagen paterna: cuidar y proteger al joven que se ama.

A finales de septiembre Soriano y Marek fueron en un viaje relámpago a Budapest. Pasaron una velada estupenda y en la noche, los tres juntos tuvieron una conversación que a Pitol le impresionó mucho. "Juan sostiene que nadie puede vivir a gusto en la mentira. Vivir en la mentira intranquiliza y destruye a la gente. De momento, como me pasa siempre con Juan, me pareció una exageración, pero luego se me reveló como una gran verdad".[29] Evitar a toda costa caer en lo mismo que en París. Si quería a Slawek tenía que decírselo. Si pensaba ayudarlo económicamente también podía hacerlo, pero no debía mezclar un tema con el otro. Tampoco debía asumir sus acciones como inevitables. Había atraído a la mayoría de sus parejas con su inteligencia, su cultura y su aura exótica de viajero. A Piotr lo había hospedado en su departamento en París y había hecho lo posible para ayudarlo a establecerse en esa ciudad. Le propuso entonces a Slawek un viaje a Estambul. Su amiga inglesa Bárbara Thompson se lo había sugerido y al final fueron los tres juntos.

Viajaron a la capital del imperio romano, helénico y otomano; una de las ciudades más importantes en el intercambio de Occidente y Oriente. Estuvieron seis días en Estambul. Los primeros fueron días de turismo. Pitol quedó sumamente impresionado con los contrastes culturales, los monumentos, los espectáculos de la ciudad y con los turcos. "La vibración erótica fue muy fuerte. Después se desvaneció del todo, debido al clima de peligro, al desconocimiento de claves, a la carencia del idioma".[30] En una ocasión, mientras comían en un restaurante, se escucharon gritos de protesta en la calle. Los meseros bajaron las cortinas de acero hasta que pasó el alboroto. Preguntaron por los motivos y les respondieron que no era nada, sucedía a cada momento.

Cuando estaban a poco de regresar a Budapest, Slawek enfermó y decidió quedarse más tiempo en la ciudad. Le pidió dinero prestado a Pitol, quien se lo dio muy a su pesar. Siete días después Slawek no había vuelto ni tenía noticias de él. Peor aún. Las marchas que escucharon ese día en el restaurante resultaron ser, en realidad, un intento de golpe de Estado. Nadie les había querido decir la verdad y ellos estuvieron sin saberlo hasta que consultaron los periódicos en Budapest. Se preocupó por Slawek. En un inicio pensó que se había quedado allá para explorar la vida secreta de la ciudad, después se dio

---

29. Pitol. "Budapest". *SPP.* 28 de septiembre de 1978.
30. Pitol. "Budapest". *SPP.* 23 de octubre de 1978.

cuenta de que había estado en realidad bastante enfermo y ahora esto. ¿Qué habría sucedido con él?

Slawek regresó a Budapest a finales de mes. Nada grave le había sucedido, había recobrado la salud y estaba fascinado con el viaje. Otro fin de semana fueron a Viena. Esta vez su compañía le resultó a Pitol intolerable; supo que la relación estaba prácticamente terminada. Ninguno de los dos se había comprometido. Habían vivido un inicio de explosión erótica seguido de una etapa de discusiones y otra de viajes.

> A momentos pienso que algo en mí se quebró definitivamente. ¿Con el accidente? ¿El ingreso a la vida diplomática? ¿La separación de Piotr? No lo sé. Lo cierto es que si me dijeran que tengo una enfermedad incurable y muy poco tiempo de vida, creo que no me alarmaría demasiado.[31]

Al borde de la depresión recibió finalmente el telegrama esperado. "Ruégole comunicar consejero Pitol Demeneghi, por acuerdo superior, ha sido trasladado de esa embajada a la establecida en Moscú, URSS, en donde quedará adscrito hasta nueva orden".[32] Empacar sus pertenencias, continuar con el trabajo en la embajada, leer y escribir la novela. Esta vez al menos había tenido tiempo de prepararse tomando cursos de ruso y con lecturas de su literatura. La literatura y su oficio de escritor: Rusia le ayudaría a afianzar esta parte esencial de su vida. Dejó Budapest con rumbo a Moscú a finales del otoño, el 24 de noviembre de 1978.

---

31. Pitol. "Budapest". *SPP.* 9 de noviembre de 1978.
32. Archivo Diplomático Genaro Estrada. Embajada de México en Hungría.

MOSCÚ
(1978-1980)

Rusia

EL NOMBRE RUSIA ES de origen griego, también la religión ortodoxa que adoptaron. Pero la influencia de Occidente fue muy menor en los primeros siglos de independencia, apenas viva en los monasterios. Luchas internas, problemas con la sucesión real y la invasión del reino de Polonia –la potencia de la región en esos siglos– creó una gran inestabilidad y figuras como la de Iván el Terrible: victorioso en algunas batallas, pero sanguinario, veleidoso y pusilánime al final de su vida. La relación con Occidente sólo se hizo evidente hasta el reinado de Pedro el Grande, en el siglo XVIII.

De la dinastía de los Romanov, Pedro luchó durante años y venció al entonces invencible reino de Suecia, extendió su reinado al este y al sur (tomó las estepas donde antes habían acampado los mongoles) y creó una ciudad en un pantano que convirtió en su capital; fue conocedor de la ciencia –en especial las matemáticas–, puso los cimientos para la formación de un Estado legal y secular, y convirtió a Rusia en un imperio europeo. Cuando Catalina la Grande se convirtió en zarina se crearon academias, universidades, teatros, compañías de ópera. La censura religiosa fue inexistente. Ella acabó –junto con Prusia y Austria– con el reino de Polonia, abriendo así el camino para un único poder en Europa del Este. Financió a una sociedad de traductores e impulsó la creación de un primer diccionario de la lengua rusa y la publicación de las primeras revistas literarias. El medio cultural era exiguo –formado por las élites de un par de ciudades– pero la zarina colocó los cimientos para la explosión del siglo XIX.

Los músicos, científicos y escritores rusos del xix cambiaron los fundamentos de sus disciplinas, se situaron en la vanguardia mundial. Para nombrar solo algunos, recordemos a Gógol, Dostoievski, Tolstói, Mendeléiev. Alejandro I derrotó a Napoleón y Rusia obtuvo el control del mar Caspio, del mar Negro y de Asia Central. Cuando, a comienzos del siglo xx, concluyeron el tren Transiberiano la extensión y diversidad cultural del imperio ruso era solo comparable a la de Gran Bretaña. La primera Guerra Fría entre Rusia y el mundo anglosajón se libró en ese siglo.

A pesar de la larga permanencia de los Romanov –cuatro siglos en el poder–, las sucesiones no fueron siempre pacíficas. En 1881 murió asesinado en un ataque terrorista el zar Alejandro II. Sus sucesores, Alejandro III y Nicolás II, optaron por la autocracia: familias nobles cada vez más enriquecidas y separadas de su gente, políticas autoritarias, prácticas retrógradas y la Gran Guerra europea propiciaron el fin del imperio ruso. Los soviets aprovecharon la desestabilización para derrocar al zar. Con Lenin y los bolcheviques a la cabeza, León Trotski organizó después las tropas para luchar contra los ejércitos de la clase media rusa, los cosacos y los antiguos grandes terratenientes del imperio, incluso en Ucrania y Polonia. Poco a poco obtuvo las victorias necesarias para el nacimiento de la primera nación comunista.

Pero la "utopía" de Stalin le quitó la vida a más de un millón de personas, entre los líderes, oficiales y miembros del partido acusados de traición; cuatro millones más fueron encarcelados en el gulag; otros millones más, incontables, murieron en la construcción de los grandes proyectos. En este nuevo orden, destacaba el culto irrevocable al líder. Los logros eran de Stalin, los errores de sus enemigos. Cualquier disidencia era castigada. El crecimiento de la industria fue inigualable, si bien en un inicio se apoyó con la mano de obra forzada. La colectivización del campo resultó, por otro lado, un gran fracaso. Nunca se cumplieron las metas establecidas y los granjeros se mantuvieron siempre con el negocio del contrabando. La arquitectura de la ciudad fue gris y funcional. Así también las artes, una novela, pintura u ópera que fuera compleja en la forma y ambigua en la trama era acusada de formalista, burguesa u occidental.

La Segunda Guerra Mundial tuvo en Rusia el costo más grande en vidas entre todos los países involucrados. De manera que a la muerte de Stalin, en 1953, la URSS había sufrido dos hechos traumáticos. Nikita Jrushchov optó por una política revisionista, denunció los errores de Stalin y cerró los gulags. Pero fue víctima del culto a la personalidad, cometió faltas graves (la crisis de los misiles cubanos en 1962) y mantuvo una actitud paternalista con su gente. En una de sus tantas admoniciones a científicos y artistas, regañó a estos últimos por realizar cuadros que parecían pintados por la cola de un burro. Ni Jrushchov ni Brézhnev ni ningún otro dirigente del partido, antes y durante la estancia de Pitol en la URSS, tuvo estudios de licenciatura.

Leonid Brézhnev logró, después de varios intentos, remover a Jrushchov. La década que precedió a la llegada de Pitol, fue de desarrollo y cierto esplendor. Nunca antes se había vivido en la URSS con tantas comodidades. Pero había un grave problema. Comparado con Estados Unidos y los países de Europa occidental, cuyas economías de posguerra despegaron de manera notable, el estándar de vida era muy bajo. Era como la carrera de Aquiles y la tortuga. Cuando creían haber alcanzado a Occidente, la meta se les había adelantado. Empezó entonces el dilema de encontrar un nuevo balance entre la concesión de libertades y las restricciones necesarias para mantener la imagen de gran potencia. La televisión se popularizó en la mayoría de los hogares citadinos y con ella los programas y la música occidental, básicamente estadounidenses. Una convocatoria a la policía (NKVD) implicaba ahora solo un regaño. Además, las fronteras se mantenían cerradas y era muy difícil salir del país. Que un extranjero, mexicano, llegara a Moscú en 1978 era todavía considerado un hecho poco común.

Serguéi Angelóvich

Moscú era un símbolo de la victoria del comunismo en el mundo, el puente entre Europa y Asia, el centro de una de las literaturas más intensas y profundas jamás escritas. Hasta el siglo XVII había sido una ciudad en la periferia, una provincia olvidada y retrasada. En menos de dos siglos se convirtió en una capital mundial. Como suele suceder en esos casos, había señales de los dos mundos todavía presentes. Una de sus peores experiencias, le sucedió a Pitol diez días después de haber llegado a su nuevo país. Entró en una cabina telefónica para hacer una llamada. Adentro había un maletín abandonado, lo abrió en busca de información de su posible propietario. Descubrió documentos oficiales de un miembro del partido. Salió de la cabina disparado. Treinta metros después lo detuvo un coche de la policía. Le pidieron sus documentos, hablaron por teléfono para corroborar su identidad. Él quiso explicarles lo sucedido. Entendió que un policía le decía que ese sería su último día en la ciudad. Al final, dieron con su verdadera identidad y lo dejaron libre. De vuelta en su cuarto de hotel intentó localizar al embajador Rogelio Martínez Aguilar para darle explicaciones; estaba muy afectado y nervioso. ¡Vaya manera de iniciar su estancia!

Para mejorar su estado de ánimo, viajó a Helsinki en Navidad. Hacía un frío terrible, así que en lugar de hacer turismo se quedó encerrado en su cuarto de hotel con un libro de Chéjov. En navidad hizo llamadas a amistades y a Slawek. El joven húngaro le contó que probablemente se vería obligado a realizar su servicio militar. El viaje a Estambul le había dado la idea de migrar a esa ciudad y evitar así ese compromiso, pero no había tenido éxito. Pitol regresó a Moscú el 31 de diciembre. Cuatro años habían pasado desde el Año Nuevo en París con Piotr; el tener que esperar toda la noche a que volviera, los celos, los problemas. Esa vez se quedó en casa solo. "¡Bueno, bueno, bueno! ¡Feliz año, Serguéi Angelóvich! Son más de las dos de la mañana. ¡A dormir!"[1]

Salió a pasear al día siguiente por la ciudad. En la noche tuvo una aventura fugaz con un joven armenio. Antes de buscar una relación más seria, debía encontrar un alojamiento, conocer la ciudad, adquirir un ritmo de trabajo. El frío del invierno reventó las tuberías del agua de su nuevo departamento, la temperatura había superado los menos 40 grados. Tuvo que regresar al cuarto de hotel donde se hospedaba y esperar hasta que finalmente, el 3 de enero, le dieron un departamento, grande y amueblado, pero muy alejado del centro. Al menos tenía ya un poco de estabilidad. Una tarde de vuelta del trabajo, el portero le anunció que tenía una visita. Era nada menos que el joven armenio. Después de la experiencia del maletín temía que lo estuvieran espiando. No era adecuado relacionarse de manera tan espontánea con desconocidos. Pitol le dijo al joven que lo vería a las seis de la tarde en la agencia de viajes, Inturist. Por precaución, no acudió a la cita.

Días después de ese encuentro tuvo una pesadilla. Confluían en ella varios espacios y tiempos. Primero un río que le recordó el Atoyac: nadaba en él semidesnudo y se arrojaba desde unas piedras al agua. Después estaba en una ciudad que era a la vez Budapest y Moscú, salía a cenar con amigos y con Slawek, aquello terminaba en una gran borrachera. Cuando despertaba estaba rodeado de rostros consternados.

Decían que durante algunos (¿5?) días había hecho desmadre y medio. Escándalo tras escándalo. Yo no recordaba nada (esos días habían

---

1. Pitol. "Moscú". *SPP.* 1 de enero de 1979.

pasado efectivamente sin huella), y que el embajador de México (un poco Amador, un poco el padre de Lola) había tenido que denunciarme a México, que iba yo a perder el puesto, que el "del muro" ... había aprovechado esa oportunidad para denunciar mis escándalos a la Secretaría.[2]

Le aterraba sobre todo no recordar lo sucedido. Cambiaba el espacio en su sueño y se encontraba en unos baños públicos con Slawek. Había gente alrededor, pero eso no importaba, al contrario, el hecho de ser visto le agregaba erotismo. Tenían un encuentro excepcional seguido, sin embargo, de más recriminaciones y de una sensación de culpa de su parte. El mismo ciclo. Estaba desde el inicio de su vida (en el río Atoyac de su infancia donde nadaba desnudo) hasta en las últimas dos ciudades en las que había vivido. El amor que podía ser voluptuosidad, una acumulación de aprecio, un encuentro pasajero de placer; y una enfermedad a la que deseaba sobrevivir, en el límite de la salud física y mental.

Volvió a ver al joven armenio a finales del mes de enero. Kyrim resultó ser una persona interesante, atractiva, aunque un tanto impulsiva. Vivieron días de fiesta. En una de ellas conoció a Andrej. Bebieron juntos hasta las cinco de la madrugada. La temperatura alcanzaba los 30 grados bajo cero y él, sin embargo, se sentía bien, sano, fuerte. Después del desvelo, ese mismo día, volvió a casa del joven ruso. La portera le dijo que Andrej había salido con destino a Kiev, y que no volvería en dos meses. Moscú se volvió una ciudad animada aunque peligrosa; feliz, alegre, liberal si no se dejaba enamorar perdidamente por alguien.

Amor y escritura

La editorial ERA reeditó en 1978 *El tañido de una flauta* y Roberto Vallarino publicó, al año siguiente, una reseña en el suplemento *Sábado*. "*El tañido de una flauta* es una novela de gran importancia, tanto estilística como formal, que trata con profundidad y brillantez el problema del artista en el mundo contemporáneo, y más particularmente del artista mexicano en Europa".[3] Lamentaba, sin embargo, que en México se conociera poco a Pitol. Era un autor leído por un público selecto de amigos y conocedores. Sus viajes

---

2. Pitol. "Moscú". *SPP*. 16 de enero de 1979.
3. Vallarino. "*El tañido de una flauta* de Sergio Pitol". 15.

lo habían alejado de los lectores de la novela contemporánea mexicana. La reseña intentaba reivindicar esta falta.

Pitol encontró en la revista *La Palabra y el Hombre,* que recibía en la Embajada, una convocatoria para un concurso de cuento. Apuntó la fecha límite y los datos generales. En casa, buscó en sus diarios una posible temática. El premio podía ser un buen aliciente para su creación y una manera de promover su figura autoral en su país.

Festejó su cumpleaños cuarenta y seis con una visita a Yasnaia Poliana, la casa de campo de Tolstói. Caminó por los jardines y el lago donde tuvieron su primer encuentro Chéjov y Tolstói. Conoció la casa, el estudio, la escuela para los mujiks. "Y de repente, esa felicidad de escribir que desde hace años no había vuelto a sentir –Un flujo de palabras que se me escapaban por la pluma".[4] De vuelta en Moscú trabajó en el relato para el premio. Las noches y los días libres los dedicó al cuento "Asimetría", que terminó a finales de marzo. Estaba feliz. Había logrado una estructura compleja. En la disposición tipográfica de dos bloques textuales intentó una estructura en contrapunto, polifónica. Las voces de una columna agregaban, a manera de coro, de variante musical, los temas planteados en la columna opuesta. En cuanto a la parte temática se trataba de la discusión teórica entre simetría o asimetría para obtener la creación perfecta que reflejara al universo. Y todo esto, que podría parecer sumamente abstracto, aterrizaba en una anécdota a manera de un conflicto entre tres personajes.[5]

Continuó en su proyecto de especializarse en literatura y lengua rusas. Para ello contactó a críticos y teóricos literarios de renombre. Víktor Shklovski, uno de los creadores del formalismo ruso, le respondió que podía recibirlo en su casa. Shklovski tenía ochenta y seis años y seguía estando lúcido y hasta brillante. Hablaron sobre todo de Tolstói. El maestro fue muy amable con él escuchando sus comentarios e incluso algunas críticas que le hizo Pitol a su texto biográfico. En menos de una semana, Pitol había estado en casa del autor y luego en la de uno de los teóricos más importantes de su generación.

---

4. Pitol. "Moscú". *SPP.* 23 de marzo de 1979.
5. Es la tesis expresada por Nogales Baena: "'Asimetría' presenta un discurso fragmentario cuyos componentes principales están en posición dialógica y contrapuntística. El pasado y el presente, el tiempo físico y el psicológico, las voces de unos y de otros se reúnen en el texto y conversan entre sí" (*Hijo...* 233).

Soñó en esos días con su amiga Julieta Campos, escritora y traductora. Julieta lo felicitaba por su nuevo relato, era la primera vez que esto le ocurría en sueños. "Por lo general en ellos la gente me ignora como escritor, desprecia mis cosas. Es posible que este sueño sea un premio al esfuerzo de haberme desembarazado al fin de muchos de estos temas que venía yo arrastrando desde hace tanto tiempo".[6] Envió el cuento "Asimetría" a Xalapa. Era el primero en muchos años, en él había volcado su inspiración y el esfuerzo acumulado: París, la ópera, Yasnaia Poliana y el protagonista como creador, en este caso, un músico. "Una de las necesidades esenciales a la especie humana era la creación de una forma y conciliarse con ella".[7] Ese premio podía representar un giro, un cambio en su vida.

Después del cuento, regresó a *Juegos florales*. Hizo una lista de lecturas necesarias que le servirían de inspiración. Entre ellas destacaba Thomas Mann. Leería al alemán antes y a la par de iniciado su proyecto. Decidió en primer lugar cambiarle el nombre a la protagonista. Esa había sido una de las posibles causas de su fracaso: la correspondencia poco velada entre el nombre de la protagonista y la persona que lo inspiró. Otro nombre, otra estructura. Y la dicha de volver al trabajo. Vivo en la escritura y vivo en el amor, aunque fuera pasajero. Pitol conoció en junio a Seriocha. Tuvieron un coqueteo que, a la semana, se convirtió en algo más.

> ¿Qué decir del encuentro de anoche, salvo que me hizo muy, muy feliz, que necesitaba una explosión de ese tipo, que siento que mis nervios se han increíblemente suavizado, etc. Que el sabor de ron en su boca "era el mejor licor para olvidar".[8]

Le habló al día siguiente a Seriocha y quedaron de verse en la tarde. Pero no lograron repetir la experiencia erótica. Pitol estaba cansado del trabajo, las preocupaciones, bebió en exceso y tenía una inflamación en el oído. Seriocha, por su parte, debía presentar un examen al día siguiente. Con el transcurso de los días, Seriocha evitó sus llamadas. Poco le duró la alegría.

Pitol enfermó y perdió las energías para cualquier otra cosa que no fuera el anhelo de reencontrarse con Seriocha. Otra vez enamorado. Otra vez la esperanza y la desilusión. "No se engañe nadie, no, / pensando que ha de durar

---

6. Pitol. "Moscú". *SPP*. 8 de abril de 1979.
7. Pitol. "Asimetría". *Cuentos*. 404.
8. Pitol. "Moscú". *SPP*. 10 de junio de 1979.

lo que espera / más que duró lo que vio, / porque todo ha de pasar / por tal manera".⁹ Un fin de semana pasado en su recuerdo y en el anhelo no cumplido. El lunes sacó de su escritorio, guardado bajo llave, su diario de los últimos años con la esperanza de encontrar algo que pudiera usar para *Juegos florales*. Aprovechó los tiempos muertos del trabajo para tomar notas, hacer apuntes, escribir cambios y correcciones. Y al final lo dejó todo de nuevo. Pero esta vez no se quedó en el vacío. Escribió un cuento. El primer fin de semana de julio terminó el primer borrador de "Mefisto Waltzer".

Necesitaba paz y tranquilidad para reescribir ese texto, pero el lunes, de regreso en el trabajo, tuvo un desencuentro con una compañera. Carmen Cano le dijo que ya no deseaba tratar con él, que daba por terminada su relación: le molestaba su modo de ser. Así se lo dijo, sin más explicación. ¿Habría corrido un rumor sobre su vida personal? ¿Estaba en peligro? Transcurrió la semana atento, espiando cualquier señal de sospecha en contra suya. Nada, había sido solo ella quien le había retirado su amistad. Está bien, si eso era lo que quería, bien por ella y mejor para él.

Terminó "Vals de Mefisto". De nuevo con la escritura dentro de la escritura, y el papel del lector representado al interior del texto. La protagonista era una profesora de artes, que lee un cuento de su marido con gran sorpresa, ya que detecta en él una suerte de desencanto con la vida y, posiblemente, con su relación amorosa. "Nada de lo que Guillermo ha escrito la ha dejado satisfecha en una primera lectura",¹⁰ piensa ella. Y eso también es cierto con Pitol, cuyos cuentos necesitaban siempre una relectura debido a sus frases extensas con digresiones interminables, su ambigüedad en la trama, las cajas chinas, espejos y laberintos de su estructura. En una de las habitaciones internas de "Vals de Mefisto", plantó como personaje a su amigo Juan Manuel Torres. Él es un escritor que imagina, mientras escucha un concierto de Liszt, la posible trama de un cuento al interior del cuento que escribió Guillermo y que lee su esposa.

Tenía "Asimetría" y "Vals de Mefisto". ¿Era el inicio de una nueva serie de cuentos? ¿Sería Moscú la ciudad ideal para su escritura? Antes de resolver estas preguntas, se atravesó un viaje a Roma y un nuevo encuentro con Bárbara Thompson.

---

9. Manrique. *Coplas a la muerte de su padre*.
10. Pitol. "Vals de Mefisto". *Cuentos*. 360.

Roma y premio

Roma fue la primera ciudad donde había vivido fuera de México. Dominaba la lengua, conocía a la perfección su cultura y sobre todo su arte pictórico. En Roma se sintió como en casa. Llegó el 12 de julio. El primer día fue al cine a ver la película de Pier Paolo Pasolini *Saló, o los 120 días de Sodoma*. Difícil, un desafío constante para el espectador, pero le gustó, la vería de nuevo. Ese mismo día contactó a su amiga Bárbara Thompson, la misma con quien había viajado a Estambul desde Budapest. Bárbara vivía en Roma y le había expresado en varias ocasiones su deseo de visitarlo en Moscú. Pitol pensó que si la veía en su ciudad, podía ahorrarse el otro encuentro. Algo en ella no le había agradado del todo en su primer viaje. Aunque era cierto que en los viajes se revelaban manías en las personas que, de otra manera, podrían haberse evitado.

Vio a Bárbara en su casa después de la película de Pasolini y fue un desastre. Ella se emborrachó, le hizo una escena con gritos, llantos, a punto de atacarlo físicamente. Salió como pudo de ahí. Llegó a su hotel hecho un manojo de nervios. "Por un momento supuse que sería víctima de un ataque cardiaco, lo que más me preocupara fuese el hecho de que al día siguiente cuando descubrieran mi cadáver encontrarían entre mis cosas una revista porno comprada en la Piazza Colonna".[11] Cuando despertó, al día siguiente, se preparó para lo inevitable. Le habló a Bárbara para despedirse de ella. Aun le quedaban varios días en Roma y deseaba pasarlos solo. Al escuchar su voz, ella le colgó el teléfono. Al día siguiente recibió una carta suya en la que lo volvía a atacar convirtiéndolo en el único culpable del fracaso de su relación. Increíble: "Su falta de contacto con la realidad es más que evidente (en gran parte, me parece, debido a una represión salvaje de su vida instintiva)".[12]

Y entonces pensó en la novela, en la protagonista, aquella que había imaginado como una amiga poeta, la misma a la que hacía poco pensaba cambiarle el nombre. ¿Acaso no podía ser en parte Bárbara Thompson?

Le quedaban dos días en Roma. Volvió a ir al cine, vio esta vez *Las mil y una noches* de Pasolini. Frecuentó algunos lugares importantes de su juventud, la *trattoria* de la Piazza del Popolo donde solía encontrarse con las Zambrano, los museos, las viejas ruinas romanas. Pero pensaba en una sola cosa: regresar a

---

11. Pitol. "Moscú". *SPP.* 22 de julio 1979.
12. Pitol. "Moscú". *SPP.* 19 de julio de 1979.

Moscú y "trabajar, trabajar, trabajar... Tengo todo en la cabeza para hacer *Juegos florales*".[13] Estaba la escena de Bárbara, que podía conjuntarse con la que vivió en el trabajo con Carmen: ya no quería acompañarlo ni a tomar un café. La protagonista podía ser una combinación de ambas. Escuchaba su voz, la sentía viva. Eso era vital para su creación, sus personajes de ficción se nutrían invariablemente de su realidad.

En su último día en Roma leyó el cuento de Boris Pilniak "Un cuento sobre cómo se escriben los cuentos", maravilloso. El protagonista como un escritor que escribe lo que está leyendo el lector en ese momento. Estaba inspirado. Nada iba a detenerlo ahora. El regreso a Moscú le tomó doce horas. Hubo retraso en su escala en Kiev, ahí esperó otro par de horas. Mientras tanto diseñó el bosquejo de la novela. Tenía tres capítulos claramente trazados. Al llegar a Moscú enfermó de la garganta y de los bronquios. Fue el sábado a ver al doctor, pasó después rápidamente por la embajada a recoger unos papeles y se entregó el resto del día y el domingo a la novela. Transcribió a máquina los borradores. Despertó el domingo hasta el mediodía y releyó, por unas horas, el primer volumen de *Los sonámbulos* de Broch. En la tarde regresó al trabajo en la máquina de escribir. Terminó a las once de la noche. Leyó el manuscrito, hizo las correcciones y los cambios. A las dos y media de la madrugada había terminado "una pobrísima armazón a la que le falta toda la sustancia".[14] El lunes se quedó en casa.

Cuando regresó el martes al trabajo, se encontró con otro mundo: las preocupaciones por los Juegos Olímpicos en Moscú y las estúpidas declaraciones del que fuera regente y ahora candidato por el PRI a la gubernatura de Nuevo León, Alfonso Martínez Domínguez. Ocho años habían transcurrido desde la matanza del 10 de junio de 1971; Martínez Domínguez culpabilizaba a los estudiantes de incitar su propia represión. Ocho años ya. Zaid le había propuesto a Fuentes que le diera un plazo al presidente Echeverría para que aclarara los hechos y, si no lo hacía, le retirara su apoyo. Fuentes se negó, nunca se dieron a conocer los responsables y ahora el antiguo regente de la ciudad de México sería gobernador.

Fue un jueves de agosto a comer con la hermana de unos amigos de infancia, de visita en Moscú. Susana Cárdenas se hospedaba en el hotel Rossiya, el más importante y grande de la ciudad y de Europa, ubicado a un lado del

---

13. Pitol. "Moscú". *SPP.* 19 de julio de 1979.

14. Pitol. "Moscú". *SPP.* 22 de julio de 1979.

Kremlin. Ella y su hermano Juan habían vivido cerca de su casa en Potrero. En el trayecto al hotel Rossiya intentó recordar si habían estado presentes aquel día en que la familia organizó el pícnic en el río Atoyac, el día en que murió su madre. Afuera la temperatura era de bajo cero grados. La nieve caía sobre el río y cubría las calles del viejo barrio del siglo XVII. En ese paisaje blanco y lunar apareció de pronto el trópico –"vi el Atoyac, los manglares, los árboles de naranjo, sentí el aroma de la tierra caliente"[15]– y recordó detalles que creía haber olvidado de aquel día. "Todo comenzó con una sopa de bolitas de carne mezclada con queso, luego vi el jardín, la mesa en el jardín de la pequeña casa en que habitamos primero, muy cerca del trapiche".[16] Era el año del 79; cuarentaitrés años habían pasado desde el accidente. No supo si los Cárdenas habían estado presentes, tampoco recordó lo que sucedió después. Era un hecho que había olvidado, posiblemente reprimido. Pero vivió un momento de inspiración, un estado de arrobo y una suerte de encuentro con su pasado mexicano. De vuelta en su departamento volvió a revisar sus cuentos. Reescribió en Moscú y en Ucrania "Mephisto-Waltzer" hasta llegar a la sexta versión, la final.

Pensó entonces en un nuevo libro de cuentos y en incluir *El único argumento* en él. ¿Se atrevería a hacerlo? "Decir, aunque sea entre líneas, que hay mil cosas que están mal, que todo tiene que cambiar. Lo más importante que puedo hacer es tratar de la liberación homosexual".[17] ¿Podría adquirir un compromiso más activo con la lucha gay? ¿Valdría la pena? Si a sus cuarenta y seis años estaba solo, no era totalmente su culpa. La represión y la discriminación abierta, la tolerancia en tanto que no se hablara del tema, que estuviera velado, escondido, como algo abyecto: todo esto le afectaba. Quizá él tuviera que vivir siempre a escondidas, no así las generaciones futuras, que ellos tuvieran la libertad y la paz que él no tuvo. Luchar por eso, pero ¿cómo? ¿Un cuento, una novela, una entrevista, un apoyo público? ¿Sería capaz? ¿Valdría en realidad la pena?

Aprovechó unos días libres para viajar de nuevo a Zúrich. En esta ocasión visitó la casa de Thomas Mann. Era uno de sus autores favoritos y otro que vio su vida sexual frustrada. Fue una gran experiencia poder recorrer su estudio

---

15. Pitol. "La literatura refleja la parte menos heroica de la humanidad" por Cristina Pacheco. 12–13.
16. Pitol. "Moscú". *SPP.* 9 de agosto de 1979.
17. Pitol. "Moscú". *SPP.* 10 de agosto de 1979.

con vista al centro de la ciudad, sus libreros y su escritorio con estatuas de dioses hindús, egipcios, un reloj de oro encapsulado y sus herramientas de trabajo.

El primero de septiembre, ya de vuelta en Moscú, recibió la visita de José Donoso, que estaba en la ciudad para un festival de cine latinoamericano. Pasearon por Moscú, acudieron a librerías, cafés y bares. Kyrim estuvo con ellos en todo momento. Donoso le tomó aprecio y cariño, aunque no entendía si era amigo, colega o amante de Pitol. "¿Agente? ¿Espía de la KGB que me pusieron para que me controlara, y te controlara a ti? No sé. Si sabes algo, acláramelo. En todo caso, pocas veces la he pasado tan bien como ese mes en la Unión Soviética?".[18] En esas fechas le llegó el aviso de que había ganado el premio de cuento convocado por la revista *La Palabra y el Hombre*. Donoso y Kyrim lo acompañaron en el festejo. Pitol había ridiculizado y hasta despreciado el anhelo de fama y de reconocimiento de Donoso, como si fuera una traición a la inspiración artística desinteresada. Ahora era él quien había esperado ansioso los resultados de un concurso que estaba a años luz de distancia del Seix Barral. Su escritura era desinteresada, su pasión genuina, pero ¡qué dulce la sensación de haber ganado!

Libro objeto

Viajó a México y de ahí a Xalapa para recibir el premio de la UV. Estaba muy ansioso. Las dos noches previas a la entrega tuvo un insomnio terrible. Durmió hasta las cuatro y luego hasta las cinco de la madrugada. Después de releer el cuento ganador le encontró varios errores. Además del cuento, estaba la preocupación del discurso. Su novela *Juegos florales* había nacido como respuesta sardónica a esa parafernalia vacía de los premios. Ahora era él quien ocuparía el escenario. ¿Cómo se vería desde el público su figura solemne de ganador? "El solo hecho de que haya discursos y yo tenga que decir algunas palabras me resulta como una violación a todo lo que soy, he querido y sigo queriendo ser".[19] Para ayudar a aligerar la tensión, habló con Monsiváis. Él aparecía en revistas, periódicos, semanarios, la radio difundía de pronto su nombre, daba conferencias, estaba en presentaciones de libros, en todas partes; podía

---

18. Pitol. *José Donoso Papers*. 16 de mayo de 1985.
19. Pitol. "Moscú". *SPP*. 6 de octubre de 1979.

aprenderle un poco y hacer un pequeño esfuerzo. Dio el discurso, recibió el premio y festejó en Xalapa con sus amigos.

Durante su estancia en México concluyó los trámites para la publicación de *El único argumento* en la editorial Multiarte. Era una editorial creada en la década de los ochenta por los descendientes de las familias de españoles exiliados, Azorín y Espresate. Tuvieron primero una librería e imprenta en Madero. En la década de los sesenta, junto con Vicente Rojo, crearon la editorial Era, reconocida por sus publicaciones de autores jóvenes de la vanguardia literaria mexicana y de sus ediciones cuidadas. En los ochenta, habiendo establecido su prestigio, este grupo de editores buscó un espacio para proyectos de mayor experimentación que no dependieran del mercado. Así se publicó *Jardín de niños* de José Emilio Pacheco, *Lluvias de noviembre* de David Huerta y *Lluvias de papel* de Álvaro Mutis. En todos ellos, Rojo había creado las imágenes que dialogaban con el texto. Se trataba siempre de una creación conjunta, en diálogo el arte visual y el textual.[20] Para el texto de Pitol, el artista sería Juan Soriano. Ambos habían estado trabajando en el proyecto desde su encuentro en París.[21]

Al concluir *El único argumento*, y regresar a Moscú, se volcó en *Juegos florales*. Trabajaba en él a todas horas. Incluso llevó consigo un borrador en viaje de trabajo a Leningrado. Lo revisó en el aeropuerto, en el hotel y después lo olvidó. De vuelta en Moscú, se percató con horror de que ya no lo tenía. Buscó entre sus cuadernos una versión previa del manuscrito, inútilmente. Antes de iniciar de nuevo –recordaba los puntos fundamentales– aprovechó un fin de semana para poner en orden todos sus papeles y cuadernos. El sábado a las once de la noche encontró el manuscrito. A la par del manuscrito recobrado, recibió otro incentivo para su escritura. Carmen Balcells le preguntaba en una carta sobre sus proyectos: ¿tenía un texto que pudiera ella publicar y difundir? Habría sido excelente responderle con su novela. Le pidió que lo esperara un año.

"Terminé de mecanografiar los *Juegos*. Falta todo por hacer. Es francamente insignificante, aberrante. No es sino un mero comienzo. ¿La terminaré en

---

20. Esto lo estudió Claudia Paola Beltrán García en su tesis de maestría: *Una "trilogía de la creación". Sergio Pitol y "El único argumento"*.
21. De acuerdo con Ulises Carrión, el nuevo escritor asumía el proceso entero de la creación del libro. "En el arte viejo el escritor escribe textos. En el arte nuevo el escritor hace libros" (39).

diciembre? Lo dudo".[22] Debía regresar a la disciplina que le había enseñado Soriano. Ponerse metas accesibles, tomar en cuenta el trabajo en la Embajada, sus viajes. En ese año había ido a la India, Mongolia, México, Zúrich, Roma, Turkmenia, Leningrado y Berlín. Y, por último, el amor. Había sido casi inexistente. Kyrim se había vuelto un amigo cercano. Andrej y Seriocha habían sido apenas sueños pasajeros. Seguía en contacto con Slawek, pero Slawek no estaba en Moscú. Lograr un balance, un equilibrio, para reforzar su carrera de escritor y su vida de hombre adulto sano. Si todavía era posible.

Plaza de la Conchita

1980 comenzó con una exposición de José Clemente Orozco en el Museo del Hermitage de Leningrado. Pitol se encargó de todos los trámites; estuvo presente en la inauguración y ayudó también en la presentación de la obra ante el público. Sabía de pintura mexicana y esta fue una gran oportunidad para ampliar sus lecturas. En una excursión por el museo antes de que se abriera al público, se descubrió feliz y a la vez orgulloso de que un pintor mexicano armonizara con los grandes maestros de la pintura ahí expuestos; establecía con ellos un diálogo activo, sin complejos, sin miedos ni fanfarronerías; un diálogo de iguales. Orozco era un gigante del mundo.[23]

Regresó a México a finales de enero para presentar sus exámenes y ser miembro de carrera en la Secretaría de Relaciones Exteriores. Antes se detuvo unos días en Nueva York. Visitó museos y teatros, menos Broadway: los musicales le resultaban insoportables. Una vez en México se puso al día con sus amistades, especialmente con Monsiváis y Luis Prieto. Monsiváis le recordó la publicación de un número sobre su obra en la revista *La Palabra y el Hombre*, dirigida por Jorge Ruffinelli. Le habían pedido un texto suyo inédito que sirviera a manera de introducción y él, Pitol, lo había olvidado. Por eso no lo

---

22. Pitol. "Moscú". *SPP.* 27 de noviembre de 1979.
23. Sergio Pitol escribió sobre esta exposición en *El viaje*: "De aquella soberbia fiesta visual me regocijó sobre todo que al final de una marcha de varias horas frente a toda la historia del arte occidental, al llegar la planta noble, donde Gamboa y su equipo daban los últimos retoques a la exposición mexicana, las obras de Orozco no se disparaban de la tradición de la gran pintura sino que la continuaban" (*Trilogía de la memoria.* 385).

conocían en su país —se lamentó—, por esa actitud apática e indolente ante los medios.

Al día siguiente de la cena con sus amigos, visitó el centro de Coyoacán para evaluar la posibilidad de algún día vivir ahí. Las casas coloniales de un piso, las aceras arboladas y los callejones empedrados le fascinaron. Era además un barrio de intelectuales y escritores desde que la UNAM había mudado sus instalaciones al sur de la ciudad. Caminó del jardín central, con su convento franciscano del siglo XVI, hasta la plaza de la Conchita. Se encontró de pronto en un pequeño parque de cedros y fresnos, al pie de los cuales crecían bromelias, geranios, bugambilias. A un costado de la plaza había una capilla con fachada barroca.

Dedicó la semana siguiente a juntar el dinero para comprar un terreno. Nacional Financiera aceptó darle un préstamo bancario. Revisó sus ahorros, consultó con su familia y obtuvo así la suma faltante. Había vivido casi siempre al día. El trabajo de diplomático le había dado al menos estabilidad. Era grato pensar que, si lo deseaba, podría regresar a México a una casa propia; una casa ubicada cerca de la universidad —en la que podría quizá conseguir un trabajo— en un barrio que le recordaba, por lo verde y lo rústico, el lugar de su infancia.

Tres días después de iniciar el acuerdo para la compra del terreno, recibió la invitación de Julieta Campos para dar una charla en el PEN Club, acompañado del escritor Villoro. La dinámica de la charla consistía en que un autor consagrado estuviera acompañado de uno joven. Se sorprendió muchísimo al darse cuenta de que, a sus cuarenta y cinco años y sin una obra consolidada lo nombraran *autor consagrado*. Su interlocutor no era Luis Villoro, el filósofo, sino su hijo Juan, un joven de veinticuatro años.

Pitol y Villoro se dieron cita en un café de la colonia Juárez, cerca del departamento que ocupaba Pitol en la plaza Washington. Quisieron conocerse antes de la charla, pero el día de su encuentro, Pitol recibió una trágica noticia. Su amigo Juan Manuel Torres murió a los cuarenta y dos años, víctima de un accidente automovilístico. El sedán rojo en el que manejaba a alta velocidad se estrelló contra un árbol. Desde su regreso a México en 1969 había compartido oficina con la *China* Mendoza; en ese tiempo había publicado un libro de cuentos y una novela de tono autoficcional, *Didascalias*. En esos libros aparecía Pitol como personaje. "El mismo título lo dice: *Didascalias*. Son sugerencias, indicaciones, didascalias escritas en forma de diario. No sé qué vaya a salir de todo esto. ¡Aliéntame!"²⁴, le había escrito Juan Manuel en 1968. Fue por él que Pitol viajó a Varsovia y sin ese viaje no habría descubierto a los autores que marcaron su proyecto literario. Ambos amigos habían aprendido el uno del otro. "Te vi enterrar a Juan Manuel que era un pedazo de ti, tan seguro como si hubieras escrito su muerte",²⁵ le escribió la *China* Mendoza. Esas tardes y noches en las que hablaban en el bar del Bristol sobre Bruno Schulz, Gombrowicz y Brandys; esos primeros días en Varsovia en los que la única persona con la que podía comunicarse era él. Y luego los viajes, los encuentros en Belgrado. Pitol había escrito el año pasado su cuento "Vals de Mefisto" en el que un personaje escritor llevaba el nombre de Torres. Le habría gustado que su amigo lo leyera. Era ahora demasiado tarde.²⁶

El joven Villoro acompañó a Pitol al funeral de su amigo. Se estrechó así un lazo afectivo que después, en la charla del PEN Club, se notó con un diálogo inteligente y muy amable entre ambos. En otra mesa, Octavio Paz dialogó con David Huerta. Lo conocía poco a Paz, apenas lo había tratado. El medio literario mexicano era sin embargo pequeño. Habían escuchado hablar el uno del otro y, en esa ocasión, intercambiaron unas palabras de aliento y de amistad.

Presentó los exámenes para ser miembro de carrera en la Secretaría. En caso de pasarlos, podría ascender en la escala jerárquica y mejorar su salario considerablemente. Con siete años más de trabajo, podría pagar sus deudas y retirarse con una pensión mínima, de medio sueldo, que en su caso sería suficiente. Quería dedicarse por completo a la literatura. El retiro sería en México. Se instalaría en Coyoacán en su nuevo terreno en la plaza de la Conchita; ese sería su oasis, su ermita. La vejez sería de plena libertad y de hedonismo literario. De México le horrorizaba únicamente la pobreza. "La salida de la ciudad

---

24. Torres. *Obras de Juan Manuel Torres*. Tomo II. 477.
25. Pitol. "Mendoza, María Luisa (La China)". *SPP.* 12 de noviembre de 1983.
26. José Luis Nogales Baena y Mónica Braun han realizado un trabajo minucioso y exhaustivo sobre la vida y obra de Juan Manuel Torres. En el primer tomo de su obra completa, Nogales destaca de este autor su narrativa autoficcional, el interés por la metaliteratura, "las conflictivas tramas amorosas o 'la trayectoria musiliana de búsqueda interna'... la vocación cosmopolita, la sacralización del arte, una tendencia experimental con la narrativa que pretendía alejarse del código realista, y la preponderancia de cierto corte intimista que desembocó por lo general en el estudio psicológico de los protagonistas" (24).

de México me pareció intolerable. Un cordón de miseria atroz".[27] Si volvía podría acompañar su escritura con el apoyo a causas justas, cambios sociales. Gran parte de sus viajes habían sido a países comunistas, quizá podría presentarlos como modelo de enseñanza en un país tan desigual como el suyo.

El 2 de abril llegaron los resultados: aprobado. Era ya miembro de carrera. Su viaje a México había sido un éxito. De regreso a Moscú, se detuvo en Madrid y en Zúrich, las ciudades de Benito Pérez Galdós y de Thomas Mann. Gran parte de la dicha de sus viajes era vivirlos en clave literaria.

Cajas chinas

El viaje a México le sirvió para evaluar su situación en el medio literario, reconocer que se le apreciaba mucho pero que, a su juicio, se le conocía poco. Aunque sus amigos, Monsiváis y García Ponce, lo consideraban uno de los mejores prosistas de su generación, ¿ocupaba un lugar importante en la tradición literaria mexicana o era un marginal, un raro?

> Si me hubiera yo preocupado a partir del 72 en mi trabajo literario ahora sería alguien, y las relaciones obtenidas a través de los viajes me habrían sido utilísimas. ¡Cómo desperdicié en este sentido París! Ni modo, cada quién es como Dios lo hizo... Lo importante es esto: no dejar desde ahora pasar día sin página.[28]

En París Carlos Fuentes podría haberlo apoyado si se lo hubiera pedido: el contacto con un editor, la recomendación para una posible traducción. Le había faltado esa habilidad social. Cuando destacó con su grupo de amigos de la universidad, y empezaron a publicar en revistas y aparecer en la radio, él rentó un departamento en Tepoztlán y salió de la capital. Después, cuando hubo publicado sus primeros libros, dejó el país e inició su viaje.

No, no habría podido pedirle ayuda a Carlos Fuentes. Cuando obtuvo el trabajo en Tusquets y Seix Barral fue porque los editores se lo pidieron, sorprendidos como estaban con su conocimiento lingüístico y su bagaje literario. Su trayecto en el campo literario era el de alguien temeroso y en parte escéptico del reconocimiento mediático; era el de alguien que necesitaba la distancia para aprender y luego crear. Los años de viajes habían servido de

---

27. Pitol. "Moscú". *SPP.* 4 de marzo de 1980.
28. Pitol. "Moscú". *SPP.* 29 de abril de 1980.

gran enseñanza. No todo, al final, habían sido libros. Había buscado y encontrado el amor en relaciones pasajeras y en otras más estables. Eso también era importante. Y sus traducciones: la literatura mexicana había ganado el acceso a un nuevo mundo, a la literatura de Europa oriental, gracias a él. Era ese un mundo muy cercano al suyo en circunstancias culturales y sociales, y sin embargo nadie de su generación ni de las previas había investigado eso. Fue él quien abrió una puerta y ahora quería hacerlo con la literatura rusa.[29]

Durante su estancia en México, y de regreso en Moscú, tomó somníferos: mogadón. El doctor le recomendó no mezclar alcohol con las pastillas. Dejó de beber alcohol y de fumar tabaco por completo. Fue un cambio al que le costó trabajo acostumbrarse. Una noche que salió con Kyrim creyó por un momento que se desvanecía. Llegó débil, mareado al departamento donde pasó una velada terrible. La conversación le pareció superficial, la compañía aburrida. Entre los invitados se encontraba un joven de diecinueve años. "Es posible que dijera cosas muy divertidas, pues se reían mucho de su slang, pero mi sobriedad me aislaba, creaba una barrera, detrás de la cual todo me parecía vulgar, pestilente y me amedrentaba".[30] El alcohol había sido el lubricante para sus relaciones sociales. ¿Podía cambiar ahora casi a sus cincuenta años?

La ventaja, claro, era que sin desvelos ni crudas podía mantener la disciplina firme. Aprovechó para trabajar en *Juegos florales*. Quizá podría hacer la síntesis de tres historias en una. En primer lugar, la historia de su novela fallida que llevaba a cuestas por más de diez años, después la historia del personaje del profesor universitario de provincia que quería escribir sin éxito sobre el personaje de Billie, y, por último, un cuento de la misma Billie, ya publicado, pero que habría envejecido enormemente cuando el segundo narrador lo leyera dentro de la novela. Tres narradores, uno dentro del otro. Tres historias, una dentro de la otra. "Es algo difícil, se presta a la dispersión, a la estupidez, a la incoherencia y a la cursilería. Pero si se logra puede resultar algo interesante.

---

29. Ignacio Sánchez Prado realiza un estudio en *Strategic Occidentalism*... sobre la manera en que Pitol creó un posicionamiento literario para una escritura modernista, de vanguardia y de compromiso político con sus traducciones. Otro estudio sobre Pitol traductor es el trabajo "Sergio Pitol: un artista de la traducción" en *Sergio Pitol: un artista de la traducción* de Alejandro Hermosilla. En él se establecen con una metodología intertextual las influencias de las obras traducidas en la de Pitol.
30. Pitol. "Moscú". *SPP*. 18 de abril de 1980.

¿Una pequeña obra de arte?... Y con ello me despediría de las cajas chinas, del teatro en el teatro, etc. Para iniciar algo nuevo".[31]

Su primera novela y sus últimos cuentos habían abordado la misma estructura de cajas chinas. Esta novela sería su mayor logro y su despedida de este postulado poético, bajo el cual subyacía la idea de que ya todo estaba escrito, que el relato se había contado una y otra vez de la misma manera, y que ahora a él le interesaba el relato dentro del relato: escenificar al interior de una novela la manera en que una idea cobra forma, vida, se estructura y se convierte justamente en una novela. Mostrar el andamiaje de la forma literaria, mostrar el taller del escritor. Si su aprendizaje en todos estos años de traducción, lectura y escritura de ensayos le había enseñado algo, era que la originalidad y la novedad podían acompañarse de manera clara y correcta con el relato de una historia. Llevaría ese aprendizaje al centro de su propia novela.

Debía manejar con sumo cuidado las narraciones centrales, sin caer en la digresión ni en la confusión extrema. Era un trabajo de suma delicadeza que podía generarle mucha frustración. Un pasaje podría ser la diferencia entre una novela ágil y otra críptica y pretenciosa. Si un pasaje no lo convencía, lo rehacía por completo. En ocasiones pasaba la mañana decepcionado, para volver en la tarde y descubrir que su estado de ánimo había cambiado. "Encontré fuerzas que salían de mi malestar y que de cierto modo me obligaban a golpear la prosa, a romper la linealidad, la simetría del relato. Me pareció estar realmente inspirado y me sentí feliz".[32]

Escribir, leer, ser el primer crítico de lo escrito y reescribir. Terminarla a como diera lugar. Había llegado el momento. Si no gustaba, ni modo. Él habría cumplido consigo mismo y con la gente que había creído en él.

Le escribió a Carmen Balcells para decirle que la novela estaría lista a principios del siguiente año. Era momento de terminar con este proyecto. Había días en que lo sentía muerto, sin vida, incluso así seguía, trabajo era trabajo. "La lucha atroz, de casi trece años para poder escribir *Juegos florales*, en la que aún no puedo calificarme de victorioso".[33] Dos meses sin salir de su casa, salvo a la embajada. Dos meses sin beber, ni fumar, ni de escapadas nocturnas. Avanzó y terminó un borrador completo de la novela. Era un domingo de finales de abril y se dio un receso para asistir a una fiesta organizada por

---

31. Pitol. "Moscú". *SPP*. 21 de abril de 1980.
32. Pitol. "Moscú". *SPP*. 22 de abril de 1980.
33. Pitol. "Moscú". *SPP*. 29 de abril de 1980.

Kyrim. La pasó de maravilla y se levantó al día siguiente sin resaca. El primero de mayo, aprovechando el día feriado, viajó a Ucrania. Conoció en esta ciudad a un actor, Oleg. Se vieron en un restaurante y Pitol hizo a un lado sus restricciones de alcohol y cigarros. La pasó feliz con él. Hizo después turismo, visitó librerías y cafés. Decidió en esos días traducir a Boris Pilniak, un escritor ruso víctima de la represión estalinista a quien recién se le había vuelto a publicar en la URSS. Pilniak había sido en su momento tan famoso como Máximo Gorki y amigo y colega de Boris Pasternak.

De vuelta en Moscú tuvo una discusión con Kyrim que lo alteró más de lo debido. Cuando se preguntó el motivo de esto, reconoció que el armenio era su único amigo en la ciudad. Le habría gustado conocer a alguien más, una persona más leída o sino un amante que le mostrara afecto y respeto. En añoranza de este medio, decidió en un impulso viajar a París para visitar a Soriano y Marek. Había además en la ciudad un coloquio de arte y literatura donde estarían los Monterroso y los Rojo. Obtuvo el permiso de la embajada para ausentarse.

Los Monterroso

Llegó a París el 8 de mayo. Apenas salió de la terminal, todo en la ciudad le recordó a Piotr. "Nadie y nada más existe. Es la segunda vez que vuelvo a París, y en ambas ocasiones ha sido lo mismo".[34] En el departamento de Soriano y Marek quiso preguntarles sobre él, y a la vez temía revelar demasiado interés. Una locura. Había escrito una novela breve para exorcizarse de él, habían transcurrido ya cinco años y Piotr seguía estando presente. Fue con el paso de los días y con el encuentro con los Monterroso y los Rojo, que pudo finalmente olvidarse de él.

A Augusto Monterroso lo conoció desde sus años en la UNAM. Monterroso era entonces un escritor de una literatura compleja en sus temáticas y clara, transparente, en su uso del lenguaje; podía leerse a la vez de manera hedonista y filosófica. Un autor erudito, intertextual y además ameno y entretenido. Pitol le envió a Monterroso su segundo libro de cuentos escrito en su primera estancia en Varsovia para pedirle su consejo. Lo admiraba como a pocos. Monterroso fue siempre amable y servicial con él. En Barcelona, en su peor momento económico, lo puso en contacto con la académica Jean Franco.

---

34. Pitol. "Moscú". *SPP.* 8 de mayo de 1980.

Monterroso era además un escritor sin falsas pretensiones, conocido por muy pocos, pero admirado con fanatismo por aquellos que lo habían leído con detenimiento.

En París pasaron un par de días extraordinarios. Emocionado con la experiencia, Pitol invitó a Monterroso y a su esposa –la escritora Bárbara Jacobs– a Moscú. La ciudad de Dostoievski, Tolstói, Nabokov, de tantos autores admirados y queridos: los Monterroso aceptaron de inmediato.

Milena Esguerra, la segunda esposa de Monterroso, había sido gran amiga de Pitol en México. Fue ella, de hecho, quien lo impulsó a iniciar su viaje fuera del país y lo ayudó después a encontrar trabajo como corresponsal de la radio universitaria en China. La volvió a ver después de varios años en Barcelona y se mantuvieron en contacto, aunque cada vez menos, por carta. En su breve estancia en Londres, antes de instalarse en Bristol, Henrique González Casanova le había dicho a Pitol que Monterroso seguía enamorado de su segunda esposa. Pero de eso hacía ya seis años. Le alegraba verlo ahora feliz con otra pareja. Bárbara Jacobs era una mujer inteligente y guapa, como lo había sido Milena; era una gran lectora, aspiraba a ser escritora y Monterroso estaba seguro de que lo lograría.

Pitol regresó a Moscú con la compañía con que había soñado. Juntos visitaron los museos, las casas de escritores, sitios turísticos e incluso, a finales de mayo, viajaron a Bakú, capital de Azerbaiyán. La ciudad tenía un casco medieval, castillo, playa y mezquitas. Era algo que los Monterroso no habían imaginado al pensar en la Unión Soviética. Pero claro, casi un tercio de la población de ese país era musulmana. Para mantener la cohesión frente a la diversidad, e incluso ampliar su área de influencia en otros países como Afganistán e Irán, el Partido Comunista soviético había decidido ser tolerante con la práctica religiosa musulmana. Esta actitud ayudaba también a cambiar la imagen que se había extendido al interior de la URSS como un país más imperialista que comunista. El partido siempre había sido controlado de manera contundente por los rusos, la lengua oficial del ejército era el ruso y en las escuelas se enseñaba como primera lengua siempre el ruso. Si la unión de países soviéticos iba a sobrevivir, necesitaba un cambio, necesitaba diversidad.[35]

---

35. Es la tesis de Hélène Carrère, *L'empire éclaté*, libro que profetizó el final de la Unión Soviética debido al problema que no pudo resolverse, en parte por incompetencia, pero sobre todo por falta de interés y compromiso, de la diversidad de naciones y culturas.

De una nación de templos ortodoxos viajaron a otra de mezquitas. De una lengua eslava a otra túrquica. En ese tiempo juntos, los Monterroso hablaron con Pitol de literatura y de sus proyectos. Para entonces, Monterroso había terminado su primera y única novela, la cual le había tomado casi treinta años escribir, *Lo demás es silencio*. Ante la oleada de novelistas exitosos, ganadores de premios, presentes en todos los coloquios y en los medios, aún había autores que eran más aprendices que maestros, cuya obra era el resultado de un proceso lento, laborioso, a la vez placentero y difícil. Monterroso seguía siendo su modelo y ahora también era su amigo.

Le preguntó a Pitol si podía escribir un prólogo para *La alquería de Stepanchikovo*, la novela de Dostoievski que deseaba publicar en la colección Nuestros Clásicos, editada por la UNAM, que dirigían Rubén Bonifaz Nuño y él. Pitol había leído en esos años gran parte de la obra de Dostoievski, además de que podía leer algunos pasajes en lengua rusa. Aceptó encantado.

En Bakú la inspiración le llegó a cada momento; estaba activo, haciendo apuntes y tomando ideas. "Conversé largamente con Tito y Bárbara; es posible que de los estímulos literarios que surgen de la conversación haya brotado el punto que me faltaba para mi novela: el relato de Billie".[36] En ocasiones las anécdotas surgían de las personas menos pensadas. Una traductora del español al ruso les habló en una ocasión:

> ...de un científico soviético que escribió sobre un método para eliminar neurosis y malos humores. Según él, el hombre, por la vida artificial que lleva, concentra electricidad que no descarga y que desestabiliza su sistema nervioso. Hay que atarse con un alambre al sistema de calefacción que llega hasta el suelo para "hacer tierra", y de esa manera descargar esa energía innecesaria.[37]

Pitol le dijo a la traductora que desde el día siguiente intentaría esa nueva terapia.

De regreso en Moscú, lo esperaba una carta del director de la editorial Siglo XXI, Arnaldo Orfila, en la que le expresaba su interés por publicar *Juegos florales*. Ya estaban al tanto Carmen Balcells y Orfila. Le faltaba revisar los borradores, pero esta vez lo lograría. Hizo una lista de lecturas que podían ayudarlo para ganar impulso y solidez en su trabajo. Entre ellas estaba *Las mil y una*

---

36. Pitol. "Moscú". *SPP*. 25 de mayo de 1980.
37. Pitol. "Moscú". *SPP*. 26 de mayo de 1980.

noches, La Sra. Dalloway, Orlando, La búsqueda de Corvo, Evelyn Waugh, P.G. Woodehouse y *La verdadera vida de Sebastian Knight.* Era consciente de que necesitaba más tiempo, y deseó enfermarse de algo que lo recluyera por meses en la cama. Ganar el tiempo y el espacio para concentrarse en su trabajo creativo. La enfermedad era una añoranza que lo llevaba a su primera infancia, la etapa en que inició su pasión por la lectura.

Después de que los Monterroso regresaron a México, Pitol se dedicó a trabajar y concluyó la traducción de Pilniak. Novela breve, escrita con un lenguaje claro y emotivo, *Caoba* retrata a un grupo de compradores de antigüedades en una pequeña población decadente: su pasado aristocrático arruinado y un presente comunista corrupto y nepotista. En la URSS prohibieron publicar esta novela y a la postre Pilniak tuvo que hacer un acto de contrición ante el partido. Repetía el mismo motivo que con Witold Gombrowicz, Lu Hsun, Tibor Déry y Kazimierz Brandys: autores con una gran conciencia social, de ideología de izquierda, sin dejar de ser críticos contra el poder.[38]

Días después de terminar con *Caoba*, tuvo una nueva idea para la estructura de *Juegos florales*: "La novela se dividirá en tres partes, y dará un total de 8 capítulos.... ¡Trabajar! ¡Trabajar! ¡Trabajar!"[39] Reescribió el primer capítulo. Al terminarlo se topó contra "un terrible mazazo a mi vanidad. ¡Qué atrocidad! ¡La más absoluta carencia de forma, lo único que allí abunda es la reiteración, el desmadejamiento, y el tedio".[40] Sin embargo, continuó. Dejó el texto tal cual estaba y siguió adelante.

Chéjov

Sucedió lo que temía y anhelaba, se enfermó de los bronquios. Pero no fue tan grave como para incapacitarlo y sí en cambio fue necesario tomar antibióticos.

---

38. Además de los textos mencionados, Pitol tradujo de Boris Pilniak otros relatos breves como "Pedro, Su Majestad, Emperador", donde hay una crítica mordaz contra el espíritu europeizante de este zar ruso, y "La ciudad de Ordynin", "El milenio" y "Al viejo queso de Chesire". En todos estos cuentos, antologados en el libro *Pedro, Su Majestad, Emperador*, se aborda de manera muy original la idea de la cultura rusa en un diálogo casi siempre conflictivo con Europa, y en menor medida, con Asia.
39. Pitol. "Moscú". *SPP.* 24 de mayo de 1980.
40. Pitol. "Moscú". *SPP.* 29 de junio de 1980.

Continuó yendo al trabajo. En ese estado convaleciente se enteró de que había la posibilidad de que lo transfirieran a Roma. Su italiano era perfecto y conocía esa cultura. Moscú, sin embargo, había sido una ciudad que lo había inspirado para trabajar; conocía a muy poca gente, así que no tenía distracciones. Las relaciones amorosas habían sido fugaces y sin mayor consecuencia. Cambiar todo eso ahora, a mitad del proceso creativo de su novela, podía ser peligroso. Sin pensar además en la mudanza, la búsqueda de un nuevo departamento, la nueva dinámica del cambio de embajada: todo eso le quitaría tiempo y energía.

Por otro lado, Roma: la ciudad milenaria de la cultura clásica. ¿Acaso su novela no había renacido después de su viaje a Roma? ¿Había un escritor que no se inspirara en aquella ciudad, en aquella cultura? Henry James y Thomas Mann, dos de sus figuras tutelares, habían escrito sobre Venecia. Él hizo lo mismo en *El tañido de una flauta* y quería ahora hacerlo para *Juegos florales*. A finales de junio cambió de opinión y expresó su interés por Roma. Transcurrió apenas una semana cuando recibió la respuesta: negativa, se quedaba en Moscú. Su trabajo como diplomático era de una inestabilidad alarmante, incluso conservar su plaza implicaba cambios drásticos que salían de su control. Pero si pensaban que eso habría de afectarlo, estaban equivocados. Pensó si el rumor de su cambio no habría surgido de una queja de un colega de apellido Lagunas. Para Pitol era claro que ese tipo no lo apreciaba, que muy probablemente habría preferido trabajar con alguien más. Los motivos de su desagrado le eran desconocidos. Tenía, como siempre, que cuidarse: no hacer ninguna tontería, no llamar la atención.

Su vida romántica no estaba entonces para levantar el menor ruido. Asistía de vez en cuando con Kyrim a fiestas. Pero desde que había dejado el alcohol, había ganado más conciencia de lo patéticas que podían ser algunas de esas reuniones. "¡Qué de monstruos anoche en la reunión *chez* la viejuca! La verdad es que si el mundo gay es chusco en todas partes, en casa de la viejuca supera lo felliniano, para caer de lleno en la esfera de Goya, o del Bosco".[41] Llevaba una vida de asceta. Si no escribía la novela, lo anotaba en su diario. Si lo hacía, se daba el derecho de escribir sobre su vida personal.

Realizó un viaje a la pequeña ciudad de Zuzdal, famosa por sus conventos. Dedicó el día a visitar estos espacios de paz y armonía, de un pasado legendario. La Iglesia ortodoxa en Rusia no había tenido el esplendor filosófico

---

41. Pitol. "Moscú". *SPP.* 2 de julio de 1980.

ni letrado de la católica de Occidente, pero sus construcciones eran magníficentes. En este caso, además, había un río y un bosque en los alrededores. De vuelta en Moscú, perdió en pocos días la calma que había ganado en su viaje: volvió a sufrir de insomnio. Esta vez la culpa no fue el amor, sino "la aparición de mis próximos libros (uno es casi un suicidio); el otro, *Asimetría*, puede reestablecer mis bonos".[42] Salió finalmente *El único argumento*. El tiraje era mínimo, ciento veinte ejemplares, dedicado a un público selecto de amigos y conocidos. Aún así estaba muy nervioso. El secreto de su vida erótica se convertiría, posiblemente, en una verdad divulgada por un texto con claves autobiográficas.

Seguido del insomnio padeció de una nueva gripe con bronquitis. Lidió con ella en la ciudad de Praga, que visitó para conocer la casa de Kafka y dar una charla sobre literatura. ¡Si tan solo lo operaran de las amígdalas! Podría internarse varios días en el hospital: leer, escribir, estudiar ruso.

En el mes de julio se organizaron los Juegos Olímpicos en Moscú. Habían cambiado de embajador y Antonio Carrillo Flores, quien fuera secretario de Relaciones Exteriores durante el mandato de Díaz Ordaz y luego director del Fondo de Cultura Económica, pasó a ser el brazo ejecutivo del trabajo diplomático. Fueron semanas de gran estrés y trabajo. Salió de ellas con un problema en la piel. Estaba estresado, ansioso. Había momentos en que su trabajo y sus colegas le eran intolerables. Sufría incluso de manifestaciones paranoicas. Pensaba entonces en la casa en Coyoacán, su ermita, su monasterio dedicado a lo más genuino y puro en su persona, la literatura. Con el sueldo que ganaba había iniciado ya su construcción.

Además del sueño de su futura casa y retiro encontró la calma en la traducción de *Un drama de caza* de Chéjov. La novela le parecía de una maestría absoluta: personajes memorables, tensión en la trama, el enigma de un crimen, un drama amoroso. Admiraba a Chéjov. Al traducirlo había sentido por momentos su compañía en el proceso creativo, la manera increíble en que daba un giro a la trama; la descripción de un personaje y su repentina caída; el misterio expresado con una imagen, resuelto de forma imprevista y contundente. Ser Chéjov al buscar la palabra correcta, la construcción de una frase que no fuera banal ni falsamente elaborada; en la señal repentina de que era el momento justo de detenerse, o de ahondar, de no cesar, de golpear una y

---

42. Pitol. "Moscú". *SPP*. 16 de julio de 1980.

otra vez en el mismo punto hasta que la escena reventara. Pidió permiso para ausentarse del trabajo. Quería ir a Yalta, conocer la casa de Chéjov.

Obtuvo el permiso en la embajada, tomó el tren rumbo al sur. Frente a la puerta de entrada, estaba el roble que plantó Chéjov y un ciprés que sembró su hermana después de la muerte del escritor. El edificio de cantera blanca estaba rodeado por un enorme jardín que cuidó Chéjov en sus últimos cinco años de vida. Pitol recorrió las habitaciones modestas pero de sobria elegancia, de una calidez hogareña, hasta llegar a su estudio donde vio una foto de él con Tolstói, autografiada por el maestro. "La emoción fue tan tremenda, que a cada momento tenía que resistir las ganas de llorar".[43] A Chéjov no lo había buscado, como hizo con los escritores polacos, yugoslavos y húngaros; había estado siempre ahí, al acceso de cualquier lector de lengua española. La diferencia es que ahora él podía leerlo en ruso.

La posibilidad de volver

Las enfermedades se siguieron una a la otra y con ellas, de pronto, el miedo a la muerte. "Se acabó agosto. Mañana terminará septiembre y pasado mañana el año. E inmediatamente después, la vida. Por eso tengo, debo, de trabajar como un loco mientras aún pueda hacerlo".[44] Tenía cuarenta y seis años. Morir sin que nadie lo recordara, sin que sus lecturas y proyectos se concretaran en una obra donde pudiera expresar su sensibilidad literaria; morir sin trabajo, sin amistades, solo, en un país extranjero. "¿Por qué esta racha necrofílica? No sé. Coincidió con el momento en que comencé a sentirme desplazado en la embajada, en que comenzaron a salirme manchas en la cara".[45] ¿Habrían llegado rumores de su libro *El único argumento*? ¿Se le discriminaba, se le excluía por eso? El embajador no lo apreciaba, eso era claro. Tampoco sus colegas. En el mundo de la embajada se le pedía asistir a cenas, recibir gente, vestir a la moda. Simplemente, no tuvo tiempo para ellos. La experiencia con Carmen Cano, que le retiró el saludo, le sirvió para armarse de valor y cortar por lo sano. Sus colegas le quitaban tiempo. Antes había hecho un esfuerzo para agradarles, para caer bien, ser amable. Ya no era necesario.

---

43. Pitol. "Moscú". *SPP.* 22 de agosto de 1980.
44. Pitol. "Moscú". *SPP.* 31 de agosto de 1980.
45. Pitol. "Moscú" *SPP.* 3 de septiembre de 1980.

Solicitó y recibió un permiso para ausentarse una breve temporada y viajar a México. El viaje, como siempre, le ayudaría a calmarse, a ganar perspectiva, además de que quería revisar la construcción de su casa. Llegó a la Ciudad de México el 5 de septiembre. Al día siguiente releyó el primer capítulo de la novela. Le pareció empalagoso y lento. Para levantarse el ánimo salió con su amigo Monsiváis. Días antes de su llegada, éste había publicado en el suplemento de *Siempre!* un ensayo que Pitol había escrito sobre Pilniak. En él destacaba la conjunción de compromiso político e innovación formal del escritor ruso. En "Un cuento sobre cómo se escriben los cuentos", Pilniak realizaba un recorrido con gran naturalidad en el interior de una historia graciosa y amena que es, no obstante, sumamente compleja: la autobiografía de la esposa de un escritor japonés que escribió una novela sobre su esposa y que es, a su vez, el motivo de la narración de quien nos cuenta el cuento con el fin de enseñarnos a narrar.

Le agradeció como siempre la ayuda a Monsiváis para publicar sus trabajos en México. Sus traducciones, de otra manera, no habrían conseguido llegar al gran público. En esa ocasión, sin embargo, no pudo evitar que le hiciese sentir una cierta desilusión y desagrado. Le pareció que su amigo se interesaba mucho por el dinero, que era capaz de escribir y publicar en cualquier lado, en proyectos indignos de él. Vio en una librería un prólogo escrito por Monsiváis en un libro llamado *Los niños de México,* publicado por el Seguro Social. Eso era el extremo, ¡vender a tal punto su pluma! De lo mismo se habían quejado los escritores modernistas hacía medio siglo. ¡¿Era posible que el medio literario mexicano no hubiera avanzado en todo ese tiempo?! Fuentes, Paz, Rulfo habían encontrado otras maneras; y entre los escritores de su generación, José Emilio Pacheco, Juan García Ponce, Jorge Ibargüengoitia vivían de su escritura publicando en revistas y editoriales de renombre. Nadie en el medio vivía en la opulencia, pero tampoco habían pensado que eso era posible. Quizá Monsiváis quería algo más.

Pitol buscó opciones de vida en México y gracias a su trabajo en el gobierno y el renombre que había alcanzado recibió una oferta tentadora: ser subdirector del Departamento de Asuntos Culturales de la Secretaría de Relaciones Exteriores. Una de las ventajas era que podría promover su obra en su país. La cultura literaria en México dependía todavía de manera considerable del apoyo del gobierno: becas, editoriales, instituciones y premios. Ocupar un puesto directivo en la burocracia diplomática sería convertirse de inmediato en una pieza de esa maquinaria. Seguramente, al inicio le tomaría tiempo entender el funcionamiento administrativo, pero una vez esclarecido podría mejorar su rumbo, darle un mayor sentido. Otra ventaja de volver a México era que podía terminar su casa en la plaza de la Conchita.

Había podido escribir en Moscú. De hecho, en esa ciudad había escrito más que en todos los siete años juntos desde su ingreso en Relaciones Exteriores. Pero el sacrificio en su vida social y laboral era muy grande: una ciudad sin amigos en un mundo burocrático. Aceptó el trabajo en México. Pidió únicamente se le diera el plazo de un semestre. En la secretaría accedieron a sus condiciones y la vida le cambió en un instante.

Debía terminar *Juegos florales* ese semestre en Moscú. Allí había encontrado la inspiración de la novela, ahí mismo debía concluirla. Al volver retomó su rutina de trabajo. Se enfocó en el cuarto capítulo, sobre su infancia en Córdoba y en Potrero. Una vez resuelto, creía que los demás serían más fáciles. El último sábado de septiembre, después de una semana de trabajo, decidió salir a casa de un amigo. "La verdad es que necesito echar un auténtica cana al aire".[46] Pasó el domingo en cama y el lunes de vuelta a la embajada.

El único argumento

El único argumento pasó desapercibido en la crítica mexicana, posiblemente, debido al tiraje mínimo de la editorial y a su precio elevado. Elena Urrutia se enfocó en la belleza del libro, que conjuntaba "excelentes y lúdicos dibujos; es un libro objeto de arte".[47] En pasta dura, de papel grueso y gran tamaño. En las ilustraciones Soriano retrató cantantes de ópera, siluetas de niñas, plumas, manos, pero sobre todo hombres en pareja, hombres en la cama, abrazados y desnudos. Ese era el testimonio artístico de su relación. Pitol había escrito su relato con temática homosexual y Soriano había acompañado su historia con imágenes. La obra en cuerpo entero.

La historia era –como todas las novelas que había escrito hasta entonces– un relato dentro del relato. El protagonista desea escribir un ensayo sobre la ópera de Mozart, *Don Giovanni*. Al mismo tiempo, sufre un fracaso amoroso con un joven de nombre Piotr. Lee una biografía de la escritora de novelas policiacas Dorothy L. Sayers y resuelve escribir una historia de ficción en la que mata a su amante. La escritura del ensayo y la maquinación mental

---

46. Pitol. "Moscú". *SPP.* 27 de septiembre de 1980.

47. Elena Urrutia. "De pasión y libro". *Unomásuno*, 12 oct, 1980, p. 19.

de la novela policiaca nos ubica en un futuro creativo, en la preparación del momento de la obra, de la iluminación que no llega. En las litografías de Soriano tenemos, por otro lado, la descripción visual del idilio amoroso, el dolor de la conclusión del *affaire*, la caída, y al final un intento de asesinato. En las litografías lo posible, lo soñado, lo imaginado por el protagonista se vuelven realidad.

Pitol y Soriano logran que el libro objeto adquiera un gran valor estético. Las dos creaciones están en diálogo, no son copia la una de la otra, no hay un original, a pesar de que la noveleta de Pitol precede a las imágenes. Para Pitol la trama está mediada por el acto creativo y se proyecta como una posibilidad: pensar en el cómo y en el qué, en la distancia del creador/lector con el posible relato. Es una trama cargada de referencias artísticas y literarias: el asesinato de Piotr surge de una referencia bibliográfica, el encuentro con Piotr se da por un gusto compartido por la ópera. En el caso de Soriano la trama es ágil y transparente, las figuras están en ocasiones sublimadas, y en otras descritas por sus rasgos esenciales: los amantes masculinos tienen cuerpos atléticos y grandes penes, los asesinos llevan ponchos al estilo de gauchos, los personajes de la ópera son divas con vestidos de época. Su gran técnica permite que Soriano permanezca figurativo sin caer en la caricatura.

Con *El único argumento* Pitol abordó por primera vez la relación amorosa homosexual de manera clara y abierta. Se trata en este caso de una relación fallida que genera frustración, ánimos de venganza y dolor en el narrador. Poco se nos cuenta del afecto y el placer sexual, la rutina compartida, la forma en que dos hombres pueden madurar y desarrollarse juntos. Es un amor que se parece más a su contrario. Aunque la relación homosexual se plantee con naturalidad, las consecuencias siguen siendo muy parecidas a la de las novelas anteriores. Pitol había temido, sobre todo, caer en el escollo de "ridiculizar a los homosexuales".[48] Cayó, en cambio, en una tradición conservadora donde la relación homosexual termina con frustración, depresión y deseos de muerte. Era, en todo caso, lo que él había vivido hasta entonces. No sucede así con las ilustraciones de Soriano. Las figuras masculinas se expresan de manera erótica y sensual, incluso cuando sufren. Hay una gran fuerza estética en este amor que no se expresa en la trama. Hay un imaginario visual nunca visto: ilustraciones de dos hombres desnudos en la cama, dos hombres abrazados,

---

48. Pitol. "Budapest". *SPP.* 9 de julio de 1977.

uno con el otro. Esta historia apenas se nos cuenta en el relato escrito, pero claramente en el visual.

El libro objeto y la forma narrativa metaficcional se situaban en la vanguardia formal, pero su trama estaba inserta en la tradición conservadora de la sociedad mexicana. De ahí que el cuento o novela breve de Pitol no significara ninguna revolución para la literatura gay. Quizá era, paradójicamente, lo contrario: un eslabón más en una historia que se había contado una y otra vez. La temática gay no debía ser una carga que ocultar, sino más bien un impulso creativo para las prácticas literarias de vanguardia. Así lo había mostrado Manuel Puig y lo hizo en México el año previo a su publicación, *El vampiro de la colonia Roma*. En *El vampiro* Luis Zapata derrumbó de un golpe las columnas de la sociedad machista mexicana con un protagonista homosexual prostituido que gozaba de su cuerpo sin culpa ni pecado. Esta misma libertad temática le permitió subvertir las formas tradicionales y caducas del neocostumbrismo y el realismo, con un artificio muy original que permite escuchar una oralidad genuina, ágil y deslumbrante. Pitol, en comparación, escribió un texto complejo en la forma y convencional en la trama.

Kutuzovski Prospekt

Contaba con un semestre en Moscú para terminar *Juegos florales* y fue entonces cuando entró a la trama de su novela: se convirtió en la famosa Billie Upward. Escribió el cuento de la inglesa "Closeness and fugue". La acción sucedía en Venecia, ciudad que había sido central en su vida. La visitó en su primer viaje a Europa y sintió entonces una comunión sublime con lo artístico. Las pinturas, los palacios, los puentes y los canales estaban cargados de siglos de historia y de varias de sus lecturas favoritas; era como ocupar un espacio tangible, que había estado reservado a lo grandioso del arte. Ahí entraría la protagonista de su protagonista con la ingenuidad y la inocencia de una adolescente puritana. En esa ciudad de ensueño y de creación artística, en la que fue para él el destello que lo impulsó en su aprendizaje de escritor hacía ya casi veinte años, ubicaría una de las cámaras principales de su laberinto. En ella la protagonista tendría una experiencia mística, el encuentro con una suerte de Aleph: "Cada uno de nosotros es todos los hombres... ¡Soy la basta piedra que cimenta estas maravillas y soy también sus cúpulas y estípites! ¡Soy una mujer y un caballo y un trozo de bronce que representa un caballo! ¡Todo es todas las cosas!".⁴⁹ Moriría la protagonista de Billie, que era a la vez la protagonista de su narrador, el mismo que había deseado escribir siguiendo los pasos de Mann, de James, de Shakespeare, y en ese intento había armado un relato dentro de otro, dentro de otro.

Estaba inspirado. Escribía incluso durante el trabajo. ¡Fuera termitas! "Hoy por la mañana, acompañando a una delegación de la Secretaría de Educación, comencé a escribir mi capítulo veneciano, mientras todos creían que tomaba notas sobre la entrevista".⁵⁰ Quería escribir y poco le importaba caer bien a sus colegas. "Closeness and fugue" tenía algo de *Sueño de una noche de verano* y mucho de Henry James. Como siempre que creía haber encontrado una trama elaboró una lista de lecturas que lo acompañaron en su desarrollo. En ellas estaba Carpentier con *Concierto barroco*, *Los papeles de Aspern*, *El mercader de Venecia*, *La muerte en Venecia* y el "Episodio veneciano" de la novela *El miedo de perder a Eurídice* de Julieta Campos.

Terminó "Closeness and fugue" e inmediatamente después tuvo una idea. El cuento de Billie estaba pensado originalmente para *Juegos florales*. Tenía, sin embargo, tres cuentos extensos –uno de los cuales había ganado el premio de *La Palabra y el Hombre*– que podían reunirse en un libro. Incluir el cuento en ambos proyectos. Un relato se libera de su primera estructura y forma una nueva en otro libro, la interpretación final de un texto queda así postergada a su contexto, comienza una carrera sin final. Ocupar la figura de un demiurgo juguetón que combina y altera el orden establecido de sus obras con el fin de llamar la atención sobre la arbitrariedad de ese mismo orden y para ensanchar los límites de la crítica.

Viajó a las ciudades de Bujará y Samarcanda, en Uzbekistán. Estaba en un territorio desconocido, exótico incluso para alguien como él que había viajado de joven a Pekín. Algo había en esas ciudades reminiscente del mundo perdido de *Las mil y una noches*. "Jamás me hubiera podido imaginar la belleza de esta ciudad, y mucho menos, su extrañeza. Estoy en un mundo absolutamente diferente al hasta ahora conocido".⁵¹ Al anochecer escuchó frente a su hotel el graznido horrible de centenares de cuervos; fue la imagen que lo impulsó a escribir. Preguntó al día siguiente por el nombre de los árboles alineados

---

49. Pitol. "El relato veneciano de Billie Upward". *Cuentos*. 377.
50. Pitol. "Moscú". *SPP*. 20 de octubre de 1980.
51. Pitol. "De un diario, 1980". 530.

frente a su hotel y, en menos de una semana, terminó el borrador del cuento "Gótico de Samarcanda". El cuento iniciaba con una evocación de sus años en Varsovia con su amigo Juan Manuel Torres, y la manera en que ambos habían imaginado una historia que sucedía en una ciudad de Uzbekistán. Usaba también una referencia intertextual de un ensayo que tradujo su amigo del crítico polaco Jan Kott. Era una buena manera de seguir con él, de conversar y trabajar juntos.

Los cuentos que había escrito en Moscú pertenecían a un nuevo grupo. Compartían con sus tres libros anteriores los espacios cosmopolitas, el carácter autobiográfico y una trama sin un claro desenlace. Pero ahora profundizó en la hibridación de los géneros, la ambigüedad y complejidad narrativa, la intertextualidad con referencias literarias en ocasiones inventadas, y entró de lleno al terreno de la metaficción, en el que el acto de narrar era tan o más importante en ocasiones que el hecho narrado. La lectura era un acto creativo que aportaba el sentido y la estructura a la trama fragmentaria, la posibilidad también de entrar en un laberinto de espejos cuyo desenlace o salida se veía continuamente postergada. La metaficción era una técnica literaria novedosa y hasta cierto punto extraña en un autor mexicano.[52] Ignacio Sánchez Prado identificaría la originalidad de Pitol por su contraste con el imperativo del realismo mágico (García Márquez) y la épica moderna escrita por Carlos Fuentes. Y Nogales Baena lo situaría en la posmodernidad literaria "por el lugar preeminente que toman en la narración: la hibridación de géneros, el fragmentarismo, la interculturalidad, el metadiscurso lúdico, la parodia, la ironía, la ambigüedad".[53]

Tenía un nuevo libro de cuentos, varias traducciones y la novela casi finalizada. Moscú había sido un éxito. Una vida muy productiva y casta. "Puedo

---

52. Esto lo identificó García Ponce en su reseña sobre *Nocturno de Bujara*, publicada en *Vuelta*, y Margo Glantz, en su artículo "Sergio Pitol: ¿El espejo de Alicia?", donde afirma que con Pitol tenemos una escritura "que el autor del relato consume, colocado en abismo dentro del texto en donde se lee la narración, y que se maneja como 'eco' de manera deliberada" (136); y asimismo Laura Cázares en *El caldero fáustico* y en "Lectura y lectores en *Vals de Mefisto*", y Karim Benmiloud en "La figure de l'écrivain chez Sergio Pitol".

53. Nogales-Baena, José Luis. *Hijo de todo lo visto y lo soñado. La narrativa breve de Sergio Pitol.* 219.

contar mis aventuras con los dedos".⁵⁴ Aprendió la lengua rusa y su literatura. Su mayor distracción fueron los viajes y las visitas a los museos y casas de escritores que admiraba. Antes de partir visitó la casa de Tolstói en Moscú. Caminó por el jardín, las recámaras, el taller de calzado y la sala atestada de libros donde el autor pasaba la mayor parte de su tiempo. Era una casa grande, aunque en lugar de un palacio o de una casa solariega, como la de Yasnaia Poliana, parecía más un hotel o incluso una vecindad: un lugar donde la familia, los trabajadores domésticos y los invitados formaban una gran comunidad; la cercanía les impedía escapar de los rumores, los problemas, las alegrías y las festividades familiares.

Después de ver la de Tolstói, buscó la casa de Gógol. La visitó un martes por la tarde y resultó una maravilla. Si con Chéjov había conjuntado la vista del mar y el bosque con la calma del estudio del maestro, en esta ocasión tomó una visita guiada con un grupo esperpéntico de turistas. Después de haber sido regañado por la guía de turistas, un visitante se dio cuenta de que se había equivocado de lugar. Otro hombre que entró con todo y abrigo quiso preguntar algo para recibir como respuesta la orden tajante: ¡preguntas al final! Y las preguntas nunca llegaron.

Se despidió de Moscú y de su departamento ubicado en la avenida Kutuzovski. Era el momento de regresar a México.

> Hace doce años que no vivo allá, y diecinueve de que me embarqué en el Marburg, y comencé esta vida un tanto disparatada, pero que no cambiaría por ninguna otra, que me llevó a vivir en Roma, Pekín, Varsovia, Belgrado, Barcelona, Bristol, nuevamente Varsovia, París, Budapest y Moscú.⁵⁵

Regresaba a México con el mejor aprendizaje posible: lector y traductor del polaco, del ruso, del inglés, del italiano. Regresaba con un nuevo libro de cuentos y una novela, *Juegos florales*, a punto de concluirla.

La literatura del agotamiento

Con Roland Barthes la literatura descubrió una nueva cara, la de la teoría. Las narraciones eran, más que entretenimiento, arrobo estético y archivo

---

54. Pitol. "Moscú". *SPP.* 19 de noviembre de 1980.
55. Pistol. "Moscú". *SPP.* 27 de octubre de 1980.

histórico. Eran también pensamiento filosófico. El crítico francés elaboró teorías de la representación y análisis literarios con metodologías científicas a las que les sucedió una ola estructuralista que invadió la academia europea y anglosajona. La ficción sobre la ficción generó un gran interés, sobre todo al tratarse de una escritura que era a la vez creación y reflexión crítica. De ahí los primeros estudios comprensivos del tema como el de Robert Alter, y de ahí la publicación que causó cierto revuelo del novelista y académico John Barth.

Barth iniciaba donde Alter había terminado. El riesgo de una literatura autoconsciente era, para Alter, perder la esencia de una narración literaria. ¿Qué podría hacer diferente a una novela de un tratado o de una suma filosófica? Para Barth, un escritor del siglo XX está frente a una literatura que es crítica del lenguaje, de la representación y, por tanto, de su propia esencia o mecanismo creativo.

Los dos escritores que habían ganado la partida contra una literatura transparente y de una literatura que fuera solamente crítica, fueron Samuel Beckett y Jorge Luis Borges. En el caso del irlandés, su literatura se fue despojando poco a poco de los artificios del lenguaje (sintaxis, variedad lingüística, figuras metafóricas) hasta terminar en un silencio cargado de significado, un silencio previo a la extinción del universo, un silencio anterior a la muerte, un silencio con el cual cerrar una tradición literaria donde todo estaba ya escrito. Pero Borges se las ingenia para aplazar el fin, y lo hace con una literatura que Barth define parcialmente como "barroca". Borges escribe cuentos que son también reseñas de libros imaginarios, descripciones de bibliotecas que son laberintos donde todo está ya escrito; una literatura de autores que escriben lo que ya está escrito y lo presentan como vanguardia, de personajes que son narrados por quienes son a su vez personajes de otro narrador.

Con Beckett tenemos el fin de las posibilidades del lenguaje. Con Borges tenemos el fin de las posibilidades de contar una historia. Quien no reconozca esto escribirá una literatura ingenua. Quien, en cambio, reconozca la originalidad de Beckett y de Borges, solo puede guardar silencio o adentrarse con la fuerza de un santo en el laberinto de una creación que está, muy probablemente, abocada al fracaso.

MÉXICO
(1980-1983)

Narrativa Narcisista

LINDA HUTCHEON FUE LA primera en desarrollar el concepto de *metaficción* en su libro de 1980 *Narcissistic Narrative*. Fue clara y elegante en su explicación. Mientras que la literatura del siglo XIX –el realismo– había realizado sobre todo una mimesis del producto, la literatura del XX –la metaficción– lo hacía del proceso. El proceso de creación era también parte de la vida, de hecho, para quienes crean un texto artístico, y para quienes lo recrean leyéndolo, es una de las actividades más significativas. Hutcheon desarrolló un esquema descriptivo para entender de qué manera la metaficción se presentaba en los textos. En su esquema combina forma (abierta y velada) con contenido (narración y lenguaje).

La metaficción a manera de "abierta-narración" es aquella en la que el protagonista o el narrador es escritor, lector o copartícipe del acto creativo. Tenemos en el interior de la obra el reflejo de la estructura creativa. Un ejemplo clásico es el *Quijote*, en la célebre novela el protagonista lee la primera parte de su novela y decide desmentir el texto cambiando su recorrido; otro ejemplo es *Tristram Shandy*, novela en la que el narrador nos explica, entre otras cosas, sus estrategias narrativas.

En la manera "velada-narración" el género literario nos obliga, por sus propias convenciones formales, a tomar conciencia del factor ficticio de lo que leemos y de la necesidad de participar en la creación y aportar el sentido de la obra. En el género detectivesco, por ejemplo, nos volvemos lectores activos, copartícipes de la investigación; en el género fantástico, somos lectores de mundos claramente inventados que conservan, sin embargo, una armonía, orden y lógica internos.

En la metaficción de manera "abierta-lenguaje" la atención del texto se centra en el medio: el lenguaje. Tenemos, como un ejemplo, el poder del lenguaje para crear mundos alternativos sin necesidad de otra cosa que una lectura, como en "Tlön, Uqbar, Orbis Tertius", de Borges, que crea un universo con anotaciones clandestinas en la *Enciclopedia británica*.

Y, por último, la metaficción de manera "velada-lenguaje" es la que siembra la narración de bromas, acertijos, anagramas, etc., con el fin de volcar la atención en la materia prima del texto. El lector indaga en las diversas capas semánticas de un significante, debe completar o cambiar las construcciones sintácticas, ambiguas o fragmentarias. De ahí la complejidad para entender muchos de estos textos en una primera lectura. *Terra nostra*, de Carlos Fuentes, es un ejemplo claro de esto.

En este esquema de Hutcheon hay un elemento primordial que destaca porque había estado hasta entonces ausente: la figura del lector. En la metaficción contemporánea el lector es copartícipe de una creación vigilada, debe seguir las convenciones y las reglas que le impone el texto permitiéndole recrearlo. El lector de la metaficción enfrenta además una paradoja: debe ser consciente de que lo que lee es ficción, pero sin dejar de responder de manera vital a esa ficción; saberse en la *matrix* y vivir de manera natural en ella.

En cuanto a la figura autoral, tenemos a un escritor muy cercano al crítico. La figura del autor romántico, que vivía y explicaba su creación con su genio artístico, se profesionaliza ahora con la del académico que vive del análisis literario en su cubículo o con la del crítico reseñista que escribe para revistas y suplementos literarios. Ambos han llevado la ficción a la frontera de la crítica. De tal manera que la teoría sobre la metaficción –afirma Hutcheon– es más descriptiva que comprensiva. La estructura que ella propone es más una guía de lectura que un manual de creación o de análisis.

Hutcheon retoma a lo largo de su libro una de las críticas más constantes que se le hacen a la práctica de la metaficción y que a su vez tiene que ver con el título de su obra. El calificativo de *narcisista* no es peyorativo, ni está dirigido –en su caso– a la figura del autor: está enfocado en la descripción de una obra autorreflexiva. Algunos escritores y críticos (John Barth) se referían a la metaficción como síntoma de una deshumanización del arte o de una "literatura del agotamiento".[1] El mundo "real" no parecía interesarle más a esta literatura que miraba, en cambio, su reflejo. Esto, de acuerdo con Hutcheon, es falso.

---

1. John Barth. "The Literature of Exhaustion". *The Friday Book: Essays and Other Non-Fiction*. 1.

Del reflejo de Narciso surge una nueva posibilidad de escritura compleja, que renueva la tradición literaria.

Para empezar, la metaficción revela la ilusión del referente textual; es decir, detrás de la palabra hay un mundo de representaciones mentales; tales representaciones pueden hacer referencia a una sociedad histórica y, también, a un mundo situado en un espacio y un tiempo alternativos o fantásticos. Su aportación epistemológica radica en su armonía, en su orden y en su lógica, como ya se dijo. En segundo lugar, la metaficción nos arroja a una paradoja de connotaciones filosóficas: nos obliga a la representación ficticia y simultáneamente crítica, y descarta su carácter de artificio; desea trascender los límites textuales a sabiendas de que esto es imposible. "Esta ficción es narcisista en tanto que motiva por parte de los lectores una respuesta activa y a la vez crea un espacio en sí misma donde esta respuesta es posible".[2] Y, por último, para quienes veían en la metaficción el fin de la novela, Hutcheon les recuerda que ésta estaba presente desde un inicio. Si la metaficción era un fin, sería uno circular.

Burócrata

Pitol se estableció en un departamento del edificio conocido como "de las Brujas", frente a la plaza Río de Janeiro, en la colonia Roma. Decoró sus muros con originales de Vicente Rojo, Gherzo y Gironella. En su estudio tenía un escritorio de abedul con fotografías de Virginia Woolf, Thomas Mann y Dickens; en los muros pinturas de Wilfredo Lam, Soriano y Rafael Coronel. El edificio de las Brujas era una construcción ecléctica, de tabique rojo con fachada estilo inglés, buhardillas francesas y techos cónicos de estilo medieval alemán. En México no había lugar para la uniformidad y la monotonía. Igual sucedía con los colores, muy variados, y a veces con los ruidos, muy molestos. Las primeras semanas en México fueron de fiesta. Vio amistades y conocidos y visitó librerías. En ninguna de ellas encontró un libro suyo. Era un autor desconocido.

Tuvo un encuentro erótico con un joven de rostro lombrosiano, un asunto pasajero, pero de inmediato se reprendió y tuvo una sensación de culpa. Había sido demasiado pronto, se había arriesgado de más. Transcurrió una quincena, y si alguien se enteró prefirió callarse. Estaba a salvo.

---

2. Linda Hutcheon. *Narcissistic Narrative*. 141.

El medio literario en México se cimbró de pronto con la noticia del secuestro de la poeta hispano-guatemalteca Alaíde Foppa. Foppa era poeta, activista e intelectual. Fundó una de las primeras publicaciones feministas en México, la revista *Fem*. Había ido a Guatemala a renovar su pasaporte cuando sucedió el secuestro. El imaginario de la Guerra Fría, que él había vivido en los países comunistas, se convirtió en Centroamérica en una realidad cruenta. Las guerrillas, organizadas por jóvenes de clase media imbuidos en lecturas marxistas y guevaristas, eran fuertemente reprimidas por gobiernos autoritarios y conservadores que no valoraban la vida ni la dignidad humanas. Muchos amigos y conocidos de la poeta temieron no volverla a ver más. Pitol tenía una clara inclinación de izquierda. Su vida detrás de la cortina de hierro le daba una visión privilegiada que los jóvenes guerrilleros e intelectuales de América Latina no tenían. Conocía el comunismo, sus ventajas y problemas. El hecho de haber traducido a varios autores subversivos, atacados y censurados en sus propios países hacía que su postura política fuera más compleja y crítica.

Pitol se volvió a encontrar con Juan Villoro a quien consideraba ya su amigo. Se preocupó por que el joven encontrara un trabajo estable que le permitiera escribir con plena libertad. Hizo todo lo posible para que se le asignara un puesto de agregado cultural en la Embajada de la República Democrática Alemana. Le instó también a traducir del alemán y del inglés, que eran idiomas que el joven conocía a la perfección. La traducción era la mejor escuela y él, Pitol, se convirtió en el mejor maestro de Villoro porque combinaba los consejos y las enseñanzas con afecto.

En esas primeras semanas fue a cenar en una ocasión con su prima Elena Buganza. Ella estudiaba la carrera de letras y le habló de su proyecto de investigación: un estudio biográfico del autor decadente Bernardo Couto Castillo. Para su mala fortuna, la familia del autor había reaccionado con terror al enterarse de que ella estaba interesada en la vida de su pariente e hicieron hasta lo imposible para frustrar su investigación. Pero ¿quién era Couto Castillo? Al parecer un dipsómano, un decadente, un bohemio y posiblemente un suicida. Al escuchar a su prima Pitol tuvo de pronto la idea de una posible novela: una suerte de *Los papeles de Aspern* con papeles supuestamente comprometedores de un autor o un personaje importante mexicano. ¿Acaso un escritor, un músico, un pintor? Tenía que ser miembro de una familia de abolengo, conservadora y anacrónica, preocupada más por mantener un muro de hipocresía alrededor de su apellido que por el aporte y el legado de su pariente. Era una gran idea. Pero no, debía terminar antes *Juegos florales*. Después de *Juegos florales* cualquier cosa, antes, nada.

Juan García Ponce publicó en *La Letra y la Imagen* una reseña brillante sobre su libro de cuentos *Del encuentro nupcial*. El escritor y crítico daba en el blanco al revelar uno de sus principales desafíos: "Nos sentimos dentro de una suerte de laberinto que hace cada vez más difícil la respiración y del que es indispensable salir. Entonces advertimos que aquél que escribe ha logrado su propósito: ese laberinto es la escritura".[3] Una escritura del fin del mundo, ante las ruinas de los modos de representación tradicionales, busca y encuentra la respuesta en la propia escritura: escribir que escribo.

Pasó las navidades con su familia en Córdoba, Veracruz. Regresó el 25 a Ciudad de México. Ahí se reencontró con Milena Esguerra, a quien no veía desde Barcelona. Salieron a festejar su encuentro con Luis Prieto. Ella seguía siendo una mujer atractiva, inteligente, estaba muy enamorada y era feliz. Cinco horas juntos charlando, recordando y bebiendo. Pitol descansó al día siguiente y trabajó con mayor fuerza en los dos últimos días del año. Finalmente, el martes 30 escribió en su diario: "*Dearest!* Hoy terminé el borrador de mi novela".[4] Pasó el borrador a máquina y fue a Cuautla un fin de semana para leerlo. La novela le pareció banal, confusa, fallida. Podía salvarla con un gran final. El final debía ser más contundente. ¿Retomar el inicio en Roma para parodiar algunos detalles? ¿Un final circular? Tenía que trabajar además en el capítulo veneciano y el relato de Billie. Desde ahora conciliaría su escritura con su nuevo trabajo en la subdirección de Asuntos Culturales.

Inició 1981. La subdirección estaba azotada por un vendaval de actividades administrativas y burocráticas: llenado de oficios, constancias, firmas, llamadas telefónicas, télex y formularios. Comía siempre fuera de casa y en los primeros días sufrió dolores estomacales. Tenía un muro alrededor que lo aislaba de aquello que lo había impulsado a aceptar el trabajo; presenciaba los conciertos, las obras de teatro, las conferencias y las charlas literarias solo en papel. Además de la frustración administrativa estaba la antipatía que sentía por su jefe: un joven de menor edad que él, caprichoso y autoritario, simplemente insoportable. Si tan solo estuviera más involucrado con las actividades culturales. Pensó en la posibilidad de quedarse dos meses más en la secretaría, renunciar y vivir de ese dinero el resto del año. Tendría todo el tiempo para escribir, continuar con el aprendizaje del ruso y viajar un poco por México. Corría, eso sí, el riesgo de no encontrar nada después de ese año. Su puente

---

3. Juan García Ponce. "Sergio Pitol: la escritura oblicua". *La Letra y la Imagen*. 6–7.
4. Pitol. "México". *SPP*. 30 de diciembre de 1980.

con Moscú estaba roto. En esos días llegó su menaje de treinta y ocho cajas de libros, pinturas y muebles traídos desde Rusia. Imposible regresar ahora.

Terminar con la Secretaría de Relaciones Exteriores sería terrible, quedaría a la deriva, desempleado a sus cuarenta y siete años. Faltaban dos años para que concluyera el sexenio de López Portillo. Después del cambio podía buscar algo distinto sin afectar su historial. ¿Pero qué? ¿Vivir de sus escritos? Imposible. ¿Ocupar un puesto de profesor de literatura rusa? ¿Regresar al medio cultural de las revistas, las editoriales? Quizás.

Se mantuvo en la subdirección de Asuntos Culturales. Ese año volvió a encontrarse con Margo Glantz, a quien había visto en las manifestaciones en apoyo a Guatemala durante sus años universitarios. Margo era ahora una académica de renombre en la UNAM que incursionaba en el mundo de la ficción. Desde hacía un par de años publicaba por entregas un texto autobiográfico en el suplemento *Sábado* del diario *Unomásuno*.[5] Junto con Elena Urrutia quiso organizar un Congreso Internacional de Escritoras con invitadas de toda América Latina, y fue a ver a Pitol. Él estuvo encantado con la idea. Junto con sus amigos de años atrás, como Luis Prieto, Luz del Amo, Carlos Monsiváis y los Monterroso, Pitol frecuentó a Margo, los Cardoza y Aragón y los Rojo. Solían realizar comidas de fin de semana y viajes al interior de la República. Pitol era muy divertido y afable, aunque podía ser voluble, molestarse sin motivo aparente. No guardaba por mucho tiempo ni resentimientos ni rencores. A pesar de haber viajado por el mundo solía costarle un gran esfuerzo hablar en público y muchas veces podía ser muy tímido, incluso con sus amigos.[6]

Su mayor estimulante y distractor en esos meses fueron los viajes. El 8 de enero, junto con Ricardo Guerra y Carlos Payán, visitó la ciudad de San Antonio, en Estados Unidos. La comida le resultó insípida, pero el lugar le impresionó gratamente. Ocho años atrás lo habían invitado para fungir como director del Instituto Cervantes de esa ciudad. Pensó entonces que lo enviaban a un "pueblucho rascuache"[7] del salvaje oeste. Su idea cambió radicalmente. San Antonio tenía una gran actividad cultural y una evidente bonanza

---

5. El suplemento de *Sábado* nació en 1977, dirigido por Fernando Benítez, y se convirtió rápidamente en uno de los mejores del país, como antes había sido *La Cultura en México*.

6. Margo Glantz. Entrevista personal. 29 de mayo de 2021.

7. Pitol. "México". *SPP.* 10 de enero de 1981.

económica. Entre las actividades, las fiestas y las visitas, releyó *El regreso de Casanova* de Arthur Schnitzler. Todo le pareció de su agrado y regresó con más ánimo. En casa revisó e hizo cambios al primer capítulo de *Juegos florales*. Dio marcha atrás y leyó el texto completo con el fin de detectar problemas en la estructura. El lunes al volver al trabajo se obligó a no aceptar más de dos comidas y tres cenas por semana. Era increíble la cantidad de tiempo que desperdiciaba en esas reuniones. A la comida le seguía la sobremesa y luego la velada y luego la sensación de culpa por no haber trabajado. Fuera todo eso.

Neuróticos, amargos y arrogantes

Uno de sus deseos al volver a México había sido ganar un lugar en el medio literario, ser por fin reconocido. Su habilidad social nunca fue muy buena. Esta vez se obligó a dar charlas y conferencias, asistió a presentaciones y comidas. En una cena en casa del historiador y crítico literario José Luis Martínez, le tocó sentarse en una mesa con amigos como José Emilio Pacheco, nuevos conocidos como José González Durán y Octavio Paz.

> José Emilio no dijo una palabra durante la comida. Los demás logramos de vez en cuando decir alguna. Porque realmente el único que habló fue Paz. Hizo una historia de las revistas literarias, de *Barandal* a la *Revista Mexicana de Literatura*. Luego pasó a sus viajes a Afganistán... De las otras mesas llegaban muchas voces y risas; de la nuestra surgía sólo la voz de Paz.[8]

Paz se había convertido en la figura central más carismática y poderosa del medio literario. Para Pitol era difícil actuar el papel de aprendiz. Mucho mejores fueron las comidas en el Bellinghausen con Monsiváis. Con él podía desahogar sus frustraciones y hablar de literatura de igual a igual. Deseaba revisar el borrador de "Gótico de Samarcanda", que había escrito en su viaje a aquella ciudad. Tendría con él cuatro cuentos con temáticas, técnicas narrativas y espacios similares. Bujara, Moscú, Samarcanda, la sola mención a esas ciudades era ya motivo de admiración y de interés entre sus amigos. En cuanto al editor, Pitol no debía preocuparse. La casa editorial Era sería la opción evidente, sobre todo después de haber publicado con ellos, en su sello menos comercial, *El único argumento*.

---

8. Pitol. "México". *SPP.* 18 de enero de 1981.

A comienzos del año logró que su amigo y discípulo Juan Villoro obtuviera el puesto de agregado cultural en Berlín. Antes de partir, se reunió con él para darle consejos, hablar de posibles traducciones y lecturas. A Villoro le sorprendió mucho el carácter siempre cordial, divertido, risueño, de buen humor de Pitol. A sus veinticinco años se había topado ya con un medio en el que la gran mayoría de los escritores eran neuróticos, amargos y arrogantes.

Villoro viajó a Berlín y él continuó su trabajo en Asuntos Culturales. Si tan solo pudiera enfermarse y pasar una temporada en el hospital para terminar su cuento y el libro. Si conociera a alguien con quien mantener una relación, aunque fuera pasajera. Transcurrieron las semanas, no escribió el cuento ni conoció a nadie. Su única distracción fueron los viajes. El sábado 21 de febrero viajó a Nicaragua.

Habían transcurrido dos años desde la victoria sandinista contra la dictadura de Somoza y en el país se notaba una efervescencia cultural y una campaña publicitaria que soñaba con tener los alcances y las repercusiones de la cubana. El gobierno mexicano no había sido favorable a la guerra de guerrillas, pero una vez victoriosa, se interesó en moderar los conflictos entre este país y los Estados Unidos. Uno de sus principales objetivos fue que Estados Unidos reconociera que el problema de la región no era el comunismo, sino su gran rezago económico y social. A Pitol le fascinó lo que vio. La pobreza era evidente, pero a diferencia de México, que se había estancado en un desarrollismo económico de ganancias mal distribuidas, en Nicaragua había sueños de equidad. Regresó con una buena impresión y a los pocos días viajó de nuevo a San Antonio. En sus viajes leyó la novela *Cosecha roja* de Dashiell Hammet. El método narrativo del escritor estadounidense era totalmente opuesto al suyo. "Si yo trato de que el lector vaya junto conmigo desovillando una madeja muy confusamente tejida, él, por el contrario, presenta ya todas sus cartas en el primer capítulo, y luego se dedica a jugar con ellas".[9] La originalidad en la literatura se obtenía en muchos casos por oposición. Quizá podría haber estado escribiendo parodias del género de la novela negra o quizá ahora podría escribir una de manera más consciente.

Poder escribir. Si tan sólo tuviera el tiempo. Planear y soñar: era lo único que hacía. Ahora que podía verlos en retrospectiva, sus trabajos en las embajadas habían sido un privilegio. Cada vez que amigos y escritores lo habían

---

9. Pitol. "México". *SPP*. 21 de febrero de 1981.

visitado exprimía en días de intensa vida social lo que en México se había vuelto una rutina. Así fue con Donoso, los Monterroso, con Juan Soriano. Un error regresar a México. Un error aceptar ese trabajo administrativo. De eso se daba cuenta ahora.

> Son ya las dos de la mañana. Estoy muy deprimido. Pasado mañana cumplo cuarenta y ocho años. ¡Gulp! Llegaré a los cincuenta siendo un desastre. Un verdadero fracaso. La vejez lamentable de una promesa... ¡Quisiera que pasara el tiempo lo más rápido posible para poder volver al extranjero![10]

Un día después de su cumpleaños le escribieron de la Agencia Balcells para preguntarle por su novela. No la tenía. Les había dado esa fecha de entrega cuando vivía en Moscú. Las cosas ahora eran muy distintas. Tenía un nuevo libro, *Nocturno de Bujara*, con los cuatro cuentos escritos en Moscú. Pero Balcells había sido muy clara en su deseo de publicar una novela.

A mediados de abril fue a la Universidad de Berkeley para un congreso de escritores. Asistieron Elena Poniatowska, Alfredo Bryce Echenique, María Luisa Puga y Augusto Monterroso. Ellos hablaron sobre su obra; Pitol hizo un homenaje a Alfonso Reyes. Con los Monterroso fueron después al teatro a ver una representación excelente de *Las tres hermanas* de Chéjov, mejor incluso que las que había visto en Moscú. Salieron muy animados del teatro y en el café Monterroso preguntó por qué las hermanas no se habían ido a Moscú y se respondió él mismo: "Por no esclavizarse a las cosas que no se aman, como nosotros a nuestros trabajos".[11] Le afectó el comentario. Era evidente que no era el único que debía trabajar en algo distinto a lo que verdaderamente deseaba.

Días antes de salir a Estados Unidos, Pitol le cedió los derechos de sus obras a Carmen Balcells. "La gente que se dedica a la labor de la difusión, la traducción, derechos de autor [dijo Pitol en una entrevista]... vive un tiempo muy distinto al del propio escritor. Los contactos que tiene con los editores y la experiencia para introducir libros en determinada editorial no las tiene el autor".[12] Olvidarse de los engorrosos trámites para el envío y la dictaminación

---

10. Pitol. "México". *SPP*. 16 de marzo de 1981.
11. Pitol. "México". *SPP*. 19 de abril de 1981.
12. Margarita Pinto. "Los escritores opinan: Sergio Pitol". *Suplemento Sábado*. 17.

de un texto, de las largas e inciertas esperas; fue una decisión que tomó impulsado por el ejemplo de los escritores del *boom* y de amigos como el propio Monterroso, quien había firmado un contrato con la Balcells hacía una década, a comienzos de los setenta. Ella fue de gran ayuda para publicar sus libros en España, pero después de un par de años sintió que no le dedicaba el tiempo suficiente. Ese era el problema con las agencias: la relación comercial, mercantil. Quizá Balcells fuera gran amiga de García Márquez, pero Monterroso no sintió que lo fuera de él. Y ahora Pitol daba el paso definitivo en ese mundo que había conocido desde Barcelona.

Jean Franco era profesora ahora en la Universidad de Stanford. Aprovecharon la cercanía para visitarla. A Pitol no le gustó el lugar, ni tampoco la pasaron bien con ella. Había un aire de cierta tensión entre Jean Franco y los Monterroso que Pitol no logró entender del todo. En cuanto al congreso y las charlas en Berkeley le resultaron muy mediocres, de un mínimo valor intelectual. Si hubiera dedicado más tiempo al estudio de la lengua y la literatura rusa… Si hubiera conocido antes a alguien del medio académico que le hubiera indicado el camino de la universidad. Si hubiera hecho carrera en la Universidad de Bristol, quizá ahora él podría ser profesor, estudiar y dar clases de literatura, y pasar el resto de su tiempo libre –que en Bristol había sido mucho– en sus proyectos. Si tan solo…

Entre dos continentes

Regresó a México con la firme convicción de dejar su trabajo burocrático y buscar algo en la UNAM. Ahí estaban Monterroso y Carlos Monsiváis, dos de las personas que más quería y admiraba. Podría ingresar a la radio, a la administración cultural, a alguna revista. Mejor aún, podría dirigir una colección literaria. A Monsiváis le encantó la idea y lo puso en contacto con Diego Valadés, el encargado de los proyectos editoriales de la UNAM. La burocracia universitaria era una de las más lentas del país, pero harían lo posible para acelerar el proceso de su contratación. Pitol estaba cansado y harto de su trabajo en Asuntos Culturales, necesitaba un cambio. Una noche despertó con taquicardia.

Carlos Payán le ofreció una colaboración en el periódico *Unomásuno* y Juan José Arreola le dedicó un suplemento especial a su obra en la revista de Bellas Artes. Cada vez estaba más cercano a su público lector, era el momento de estrechar ese lazo, dedicarse de lleno a la literatura. Finalmente tomó la decisión. El lunes 27 de abril renunció a su trabajo en Asuntos Culturales. Dio como motivo principal su mala salud y en eso no mintió. "He vivido este día a base de pastillas, con una tensión nerviosa de la chingada".[13] En la secretaría no hubo trabas ni reclamos, le agradecieron los cuatro meses de trabajo y le desearon una pronta recuperación.

Estaba libre. Frente a sí había un mundo de posibilidades de trabajo. Pero antes de dar un paso debía concluir con lo que había estado cargando en los últimos trece años. Se quedó a punto de terminar *Juegos florales* el año pasado, pero el regreso a México lo obligó a postergarla. Una semana antes de su renuncia tenía ya un borrador completo de la novela. Quiso leerlo el sábado 22 de abril y no pudo. Fue hasta después de dejar el trabajo, cuando lo leyó en su totalidad. Sobrevivió a su lectura crítica. Necesitaba todavía cambios, pero estaba casi terminada. "Dedicaré todas las tardes sin excepción a la novela. Las mañanas a leer y a estudiar ruso".[14] Después de *Juegos florales* escribiría una novela policial, quizá en género epistolar. Uno de los narradores sería un estudioso de Chéjov. El género de la novela policial le ayudaría a crear una estructura más convencional, menos complicada. ¿Sería posible? Solo después de terminar *Juegos florales*.

En mayo inició su trabajo en la UNAM. Le pagarían cinco mil pesos mensuales y tendría un despacho en Ciudad Universitaria. Era minúsculo, pero con una buena vista a los jardines. Lo compartiría con Natacha González Casanova. Se comprometió a asistir tres días por semana y dedicar el resto del tiempo a sus lecturas para la colección proyectada. Al buscar un título para la colección, Monsiváis propuso La línea de sombra, que era el título de una novela de Conrad. ¡Espléndido! Aceptó también la oferta de publicar en *Unomásuno*. Había dejado atrás un trabajo indeseable y daba sus primeros pasos en un mundo que se le presentaba como suyo. Siguió, sin embargo, sufriendo de insomnio. Entre sus pendientes estaba revisar la traducción de *Un drama de caza* de Chéjov, que había iniciado en Moscú y deseaba publicar en la nueva colección de la UNAM. Sería uno de los mejores estrenos posibles. Podría seguir con la novela *El buen soldado* de Ford Maddox Ford, que había traducido hacía diez años, durante su estancia en Bristol.

Para distraerse solía ir a la cineteca, al teatro y a los museos. A comienzos de junio fue a una exposición de Pedro Coronel. En otra ocasión acompañó a

---

13. Pitol. "México". *SPP.* 27 de abril de 1981.
14. Pitol. "México". *SPP.* 1 de mayo de 1981.

Mariana Frenk a la cineteca; ella era una destacada hispanista, traductora de Juan Rulfo al alemán y viuda del crítico e historiador del arte Paul Westheim. Ambos, marido y mujer, huyeron de la Alemania nazi y se conocieron en México. Estos encuentros y actividades con personajes como Mariana Frenk fueron grandes fuentes de inspiración para su proyecto de vida. Experimentaba ahora la cultura viva y no como un oficio sellado y firmado.

El domingo de la segunda semana de junio empezó de nuevo con la novela. Tendría una quincena para terminarla. A finales de ese mes regresaba a Europa. Viajaría por España, Polonia y Suiza, los lugares que habían representado para él un gran aprendizaje. Estaba entre dos continentes, entre dos mundos, el de su pasado entregado al aprendizaje de la literatura y su trabajo burocrático en las embajadas, y el de México, en el que esperaba concluir *Juegos florales*.

Generación de medio siglo

Dio una charla en el Ateneo de Madrid a la que asistieron casi cincuenta personas. Al caminar por el centro de la ciudad tuvo la idea para su siguiente novela. Podía estar ubicada en el edificio donde vivía en la Ciudad de México, el "de las Brujas". Sería un microcosmos en el que sucedería toda la acción, incluyendo un crimen sin resolver. Hasta entonces sus cuentos y novelas habían ocurrido en Europa, ahora tenía una pequeña Europa situada en el centro de una colonia de clase media mexicana.

En Varsovia leyó la novela de Juan Manuel Torres, *Didascalias*. Carlos Monsiváis le había dicho que era muy mala. "El libro es fallidísimo: Juan Manuel quiere escribir, tiene una gran vocación literaria, pero no posee ese mínimo instrumental que han dado en llamar lenguaje".[15] A él, en cambio, le gustó. Era una novela que le daba plena libertad al lector. "Escribir una obra que comprendiese todas las posibilidades para que este mismo lector (de acuerdo con su propio gusto o al azar) arrancase páginas enteras... más de acuerdo con sus sueños y esperanzas".[16] Era claro que Pitol aparecía en la novela bajo el nombre de Sorgen y en el cuento "El mar". El personaje de Cylia quiere seducir a un tal Sergio sin éxito porque él, Sergio, está enamorado de K. K era Krzysztof. Y, por último, revisó su traducción de *El buen soldado* de Ford Maddox Ford. Fue un viaje con más actividades literarias que turismo. Una suerte de reencuentro con su pasado más cercano del que no quería olvidarse.

---

15. Pitol. "Monsiváis, Carlos". SPP. 29 de noviembre de 1970.
16. Torres. *Didascalias*. 17.

De vuelta en México hizo para la colección de la UNAM, *La línea de sombra*, un listado de diez volúmenes que ya tenía preparados. Eran sobre todo títulos de literatura eslava, pero también incluyó a escritores de lengua inglesa. Mientras les daban el visto bueno en la universidad Carlos Payán le propuso otra colección editorial que llamarían Cuadernos. Aceptó la propuesta.

Los días de la semana se llenaron de actividades: jueves en el *Excélsior* y en la noche exposición de Vicente Rojo; viernes, coctel de la revista *Nexos* y cena en casa de Marta de Gamba; sábado, comida con su amigo Luis Prieto; domingo, conferencia de Monsiváis sobre Cardoza y Aragón, y antes de la conferencia cine con el mismo Monsiváis; martes, cena en casa de Juan José Bremer; sábado, viaje a Oaxaca con Monsiváis para visitar al pintor Francisco Toledo. Envuelto en un ambiente de sociales se descubrió de pronto como alguien simpático y apreciado en el medio. Le llovían ofertas de trabajo y de colecciones editoriales. Él a veces aceptaba sin medir debidamente sus fuerzas. Fue el caso con el diario *Unomásuno*. Cuando finalmente debió entregar una columna semanal lo consumió la ansiedad. "Vivo aterrado pensando que he de fallar... eso me tiene muy intranquilo. Y ni hago mis artículos, ni estudio ruso, ni avanzo en mi novela, ni escribo cartas, ni atiendo como es debido la editorial".[17] Presa de este estado de ánimo perdió en una cena un cheque por nueve mil pesos. Error garrafal porque tenía el dinero contado. Tuvo una serie de pesadillas atroces en las que soñaba que un grupo de rancheros los encerraban a él, a Luis Prieto y a Monsiváis para después acuchillarlos.

El martes 25 de agosto acudió a un recital de poesía en el que leyeron Jorge Luis Borges, Günter Grass, Octavio Paz, João Cabral de Melo Neto y Vasko Popa. Todos ellos habían asistido a un festival internacional de poesía en Morelia, Michoacán. "Borges, muy frágil, muy tembloroso, con la cara vuelta todo el tiempo hacia arriba. Una figura muy conmovedora".[18] Borges había sido uno de los principales maestros de su generación. Tenía dieciocho años cuando leyó "La casa de Asterión". En un viaje de Tehuacán a la Ciudad de México, se detuvo a comprar *Siempre!* por el suplemento de Fernando Benítez *México en la Cultura*. Sintió una corriente eléctrica, una epifanía al terminar el cuento. Soñó por primera vez con ser escritor. "Fue tal vez uno de los momentos más privilegiados que he conocido. Una especie de nupcias de la

---

17. Pitol. "México". *SPP.* 4 de agosto de 1981.
18. Pitol. "México". *SPP.* 25 de agosto de 1981.

literatura".[19] Borges fue de los primeros en escribir literatura sobre literatura. Dos de sus imágenes favoritas, el laberinto y el espejo, resumían el camino por el cual él había deseado andar. El espejo era la imagen perfecta de la literatura que se revela, mediante sus estructuras narrativas y su lenguaje, como un artificio, una maquinación, un mundo alternativo.

En esos días tuvo otro reencuentro que le sirvió para darle sentido y una clara justificación a sus decisiones pasadas. Un compañero de su generación, Juan Vicente Melo, había dejado de escribir y publicar; casi diez años transcurridos sin que se leyera nada de él. Cuando lo vio en la calle lo encontró muy demacrado. Había sido una figura viva, carismática, sobre todo después de su regreso de París. Todo eso se había esfumado. ¿Le habría pasado a él lo mismo si se hubiera quedado en México? El exilio, le había dicho José Emilio Pacheco, "es la única posible perspectiva que se abre para escribir algo valioso".[20] No, no era México, no era siquiera una situación de países. Lo que más importaba era el hecho de forzarse a un aprendizaje con la ayuda de un exilio fuera de un entorno ya conocido, dócil, rutinario. En algunos casos el exilio habría sido un viaje interior.

Diego Valadés renunció a los proyectos editoriales de la UNAM. La colección La línea de sombra estuvo a punto de morir antes de dar el primer respiro. Bienvenido al mundo editorial mexicano. Le habían pagado su sueldo y quizá lo seguirían haciendo en los siguientes meses, pero de qué servía si no había libros. Gran frustración. Había hecho todo el trabajo de corrección y selección editorial para nada. Fue momento de aprovechar la oferta de Payán y llevar lo que había planeado en la universidad con él. Para iniciar con una novela breve y contundente, le propuso a Payán *La señorita Elsa* de Arthur Schnitzler, el primer ejercicio de monólogo interior y psicoanálisis freudiano. Payán estuvo de acuerdo. Después de Schinztler, traduciría el relato *La mancha en la pared* de Virigina Woolf y el cuento "Cálamo arómatico" de Iwaszkiewicz. Sus traducciones iban siempre a buen paso, no había tenido nunca un retraso con ellas.[21]

En agosto salió publicado el suplemento de Bellas Artes dedicado a su literatura. Tenía en la portada un retrato suyo pintado por Juan Soriano. En el

---

19. Pitol. "Praga". *SPP.* 16 de junio de 1986.
20. Pitol. "Pacheco, José Emilio". *SPP.* 22 de diciembre de 1963.
21. Ese año publicó la traducción de *Rondó,* otra novela de Brandys, en la editorial española Anagrama.

número escribieron sus amigos y discípulos más cercanos y entrañables. Monsiváis escribió:

> A Sergio Pitol le debemos una obra donde intervienen el conocimiento detallado del idioma, la asimilación de los clásicos, el corpus de la novela moderna, la finura analítica, la variedad geográfica, la multiplicidad de las referencias... y el gusto por las ideas, no por su formulación magisterial ni por su sistematización, sino por el modo en que intervienen – dispersas, cifradas, aforísticas– en la vida cotidiana, transformándose en comportamientos, en luchas.[22]

De acuerdo con Monsiváis, a su obra le faltaba únicamente el tema político.

García Ponce era uno de los mayores conocedores de su técnica narrativa y volvió a explicarla en su artículo con la imagen del laberinto:

> Nos es imposible salir de esta tan alta literatura y continuamente repasamos el intrincado desarrollo de las obras y continuamente tratamos de penetrar el secreto de esa trampa que los entrecruzados hilos de araña que forman los argumentos de Sergio Pitol nos tienden: el secreto no se nos entregará nunca, es el material mismo del que está hechos la obra, es el que hace indispensable la escritura, es el que, a través de ella, de la escritura, nos muestra la vida como un misterio cuya revelación sólo confirma su calidad de misterio.[23]

El número incluía entrevistas de Elena Urrutia y Elena Poniatowska. Juan Villoro y Margo Glantz escribieron reseñas sobre *Asimetría*, el volumen de cuentos que contenía el ganador del premio de *La Palabra y el Hombre*. Vallarino, el antologador, ahondó en la tesis de que a Pitol se le leía poco en México. "Y esto se debe precisamente a que Sergio ha sido un artista, dedicado a la literatura, que nunca ha estado cerca de la autopropaganda ni ha buscado entrevistas ni se ha promovido personalmente".[24] Por último Pitol publicó un extracto de *El único argumento* en el que removió los pasajes de la relación homosexual.

---

22. Monsiváis. "Los círculos excéntricos de Serio Pitol". 4.
23. García Ponce. "Sergio Pitol: la escritura como misterio; el misterio de la escritura". 5
24. Vallarino. "Sergio Pitol y el tañido de la vida". 14.

Este fue un momento importante en su consagración como autor y miembro de una generación de escritores que había cambiado el panorama nacional. "Creemos firmemente en el rigor literario. Abominamos de las soluciones fáciles en la creación artística",[25] había dicho Pitol años atrás, en 1965, cuando Emmanuel Carballo lo entrevistó en relación con su primera publicación. Casi dos décadas después, en 1981, su meta se había cumplido. Tenía una obra compleja, profunda, en diálogo con las nuevas teorías y la vanguardia literaria. Esta obra se podía difundir, leer y criticar en México gracias a la nueva red de revistas, suplementos e instituciones literarias. García Ponce dijo para el mismo suplemento de Bellas Artes:

> Sí, hicimos la *Revista de la Universidad*, la *Revista Mexicana de Literatura*, la *Revista de Bellas Artes*, *La Palabra y el Hombre* –ésta menos porque se hacía en Jalapa– *S.nob*, hicimos casi todas las revistas de la época y luego, varios de nosotros seguimos en el primer *Plural* y en *Vuelta*.[26]

Pitol soñó con obtener el premio Xavier Villaurrutia con *Asimetría*. En este libro juntó diecinueve relatos escritos desde 1957 hasta su actualidad. Recibió reseñas muy positivas. José Joaquín Blanco destacó su vocación para defender "las sensaciones de la soledad y de los solitarios; de los desamparados y los desesperados, de los locos y los avergonzados".[27] Sergio González Rodríguez estudió toda su obra para concluir con *Asimetría*: "puede ser no tanto una reivindicación como un testimonio de géneros y formas agónicas".[28] Roberto Vallarino mencionó, como siempre, que Pitol "no ha sido objeto de la justa valoración que su obra exige";[29] elogió su universalidad y necesidad –olvidada por otros escritores– de contar siempre una historia. Una reseña de Sergio Gómez Montero sobre *Nocturno de Bujara*, volumen publicado ese año en Siglo XXI, entendió la búsqueda de Pitol: "Lo nuevo bajo el sol, en el caso de Pitol, parece ser el descubrimiento de que todo está dicho, que el problema hoy es cómo decirlo sin repetir, sin evocar ... lo antes escrito".[30]

---

25. Pitol. "Casi una entrevista a Sergio Pitol". XVI.
26. García Ponce. "Juan García Ponce y su generación". 13.
27. José Joaquín Blanco. "La imaginación narrativa de Sergio Pitol". *Sábado*. 10- 11.
28. Sergio González Rodríguez. "Las metáforas de la reflexión". *La Cultura en México*. II-IV.
29. Roberto Vallarino. "*Asimetría*". *Sábado*. 22.
30. Sergio Gómez Montero. "*Nocturno de Bujara*". *Sábado*. 22.

Su intención era evocar la tradición, sin ella su literatura hasta ese momento habría parecido confusa, rebuscada y hasta repetitiva; su experimentación se convertiría en capricho.

La crítica mexicana lo tenía muy en cuenta. De su generación habían obtenido el premio Villaurutia varios amigos que escribían ficción. Era un premio que concedían los propios autores a un libro ya publicado. Nada ayudaría más a cumplir su sueño que un premio de esa importancia.

Amores frustrados

En una cena con Monsiváis se encontraron con el poeta uruguayo Roberto Echavarren y su pareja Enrique. "¡Tensiones y escenas incomprensibles! ¡Qué de dificultades tiene este tipo de relaciones! ¡Parecería que siempre es lo mismo!".[31] Se alegró y a la vez se preocupó al recibir una invitación para viajar a Bogotá, Colombia, en el mes de septiembre. Su primer gran desamor, Gustavo Londoño, vivía ahí. Anunciarían su ponencia dentro de las jornadas literarias y Milena Esguerra se encargaría de que fuera la crema y nata del medio cultural bogotano. Pitol se puso a dieta, bajó casi cuatro kilos de peso. Quería verse sano, delgado, joven.

Leyó unos *Episodios nacionales* de Galdós. Fue a la ópera, *Sansón y Dalila* de Camille Saint-Saëns, y el 21 de septiembre viajó a Bogotá. Llevaba consigo los borradores de su novela. Creía poder avanzar en ellos. Nada. La mente la tenía puesta en un solo pensamiento.

En Bogotá las cosas no sucedieron como esperaba. Hubo ataques violentos en la ciudad, amenazas contra el embajador y hasta quemas de coches. Se planeó suspender las jornadas, pero Milena Esguerra pidió calma y sacó fuerzas sobrehumanas. Al final se llevaron a cabo las charlas, acompañadas con una exposición de pinturas de Orozco. Una verdadera hazaña. Pero a él lo que más le impresionó de todo fue verlo de nuevo. Estaba envejecido, frustrado, sin dinero. "Él que se había creído el rey de todo el mundo hace unos años, que me trataba como si yo fuera basura, se había reducido a ser un espantajo".[32] Hacía veinte años de esa relación. ¿Qué habría pasado si no hubiera dejado el país, si se hubiera quedado con Gustavo? Su vida personal se habría vuelto un secreto a voces, ¡qué importaba! Quizá se habría resignado a buscar el amor

---

31. Pitol. "México". *SPP.* 29 de agosto de 1981.
32. Pitol. "Praga". *SPP.* 31 de agosto de 1983.

con otras parejas pasajeras o quizá habrían podido permanecer fieles el uno al otro. Imposible... no tenía caso pensar ahora en lo que pudo haber sido. Era una persona adulta, sola, sin pareja.

Después de Colombia pasó unas vacaciones breves en las playas de Belice, donde pudo meditar sobre las decisiones que había tomado y lo que debía hacer de ahora en adelante. Lamentó haber renunciado a la embajada en Moscú. Para esas fechas, si se hubiera quedado, habría terminado ya la novela. Dejar el periodismo, eso sí era necesario. El ritmo de publicación de un artículo por semana era enfermizo, desquiciante. En cuanto regresó a la Ciudad de México habló con Payán. "Me desapareció la tensión. Hasta la tortícolis y sus infames dolores se ausentaron".[33] Y para recobrar por completo la calma decidió comprar los tomos que le faltaban de los *Episodios Nacionales*. Desde que María Zambrano se los recomendó en su primer viaje a Roma, los leía con un gusto y placer enormes.

Ahora que ya no debía acudir a una oficina regularmente decidió viajar a París en el mes de noviembre. Se encontraría con Juan y Marek, se distraería con las visitas a los museos, quizá encontraría las fuerzas necesarias que le dieran el ánimo para volver a escribir. París era una ciudad que había desaprovechado durante su estancia como agregado cultural: no había traducido nada, había leído muy poco, el *Nouveau roman* le pasó de largo. Todo ese tiempo, en cambio, hundido en su relación con Piotr. Extrañamente, en ese viaje de apenas quince días Piotr volvió a aparecer en su vida. Imposible deshacerse de él, de su imagen. Vio fotos suyas en una publicación pornográfica francesa; actuaba también en películas. Había creído ser para él una figura paterna, un guía en la capital cultural de Europa. ¡Vaya fracaso! Piotr era ahora un actor y modelo de la industria pornográfica.

El Parnaso

Ante la salida de Gustavo Sainz, en noviembre le ofrecieron la Dirección de Literatura de Bellas Artes. Pitol aceptó de inmediato. Antes de que pudiera entrar, estalló el escándalo. Una nota bochornosa, que contenía unos dichos difamantes contra la esposa del presidente, concluyó con la renuncia de Juan José Bremer y el cierre del suplemento *La Semana de Bellas Artes*. Nunca se supo quién fue el responsable de la publicación de esa nota. Fermín Orozco,

---

33. Pitol. "México". *SPP.* 10 de octubre de 1981.

el director saliente del suplemento, culpó a uno de sus empleados de nombre José Tlatelpas. Supuestamente, al ver "que quedaba un hueco"[34], José tomó la nota del fólder de textos rechazados y la incluyó en el número sin consultar con nadie. En lugar de Bremer entró al Instituto Nacional de Bellas Artes y Literatura (en adelante INBA) Javier Barros Valero. Barros le propuso a Pitol la dirección de Asuntos Internacionales del INBA. Pitol comentó en una entrevista: "Para mí ha resultado sumamente satisfactoria esta designación porque es el área del INBA a la que me siento más ligado por mi trabajo como consejero cultural en diversas embajadas".[35] Cuando se le preguntó dónde y cómo escribía, respondió que en el automóvil: "me abstraigo de todo, me aíslo totalmente, encuentro que cada encajonamiento de tránsito es un momento ideal para ello".[36]

Payán había aceptado con resignación su renuncia a publicar en el periódico, pero mantuvo en pie la oferta editorial y le pagó a Pitol su trabajo como editor. Junto con el salario de la UNAM, del INBA y el pago que seguía recibiendo de Relaciones Exteriores, tenía el dinero suficiente para terminar la construcción de su casa en Coyoacán.

"Me ha renacido el placer de escribir. Dedico un mínimo de dos horas diarias a mi novela... Una vez que tenga el IV, (Potrero, la infancia) el Rubicón habrá sido franqueado".[37] Cruzó el Rubicón a finales de noviembre. Pasó en limpio el segundo y el tercer capítulo. Para revisarlos fue al café de la librería El Parnaso, en un edificio colonial de tres pisos situado en el parque Centenario y frente a la parroquia de San Juan Bautista en Coyoacán. El murmullo de los comensales, frente al parque de grandes cedros y fresnos, le era placentero y no distraía su atención. Era un lugar a la vez pacífico y bullicioso. La temperatura era agradable en el día, aunque en las noches empezaba a sentirse el frío del otoño. Siguió las enseñanzas de Soriano: sin importar su situación personal, respetar la rutina de trabajo. Escribía con la fuerte convicción de por fin terminar su novela.

La persona que más frecuentaba entonces era Margo Glantz. Su amistad había resultado muy estimulante. Ella era una gran conocedora de la literatura

---

34. García Hernández. "Regresa Gustavo Sainz con libro y revista nuevos, dispuesto a batallar".
35. "Sergio Pitol: mi designación, sumamente satisfactoria". *Unomásuno*. 19.
36. *Ibid.*
37. Pitol. "México". *SPP.* 2 de diciembre de 1981.

mexicana colonial hasta la más reciente. En 1971 publicó en Siglo XXI un ensayo antológico, *Onda y escritura en México*, que causó revuelo en torno a los escritores de la generación de Pitol, donde los dividía en dos grupos: los de la "onda" y los de la "escritura". Los primeros se interesaban en recrear la oralidad y estaban influidos por la cultura popular y mediática de procedencia estadounidense, mientras que los otros exploraban mediante la crítica y la ficción nuevas maneras de escritura. Pitol apenas había publicado hasta ese año un par de libros de cuentos, pero ella lo tuvo en su radar y lo mencionó en el grupo de la "escritura" junto con otros autores, como Salvador Elizondo y Juan García Ponce. Margo Glantz vivía en Coyoacán. A finales de ese año, ella publicó su autobiografía *Las genealogías*. Pitol había revisado el manuscrito con gran interés y escribió un texto que leyó en la presentación del libro. Festejaron juntos en casa de Margo hasta la medianoche. Y al llegar de vuelta a su departamento terminó de mecanografiar unas páginas del tercer capítulo de *Juegos florales*.

El director de Asuntos Culturales de Relaciones Exteriores, Rafael Tovar y de Teresa, le habló de la posibilidad de conseguirle un puesto de embajador en Europa del Este. Había escuchado las mismas promesas desde hacía seis años, cuando vivía en París. Le agradeció el interés sin confiar mucho en que la promesa se volviera realidad.

El domingo 6 de diciembre regresó a El Parnaso. Revisó el capítulo V de la novela. El balance entre las distintas historias era clave: medir la extensión de cada una de ellas y evaluar la tensión, el interés del conjunto. ¿Hasta dónde podía llevar a su lector sin que éste se extraviara? "Abuso del recurso de incluir novelas dentro de mi novela. Sobre todo que una de ellas abarca la quinta parte del libro, y que esa historia, la del ingenio, es la más ajena a la trama general".[38] El género de la novela negra le sirvió para entender y apreciar los recursos de la intriga y del suspenso. Estaba bien forzar al lector a extremos de incertidumbre, obligarlo a participar en la construcción del sentido de una historia, pero había que darle algo a cambio para que sintiera la necesidad de continuar. Había que cautivarlo, seducirlo. Su narrador había sido seducido por la figura de Billie Upward. El secreto estaba ahí. El novelista que escribe para entender a su personaje, de la misma manera en que el lector recrea la novela para entender al escritor. Un círculo, una serie infinita donde el hilo conductor era el deseo de resolver un misterio mediante la creación literaria.

---

38. Pitol. "México". *SPP.* 27 de diciembre de 1981.

Después del trabajo almorzó con los Rojo y el poeta español José-Miguel Ullán. En la tarde fue con Luis Prieto a la casa de Juan García Ponce. García Ponce era uno de sus mejores críticos. Tenían un proyecto literario similar y eran grandes lectores de la literatura europea marginal. En una reseña que publicó en *Vuelta* sobre *Nocturno de Bujara* García Ponce escribió: "los relatos de Sergio Pitol son inevitablemente, repetitiva y monótonamente relatos de un relato dentro de otro relato que se deja leer para convertirse en el relato"; para concluir que podían "considerárseles perfectos".[39] Mientras tanto, en la *Revista de la Universidad de México*, Miguel Ángel Flores publicó una reseña que indicaba con claridad y precisión el proyecto poético de Pitol. Más que la imaginación, entendida como trama, "Pitol es la materia de su prosa... El mundo narrativo de Pitol está aparentemente despojado de vitalidad, pero detrás de su apariencia surge un mundo más vivo y perenne: el de la lucidez del artista. Arte y artificio no desembocan en el vacío".[40]

El viernes 11 de diciembre recibió el premio Xavier Villaurrutia por el libro *Nocturno de Bujara*. Felicidad total. Roberto Vallarino publicó en el diario *Unomásuno*: "Pitol es un clásico de las letras mexicanas actuales",[41] y agregó: "ha sido poco leído".[42] Su amigo y editor Jorge Herralde le escribió desde España: "Me alegro del premio y de que regreses al candelero. Yo también lo estoy por un premio de novela que acabo de convocar y que ha causado gran expectación".[43] Había cumplido con el objetivo que lo trajo a México. Era un autor reconocido y premiado.

Se dedicó de lleno a *Juegos florales* y a la construcción de su casa. Eran dos proyectos que le merecían toda su atención. En cuanto al dinero podía sobrevivir con el pago que recibía de las editoriales. Terminó el año trabajando en El Parnaso. El capítulo IV le seguía causando problemas. Inició 1982 con la misma rutina y dedicación. "La novela avanza. Corrijo el capítulo de Potrero. No, no va quedando tan mal. Mi única duda es que por su extensión desequilibre la estructura de la novela. No debo olvidar que este es un capítulo

---

39. Juan García Ponce. "Nocturno de Bujara". *Vuelta*. 32.
40. Flores. "La pasión de narrar". 40-41.
41. Roberto Vallarino. "Premio Xavier Villaurrutia". *Unomásuno*. 25.
42. *Ibid.*
43. Jordi Gracia (ed). *Los papeles de Herralde. Una historia de Anagrama. 1968-2000*. 212.

excéntrico a la trama central".⁴⁴ Transcurrieron varias semanas en un ir y venir entre los dos capítulos, el IV y el V. Temía que el IV fuera un gran distractor, mientras que el V desarrollaba muchos elementos centrales de la historia. Quizá habría que eliminar uno y desarrollar el otro.

Malas noticias desde Polonia. Tras meses de huelga de los trabajadores del astillero Lenin, en Gdansk, el gobierno comunista aceptó firmar en septiembre de 1980 un acuerdo por el que reconocía al comité de huelga, dirigido por Lech Walesa, que creó el sindicato Solidaridad. En diciembre de 1981, el primer ministro Jaruzelski declaró una ley marcial e ilegalizó el acuerdo y el sindicato, encarcelando a Walesa, que duró en prisión un año. Pitol estaba enormemente decepcionado. Monsiváis apoyó, en cambio, la versión oficial. Era más importante para él defender la causa mayor y evitar darle *excusas al enemigo*, es decir, al imperialismo yanqui. Parecía que el mundo de Monsiváis se había convertido en blanco y negro. Polonia fue el lugar de su formación y aprendizaje, este era un tema que le era cercano y relevante. Si alguien podía opinar era él. Y no obstante, se ahorró la discusión. "Pelearme con él [Monsiváis] sería una lata. Me lanzará fango como a todos los que caen de su gracia. ¡Ni modo!"⁴⁵ Expresó cuando pudo su punto de vista, aunque no hizo un esfuerzo para publicar sus opiniones en los medios impresos.

Monsiváis ayudó a que publicaran un extracto de su novela en el suplemento *Sábado* en las mismas fechas en que se realizó la entrega del premio Xavier Villaurrutia. Fue esta una ceremonia con algunos amigos e invitados. Luz del Amo le dijo en la comida que había leído el extracto de su novela. "Lo encontró impersonal. Podía estar firmado por cualquiera, me dijo. Ahora que estoy por terminar la novela resulta que me siento del todo inseguro en cuanto a su calidad".⁴⁶ Después de la comida siguió la fiesta en casa de Elena Urrutia. Hubo mucha gente, amigos de antaño y nuevas amistades como la de Margo Glantz.

El gen homosexual

"Pitol disfrutaba mucho del cariño y la admiración de los demás, que es una forma expansiva del cariño".⁴⁷ Podía detenerse a conversar durante horas con

---

44. Pitol. "México". SPP. 4 de enero de 1982.
45. Pitol. "México". SPP. 11 de enero de 1982.
46. Pitol. "México". SPP. 27 de enero de 1982.
47. Villoro. Entrevista personal. 3 de mayo 2021.

un grupo de jóvenes interesado en su obra. Eso que algunos consideraban un defecto de vanidad era para otros una virtud, sobre todo en un medio literario hermético y muy jerárquico, con escritores de grandes ínfulas. Un día tocó a su puerta una joven que deseaba ser, como él, escritora. Pitol la invitó a pasar, le sirvió una bebida, y ¡gran decepción!, apenas conocía sus libros. La joven le habló, en cambio, de sus propios proyectos. Después de casi dos horas, Pitol encendió la televisión y se puso a ver las noticias. Solo así se libró de ella.

Escribir, trabajar y construir su casa: la vida se le convirtió en una rutina con breves destellos de actividad social. Uno de estos fue el viaje a la Universidad de Notre Dame, a un congreso de escritores. Coincidió nuevamente con los Monterroso y aprovechó el encuentro para discutir sobre los agentes literarios, las editoriales y sus proyectos. Al igual que con Monterroso, sentía que la agente catalana no le prestaba la suficiente atención; quizá eso se debía a su obra literaria –cuentos en su gran mayoría– de difícil lectura. "Nunca seré *best-seller*".[48] Balcells había hecho un gran trabajo con García Márquez, Carlos Fuentes y Mario Vargas Llosa, todos escritores regulares y disciplinados de novelas. Su caso era muy distinto: escritor de inspiración, de lecturas más que de publicaciones. Al menos sabía que tres editoriales estaban interesadas en *Juegos florales*. Con el premio Villaurrutia, seguro que tendría más reconocimiento.

En cuanto al dinero, tenía lo suficiente para seguir poco a poco con la construcción de su casa. Además, su nombramiento como embajador parecía que esta vez sí podría convertirse en realidad. Sus conocidos en Relaciones Exteriores lo daban casi por un hecho. Sería en realidad extraordinario. Había ya renunciado a vivir en el extranjero, pero no se negaría a salir otra vez. El salario le daría la posibilidad de terminar su casa, además de tener ahorros que le permitirían dedicarse por completo a la escritura. Si lo nombraban embajador diría que sí.

Regresó a las lecturas que más disfrutaba, en este caso a E.M. Forster. No había traducido ni escrito nada de este autor que admiraba enormemente. Su novela *Maurice*, de tema homosexual (publicada de manera póstuma), fue un modelo cuando escribió su cuento sobre Piotr. También lo era, en cierta manera, para su diario. En ellos había tratado su vida amorosa y erótica de manera abierta, tratando en cada momento de entender sus emociones, deseos y frustraciones. Esto fue particularmente importante en una época como la suya en que la homosexualidad dejó de ser un problema psicológico

---

48. Pitol. "México". *SPP.* 23 de febrero de 1982.

y social para convertirse en un tema de investigación científica y de cambios culturales.

La homosexualidad había sido calificada como una patología para el psicoanálisis. Problemas con la fijación en la figura de la madre, estancamiento en la etapa erótica anal, carencia de una figura paterna autoritaria; se trataba, de cualquier manera, de una enfermedad y, como toda enfermedad, requería de una cura. El descubrimiento, a mediados del siglo XX, de los cromosomas "X" e "Y" en la asignación del sexo de una persona representó un cambio significativo. El síndrome de Swyer fue un choque aún más contundente. Las personas con este síndrome tenían cromosomas de, por ejemplo, un hombre ("XY"), pero anatómicamente pertenecían al sexo opuesto, eran mujeres en sus genitales, en su psicología y también en su comportamiento. Al investigar más, los científicos reconocieron que una parte del gen, ubicado en el cromosoma "Y", era el responsable de activar las funciones masculinas. Si este gen no se activaba, la persona no tendría nunca dudas sobre su sexualidad, a pesar de tener los cromosomas del sexo opuesto. En la década de los ochenta era claro que el enfoque psicológico estaba rebasado. Si el secreto estaba en los genes, ¿habría un gen homosexual?

Dean Hammer realizó la primera investigación seria sobre el tema. Estudió a gemelos idénticos y a mellizos: ciento diez parejas. Quería probar, en primera lugar, que la homosexualidad era un tema genético y, en segundo, identificar en la manera de lo posible el lugar en los cromosomas donde sucedía el cambio. Comprobó su primer punto con un resultado significativo del 52% de coincidencia homosexual entre gemelos idénticos; impresionante si se le compara con el 22% entre mellizos y el 10% en la población en general. La identificación del gen homosexual fue, sin embargo, un asunto imposible con la tecnología del momento.[49]

Además de la investigación científica surgieron nuevas voces teóricas impulsadas por el feminismo. Había que hacer una diferencia entre sexo, género y preferencia sexual. Las investigaciones genéticas y el descubrimiento de los cromosomas impactaban en la discusión sobre el tema del sexo. La sociedad condicionaba mediante prácticas de poder factuales y discursivas lo que se

---

49. De acuerdo con el libro de Siddhartha Mukherjee (*The gene. An intimate history*), las investigaciones actuales ubican la preferencia sexual en un entramado sumamente complejo de varios genes. Ya no se busca un solo gen homosexual o heterosexual.

aceptaba e incluso lo que se entendía como femenino o masculino; es decir, temas de género. Mientras que la preferencia sexual impactaba en la realización erótica y el placer de cada individuo, ya no estaba dividida en categorías. Las categorías dicotómicas eran invenciones sociales que reducían la complejidad sexual a un sendero único. La preferencia sexual abría, en cambio, un abanico de posibilidades.[50]

Es posible que Pitol estuviera al tanto de estas investigaciones. Era claro que el tema le importaba. Por eso, en parte, había escrito *El único argumento* ("el hastío de tener que escribir siempre sobre relaciones sentimentales y sexuales que no conozco sino por inferencias, en vez de hacerlo sobre las que personalmente me atañen").[51] Por eso dudó en varias ocasiones si revelar su identidad sexual ("¿Me sentiré mejor solo con afirmar que soy homosexual? Creo que sí";[52] "Lo más importante que puedo hacer es tratar de la liberación homosexual").[53] Ya fuera un asunto genético, psicológico o social, no cabía ninguna duda: la homosexualidad no era una patología. Era necesario darle una mayor representación y agencia social con el fin de empoderar a quienes habían sido discriminados, a quienes –como él– habían debido resignarse a vivir el amor ocultándose de los demás.

¡Adiós *Juegos florales*!

Pasó la tarde del viernes 10 de abril transcribiendo el último capítulo de la novela. Lo leyó ese fin de semana en su departamento y en El Parnaso. A diferencia de otras veces le gustó lo que leyó. Había que hacer algunos cambios, pero el capítulo valía la pena. ¿Era posible? "Hoy ya puedo decir que terminé *Juegos florales*. ¡Increíble! Estoy muerto de fatiga y con mis bronquios muy fastidiados por lo mucho que he fumado".[54] Quince años escribiendo esa novela. Quince años sin poder iniciar un nuevo proyecto, con muchas ideas y planes frustrados, con una sola novela y un libro de cuentos. Finalmente. ¡Adiós *Juegos florales*!

---

50. Judith Butler es una figura clave de los estudios de género.
51. Pitol. "Varsovia". *SPP.* 21 de noviembre de 1974.
52. Pitol. "Budapest". *SPP.* 20 de mayo de 1977.
53. Pitol. "Moscú". *SPP.* 10 de agosto de 1979.
54. Pitol. "México". *SPP.* 10 de abril de 1982.

El sábado 18 de abril fue su cumpleaños. Lo festejó en grande, a tal punto que se fue a dormir con la ropa puesta. Despertó con cuarenta y nueve años, diarrea e indigestión. La noche siguiente no pudo dormir debido a un insomnio terrible. Por un lado, tenía el ánimo y el deseo de iniciar nuevos proyectos: ensayos y una novela policial. Por otro, estaba cansado, irritado, postrado. "¿Influirá en esto el haber terminado la novela? ¡Quién sabe! He perdido la fe en muchas cosas… Lo único que deseo es salir de nuevo al Servicio Exterior, pasar dos o tres años en el extranjero y luego volver a mi casa, encerrarme con mis libros y mis papeles".[55]

Para resolver el estado confuso en que se encontraba –una suerte de limbo entre el final de un proyecto muy extenso y el inicio de uno nuevo– decidió viajar a Varsovia: la ciudad de su primer aprendizaje, de Krysztof, de Piotr; la ciudad donde había tenido el accidente; se despertaba entonces preguntándose qué era lo que había hecho con su vida, cómo podía justificar su existencia. Ahora, al menos, podía regresar con la convicción de que había hecho lo que había deseado hacer desde joven, desde que salió de México, y que era contar una historia con la complejidad de las estructuras más novedosas, con personajes entrañables y enigmáticos, en una trama que mantuviera siempre la atención de un lector activo y exigente. Regresó a Varsovia como alguien que había logrado cumplir el objetivo de su vida.

La arquitectura era la misma, los jardines seguían estando ahí, enormes y majestuosos a mitad de la ciudad, pero la gente era otra. Varsovia era una ciudad muerta por dentro. Su capital en ruinas después de la Segunda Guerra Mundial, fue un motivo de unión para convocar a la fuerza y al ánimo. La sucesión de gobiernos represores e hipócritas acabó con esto. Así al menos lo vio Pitol en los días en que estuvo en Varsovia: de mal humor los jóvenes, frustradas y adoloridas las mujeres, rumiantes y preocupados los hombres. Sintió una gran melancolía, a punto de llorar. De pronto se encontró en una avenida central, la Nowy Swiat, con un viejo conocido, Mikolak Bieczadowski. Pitol lo saludó con la intención de hablar con él, el otro apenas lo reconoció, pero tuvo la confianza de desahogarse con él en un monólogo delirante:

—Mírame, a quien ves es a un cadáver… Yo ya morí. No soy sino un fantasma. Un *revenant*. Morí hace tiempo, igual que Kalina Wojczehowska, ¡la pobre! También a ella la llamó la muerte. Pero ha pecado tanto que

---

[55]. Pitol. "México". *SPP*. 23 de abril de 1982.

no la dejan salir de los infiernos. Todos hemos muerto. Mira a tu alrededor; no verás sino fantasmas. He aquí el cementerio.[56]

Caminó durante horas por la ciudad, la Varsovia de su primer viaje, de sus primeros amores. La conocía a la perfección. "Paso la mano sobre sus muros y reconozco sus heridas. Se abren las mías".[57] Fue un momento ideal para evocar el pasado: los años previos a su salida del país, cuando escribía *Tiempo cercado*. Estaba enamorado de Gustavo; le escribía cartas infames, sufría y llegó a pensar incluso en el suicidio. De eso lo salvó la literatura. Este viaje, en 1982, coincidía con el fin de una época, la de *Juegos florales,* y el inicio de otra que apenas adivinaba.

Después de Varsovia, fue a Londres. La primera noche fue a una discoteca de ambiente donde la mayoría de los jóvenes estaban vestidos con ropa de piel. Al día siguiente fue a un *pub* en Knightsbridge donde él y un amigo bebieron desde las tres de la tarde hasta altas horas de la madrugada con un joven soldado. El día siguiente lo pasó en cama, crudo. Hacía tiempo que no se divertía tanto, que no tenía una vida social tan despreocupada. Fue un buen complemento de su estancia en Varsovia, más reconcentrada en sus proyectos y trabajos.

De regreso en México continuó con la construcción de su casa y con su novela. El domingo 23 de mayo terminó de revisar la versión final de *Juegos florales*. Deseaba publicarla en Siglo XXI en México y en Alfaguara de España. Pero eso ya no estaba en sus manos. La novela sería ahora de los editores y luego de quien la leyera. Iniciaba una nueva etapa.

Pensó reunir sus cuentos en un volumen. Al releerlos se dio cuenta de que había mucha distancia entre el autor que los escribió y el que los leía ahora:

> Muchos de mis "cuentos" no son tales, sino meras viñetas carentes de trama, son como retratos de personajes en una situación determinada... Soy malo para fabular. Me temo que ni personajes ni situaciones sean lo suficientemente interesantes como para atraer al lector.[58]

Al Pitol de ahora le interesaba la tensión de la trama; el enigma, la extrañeza de sus personajes; y el lenguaje conciso, aparentemente sencillo. Envió

---

56. Pitol. "México". *SPP.* 29 de abril de 1982.
57. Pitol. "México". *SPP.* 29 de abril de 1982.
58. Pitol. "México". *SPP.* 3 de junio de 1982.

Cementerio de tordos a la editorial Océano, que era una editorial joven aunque con un capital económico estable y sólido. La respuesta llegó en menos de un mes. Océano estaba interesada y publicaría el libro de inmediato, esto con el fin de aprovechar el recién obtenido premio Villaurrutia.

José Joaquín Blanco lo mencionó, en un artículo publicado en *Nexos*, como uno de los autores más importantes de las últimas décadas: "Pitol es indudablemente el mayor y mejor conocedor y practicante en México de la novela artística europea … lo que le da una ejemplaridad y una peculiaridad netamente artísticas, solitarias e inconfundibles a sus relatos".[59] Unos meses antes, Cobo Borda había escrito sobre *Nocturno de Bujara*: "Al contrario de Fuentes o de Pacheco, tan arraigados en el polvo de México, la tierra nutricia de Pitol es la buena literatura".[60]

Transcurrió el verano. Lo dedicó a socializar y a la construcción de su casa. En tres meses pusieron el techo y terminaron con la estructura entera. Viviría junto a las casas de sus amistades, cerca de la universidad y de su librería favorita El Parnaso. Imaginaba una vida sedentaria, dedicada a la escritura y a la difusión de sus libros. ¿Sería posible el amor, una relación estable? Durante varias noches seguidas de comienzos de junio soñó con Krzysztof. "Por la reiteración de los sueños parecería que nunca he acabado de asumir la ruptura. Para esto han pasado ya dieciséis años desde que nos conocimos".[61] El amor en sueños: parecía ser ahora su nueva realidad. Adiós a las escapadas nocturnas y a los amores ocasionales, a las "noches de erotomanía alcohólica… insana",[62] que había vivido en sus primeros días en Varsovia.

Al llegar el mes de septiembre, las editoriales habían leído ya su manuscrito de *Juegos florales*. Siglo XXI decidió publicarla sin reparos e incluso le pidieron, si era posible, un nuevo libro de narrativa. Jaime Salinas de Alfaguara le habló, en cambio, por teléfono para informarle que un segundo lector revisaría su novela y que solo hasta entonces tendrían un dictamen final. Jaime era hijo del poeta y ensayista Pedro Salinas; al volver de Estados Unidos se hizo editor en Seix Barral, Alianza y Alfaguara (España), destacando por su

---

59. José Joaquín Blanco. "Sergio Pitol: todos los desvaídos crespones del gran arte". *Nexos*. 30–31.
60. Juan Gustavo Cobo Broda, "La diversificada riqueza de la ficción latinoamericana". *Suplemento Sábado*. 9.
61. Pitol. "México". *SPP*. 16 de junio de 1982.
62. Pitol. "Pacheco, José Emilio". *SPP*. 20 de diciembre de 1965.

contribución para crear algunos premios literarios importantes en España. Pitol se quedó preocupado con la llamada. ¿Por qué un segundo lector? ¿Acaso no le había gustado en el primer dictamen? Salinas le pareció titubeante, nervioso. Recibió al día siguiente un telegrama que lo dejó en peor estado. Salinas le confesó que la primera lectura no había sido favorable. Se sintió terrible. Un error, una equivocación. Le había dedicado un tiempo innecesario a *Juegos florales*. Debió haberla dejado cuando pudo. Monsiváis la leyó y le dijo que la consideraba un retroceso en su obra. Nunca estuvo seguro de su estructura. Demasiado compleja, elaborada y laberíntica. Finalmente, Alfaguara la rechazó.

Fue a la editorial Siglo XXI a recoger sus ejemplares y no le gustaron. El papel era demasiado delgado, la ilustración de la portada no tenía relación alguna con la historia. Sería un fracaso. Al menos tenía una buena noticia. Había terminado la construcción de su casa, podía mudarse cuando quisiera. Lo hizo el sábado 2 de octubre. Ciudadano de Coyoacán.

Juegos florales

Juegos florales tiene siete capítulos y casi doscientas páginas. En ella todos los personajes son escritores y lectores. El narrador –en tercera persona– nos relata lo que los personajes escribieron o desearon haber escrito, los textos que leyeron y la impresión que estos les causaron. La primera historia que genera esta refracción de espejos (escritura y lectura, reescritura y relectura) es la del viaje del protagonista (*él*) y su esposa Leonor a Roma. Visitan museos, capillas, parques, ruinas de la ciudad, y discuten con sus amigos – una pareja formada por un italiano y una mexicana– sobre su pasado, sus proyectos fallidos, sus lecturas y sobre Billie Upward. Conocemos el pasado de *él* gracias a sus relatos que escribió de joven. *Él* creció en un medio provinciano, un ingenio azucarero de Veracruz; se mudó ya adolescente a la Ciudad de México para continuar con sus estudios, ahí adquirió un conocimiento sólido de las artes, publicó dos libros de cuentos y tuvo un amorío fallido con una joven. Viajó después a Roma, donde conoció a Billie Upward. Esta inglesa de personalidad estrambótica, extremadamente culta y gran lectora fue la inspiración para escribir una novela que llevaría como título *Juegos florales*, pero que nunca, en todos esos años, pudo terminar. Al comenzar la novela leemos, por tanto, el proceso de creación de la novela que el autor desea escribir.

Juegos florales se centra en el primer capítulo y, sobre todo, en los tres últimos, en la vida de Billie Upward. Ella dirige en Roma la colección editorial de Cuadernos de Orión y es pareja de Raúl. Raúl regresa a México y Billie, al enterarse de su embarazo, decide acompañarlo. Viven en Xalapa una relación tormentosa que termina en separación. Sola en un país extranjero que no disfruta, que incluso desprecia, Billie va perdiendo la cordura, se convierte en motivo de burlas, risas y escarnio entre sus amigos y colegas. Hasta su desaparición final durante la entrega del premio literario de los Juegos Florales de la feria de Papantla.

De esta manera, podríamos resumir la trama como el viaje a Roma donde *él* decide retomar la escritura de su novela *Juegos florales* y, al hacerlo, piensa en sus últimos años en México, en su encuentro con Billie, en los cuentos que *él* escribió sobre su infancia y juventud, el cuento que escribió Billie, y la trama final de su desaparición en un pueblo de Veracruz. Estamos ante la trama dentro de la trama, el proceso de creación en el interior y durante la lectura del relato; la creación de un mundo y la develación del truco de magia con el que este se creó.

Además del recurso de la ficción dentro de la ficción, Pitol usó referencias culturales para describir la psicología, personalidad y cambios emocionales de sus personajes. *Él* cuenta que fue Raúl quien lo sacó "del Leoplán y de las novelas de Féval que esporádicamente leía su padre para ordenarle y actualizarle las lecturas. Lo hizo comenzar por Dickens y Stevenson".[63] Cuando Raúl leyó sus cuentos escritos en Roma, lo elogió por liberarse al fin de "ciertas influencias faulknerianas".[64] La trama se complica debido a una mala lectura, un rechazo editorial o una interpretación equívoca de una pintura. Por ejemplo, sentimos que Billie está a punto de perder la cordura después de escuchar la interpretación que hace *él* de una pintura de Lucas Cranach. Billie:

> ...pasaba la mirada de sus manos al cuadro y luego la dirigía al parque con expresión vacía, como si estuviera cegada por el sol y únicamente pudiera percibir su resplandor hiriente y las sombras que producía. Al fin pareció volver en sí, retiró el libro de la mesa y lo guardó con gesto impaciente en la bolsa de paja. Con voz estridente y destemplada que hacía parecer su acento más marcadamente extranjero, declaró no comprender cómo era posible juzgar una obra de arte con tales criterios.[65]

---

63. Pitol. *Juegos florales*. 53.
64. Pitol. *Juegos florales*. 97.
65. Pitol. *Juegos florales*. 159.

La creación es el motor y también la forma. Los personajes son creadores y críticos. Su criterio se construye dentro de los posicionamientos del medio cultural y el conocimiento de la tradición. Por este motivo viajan a Europa, leen, se instruyen y finalmente publican. También por esto se pelean, compiten, sufren y no menos se aman, se admiran.

Juegos florales nos enseña que somos ante todo lectores, que al serlo creamos y establecemos una relación íntima con los textos que no se agota y que cambia con los años. La lectura es el primer paso previo a la creación de un nuevo texto, y es el último, el definitivo, para su finalización. Leemos cuadros, edificios, personas y libros. *Él* no se atreve a dar el último paso en su lectura de Billie, de su propia vida y de su novela. Deja que la novela se concluya con la lectura del otro. Ella, *él*, nosotros decidiremos si le vamos a dar vida a *Juegos florales*.[66]

---

66. Antes de García Díaz, Luz Fernández de Alba en *Del tañido al arte de la fuga. Una lectura crítica de Sergio Pitol* le había dedicado un apartado de su libro a esta novela, de la que destacó su complejo uso de la intertextualidad por medio de "menciones a otros autores y a otras obras, citas entre comillas a otros personajes creados por el mismo Pitol dentro del mismo texto, reminiscencias, referencias, alusiones, parodias de los discursos de grupos específicos, obras de otros autores que se traslucen agazapadas tras el texto que Pitol recrea a partir de esos otros escritos y, por último, la introducción en un texto nuevo, no de un relato 'extranjero' sino de uno propio ya publicado" (67). Otro punto que destacó Fernández de Alba es el uso de referencias culturales para describir a un personaje y su estado de ánimo. Elizabeth Corral retoma, en *La escritura insumisa*, el tema de la estructura de la novela, que define como "abismada, con la multiplicación de planos y perspectivas" (59), y las relaciones intertextuales que establece Pitol con otros de sus textos: "Closeness and fugue", "Cementerio de tordos" en *Juegos florales*. Laura Cázares se interesa en un apartado de *El caldero fáustico* en el estudio de los diarios que publicó Pitol sobre la creación de esta novela, que fue especialmente ardua. En los diarios, Pitol se preocupa por encontrar el equilibrio tan difícil en una novela que trata sobre otras novelas y cuentos y el propio proceso de escritura. Mientras que en "Lectura y lectores en *Juegos florales*" revela que todos los personajes principales de la novela son lectores/as en algún momento. Ignacio Sánchez Prado escribe en *Strategic Occidentalism* que la obra de Sergio Pitol se aleja de la tradición nacionalista con las herramientas de sus traducciones y su canon personal. La de Pitol es una literatura de prácticas modernistas con una inclinación humorística que se opone a la novela total, a los imperativos épicos y

En su libro *Del Tajín a Venecia: un regreso a ninguna parte* (2002), Teresa García Díaz llegaría a las siguientes conclusiones: "*Juegos florales* tiene como autores, conjuntamente con Pitol, a *él*, a Raúl, a Teresa Requenes y a Billie Upward".[67] Tenemos una variedad de voces y puntos de vista por medio del discurso libre indirecto. Y en ocasiones, por medio de una disonancia entre las voces de los narradores, los personajes y la propia obra literaria del personaje. En cuanto a la intertextualidad, se da de tres maneras: "primera, con la inclusión de otros textos del mismo autor; segunda, con la mención de algunos escritores en la estructura superficial; y tercera, con la presencia de otros escritores en la estructura profunda".[68] Metaficción, heteroglosia e intertextualidad: "Todo se une en el argumento, cuyos referentes principales son el proceso de escritura y la institución literaria".[69]

Mundos alternativos y parodia

El pensamiento crítico sobre la metaficción llegó a su madurez con Linda Hutcheon. La académica canadiense creó un esquema práctico de análisis de obras literarias, a la vez que indagó en sus mayores aportaciones teóricas. Quienes vinieron después, construyeron sobre este edificio. La aportación más significativa de Patricia Waugh, en su libro de 1984, *Metafiction. The Theory and Practice of Self-Conscious Fiction*, la hizo en el terreno filosófico.

El enfoque de la escuela teórica de los estructuralistas se orientó más a los medios de representación que a los objetos representados. Pero, ¿qué pasaría si en realidad el objeto representado fuera inasible, inexpresable, inalcanzable? ¿Valdría la pena desarrollar un sistema (lingüístico, simbólico, matemático)? ¿Acaso no era mejor reventar los sistemas ya existentes? Derrida y Deleuze no desarrollaron teorías, cuestionaron con un lenguaje poético y críptico las ya existentes. Si bien había en la metaficción una perspectiva lúdica –la realidad como recreación–, también tenía una de pesadilla: la realidad como un sueño del que despertamos a otro sueño.

---

del realismo mágico. La tradición de Pitol es en realidad la de Jorge Ibargüengoitia a quien convierte, según Sánchez Prado, "into a more aesthetic form of literary style" (52).

67. Teresa García Díaz. *Del Tajín a Venecia: un regreso a ninguna parte*. Xalapa: Universidad Veracruzana, 2002, p. 31.

68. *Ibid.*, p. 66.

69. *Ibid.*, p. 26.

Patricia Waugh aclaró las líneas filosóficas que había que recorrer para dar una posible respuesta al desafío postestructuralista. Dividió a los filósofos del arte en tres grupos: los de la falsedad, los no referenciales y los de mundos alternativos.

Los teóricos de la falsedad afirman que la ficción (el arte) no tiene como finalidad informar ni aportar conocimiento alguno, por el contrario, su propia naturaleza invita a una confusión entre aquello que es y aquello que solo se imagina o se recrea. El caso de la metaficción es prueba de este peligro: confundir la realidad con un sueño o un juego. El pensamiento postestructuralista lleva este peligro a su expresión filosófica.

Los teóricos no referenciales aportan un rigor analítico clave. Según John Searle, un nombre propio tiene realidad ontológica solo si hay una diferencia entre él y el objeto que nombra. De otra manera, se trata de un constructo verbal. Es decir, que tenemos, por un lado, el mundo del lenguaje y, por otro, el mundo que percibimos. Entre ambos hay correspondencias simbólicas y significativas, pero solo es posible perderse en un laberinto o recrear la vida como un juego en el mundo lingüístico.

Por último, están los teóricos de los mundos alternativos. Para ellos, la ficción depende siempre de aquello que representa, es cuasirreferencial, es palabra y mundo, es el sistema del discurso y el sistema de lo real (mediado por el discurso). Si queremos entender el cambio en las formas literarias, debemos entender, siempre, el cambio social. Y para entender lo social, podemos acudir a la representación artística que se hizo de él en su momento. Hay pues una relación productiva entre ambos (lengua y realidad), no una imposición o un freno.

En resumen, para los teóricos de la falsedad el arte es una desviación de los sistemas de representación mental. Para los no referenciales es un entretenimiento o, en el peor de los casos, una alucinación. Y para los teóricos de los mundos alternativos es una herramienta epistemológica.

Waugh clasifica las obras de metaficción en dos grupos: las que afirman que jamás podremos escapar de la prisión del lenguaje y las que consideran que hay un mundo cognoscible. En el primer caso, tenemos obras abocadas al silencio y la paradoja, están a punto de llegar a ser sin ser del todo. En el segundo, tenemos obras literarias con una tendencia paródica que renuevan los géneros populares y canónicos. La obra de Sergio Pitol se ubica en la tradición de la metaficción, que tuvo sus orígenes en el cambio de paradigma mental moderno (Foucault, *Las palabras y las cosas*). Siguiendo el diagrama de Linda Hutcheon, su metaficción es de modo "abierta-narración".

Sus protagonistas son todos creadores y lectores; hay, por lo mismo, una distancia crítica que permite a los lectores ver el mundo de la representación, el acto creativo y el lenguaje como artificios de gran complejidad. La construcción gramatical en sus novelas puede ser enrevesada, digresiva y barroca, pero con un lenguaje claro y directo, en ocasiones coloquial. De ahí que su interés se ubique –siguiendo a Barthes en "Literatura y metalenguaje" y a Sarduy en "El barroco y el neobarroco"– en el campo de la experimentación literaria. Es decir, se ve más interesado en narrar que en abordar el problema filosófico de la posibilidad de narrar. En esta primera etapa, su interés se ubica en los géneros más canónicos: la novela de viaje y la de aprendizaje. Quiere renovar estos géneros con la conciencia –diría Patricia Waugh– de que hay un mundo cognoscible que captura el lenguaje. La angustia que describe John Barth en virtud de escribir una literatura de segundo grado –una literatura que fuera al mismo tiempo una crítica– se resuelve en Pitol de manera que la descripción de los personajes y el motivo central de su narración es la propia literatura (la cultura y el arte en general) y su participación en ella.[70]

Embajador

En su nueva casa de Coyoacán recibió la noticia de que había obtenido el Premio de Bellas Artes de Narrativa Colima para Obra Publicada por su libro *Cementerio de tordos*. "Me dio casi un cólico y un ataque de felicidad casi histérico".[71] Participaron treinta y cuatro obras, entre las cuales estaban las de la *China* Mendoza, Josefina Vicens y Margo Glantz. La remuneración económica era muy significativa. Era un premio que, a pesar de su reciente creación, estaba respaldado por una institución fuerte y un jurado integrado por Saúl Ibargoyen, Jaime del Palacio y Miguel Barbachano Ponce. Dieron la noticia

---

70. Uno de los primeros críticos en estudiar la metaficción de Pitol con un fundamento teórico (Waugh, Hutcheon y Spires) fue Russell M. Cluff. Cluff afirma que: "La obra de Sergio Pitol... tiende a subrayar el elemento narrativo (el proceso) sobre el lingüístico" Y también: "el mensaje de la novela es que en este mundo de seres humanos cada vez más conscientes de sí mismos y de los mecanismos que componen su existencia, el proceso de la creación artística es tan digno de novelarse como cualquier otro posible referente (Cluff. "Proceso y mensaje en *Juegos florales*". 51 y 55.
71. Pitol. "México". *SPP*. 27 de octubre de 1982.

los diarios *Unomásuno, Excélsior*, la revista de *Bellas Artes* y *El Sol de México*. Este último puso como encabezado: "El 'Xavier Villaurrutia' le ayudó a poner los cimientos de su casa. El 'Colima' a terminar los acabados de la misma".[72] Le entregó el premio su jefe, el director del INBA Javier Barros Valero y la gobernadora de Colima y poeta Griselda Álvarez, cuyo primer libro de poesía se tituló *Cementerio de pájaros*.

El martes 23 de noviembre acudió a una exposición sobre los Contemporáneos, donde se encontró con Enriqueta Ochoa. Ella fue la inspiración de su novela, la ganadora de los Juegos Florales de Papantla a los que había asistido hacía ya quince años. En su momento utilizó un par de anécdotas suyas para la novela. Afortunadamente, ella no le reclamó nada; es posible que ni siquiera hubiera reparado en la referencia personal.

Tuvo la idea de reunir en un libro textos autobiográficos, pasajes de su diario y ensayos literarios. El título sería *Sepulcro blanqueado*. "El plan es seductor, pero para que el libro valga la pena debería yo hablar claramente de algunos temas, que son incompatibles con la práctica diplomática".[73] Esos temas muy probablemente estaban en su diario de Belgrado, con el que pensaba concluir el libro. También tendría que editar sus diarios de Budapest, Moscú y Varsovia. La otra opción era excluirlos del todo y enfocarse, como lo había hecho hasta entonces, en los ensayos que tenía sobre sus autores más queridos, Chéjov y Tolstói, los que había descubierto en sus viajes (Bruno Schulz, Flann O'Brienn, Lu Hsun, Boris Pilniak) y otros que eran amigos como Carlos Monsiváis, Elena Poniatowska y Juan Soriano.

Dos días después de la exposición visitó la ciudad de Puebla. Buscó y encontró la casa de su nacimiento. Pidió permiso para visitarla y reconoció los corredores donde solía jugar. Pasó Navidad en Orizaba con su familia. De regreso en México, leyó las reseñas sobre *Juegos florales* y *Cementerio de tordos*. "Me tratan como a un príncipe".[74]

En la *Revista de la Universidad de México* Mario Rojas inició su reseña sobre *Cementerio de tordos* con algo que se estaba convirtiendo ya en un estribillo, a pesar de no ser del todo cierto, que Pitol era un autor "injustamente olvidado,

---

72. Guadalupe Pereyra. "Hay premios que ayudan a salir de compromisos: Sergio Pitol". *El Sol de México en la Cultura*. I.
73. Pitol. "México". *SPP.* 26 de noviembre de 1982.
74. Pitol. "México". *SPP.* 13 de enero de 1983.

desconocido y poco leído en nuestro país".[75] Esto a pesar de su importancia como escritor y su proyecto de una literatura metaficcional. "Pitol introduce en su literatura el juego ideado por Gide del narrador dentro de la historia que cuenta la historia, lo que hace que el tema central de varios de sus relatos sea la relación entre el escritor, lo que cuenta y el hecho de narrar".[76] Silvia Molina entendió *Cementerio de tordos* "como una novela fragmentaria no lineal".[77] Francisco Zendejas reseñó en *Excélsior* ambas obras: "el goce de una lectura que difícilmente tiene parangón en la narrativa mexicana actual".[78] Víctor Díaz Arciniega escribió sobre *Juegos florales*: "Los temas que aquí se subrayan de escritos anteriores, ahora aparecen matizados, casi subterráneos. Sin percibirlos recorren la novela dentro de un tono de ambigüedad, lo que la vuelve más dramática y tensa en su interior".[79] Juan Coronado volvió al tema de la literatura espectral: "Las historias se envuelven unas a otras; los narradores se comen los unos a los otros. *Juegos florales* es una novela sobre el proceso de hacer una novela. Es la puesta en escena del trabajo. Todo el concepto de novela moderna está aquí funcionando".[80] Positivas fueron también las reseñas de Jaime Valdivieso ("Novela hecha con sabiduría y enorme oficio")[81] y Sergio Gómez Montero ("esta novela habla hoy de una urgencia: realizar el análisis a profundidad de la obra del escritor veracruzano").[82] Una sola reseña negativa escrita por Gladys Rodríguez en *Excélsior*, que refleja un trasnochado nacionalismo al recriminarle a la novela que los espacios éstén fuera de México y sus personajes pertenezcan a "esta suerte de burguesía que rinde pleitesía a Europa";[83] para concluir que "ya resulta demasiado reiterativo insistir en las aventuras y desventuras de latinoamericanos avecindados en Europa que pierden con facilidad su sentido de la identidad".[84]

---

75. Rojas. "La literatura como experiencia del fracaso". 46.
76. Rojas. "La literatura como experiencia del fracaso". 46.
77. Silvia Molina. "*Cementerio de tordos*". 13.
78. Francisco Zendejas. "Cuentos y novelas de Sergio Pitol". p. 2.
79. Víctor Díaz Arciniega. "Una memoria obsesiva". 40.
80. Juan Coronado. "*Juegos florales*". 13.
81. Jaime Valdivieso. "Novela gótica, *Juegos florales*". 12.
82. Sergio Gómez Montero. "De juegos". *Sábado*, 295, 25 jun, 1983, p. 10.
83. Gladys Rodríguez V. "Preocupación por lo estilístico". *Excelsior Cultural*, 31 dic, 1982, p. 1.
84. *Ibid*.

Frente a las críticas de sus primeros libros de cuentos, que encontraban una falta de tensión y resolución en la trama, y de profundidad en los personajes, se le reconocía ahora su proyecto poético, que era distinto al de sus predecesores (salvo por Josefina Vicens) y en diálogo con algunos de sus compañeros de generación como José Emilio Pacheco y Salvador Elizondo. Un proyecto literario ambicioso, una aportación conceptual y formal a la tradición literaria mexicana, la misma que en ocasiones complicó su narrativa hasta hacerla casi ilegible, pero que ahora parecía haber logrado concretarse en una obra exitosa.

Ese año de 1982 terminó con una mala noticia. El gobierno impuso un impuesto de 20% a los ingresos de artistas y escritores. Salvo muy contadas excepciones, ningún escritor podía vivir de su obra. Debían trabajar en otras áreas como el periodismo, la diplomacia o la docencia para completar sus ingresos. La situación era ya de por sí precaria. "Por eso me parece que se debería revisar la decisión –[afirmó Pitol]– ... Para la Tesorería de la Federación sería una cantidad ridícula, y para el escritor significaría tener que dedicar más tiempo a un trabajo lucrativo, y mermarlo a su obra". Se unieron a su protesta Margo Glantz, Margarita García Flores y Gonzalo Celorio.[85]

1983 inició con más reseñas sobre *Juegos florales*. Margarita Pinto escribió la cuarta sobre esta novela en el suplemento cultural *Sábado*, del diario *Unomásuno*. Otra reseña positiva fue la de Juan José Reyes ("una de las mejores [novelas] que se han escrito aquí en los últimos años").[86] Por último, Sergio González Rodríguez en *La Cultura en México* afirmó que *Juegos florales* había sido la novela más importante del año. "Pitol ha dejado sobre el camino el barroquismo que llegaba por momentos a emplastar sus relatos";[87] su novela está escrita con un estilo claro y desplaza "la escritura de la novela a la escritura de la novela por los propios personajes";[88] y concluye que había logrado darle punto final al "proyecto de la narrativa de los sesentas sellado por el cosmopolitismo y la imagen del espejo europeo y su cultura".[89]

---

85. Braulio Peralta. "Sergio Pitol, no hay aún escritor que pueda depender por completo de sus derechos de autor". *Unomásuno*, 17 dic, 1982, p. 19.
86. Juan José Reyes. "La escritura como exorcismo". *El Semanario Cultural*, 53, 24 abr, 1983, p. 3.
87. Sergio González Rodríguez. "Sergio Pitol. La novela de Billie Upward: Venecia-Jalapa y anexas". *La Cultura en México*, 1076, 26 ene, 1983, p. IX.
88. *Ibid.*
89. *Ibid.*

El 14 de febrero, cuando se disponía a iniciar su nuevo proyecto desde su casa en la plaza de la Conchita, recibió la noticia de la Secretaría de Relaciones Exteriores. Lo invitaban a ocupar el puesto de embajador en la ciudad de Praga. Resumir el viaje. Volver a Europa del Este. Ahora como embajador, con un salario que le permitiría ahorrar lo suficiente para un retiro definitivo y una actividad cultural que podría aprovechar para difundir sus obras. Este sería un viaje muy distinto al que inició en 1963. Ahora era un escritor maduro, a punto de cumplir los cincuenta años, convencido de su proyecto literario y cuidadoso de su vida personal. Aceptó el desafío y partió con destino a Praga.

PRAGA I
(1983-1986)

Bohemia

EL REINO DE BOHEMIA formaba parte del Sacro Imperio Romano Germánico y se encontraba en el centro de Europa, en la frontera entre el mundo eslavo y el alemán. Su capital, Praga, fue la sede de la Corte Real de Rudolf II en los siglos XVI y XVII. Fue esta una época de esplendor cultural y científico: Johannes Kepler y Tycho Brahe acudieron a la ciudad para hacer sus investigaciones astronómicas. La ciencia, mezclada con el misticismo, dio pie también a la alquimia; Bohemia del esplendor místico y de las victorias guerreras. En el siglo XVI Europa enfrentó la amenaza de los otomanos, quienes conquistaron la región de los Balcanes y Hungría. Viena estuvo a punto de caer en 1529. Los alemanes, polacos y bohemios la mantuvieron en pie y con ella a la región entera.

El Imperio Romano Germánico era un conglomerado de reinos, ducados y ciudades libres. Revitalizado por el Imperio Carolingio, su extensión geográfica comprendía gran parte de la actual Alemania, Italia, Austria y Checoslovaquia. El emperador era electo por un consejo de príncipes y coronado por el papa. Las primeras dinastías de Salia, Hohenstaufen y Luxemburgo crearon una cohesión política y militar en la región. Su principal misión internacional fueron las Cruzadas, al fracasar en ellas, decidieron evangelizar al resto de Europa. Ampliaron así las fronteras del imperio conquistando a las poblaciones eslavas del este del río Elba.

Bohemia era eslava, cristiana y poderosa. Sus extensiones cubrían desde el norte de Europa hasta la costa del mar Adriático. El emperador Carlos IV, de la dinastía de los Luxemburgo y de madre checa, fundó en Praga la primera universidad del centro de Europa –Universidad Carolina– construyó palacios, monasterios y jardines. Pero en la batalla de Marchfeld de 1278 pereció la dinastía checa de los Premislidas y surgió una de las dinastías más longevas de la historia. Originarios de la actual Suiza, los Habsburgo conquistaron primero Austria, luego Bohemia y finalmente gran parte de Europa. Lo hicieron con las armas, pero sobre todo con su habilidad política. Reinaron en España, Italia, parte de Francia, Flandes y fueron electos emperadores de manera continua e ininterrumpida hasta el final del Imperio Romano Germánico.

Uno de los mayores conflictos internos que vivió Bohemia fue de tipo religioso. Un siglo antes que Lutero, Jan Hus criticó la figura del papa y los excesos en los que incurría la Iglesia. Fue quemado ante el horror y el enojo de la población checa. Durante la Reforma la población checa se convirtió en buena parte al protestantismo, tenía una clara inclinación al libre pensamiento y se sentía muy agraviada por la represión contra Hus. Pero para un rey y emperador que era coronado por el papa, como lo eran los Habsburgo, esto fue un problema grave. Iniciaron pues una guerra, la de los Treinta Años (siglo XVII), que devastó sobre todo a las ciudades alemanas, pero también a Bohemia. El desenlace no dejó a nadie contento, con un acuerdo que habría podido firmarse desde el inicio y que estipulaba que el pueblo podía ejercer la religión que la familia real o el gobierno de su ciudad le indicaran. Gran parte de las ciudades alemanas permanecieron protestantes porque sus gobernantes lo eran. Bohemia, sin embargo, al ser gobernada por los Habsburgo se convirtió de manera violenta al catolicismo. Hubo ejecuciones y represión contra los disidentes y poco a poco la decadencia de la cultura y la lengua checa dio lugar en todos los centros políticos, culturales y educativos a la lengua alemana.

En los siglos siguientes Praga se convirtió en una ciudad de arquitectura barroca y rococó, comparable en esplendor a Viena. Después del vendaval que representó Napoleón para la región, Bohemia se mantuvo en el siglo XIX junto con el naciente imperio austriaco. Fue el motor de su industria fabril y minera, además de ser una de las principales regiones agrícolas. Esto permitió que la lengua checa regresara gradualmente al poder administrativo y político. Su participación en el parlamento imperial se hizo más fuerte y en la universidad la mitad de los cursos se enseñaban en checo.

La república de Checoslovaquia surgió con el tratado de Saint-Germain-en-Laye después de la derrota de Austria y la caída de los Habsburgo con la Gran Guerra de 1914. Esta nueva nación tuvo una vida corta: contra los acuerdos políticos, Hitler invadió Austria y Checoslovaquia con un mínimo de esfuerzo. El dominio nazi fue difícil para con los eslavos, quienes fueron relegados a una segunda categoría, y sumamente trágico para los judíos. Pero, a diferencia de Polonia, ni los alemanes que dejaron Bohemia ni los soviéticos que la liberaron en 1945 dejaron tras de sí una gran devastación. La Praga que vio Pitol era la misma que había estado en pie desde Rudolf II hasta el reinado de los Habsburgo. Era una ciudad que había vivido el auge de los alquimistas, el influjo judío, el protestantismo, la Contrarreforma y finalmente, en el siglo XX, el régimen comunista.

Cuando Pitol vivió en Belgrado siguió de cerca las noticas de la primavera de Praga. "Que los checos hagan cambiar las cosas, que se imponga el peso de las ideas. ¡Que haga pensar a sus seguidores, y no solo despertarles buenos sentimientos!"[1] Cuatro días después de haber escrito esto en su diario, los soviéticos entraron con infantería militar y tanques para reprimir a los jóvenes que pedían mayores libertades y una organización más justa del partido. "Gran desconsuelo... Praga estaba tomada... Espantoso, indigno, bellaco acto de maquiavelismo... Quisiera poder apesadumbrarme menos, ver todo esto más como un espectador, pero no puedo. La sensación de derrota es absolutamente personal".[2] Praga le había afectado desde hacía años porque estaba del lado de la cortina de hierro que él conocía bien, era el lugar de su formación como escritor, y además un país eslavo; ahí había vivido y escrito su obra Franz Kafka y otros autores, como Jaroslav Hasek y Bohumil Hrabal, que Pitol, atento como siempre, fue descubriendo en sus viajes.

Escritura de café

Agustín Salvat entregó la Embajada de México en Checoslovaquia y una semana después, el 19 de mayo, llegó el nuevo embajador a Praga. Durante un mes Pitol se encargó de presentar sus cartas credenciales al ministro de Exterior checo y a las embajadas con las que México tenía buena relación. Recibió felicitaciones por su nombramiento y escribió a su vez para felicitar a los nuevos colegas embajadores del Japón, El Salvador, Portugal, Israel, Uruguay, República Dominicana, entre varios otros países. El 2 de junio se llevó a cabo la ceremonia de recepción. Se tocaron los himnos nacionales. La guardia nacional le rindió honores en un acto solemne en el que estuvo presente

---

1. Pitol. "Belgrado". *SPP.* 17 de agosto de 1968.
2. Pitol. "Belgrado". *SPP.* 21 de agosto de 1968.

el ministro del país anfitrión. "A momentos no podía sino pensar en lo contrastada que es mi vida. El muchacho que vivía en un cuarto de azotea de la cerrada de Dublín, el que en Roma no tenía ni para una taza de café. El que en Barcelona empeñaba su pluma por quince pesetas para poder ir al cine... A partir de hoy soy el Embajador de a deveras... ¡Viva la vida!"[3]

Había logrado en poco más de diez años ascender de segundo secretario a agregado cultural y a embajador. Ocupó como vivienda una casa antigua de estilo *art-deco*, al norte de la ciudad, cercana al parque Letna. En su casa tenía un gran jardín con un rosedal, un chef, un chofer y un mayordomo versado en las artes y la cultura checas. La embajada era un edificio de dos pisos, de muros blancos, a unas calles del puente Carlos, en la conocida Ciudad Nueva (aunque tuviera la iglesia de Tyn del siglo XIV, el reloj astronómico medieval y otros monumentos antiquísimos). Praga era, de hecho, magnificente y ancestral: la catedral gótica, los palacios barrocos, los jardines, los conventos, las bibliotecas, el castillo medieval y las callejuelas sombrías. La dividía el río Moldava, atravesado por varios puentes, entre ellos, el ya mencionado, puente Carlos, del siglo XIV.

En los primeros días Pitol supervisó la visita de una delegación del Congreso mexicano en Checoslovaquia. Escribió a la cancillería un recuento de los hechos acompañándolo de varios recortes de periódico. A la visita de los senadores mexicanos le siguió el trabajo cotidiano como embajador: un reporte sobre el desfile del 1 de mayo; otro sobre el encuentro entre miembros del partido comunista checo y soviético ("como no escapará a su elevado criterio el Comunicado es el resultado de la identificación existente entre estos gobiernos");[4] una visita imprevista de un grupo de congresistas estadounidenses; un reporte de treinta páginas con la lista de funcionarios del gobierno checo; la visita del ministro checo a Turquía; la visita del ministro de Nigeria a Checoslovaquia, que originó una corrección por parte de la Cancillería en México: "Respecto a la fecha anotada en mi oficio de la Declaración de Independencia de Nigeria, efectivamente fue equivocada... debiendo ser en 1960";[5] cambios del gobierno en Checoslovaquia que detalló y a los que les dio la siguiente explicación: "Es muy posible que tales cambios obedezcan a ciertos síntomas que se venían observando recientemente en la Unión Soviética, es de la

---

3. Pitol. "Praga". *SPP.* 2 de junio de 1983.
4. Archivo Diplomático Genaro Estrada. Embajada de México en Checoslovaquia.
5. Archivo Diplomático Genaro Estrada. Embajada de México en Checoslovaquia.

modificación de estructuras demasiado rígidas y a la introducción de algunas medidas en el sistema de producción a fin de que resulte más flexible y eficaz".[6]

Era un trabajo cargado de informes sobre lo sucedido en la política interna y externa de Checoslovaquia, escritos con una prosa rebuscada y pomposa. Y a pesar de todo encontró tiempo para sus lecturas. Se interesó en P.D. James, Raymond Chandler, Hadley-Chase y Patricia Highsmith. De esta autora estadounidense leyó su obra completa –muy desigual–, algunas de sus novelas le sorprendieron por muy malas. Quiso leerla toda para escribir un artículo sobre ella y sobre todo para inspirarse. Su próxima novela podría adoptar ese género policial. Pitol comentó en una entrevista: "Me gusta ese género porque combina el divertimento con una estructura estricta. Ya Alfonso Reyes dijo en un ensayo que la novela policial –no policiaca– era un género clásico de nuestro tiempo".[7]

Una mañana al estar en el trabajo abrió los documentos confidenciales del archivo de la embajada. Se espantó al ver tanta infamia. Robos y transas de embajadores que tenían como costumbre adular a los gringos. Estaban ahí las familias de la diplomacia, como los De Negri –había sido empleado de Roberto en Budapest y ahora leía sobre la reclamación de bienes embargados en la embajada de su hermano Manuel– y había nombres también de escritores admirados. "¡Qué de estiercol y de inmundicia he encontrado! Me acercaron más al clima de mi novela policial que todos los Patricia Highsmith que me he soplado".[8] Las cosas, en realidad, no habían cambiado mucho. Un colega le habló por teléfono preocupadísimo porque harían inspecciones sorpresa en las embajadas. Que las hicieran. Él tenía la conciencia tranquila y las cuentas claras. Algo que, al parecer, no podían afirmar todos.

Juan Villoro y su esposa Claudia lo visitaron recién llegado a Praga. Caminaron juntos por la ciudad vieja y fueron a la Galería Nacional de Arte; donde vieron las obras de Klimt, Picasso, Miró y Klee. Un fin de semana excelente. Juan le había dado a leer su primer libro de cuentos *La noche navegable*. Pitol le alabó el salto considerable de calidad, aunque le faltaba vivir más, expresar algo con mayor intensidad. Juan lo escuchó atento y como siempre agradecido. Volvieron a verse en julio y esa vez Pitol le propuso que cambiara su

---

6. Archivo Diplomático Genaro Estrada. Embajada de México en Checoslovaquia.
7. Pitol. "*El desfile del amor*, mi respuesta a un fenómeno de desdén por la historia" por Braulio Peralta. 25.
8. Pitol. "Praga". *SPP.* 26 de mayo 1983.

asignación para estar con él en Praga. Habló incluso con las autoridades de la Secretaría de Relaciones Exteriores, quienes le aseguraron que no había problema para realizar el cambio. Villoro, sin embargo, no estaba convencido con la idea. Se había adaptado ya a Berlín; conocía el alemán y la cultura alemana a profundidad e ignoraba por completo el checo, además de que en Berlín tenía la posibilidad de disfrutar de los mundos capitalista y comunista. Pero no se lo dijo a Pitol por miedo a ofenderlo. Fue Pitol quien, con el tiempo, reparó en su error y le habló a su amigo para decirle que entendía a la perfección su deseo de permanecer en Berlín. A la menor oportunidad debía, sin embargo, visitarlo.

Sin Villoro ni otro amigo, sus actividades sociales se limitaron al trato con la gente de su embajada y con otros embajadores. Le cayó especialmente bien el de Finlandia, un hombre ya mayor, con cierto aire al actor de cine Lewis Stone, amante del ruso que hablaba con fluidez, y de ideología comunista. El de Perú era un plomo. "El de Nicaragua me dijo en la Embajada de Francia, a toda voz, que los somoscistas le habían quemado los testículos y que los podía mostrar a quien no lo creyera".[9] El de Venezuela era muy simpático y letrado. El de Italia le regaló *Praga mágica* de Angelo Maria Ripellino: debía leerlo para apreciar mejor la ciudad. El de Suecia contaba historias sosas e incomprensibles, que nada tenían que ver con la conversación, como aquella del hombre que pedía siempre dos tarros de cerveza, hasta que alguien le preguntó por qué hacía eso, reflexionó y no supo qué responderle. En cuanto a su embajada, la agregada cultural Estela Matute acaparó su atención. Era de las mujeres a las que les gustaba congeniar para desahogarse con charlas extensas y muy personales. Le contó a Pitol sobre lo molesto que eran para ella las relaciones íntimas. "Se acostó siete veces únicamente con su marido. Y quedó emabrazada. Llevaba una pistola en el bolsillo con la que lo amenazó con matarlo si volvía a acercársele".[10] Era hija de un general famoso de la Revolución, Amado Aguirre. Tenía sesenta y dos años, actriz de cine retirada y casi que un personaje de novela.

En Praga, Pitol frecuentó el café Dorado, en un callejón de la ciudad vieja, al que iban muchos latinos y africanos. Trabó amistad con un etíope. Bebieron en exceso y Abebe lo acompañó a su casa. Dijo que le presentaría a jóvenes cubanos y angoleños. Después de su partida, Pitol durmió una siesta de tres

---

9. Pitol. "Praga". *SPP.* 17 de junio 1983.
10. Pitol. "*Praga*" SPP. 9 de julio 1983.

horas y, al despertar, se preocupó de no haber sido lo suficientemente precavido. Sentía que en el extranjero su vida sexual revivía con fuerza.

En México se quejaba del exceso de trabajo burocrático, las amistades y las invitaciones a todo tipo de actividades. Ahora que no había nada de eso, seguía sin escribir. Le pesaba la soledad, la incomunicación. Lástima que Juan no hubiera querido acompañarlo. Pensó en Margo Glantz, si tan solo ella viniera como agregada cultural. Ella era la directora de Bellas Artes, pero se quejaba constantemente del trabajo, los ataques, las presiones y las traiciones. Que entrara a Relaciones Exteriores, que viniera a Praga.

Asistió a una exposición fotográfica del periodista checo Egon Erwin Kisch. Kisch, un reportero de origen judío y miembro del Partido Comunista se refugió en México durante la Segunda Guerra Mundial y se relacionó con el medio cultural del país: Diego Rivera, Frida Kahlo, Dolores del Río, José Clemente Orozco y Carlos Chávez, entre otros. Autor de amplios reportajes en muchos países, la serie de ellos que hizo sobre México apareció con el título *Descubrimientos en México*. La Revolución había visibilizado a México ante el mundo y la imagen era una mezcla de exotismo, utopía y misterio, una respuesta a la decadencia de Europa y una alternativa al materialismo yanqui. Su proyecto de novela podía situarse en ese periodo. Las fotos de Kisch le ayudaron a ver ese mundo donde convivían personajes tan heterogéneos: "príncipes polacos, políticos mexicanos, dirigentes comunistas alemanes, refugiados españoles y dos célebres estrellas de Hollywood, Buster Keaton y Paulette Godard".[11] Su próxima novela sería del género policial, tendría un crimen que resolver y una estructura cuya columna vertebral serían los testimonios de varios personajes. Una novela al estilo de Gógol y Andrzejewski. Quería abordar también un tema histórico, la Revolución o la Segunda Guerra Mundial. Días antes de partir de México, su amiga Silvia Molina le contó que había encontrado entre los documentos de su padre, un legajo que trataba sobre los agentes alemanes en México de 1942 a 1959. Pitol revisó los documentos y tomó notas. En Praga consultó en la biblioteca de la embajada un libro de fotos de los hermanos Casasola para ver a sus posibles personajes, la moda, los cortes de cabello, las expresiones; leyó los tres tomos de la biografía de Lázaro Cárdenas escrita por Fernando Benítez y le escribió a Margo Glantz para pedirle que le enviara *Nueva grandeza mexicana* de Salvador Novo. Imaginar

---

11. Pitol. *Trilogía de la memoria*. 140.

la trama, ubicar el espacio, la estructura que le diera sentido. El título provisional era *Plaza de Río de Janeiro*.

Visitó un miércoles de agosto la casa del alquimista, la segunda más antigua de la ciudad y que se supone había inspirado a Goethe para su personaje del *Fausto*. La casa era muy sencilla, de una opulencia lúgubre y con un pequeño jardín que había pertenecido probablemente a un convento, ya que se veían en un muro grabados religiosos. Salió de ahí muy afectado. Le impresionó la historia y el misticismo del lugar. En la calle se topó con un mendigo con los pantalones manchados de su propio excremento. Caminó durante tres horas por la ciudad sin rumbo fijo, descubrió nuevos barrios hasta que dio casi por azar con su casa. Entró y redactó, como presa todavía de un influjo extraño, su testamento. "Te dejo todos mis diarios",[12] le escribió a Margo Glantz.

Los diarios eran su legado, el testimonio más personal de su vida y de su creación. Desde que empezó a escribirlos había decidido ser sincero. De esos diarios había tomado los temas para todas sus novelas y gran parte de sus cuentos. Su obra podría ser fragmentaria justamente por eso: al seleccionar los pasajes de un género tan estricto en su cronología como era el diario, se veía obligado a moverlos, a desordenarlos y volverlos a armar; así podía explicar el hecho de que, por ejemplo, *El tañido de una flauta* y *Juegos florales* iniciaran con el final. En sus novelas había además una distancia crítica entre los protagonistas y el narrador, que él mismo había sentido al releer y editar sus propios diarios, como si pudiera ser al mismo tiempo la persona que los hubiera escrito en su momento y aquel que volvía a leerlos con un ojo crítico. El diario había sido también una terapia. Volcó en ellos sus frustraciones y anhelos amorosos; sus planes de escritura y las continuas postergaciones, las distracciones, la inseguridad que le impedía realizarlos; los viajes; los encuentros significativos; las visitas a las casas de los escritores que admiraba; la estructura de sus cuentos, novelas y ensayos. Todo eso lo había escrito en sus diarios. Margo, su amiga, sabría qué hacer con ellos.

Llegó septiembre y un nuevo aniversario del accidente. Diez años habían pasado ya. Seguía sintiendo culpa. La mejor manera de redimirse ante la sociedad era trabajando en aquello en lo que era más útil: la escritura. Apenas tuviera un tiempo libre, unas vacaciones o en un fin de semana, encontrar un lugar, un café, por ejemplo, para iniciar su novela.

---

12. Pitol. "Glantz, Margo". *SPP.* 10 de agosto de 1983.

En ese mismo mes recibió la orden de comunicar la invitación del presidente Miguel de la Madrid al primer ministro Gustáv Husák de visitar México. El encuentro podría suceder en noviembre de ese año. La respuesta fue negativa. Husák estaba mal de salud. Se entrevistó con el ministro de Relaciones Exteriores Lubomir Strougal para evaluar la situación. Husák quería viajar, pero no ese año –le dijo Lubomir.

Un viaje a Milán y Mantua donde compró libros y mucha ropa. Tenía el dinero y quiso darse ese gusto. Después a Dresden y Berlín para impartir una serie de conferencias en la Universidad Humboldt sobre literatura y problemas de la narrativa mexicana actual. Las conferencias las organizó Villoro, a quien le dio mucho gusto volver a ver. Era su único contacto literario.

Renunció a su trabajo en la colección La línea de sombra por falta de tiempo. Sentía que pronto iba a iniciar su nuevo proyecto de novela. Pensó comprar el libro de Mijaíl Bajtín sobre Rabelais y el carnaval, creyendo que podría servirle. Transcribió pasajes de sus diarios de Budapest deseando encontrar algo en ellos. Visitó el balneario Marienbad en busca de inspiración:

> Las miles de páginas escritas por Musil... no llegarían nunca a dar una imagen de la desolación y el vacío que implicó el derrumbe de la Europa Central Imperial, tan poderosa como me la dio un pequeño paseo por Marienbad. Entré a un café en lo que fue el Casino, y casí sentí ganas de llorar de tristeza. Todo es hermosísimo y desolado a rabiar.[13]

Si no escribía, iba a a estallar. Como acicate, Jorge Herralde le comunicó que *Nocturno de Bujara* estaba por salir publicado en Anagrama con el nuevo título de *Vals de Mefisto*.

A mediados de noviembre pasó un par de días en la casa de campo del presidente de la república, Gustáv Husák. Siete horas a la intemperie, en puntos de mira y caminatas por el campo de Bohemia, a la caza del faisán. Mató diecisiete. Nada mal para un principiante. Aunque decidió no volver a hacerlo por resultarle una actividad física muy demandante. Esa noche, cena de gala acompañado de diplomáticos de todo el mundo. El ministro y su esposa estuvieron especialmente afecutosos con él. Su cultura libresca, su conocimiento de varias lenguas y su experiencia viajera lo habían preparado para esas veladas.

Un domingo nublado y gris de noviembre fue a un café del centro, el Slavia, un edificio del siglo XIX amplio y elegante, el tradicional café del imperio

---

13. Pitol. "Praga". *SPP.* 19 de octubre de 1983.

austrohúngaro: los clientes podían pasar el día entero con una sola taza de café leyendo, conversando y discutiendo. Sacó su cuaderno y de pronto planeó el esquema del primer capítulo de su novela. Cuando se levantó, horas después, lo tenía terminado. Faltaba encontrarle el tono, desarrollar los personajes, las anécdotas. ¿Tenía un nuevo proyecto, una nueva novela? Como siempre, realizó una lista de autores que podían ayudarlo en su creación: Kuncewicz, Toole, Trifonov, Kafka, Cheever, Gombrowicz, J. Rhys, Rulfo, Bely, Döbling, Schnitzler y Dickens. Estas lecturas eran distintas a otras porque no guardaban una correspondencia clara y directa con su novela, le servían en cambio para contrastar, distraerse y descansar. Escribía en los cafés de la ciudad, sobre todo en el Slavia, en ocasiones hasta cuatro horas sin parar; escribía en su casa en las noches hasta altas horas de la madrugada. En una cena en la Embajada de Japón, el ministro inglés le preguntó sobre su proceso de escritura. Habló durante horas, animado por el sake y feliz por la calidad de la cena y los invitados. ¡Qué lujo esa embajada!

A finales de año recibió la visita de Monsiváis. Felicidad total con su amigo, días de descanso y diversión. Monsi le contó la historia de un joven mexicano que conoció en Acapulco, en casa de Ives Limantour. Las altas esferas del país, la *crème de la crème*, y ese joven que estudió en la escuela inglesa de Eton, pero que al emborracharse trataba a todos de *huehues*. Nadie sabía bien a bien qué era eso de *huehue*, si era prehispánico o sajón antiguo. Pitol se desternilló de risa.

Apenas recobró su soledad, retomó la novela. Pasó la Nochebuena en Ámsterdam donde escribió la visita del narrador a la casa de Delfina Ochoa, y el 25 de diciembre terminó el primer borrador del capítulo trabajando hasta las cuatro de la madrugada. Al año siguiente estaba de vuelta en el Slavia, su lugar ideal para trabajar. Pensó en su personaje Emma Werfel, una académica cuya obra principal llevaría como título *Picaresca y bajo vientre*. "¿Deberé leer a Bajtín?"[14] Este personaje le divertía mucho, por primera vez en mucho tiempo soltaba las carcajadas al imaginar sus acciones grotescas. Trabajó hasta las tres de la mañana presa de una suerte de vértigo. Al despertar todavía le dolían las manos.

Volver al café para trazar la estructura del siguiente capítulo, el VI. Intentar dormir más temprano, antes de las dos. Faltaba mucho por escribir. Intuía, sin embargo, que iba a gustarle lo leído. Había sido un proceso casi orgánico, una

---

14. Pitol. "Praga". *SPP.* 14 de enero de 1984.

creación por primera vez espontánea. ¡Qué diferencia de los años tortuosos de escritura y reescritura de *Juegos florales*!

Marienbad y Mojácar

Enero terminó con una serie de visitas de amistades; fue una temporada feliz, gracias sobre todo a la compañía de Margo Glantz. Fue a recibirla en el aeropuerto de la ciudad de Viena. Visitaron juntos la casa de nacimiento de Kafka, su residencia en Praga, librerías, museos, el cementerio judío; fueron a la ópera y al teatro a ver una obra en checo, que no entendieron en absoluto, pero que les gustó. Discutieron sobre temas personales y artísticos en cafés y parques. A ella le fascinó la pintura de Paul Gauguin, *Bonjour Monsieur Gauguin*, exhibida en la Galería Nacional de Praga, y la novela *El rey de las dos Sicilias* de Andrzej Kuśniewicz. Pitol le sugirió entonces continuar con Hermann Broch, la trilogía de *Los sonámbulos*, y leer al checo Bohumil Hrabal. La cultura de Pitol era vital, su erudición nunca fue pretenciosa ni un fin en sí mismo. "Su erudición era la vida misma".[15]

Jorge Herralde reeditó en España su libro de cuentos *Vals de Mefisto*. Pitol había revisado el libro entero y aprobado la reedición. "El relato de Billie Upward", que en el momento de su escritura la pareció sumamente *kitsch*, fue el que más le gustó ahora. Ese cuento tenía un brillo y una energía de los que carecían los otros. El año previo, en el número del mes de julio de la revista *Vuelta*, Jaime G. Velázquez escribió una reseña sobre *Juegos florales*. "Escribe que escribe. Elabora un relato mientras este relato cae a gotas de la memoria… O, como se conoció esta fórmula hace unos años, haciendo la novela de una novela".[16] Se trataba de la metaficción. "Pitol coloca al lector en medio de la creación del libro. Y *Juegos florales* es un libro anterior al libro que pudo haber sido si el modelo, Billie o cualquier otro de los protagonistas, no hubiera desaparecido".[17] La literatura sobre la literatura, el acto de narrar, el artificio y la manera en la que este podía ser activado y compartido con los lectores; una invitación al taller del escritor. Ese había sido su desafío. La crítica mexicana finalmente lo entendía y lo apreciaba.

---

15. Margo Glantz. Entrevista personal. 29 de mayo de 2021.
16. Velázquez. "Juegos florales". 40–41
17. Velázquez. "Juegos florales". 40–41

Volvió a incursionar en el medio literario español con una reseña en la revista *Quimera* sobre sus dos últimos libros. El crítico Daniel Fernández recomendaba encarecidamente su obra. "Es éste un autor de trazo tan limpio como hermoso, casi clásico en la concepción de la novela, forma de narrar desde el recuerdo, también en ese estilo tan preciosita como escueto y en esa claridad que el lector, sin duda, agradece".[18]

El domingo 12 de febrero de 1984 falleció Julio Cortázar. Sintió una gran tristeza. Cortázar era uno de los autores latinoamericanos que más había leído. Junto con Juan Manuel Torres, en Varsovia, devoraron *Rayuela*. Juan Manuel grabó un corto sobre esta novela en el que Pitol actuó. Los cronopios se convirtieron en su ideal y modelo de vida. El argentino había sido alguien comprometido con la creatividad y dignidad humana, defendió al final de su vida la Revolución Cubana y la sandinista de Nicaragua porque creyó ver en ellas el ideal de cambio, la utopía posible. Lo extrañaría aunque nunca lo hubiera conocido personalmente.

El sábado de esa misma semana regresó a la novela. Afuera la temperatura era de menos 12 grados, un frío seco, estimulante. Lo más difícil fue recuperar el tono. Cuando lo logró, retomó la historia y terminó el sexto capítulo. Herralde le había hablado del premio Anagrama de novela. Era apenas la segunda edición, el primero lo había obtenido el escritor español Álvaro Pombo. Quería terminar la novela el 26 de julio para enviarla a ese premio. Sentía miedo y angustia. Recordaba que *Juegos florales* había sido rechazada por Alfaguara. Pero debía al menos intentarlo.

Intercaló la escritura con las actividades laborales y sociales de la Embajada. En ocasiones tenía dos actividades sociales al día. En enero y febrero visitó Checoslovaquia el primer ministro de Canadá Pierre Trudeau, el secretario general de la ONU, el presidente de Yugoslavia y la presidenta de Malta, Agatha Barbara; por su parte, el presidente checo fue a la India y Birmania; en marzo fue a Hungría y a Argelia en abril. Kim Il-Sung visitó Checoslovaquia en junio. Pitol redactó informes de todas estas actividades. Encontró un tiempo libre en marzo para ir a Marienbad e iniciar un tratamiento médico de los bronquios. Sentía los estragos del cigarro junto con los problemas que le había causado el accidente. Quiso dejar esa adicción en varias ocasiones sin éxito. Marienbad podía ayudarle un poco. Ahí habían acudido, entre muchos otros, J.W. Goethe, Franz Kafka, Stefan Zweig, Sigmund Freud, reyes, zares y

---

18. Fernández. "Cuatro cuentos ejemplares y *Juegos florales*". 72.

gran parte la nobleza europea. Era un lugar con una gran carga histórica, de un esplendor arquitectónico y natural.

Pitol se despertaba a las siete de la mañana para recibir su tratamiento. Media hora antes del mediodía quedaba libre para pasear por el bosque de los alrededores, las plazas y calles con edificios majestuosos. En la tarde leía y escribía en su cuarto. Llevó consigo *Los demonios* de Heimito von Doderer y la *Crónica de la intervención* de su amigo Juan García Ponce. Se hospedó en un edificio de arquitectura rococó, enfrente del lugar donde se había alojado Goethe. En el hotel vecino al suyo vio una placa conmemorando la estancia del dramaturgo soviético Anatoli Lunacharski y del rey inglés Eduardo VII. "Ante tanta gloria, no me queda otra sino ponerme a trabajar".[19] Sus diarios le aportaron, como siempre, el material necesario para la novela. Tenía la voz y la estructura. Escribía de manera fluida y segura. "Me espanta la facilidad con que la novela va haciéndose. Este capítulo me parecía dificilísimo y ya salió en solo tres días".[20] Escribió los capítulos IX (que llamó en su primera versión "La cangrejera"), el X ("El castrado") y el XI. Casi el borrador completo de su novela que tenía ahora el título de *El año 1942*. Marienbad resultó un éxito.

Regresó a Praga para dar una conferencia sobre poesía mexicana en la Facultad de Filología Románica. Abordó las obras de los poetas mexicanos Ramón López Velarde, Carlos Pellicer y Octavio Paz.[21] Después de tres semanas viajó a Yugoslavia, vía Suiza, para un encuentro de escritores. Llevó el borrador de su novela. Se estaba convirtiendo en un escritor profesional y le gustó: viajar por el mundo con su máquina de escribir y sus libros. Aprovechó la cercanía para volver a Liubliana; un lugar impactante porque no había sido invadido por los turistas. Había visto la ciudad en su estado más puro y bello: "después de Liubliana todo ha sido Cuautitlán".[22] Pocos eran los que viajaban en esos días a Yugoslavia. Él conocía el país, a la gente. A su conferencia asistieron más de cien personas. Estaba en tratos con un joven escritor interesado en traducir sus novelas.

Entrar al medio literario internacional, publicar en España y ser traducido. Nada le daría más alegría. Se dio cuenta de que había remado, sin embargo, a contracorriente. Desde su primer libro de cuentos hasta su última novela,

---

19. Pitol. "Glantz, Margo". *SPP.* 8 de marzo (sin año).
20. Pitol. "Praga". *SPP.* 7 de marzo de 1984.
21. "Charla de Sergio Pitol sobre poesía mexicana en un seminario de Praga". 5.
22. Pitol. "Praga". *SPP.* 29 de abril de 1984.

todas las había escrito alejado del medio. Leyó en una cita de Henry James que al estadounidense esto le habría parecido impensable, necesitaba del estímulo de otros colegas. Aunque, pensándolo bien, su distancia fue relativa. Mantuvo siempre el contacto con sus amigos literatos ya fuera por correspondencia o por teléfono. Villoro le había hecho muy buenas críticas sobre el capítulo de Emma Werfel; sin sus comentarios la novela no habría tomado la forma que tenía ahora.

A finales de mayo, Pitol decidió tomar sus vacaciones de verano –veintitrés días– en España. Primero en Barcelona y luego un lugar en el mar donde poder escribir.

Cuatro horas de viaje a Barcelona. El primero de junio, después de una siesta, se encontró con su amigo y editor Jorge Herralde. Desde hacía un par de años, Herralde publicaba con éxito la colección Narrativa Internacional, de pastas amarillas. La obra de Patricia Highsmith y John Kennedy Toole habían estabilizado el barco que le permitió tomar más riesgos. Su colección de Narrativa Hispánica no había corrido con buena suerte. Para darle un mayor impulso pensó en un premio de novela. Le insistió al escritor Álvaro Pombo para que participara y resultó ganador de la primera convocatoria con *El héroe de las mansardas de Mansard*. Ahora animó a Pitol a que enviara su novela. Como si se tratara de las brujas de *Macbeth*, este escuchó que su editor le decía: "Tú puedes ser rey".[23] Para ello debía tener lista su novela *El año 1942* en un mes. Era un gran desafío y antes de iniciarlo dudaba ya a cada momento. Vio en Barcelona a Jorge Edwards y pensó que seguramente él ganaría el premio, que estaría haciendo campaña con amigos y conocidos. Daba igual; sentía verdadera inspiración, había trabajado con alegría y placer, en una suerte de trance y vértigo. Continuar con ese impulso, dejarse llevar por la ola.

Partió de Barcelona rumbo al sur. Vio desde la ventanilla del avión la tierra árida, de piedra roja frente al mar; caseríos desperdigados entre montañas. ¿De qué vive esa gente?, se preguntó. Dos días en Almería antes de continuar su viaje a Mojácar, un pueblo árabe de muros encalados en la cima de un monte con vistas al Mediterráneo. Su hotel estaba a cierta distancia del pueblo, frente al mar.

¡Manos a la obra! Para empezar, un cambio de título. Inspirado en una película del cineasta judío-alemán Ernst Lubitsch pensó en *El desfile del amor*. Escritura día y noche con las olas como música de fondo. Hacía pausas

---

23. Pitol. "*Praga*". SPP, 1 de junio de 1984.

solamente para comer e ir al mar; un mar frío, picado, de olas altas y fuertes. Escribía en el balcón que recibía el viento del Levante, en los confines del continente europeo. A veces escuchaba desde el bar del hotel a un cantaor de flamenco. Cantaba hasta la medianoche. Él escribía hasta más tarde. "¿Me estaré volviendo loco? Un enfermo de autocomplacencia. Me está gustando mucho mi *Desfile del amor*".[24] Era una novela distinta a lo que había escrito, un género más convencional, muy parecido al detectivesco o de acertijo. La sentía viva gracias a las voces que recreaba de las charlas con sus amigos Monsi y Luis Prieto, de ciertas películas, su conocimiento profundo del teatro y, en menor medida, la ópera. "La estructura de *Juegos florales* ... fue terriblemente complicado de trazarla. *El desfile del amor* todo lo contrario: me era necesario oír la voz, el timbre de la voz y ciertos adjetivos claves y ya tenía yo el monólogo del personaje hecho".[25]

Diez días después de su llegada a Mojácar había terminado. Cuidarse ahora de mantener el ritmo y sobre todo festejar. Volver a Barcelona con los Herralde triunfante. Una novela que había pensado le tomaría un año estaba concluida en un par de semanas.

El 24 de junio comía en el restaurante Amaya con sus editores, acompañado del escritor Vila-Matas y de un poeta peruano de nombre Vladimir. La velada fue excepcional. Vladimir conocía la obra de Juan Manuel Torres, lo que le sorprendió muchísimo porque era un autor que no se conocía ni en México. Vila-Matas, por su parte, dio la mala nota. De pronto le habló de Maenza, ese amante fugaz que nunca entendió del todo, cineasta con brotes de poeta. Murió bajo circunstancias sospechosas, con muestras de haber recibido una golpiza, aunque era posible que se tratara de un suicidio. Después del servicio militar sufrió de severas depresiones, síntomas de esquizofrenia y una suerte de regresión infantil. ¿Habría provocado su suicidio con insinuaciones sexuales a la gente incorrecta? ¿Habría sufrido de ataques y acosos intolerables en la milicia? Maenza, Escudellers... parecía una historia de muchos años atrás. Su primera estancia en Barcelona sin dinero, ni trabajo seguro, una aventura de la que había salido triunfante.

Herralde leyó su novela en tres días. Le gustó, pero fue cauteloso. Ninguna señal ni indicio de que tenía el premio. Si ganaba, Pitol pensó en instalarse en

---

24. Pitol. "Praga". *SPP.* 17 de junio de 1984.
25. Pitol. "*El desfile del amor*, mi respuesta a un fenómeno de desdén por la historia" por Braulio Peralta. 25.

España y construir ahí su carrera literaria. Había podido trabajar por primera vez de manera profesional en aquel país. Una vida entregada a la literatura frente al mar Mediterráneo y en su lengua.

Sepulcro blanqueado

Praga en el mes de julio era verde y resplandeciente, su rosedal de colores intensos. Estaba listo y a la búsqueda de un nuevo proyecto. Quería aprovechar el impulso creativo de Mojácar. Lo más difícil era encontrar los temas. Quizá si alguien más se lo daba, o un libro, o una obra de teatro, él podría desarrollarlo. Le fascinaba leer el diario que publicaba Augusto Monterroso en el suplemento *Sábado*. Veía en él un trabajo inteligente, ordenado. Su diario era en comparación un caos. ¿Podría escribir algo nuevo con ellos? Había hablado con Juan García Ponce en México sobre la posibilidad de escribir un libro que combinara recuerdos, lugares y amigos. Había incluso imaginado un índice que incluía sus diarios de Moscú, Budapest, Belgrado y su autobiografía, publicada en 1967. Lo tituló *Sepulcro blanqueado*.

El problema fue el trabajo en la embajada. Tenía el mes de julio cargado de citas. Era muy extraño, después de Mojácar, despertar con mayordomo y cocinera, llegar a la embajada con chofer. Uno de sus colegas de su tiempo en Moscú, Lagunas, le expresó en una llamada telefónica la misma preocupación de que fueran a hacerle inspecciones sorpresa. De seguro temía que revelaran sus transas. Él, Pitol, no se había robado ni un peso, esas inspecciones lo tenían sin cuidado. Aun así, le desanimó enterarse de las triquiñuelas del medio diplomático y soñó de nuevo con volver a su casa en Coyoacán. Coyoacán o España, cualquier lado donde pudiera dedicar su vida a las letras.

Si Lagunas y Peña estaban nerviosos ante las posibles inspecciones, él lo estaba y más por el premio. Tuvo pesadillas. En una de ellas una voz le decía que habría hecho mejor en estudiar geografía, como geógrafo hubiera destacado, tendría prestigio y no la triste figura que daba ahora como escritor de medio pelo. Ese día le habló a Jorge por teléfono para decirle que estaba arrepentido, no entraría al concurso. Calma, tranquilidad, tocaba esperar: Herralde lo alentó sin revelarle nada sobre los resultados. Recordó aquella época en la que Donoso estaba desesperado por saber algo del premio Biblioteca Breve. Le hablaba por teléfono para preguntarle si sabía algo, a él, que era apenas un lector externo de la editorial. ¡Qué iba a saber él! Donoso le daba lástima y pena. Y ahora él estaba peor. Se justificó pensando que para él el premio significaba un giro radical, un parteaguas, un nuevo futuro. Si lo ganaba podría pasar sus últimos veinte o treinta años dedicados a la escritura. Por eso sus miedos y pesadillas.

Fue a Viena a finales de mes para enviar el manuscrito desde aquella ciudad. Un pequeño ritual, aunque también un posible autosabotaje. Había demorado tanto el envío que era posible que no llegara a tiempo para el premio. El veredicto se daría a mediados de septiembre. Mes y medio se sentirían como un año. Mientras esperaba se dedicó a transcribir sus diarios con el fin de encontrar posibles temas para una novela o publicarlos en *Sepulcro blanqueado*. Mecanografiaba en las tardes y fines de semana. A mediados de agosto, lo visitaron los Herralde. Recibió noticias alentadoras de Jorge. Le dijo que había leído *Juegos florales*; le gustó mucho y quería publicarla. Juntos visitaron los balnearios de Marienbad y Carlsbad. Sin importar los resultados del premio, Jorge le dijo que publicaría *El desfile* en noviembre de ese año.

Pero cuando volvió a estar solo le atacó la inseguridad y la incertidumbre. Nada mejor para recobrar la calma en su trabajo que revisar *Juegos florales* para su publicación en Anagrama. A finales de agosto revivió la trama y los personajes que lo acompañaron durante quince años: la primera escena que motivó la novela cuando regresó en 1967 a México; el deseo frustrado de escribirla en el viaje en barco de vuelta a Europa, cuando pensaba vivir en Londres y se instaló en cambio en España; el momento en que, después del accidente en Varsovia, quemó la última versión; los años de postergación en París y Budapest, para que al final, en una temporada en Moscú, volviera la inspiración y la disciplina; y el punto final, el año anterior en México, casi en el mismo lugar donde tuvo la idea inicial. "Como estructura, puedo decir que es el más interesante de mis libros".[26]

Bohus

En una reunión con el embajador estadounidense, este le habló de Carlos Fuentes y William Styron; había pasado un día extraordinario con ellos la semana previa. Pitol sintió este comentario como una indirecta contra su persona: un escritor de medio pelo en comparación con estos dos gigantes. Si tan solo ganara el premio Herralde. Después de la primera reunión del jurado, le habló a Jorge por teléfono. Cansado con su insistencia, el editor le confesó

---

26. Pitol. "Diary: Ars poetica". 29 de agosto 1984.

que tenía el noventa y nueve punto nueve de posibilidades de ganar. Le insistió Herralde que, por favor, no se lo dijera a nadie. Y casi al instante, Pitol le habló a Ugné, la que fue pareja de Cortázar, editora de Gallimard, para contarle.

Tuvo una idea para una nueva novela. Sería también de corte histórico. En su última estancia en México viajó por el país dando lecturas y conferencias: "y, a veces, me quedaba atónito ante las preguntas de los jóvenes sobre hechos y personajes históricos que siento como parte próxima dentro del pasado inmediato y que algunos de ellos no ubicaban".[27] *El desfile del amor* fue su respuesta ante la ignorancia y el desdén de los mexicanos por su historia. Seguiría esta misma línea. ¿Pero en qué momento de la historia? ¿En el periodo de Obregón o de Miguel Alemán? La trama estaría en diálogo con el *Fausto*. Los personajes serían mujeres de la alta sociedad mexicana, posiblemente de Jalisco, mojigatas que se vieran obligadas por necesidad económica a abrir un bar y lidiar con padrotes, traficantes y *gigolos*. Una comedia de enredos con tintes grotescos. Junto con *El desfile del amor* podría formar la segunda parte de una trilogía, similar a los *Episodios nacionales* de Galdós. El villano sería siempre la extrema derecha.

A la par de la escritura de sus diarios, continuaba con su transcripción. Revivió los recuerdos de Varsovia, de Budapest, de Slavek, su pareja en Hungría. ¿Qué habría sido de él? Recordó su viaje a Estambul juntos, cuando les tocó vivir un intento de golpe de Estado sin darse siquiera cuenta de ello. Los dueños de restaurantes les explicaron que bajaban las cortinas de acero para su mayor comodidad. ¡Se debe ser ingenuo! Regresaron Bárbara y él a Hungría dejando atrás a un Slavek enfermo. En Budapest se enteraron de la verdadera situación política de Turquía y aquello fue un sufrir hasta que el joven regresó sano y salvo.

Transcurrió septiembre y gran parte de octubre sin resultados del premio. A finales de mes escribió a Relaciones Exteriores para solicitar permiso de dejar su embajada y "estar presente durante la visita a mi país del Excelentísimo primer ministro de Checoslovaquia, Sr. Lubomir Strougal".[28] Un hecho político de suma importancia y una excusa para ver a sus amigos. Antes de

---

27. Pitol. "*El desfile del amor*, mi respuesta a un fenómeno de desdén por la historia" por Braulio Peralta. 25.
28. Archivo Diplomático Genaro Estrada. Embajada de México en Checoslovaquia.

dejar Praga, Jorge le reveló por teléfono que el premio Herralde era suyo. Estaba feliz. Mejor dicho, estaba anonadado.

Pitol llegó a México con una semana de anticipación. Al primero que vio fue a Monsiváis. Su madre había muerto hacía poco y estaba sumamente afectado. Vivió con ella toda su vida; su muerte lo lanzaba a un mundo nuevo, a la total adultez. Pitol vivió algo similar con la muerte de su nona, aunque era posible que, desde su infancia, con su orfandad, hubiera aprendido a estar verdaderamente solo. Apoyó a su amigo en lo que pudo, pero sabía que era un dolor que solo él podría enfrentar. Visitó a Juan y Marek, que ahora vivían en la Ciudad de México. Después fue a casa de Juan Villoro. Le decepcionó mucho que Juan se uniera al grupo de *Vuelta*. Alejandro Rossi, presente en la reunión, era su nuevo mentor y modelo. Su joven amigo parecía estar a la búsqueda de prestigio y reconocimiento, en lugar de entregarse a la literatura. Aunque quizá esta impresión se la causaban los celos, pues había dejado de ser su único mentor.

El miércoles 7 de noviembre inició la visita oficial del primer ministro. Dos días intensos de firmas de intercambios y acuerdos comerciales y culturales; brindis, discursos y gran ajetreo. Ambos países se acercaban y Pitol estaba en el centro de la acción. Todavía se quedó una semana más en México para ver a la *China* Mendoza, los Rojo y los Cardoza y Aragón.

Partió de regreso a Europa con una escala en Barcelona. Aquella ciudad donde trabajó de manera desesperada en traducciones, que lo inspiró para su primera novela y donde conoció a Herralde, lo recibió ahora con la fiesta de la entrega del premio Anagrama en el Hotel Colón. Vistió un elegante terno azul, "en el más genuino estilo diplomático".[29] Se alegró de ver y hablar de nuevo con Félix de Azúa, y de estar en total sintonía con su editor. "A mí Pitol me encanta ... –[le escribió Herralde al crítico Rafael Conte]–. La manera de sembrar pistas falsas, cómo juega con la ambigüedad y la precariedad, lo certeramente que desinfla lo pomposo, lo huero".[30] Anunciaron la obtención del premio, dotado de medio millón de pesetas (3 500 dólares), *Unomásuno*, *La Jornada*, *Excélsior*, *El País* y la revista *Vuelta*. El jurado estuvo integrado por Jorge Herralde, la editora Esther Tusquets, los escritores Luis Goytisolo y Juan Cueto, y el político y entonces diputado por Barcelona Salvador Clotas.

---

29. Llatzer Moix. "Sergio Pitol premiado". 9.
30. Jordi Gracia (ed). *Los papeles de Herralde. Una historia de Anagrama. 1968-2000.* 232.

Pitol utilizó como seudónimo Rodrigo Torres: el mismo apellido de Juan Manuel, su gran amigo. En una entrevista con motivo del premio declaró: "He sido siempre un enamorado de las literaturas periféricas. Las modas literarias, las supereditoriales, las grandes metrópolis aniquilan toda posibilidad creadora. Toda mi formación está situada en culturas periféricas".[31]

El desfile del amor salió publicado en diciembre. Tenía en la portada un fragmento del mural de Orozco *Los aristócratas*. Le envío un ejemplar a Margo Glantz, le preguntó si le había gustado. ¿Qué le parecía el título? "A mí [me gusta] mucho, por kitsch, por anacrónico, por poco pomposo, y porque funciona muy bien con la novela de personajes aterrorizados, golpeados, maleados que pinto".[32] A Glantz le encantó la novela y le dijo que pensaba escribir un texto crítico sobre ella.

De vuelta en Praga, aprovechando el acuerdo de intercambio cultural recién firmado en México por Lubomir Strougal y el presidente De la Madrid, organizó una exposición de Juan Soriano en la sala U Hybernu. "El diplomático mexicano dijo que el afamado artista es un creador singular, que no se alinea a ninguna escuela y siempre está obstinadamente muy apegado a los ritos de elementos como el agua, el fuego, los dioses, entre otros".[33]

Conoció por esas mismas fechas a un joven checo, apasionado de los perros de raza y de las carreras de caballos. El primer encuentro con Bohus fue placentero, pero decidió enfriar la relación por temor a meterse en problemas. Fue más fácil pensarlo que hacerlo: siguieron frecuentándose en restaurantes, cafés y en los hipódromos. Bohus podía ser muy sensible y él debía cuidarse de no hacer comentarios que podrían ser entendidos como burlas, de acciones que podrían parecerle al joven pedantes. Era una relación entre un hombre maduro y un joven; la misma que había tenido en reiteradas ocasiones: Norbert, Maenza, Piotr, Slawek. En cada una, al clímax de alegría y plenitud había seguido la frustración y el sufrimiento. ¿Podría ser distinto ahora?

Pasó las navidades en Sevilla con los Herralde y Beatriz de Moura. Compró un cuadro de su amigo Juan Soriano como regalo por su éxito obtenido en *El desfile del amor*. Pensó en comprar una casa en Cádiz, instalarse después de Praga en esa ciudad, en un clima muy parecido al de Mojácar y muy cercana al mar. Ya no era joven. Debía ser prudente. Una mala decisión podría costarle

---

31. "Antesala", 7.
32. Pitol. "Glantz, Margo". *SPP*. 14 de junio de 1984.
33. "Inauguró SP una exposición de Juan Soriano en Checoslovaquia". 17.

una vejez precaria y triste. Quizá lo mejor era dejarse de sueños españoles y volver a México, a su casa en Coyoacán. Cenaron el domingo 30 de diciembre Jorge, Lali, Ullán y él. Ullán habló de la creación de un sumplemento cultural del *Diario 16*. Por los autores involucrados (Vargas Llosa, Cabrera Infante) supuso que sería una variante de la revista *Vuelta* de México. Él se posicionaba en la esfera opuesta a estos grupos que iban en contra de la experiencia comunista. El problema con ellos era que no aportaban matices. Los países detrás de la cortina de hierro eran un solo conglomerado amorfo donde sucedían las peores injusticias y abusos. Para alguien como él que había vivido en varios países de Europa del Este y traducido a autores contrahegemónicos dentro del régimen, esto no podía ser más falso. En fin, escuchó a Ullán en silencio.

Pasó el Año Nuevo en el aeropuerto de Frankfurt rumbo a Praga, leyendo *La estepa* de Chéjov. La novela breve de Chéjov le transmitía una sensación de armonía y belleza, una vasta infinitud confinada, una comunión entre hombre y naturaleza. Hacía algunas semanas había muerto Víktor Shklovski, el gran académico ruso que había discutido con él sobre Tolstói. Murió a los noventiún años. Esa era otra posibilidad, otra ruta: la enseñanza de la literatura rusa en México. Lo había pensado desde su salida de Budapest a Moscú. Su conocimiento del ruso era suficiente y amaba su literatura. Quizá Shklovski había visto algo en él que podía todavía explorar.

El desfile del amor

El protagonista de esta novela tiene una misión: revelar los motivos que rodearon el asesinato de una persona en el edificio Minerva, en el año de 1942. Al inicio de la novela no sabe a ciencia cierta quién fue la víctima. Recuerda vagamente los hechos sucedidos porque él era un niño cuando pasó aquello. No recuerda si fueron uno o dos los muertos, si uno de ellos fue su tío Arnulfo Briones. El protagonista, Miguel del Solar, proviene de la clase media mexicana, es profesor de historia en una universidad inglesa. Acaba de publicar un libro sobre el año de la Convención de Aguascalientes, que reunió a villistas con zapatistas en 1914. Piensa si vale la pena iniciar una nueva investigación sobre los años anteriores a la Segunda Guerra Mundial, cuando en Ciudad de México convivían grupos fascistas con revolucionarios de izquierda. Un crisol de ideas, intereses y excéntricos. Del Solar junta la historia del asesinato en el edificio de su infancia con la historia de los bandos opositores de la guerra: micro y macro; género detectivesco y perspectiva histórica.

Los siguientes once capítulos relatarán las entrevistas que realiza Miguel del Solar, el historiador, a diversos personajes que estuvieron involucrados de una u otra manera en la escena del crimen. Las conexiones pueden ser muy vagas, apenas visibles, y en otras, sustanciales. La hija de la académica Ida Werfel, estudiosa de la literatura española, autora de varios libros, relata las hazañas académicas de su madre y la manera en que fue atacada la noche del crimen por un tal Martínez. Delfina Uribe, galerista de arte, promotora y conocedora de las corrientes artísticas más relevantes de México, fue quien organizó la fiesta en la que murió asesinado su hijo. Pedro Balmorán, hombre de letras, investigador frustrado, coleccionista de libros raros, quien fue baleado esa misma noche. Un desfile de personajes excéntricos y cultos que suben al escenario para relatar sus ansiedades y sueños, sus logros y fracasos, en diálogos y monólogos. La oralidad se presenta por primera vez en Pitol con la posibilidad de profundizar en la psicología de cada personaje, no solo por lo que dice sino sobre todo *cómo* lo dice.

La novela es clara en su estructura sin ser fácil su clasificación genérica. Novela detectivesca, aunque no hay detective, quien investiga es un historiador; novela histórica que parodia la labor del historiador como un narrador de ficciones más que de hechos, que tampoco se enfoca en un periodo ni hecho histórico particulares; novela de enigma, un enigma sin aparente solución. Cuando Pitol cede a las convenciones parece que son en realidad las conveciones las que van cediendo. Las estructuras se acercan y surgen empalmes, híbridos.

La novela sucede en tres tiempos: su presente, 1973; el pasado que se investiga, 1942; y el pasado que se ha investigado, 1914. Cubre todo el siglo pasado mexicano: Revolución, Segunda Guerra Mundial y modernidad. Tenemos la caída de la élite porfiriana que transa con la nueva élite de revolucionarios, la amenaza fascista y los primeros atisbos de la globalización. Estos temas no se abordan con personajes arquetípicos ni discusiones ideológicas, se muestran en detalles, en escorzos, modismos del lenguaje oral y manías de los personajes. Es la microhistoria que revela los grandes temas, el método inductivo, el síntoma de la enfermedad o la neurosis.[34]

A pesar de que el crimen sucedió en un edificio donde habitan o habitaron todos los personajes, al momento de entrevistarlos muchos de ellos se han

---

34. Esta es la mencionada tesis de Karim Benmiloud que presenta en su libro *Sergio Pitol ou le carnaval des vanités*. Tenemos en la novela de Pitol un ir y venir, un

mudado ya. Miguel del Solar va en su búsqueda a Coyoacán, San Ángel, la Condesa y Cuernavaca; el cinturón dorado de la cultura mexicana que inicia en la Roma y desciende por Insurgentes cruzando el Ajusco hasta llegar a la capital morelense. Casas coloniales de grandes jardines y edificios de arquitectura europea; interiores adornados con cuadros de la ya fuerte y sólida tradición pictórica mexicana, con artesanías y telares indígenas, con muebles de la vieja Europa o con libreros que van del piso al techo: estamos por primera vez frente a la élite cultural mexicana. Las revueltas armadas, las fiestas y los rituales, el mariachi y el folclore están mediados por el ojo crítico. Sigue siendo México, pero en segundo grado.

Karim Benmiloud le dedicaría a *El desfile del amor* una investigación exhaustiva y pormenorizada en *Sergio Pitol ou le carnaval des vanités. El desfile del amor* (2012). Después de una introducción al autor y su periodo, analiza la génesis de la novela, el espacio, el tiempo, los personajes, la intertextualidad y el carnaval. Benmiloud innova en el estudio de la novela al ingresar el tema de la intertextualidad y la manera en que esta activa la metaficción y la metapoética (una posible interpretación de la novela mediante textos y otros productos culturales, como películas, con los que mantiene una relación intertextual). En el caso de los personajes destaca que todos son letrados: Pitol retrata una sociedad elitista, alejada de una visión campirana y salvaje de la Ciudad de México. Benmiloud identifica en la novela patrones típicos de Bajtín, como el destronamiento del rey, la mascarada y ambigüedad genérica de los personajes, y los personajes como dobles. También la define como dialógica, es "una novela abierta, plurívoca, abocada a representar y a integrar en

---

entretejido complejo e imbricado de tiempos: 1914, 1942 y 1973. Después: "Une histoire qui abdique en quelque sorte sa supériorité, oublie ses schémas trop bien faits et ses explications trop bien conçues pour admettre ses doutes. À bien y regarder en effet, à chaque instant de sa quête, l'historien est arrêté ou freiné dans ses ambitions, soit par une cris existentielle personnelle, soit par des individus qui se chargent, sino de le remettre à sa juste et modeste place, à tout le moins de réfréner ses ardeurs et de relativiser son utilité" (118). En ese sentido, las promesas de la "grande histoire finit-elle... par s'émietter, et l'événement lui-même par ne jamais transcender la petite anecdote médiocre dans laquelle il avait été confiné au départ" (124).

ella la diversidad, la diferencia, la alteridad".³⁵ Para el académico francés, *El desfile del amor* es una novela que dialoga con el género policiaco y la comedia de enredos, pero innova al no encontrar ni proponer solución alguna: "se rehúsa a desenredar la madeja que ella pacientemente enrolló".³⁶

El comienzo de la primavera

El año 1985 comenzó con el recuerdo constante de Bohus; su emoción espontánea y genuina, sus placeres simples todavía sin malicia, y esa dinámica que él solía establecer con sus parejas jóvenes complaciendo sus gustos con pequeños regalos y viajes, con comidas y bebidas de lujo. Era ahora embajador y un joven como Bohus sería feliz con él. La pregunta era si él lo deseaba así.

No tuvo contacto con Bohus en enero, en cambio recibió las llamadas de sus amigos Monsiváis y Vilma Fuentes para felicitarlo por su novela. Les había fascinado; como nunca antes, se habían reído mucho al leerla. El humor era una nueva veta en su obra. Había disfrutado mucho de la lectura de autores como Evelyn Waugh y Nikolai Gógol, pero nunca había escrito algo parecido. Decidió explorar más ese registro traduciendo a un autor inglés muy poco conocido, Ronald Firbank. Su novela, *En torno a las excentricidades del Cardenal Pirelli*, sucedía en un espacio que era una mezcla de España y de la imaginación, en una suerte de carnaval de personajes bizarros donde la acción se concretaba sobre todo en los diálogos. Le fascinó el lenguaje, la prosa, la estructura de la novela. Un domingo trabajó hasta las tres de la madrugada en la traducción. Estaba tan excitado que todavía demoró un rato en dormirse. Tres días después de esa fecha, volvió a suceder lo mismo. Disfrutaba de sus días y noches tanto como cuando estaba en Mojácar.

La traducción de Firbank y su recién publicada novela le dio el impulso para seguir elucubrando planes para su siguiente novela. Tenía la obsesión de crear un tríptico e imaginó las novelas como paneles. Realizó de hecho un diseño en un diario. En un primer panel domina el personaje de un viejo patriarca derrotado; la fecha, 1921: un inicio lúgubre, mortecino. Después el

---

35. Benmiloud, Karim. *Sergio Pitol ou le carnaval des vanités. El desfile del amor*, París, Presses Universitaires de France, 2012, p. 196. "pas seulement un roman ouvert à l'intertextualité, mais un roman ouvert, plurivoque attaché à représenter et à intégrer en lui la diversité, la différence, l'altérité".
36. *Ibid.*, p. 177. "se refuse à démêler l'écheveau qu'elle a patiemment enroulé".

alemanismo, en 1951, un ambiente vibrante, eléctrico; un tono paródico. Y, por último, en un tercer panel, el año de 1984: los jóvenes del inicio se han convertido en viejos cascados y marchitos. Una saga nacional con alusiones literarias, cambios de tono, conocimiento y juicio histórico. Para inspirarse releyó *La región más transparente*. No obstante, la encontró pesada, vulgar y petulante. Si de algo le sirvió fue para distanciarse de ella. Su proyecto debía ser distinto.

Recibió de Anagrama las pruebas finas de *Juegos florales*. Las revisó esa misma tarde. Tenía la distancia que da el tiempo y pudo ver sus errores y aciertos con mayor claridad. Había terminado un ciclo. La cámara de espejos, las cajas chinas, la escritura sobre la escritura. Tenía una serie iniciada con *El tañido de una flauta*, seguida de su libro de cuentos *Vals de Mefisto* y finalizada con *Juegos florales*. Claudia Paola Beltrán García sería la primera en identificar la posibilidad de esta nueva trilogía. Para la joven académica, estas obras "guardan una correspondencia entre sí, en donde, la lectura conjunta modifica su recepción e incorpora nuevos sentidos a cada uno de los textos y se transforma en un corpus representativo de la poética de la combinación artística que maneja el autor".[37] En la mayoría de los casos, los protagonistas eran creadores que habían muerto o desaparecido. El impulso por entenderlos –resolver su enigma– se concretaba con el deseo de escribir lo que hasta entonces, en ese momento, se lograba. Los narradores estaban en lucha constante con la realización postergada de la historia, que adquiría forma a pesar de sí misma. La creación en el interior de la obra se multiplicaba de manera natural, espontánea, con otras narraciones que se desprendieron del texto original.[38] Las novelas y cuentos discutían y analizaban el medio artístico desde las poéticas, la crítica, la inspiración y los medios de subsistencia económica de los creadores. Por último, eran novelas y cuentos en los que la realidad y el sueño, el recuerdo y el hecho, la ficción y la historia se confundían. Tenía una serie de obras sobre la escritura.[39]

---

37. Beltrán García, Claudia Paola. *Una "trilogía de la creación", Sergio Pitol y El único argumento*. Tesis Maestría. Universidad Veracruzana, agosto 2017, p. 6.
38. Publicó "Ícaro" de *El tañido de una flauta*; "*Don Giovanni*, ese *dramma giocoso*" de *El único argumento*; "El relato veneciano de Billie Upward" y "Cementerio de tordos" de *Juegos florales* en otros libros.
39. Claudia Paola Beltrán García propone en su tesis de maestría que la trilogía de la creación está formada por: *El tañido de una flauta*, *El único argumento* y *Juegos*

Los problemas de la embajada irrumpieron de pronto en su ermita literaria. Su agregado cultural, Luis Chumacero, le informó que algunas pinturas y esculturas de Soriano se habían perdido al transportarlas desde Bruselas. No tenía el nombre de las obras porque se había llevado la lista a su casa. Afortunadamente al día siguiente aparecieron los cuadros, no las esculturas. Pitol había apoyado su nombramiento por conocer a los padres del joven, Alí y Lourdes Chumacero. Pero desde que el joven llegó a la embajada se arrepintió de su decisión.

Volvió al balneario de Marienbad. Fueron días de neblina. "No veía frente a mí sino una pasta blancuzca, algodonosa".[40] Siguió con disciplina el tratamiento indicado para mejorar la salud de los bronquios. Dejó el cigarro, realizó las caminatas al bosque, bebió y se sumergió en las aguas termales. La mayor parte del tiempo lo pasó en su habitación leyendo a Flann O'Brien, *Dos pájaros a nado* y *El tercer policía,* y traduciendo la obra de Ronald Firbank. Si terminaba la traducción ese mes, Herralde la publicaría ese año en la colección Panorama de Narrativas de Anagrama. Tenía tiempo, ánimo y tranquilidad. Los días en Marienbad siguieron nublados hasta el viernes 3 de marzo. Al caer la tarde, dejó por un momento sus libros, sus papeles y la máquina de escribir. "Vi desde mi ventana un crepúsculo muy bello. Ojalá sea el comienzo de la primavera".[41]

De regreso en Praga, le pidió a Luis Chumacero que le pusiera al tanto de la situación de las esculturas de Soriano. Su agregado cultural le respondió que no había hecho nada porque estaba muy deprimido. ¡Vaya nivel de incompetencia! Le ayudó a sobrellevar su coraje la visita a Praga de los Felguérez: Meche y Manuel. Pitol disfrutó mucho de su compañía. Eran muy receptivos, sabían escuchar y establecer un diálogo de iguales. Comieron juntos y aunque pasearon muy poco, Pitol los sintió como amigos. Era esa una relación que le gustaría cultivar. Una noche previa a la partida de los Felguérez, le avisaron que por fin habían aparecido las esculturas de Soriano, pero que lamentablemente también le informaban que habían entrado a robar en su embajada. Se

---

florales. Debido a que "El único argumento" es más un cuento que novela, y *Vals de Mefisto* es un libro de cuentos en donde, de hecho, Pitol pensó incluir "El único argumento", nos parece que la trilogía estaría mejor formada con este último libro.

40. Pitol. "Glantz, Margo". *SPP*. 3 de marzo de 1985.
41. Pitol. "Glantz, Margo". *SPP.* 3 de marzo de 1985.

llevaron muy poco, unas botellas de alcohol, dinero y dos relojes suyos. Pitol se sintió muy vulnerable.

Recibió un par de invitaciones para presentar su novela en México y dar una conferencia sobre literatura mexicana en la Sorbona. Años atrás en Barcelona, Jean Franco le había pedido hablar en la universidad de Essex, Inglaterra, sobre el mismo tema y se negó. Esta vez fue distinto. Tenía los conocimientos y le atrajo volver a París. Para aminorar la ansiedad, elaboró una lista de textos que había leído y podía usar en su charla. Estaba Lizardi con su novela de *El Periquillo Sarniento*; *La literatura nacional* de Altamirano; dos tomos de la autobiografía de Vasconcelos; Fuentes, Paz y, como literatura más contemporánea *Palinuro de México*. Antes de partir envió la traducción completa de Firbank a Herralde.

En México lo recibieron con un número del diario *La Jornada, Libros*, dedicado por completo a su obra y un artículo extenso escrito por Carlos Monsiváis en *La Cultura en México*. Mientras que Sealtiel Alatriste volvió a estudiar *Juegos florales*, Glantz se refirió a *El desfile del amor* como una obra en diálogo con las obras de teatro del Siglo de Oro y con una voluntaria combinación genérica: policial, historia y humor. González Rodríguez, por su parte, calificó la novela como una de las mejores de la literatura mexicana, la culminación de un proyecto similar al que sucedió con *Pedro Páramo*: "Algunos libros pueden ser valorados de acuerdo con la tradición inmediata que los originó, de acuerdo con la manera en que se estancan o trascienden riesgos o presunciones implícitas. *El desfile del amor* se reconoce en el proyecto intelecutal y literario que lo originó, lo resume y lo culmina excelentemente".[42] Monsiváis escribió en *La Jornada* un artículo sobre Pitol-traductor ("Pitol ... elige para traducir: obras de gran riqueza prosística, novelas de juegos de ideas, cercos psicológicos, hazañas del relato. En su tarea como traductor, Pitol es fiel a los mismos principios que norman su tarea literaria"),[43] y en *La Cultura en México*, un nuevo estudio crítico sobre toda su obra novelística. Para él *El desfile* continúa y a la vez niega su proyecto poético; en su nueva novela "hay un espacio mucho más amplio para el juego literario ... El resultado de la combinación es una novela divertida, absolutamente legible y brillante. Al combinarse la sátira con la ronda patética, Pitol evita la fabricación de títeres

---

42. Sergio González Rodríguez. "Del regreso: la extrema memoria". *La Jornada. Libros*. 13, 13 abr, 1985, pp. 1, 2, 3.

43. Monsiváis. "Sergio Pitol, traductor". 1, 2.

e instala gozosamente el caos entre nosotros".[44] El autor con el que le encontraba mayor parecido era el guanajuatense Jorge Ibargüengoitia.

Pitol volvió a tener un encuentro desangelado con Juan Villoro. Lo que más le desconcertaba de él era su gran capacidad para granjearse un capital cultural. La fama y el éxito comercial fueron para la generación de Pitol motivo de desconfianza, un bien mundano que se infiltraba en el *tempo* de la cultura. Para la generación de Villoro, menos ceremoniosa y más pragmática, el reconocimiento –transformado en dinero y publicaciones– era la moneda de cambio por la que todos en realidad luchaban. Fuera máscaras: había que tramar una buena estrategia. Triste fue también recibir la noticia desde Praga de que ahora habían entrado a robar a su casa. Parecía una broma. ¿Por qué esa racha de atracos? ¿Anunciaban un suceso más funesto? El único motivo de alegría fue la presentación de su novela y los artículos sobre ella de sus amigos Monsiváis y Margo, y de González Rodríguez. En realidad, les había gustado *El desfile*.

Días antes de llegar a París para dar su conferencia en la Sorbona, recibió una llamada de Krzysztof. Era claro que Marek pudo haberle contado de su próxima visita. De todas maneras, no lo esperaba; muchos recuerdos, alegrías y quebrantos. Krzysztof estaba ahora casado y con un hijo; visitaría París en las mismas fechas por lo que quizá podrían verse. Coincidieron en una fecha en el aeropuerto de Orly.

En París llovió casi todos los días. Su conferencia tuvo gran éxito, especialmente la parte de Lizardi. Cenó con los Villoro y Ugné Karvelis. A Krzysztof lo estuvo esperando un buen rato en el aeropuerto. Cuando por fin llegó, Pitol estaba tan nervioso que Krzysztof le preguntó si estaba borracho. Al verlo despertó la angustia que dormitaba, la amarga memoria de lo que fue, lo que era y lo que podía seguir siendo ahora con otra pareja. "K. cayó sobre mi vida como una granizada. El diluvio ... Mil desventuras".[45]

Sida

Tuvo una pesadilla en la que cometía un asesinato. Hacía todo lo posible para ocultarlo y cuando esto fue imposible, despertó. En la duermevela seguía

---

44. Monsiváis. "Sergio Pitol, de la saga del exilio a la nostalgia de un mundo caótico y paródico". 36-39

45. Pitol. "*Praga*" SPP. 4 de mayo de 1985.

justificando su inocencia. ¿Qué significaba aquello? ¿Un secreto personal se revela? Las cosas en el trabajo no habían mejorado. Quiso deshacerse de Luis como su agregado cultural y de otro personaje a quien llamaba el sacristán, por mocho y ceremonioso. Le hacían la vida imposible. Pero despedirlos no era tarea fácil. Había que recibir la aprobación de la Cancillería. Los Chumacero tenían el apoyo de, entre otros, su amiga Luz del Amo. No quería enemistarse con ella, ni tampoco aguantar más desaguisados.

Por esas fechas recibió la edición de Anagrama de *Juegos florales*. Le fascinó ver en la portada la pintura *Vista desde la ventana. Tánger* de Matisse. ¡Qué calidad y qué diferencia con la edición mexicana! El papel delgadísimo de la primera edición la había hecho aparecer como una novela breve; el tamaño minúsculo de la letra era un desafío hasta para el más entusiasta. Envuelto en un ánimo de fiesta, viajó a Viena, y de regreso, habló con Bohus. El joven checo fue a su casa en donde bebieron oporto. Sin darse cuenta de que Bohus estaba muy borracho, Pitol interrumpió su velada para hablar por teléfono. Cuando regresó, el joven estaba de mal humor. Se fue de la casa bajo una lluvia torrencial sin aceptar si quiera que él le pidiera un taxi. ¿Qué había pasado, por qué ese cambio? ¿Qué podría suceder ahora? "Para colmo no tengo ya su teléfono. Si algo sucediera ahora, estaría perdido".[46]

Tomó vacaciones de cuatro días en Sofía, Bulgaria. Ahí trabajó en la corrección del libro de cuentos *Bakakaj* de Gombrowicz. Era increíble que el autor tuviera veinte años cuando escribió esos cuentos. Él a esa edad no se había atrevido ni siquiera a escribir. En la embajada siguieron los desencuentros con Luis. Su madre hacía todo lo posible para que él se quedara y Pitol para que se fuera. El más afectado, Luis, no hacía nada. Un día Pitol le preguntó directamente que cuándo pensaba irse. El otro lo miró en silencio con el rostro desencajado.

El desfile del amor tuvo una buena recepción en México. Sealtiel Alatriste escribió una reseña en la que destacó la agilidad y soltura de la narrativa, "un verdadero gozo, gozo entendido como diversión pura y cabal, tanto como entusiasmo por descubrir una época y un lenguaje".[47] Lo comparaba, para su beneficio, con los escritores de la onda, ambos interesados en recrear el habla mexicana, salvo que en el caso de Pitol el resultado era más apasionante. José Joaquín Blanco publicó en *La Jornada* una reseña que concluía: "*El desfile*

---

46. Pitol. "Diary Núm. 9". *SPP.* 24 de junio de 1985.
47. Alatriste. "*Plaza Río de Janeiro. (De la historia al refrán)*". 48.

del amor es una de las mejores novelas contemporáneas en nuestra lengua".[48] Ponía, sin embargo, tres objeciones: los personajes femeninos solían ser siempre artificiosos, bizarros, esperpénticos; sus villanos eran descritos por sus truculencias familiares y no tanto por sus transas; una sobredosis de arte: cine, literatura, pintura, ópera en exceso. Un mes después, Domínguez Michael en el semanario *Proceso* identificó el mismo salto en la narrativa de Pitol, que antes podía enredarse en formas asfixiantes con resoluciones a veces fallidas. *El desfile* era en cambio fluidez narrativa. Sin descuidar las tramas complejas y los temas provocadores. "*El desfile del amor* documenta la imposibilidad de llegar a la verdad pero comprueba que la búsqueda de una intimidad perdida en nuestro pasado es factible".[49] Introducía así un tema relevante en la crítica de la novela: la dicotomía entre historia y literatura. A Fabienne Bradu le interesó sobre todo la ambigüedad e hibridez de los géneros literarios. *El desfile* no era una novela policiaca porque su detective era muy noble y dulce: más que mancharse las manos quiere escribir una página más de la historia mexicana. Tampoco era una novela histórica porque la ambientación obedece más a la nostalgia del pasado que a un intento por desentrañarlo. A esto había que agregar la falta de una solución en el desenlace que no "es un defecto novelístico, sino, precisamente, una invitación a reconstruir toda la novela en su justa dimensión".[50] Antonio Saborit retomó el tema de la historia y su posible parodia. El protagonista, Miguel del Solar, se lanza a la búsqueda de la verdad y, entre más investiga, menos sabe. Recuerda Saborit el libro de Stanley E. Hilton, *La guerra secreta de Hitler en Sudamérica*, que podría ser la contraparte de esta novela. Ambos se enfocan en el mismo periodo. A pesar de que la novela desborda los márgenes de la cordura y la investigación, encontramos en ambos textos a los mismos personajes excéntricos y tramposos como Arnulfo Briones y Martínez. Dos caras de una misma moneda: ficción e historia. "No hay una sola novela en la literatura mexicana contemporánea con la que se pueda comparar".[51]

Favorables fueron también las reseñas de Francisco Zendejas ("narrativa que es tres-en-uno: una comedia de errores, un relato cuasi policial, un fresco

---

48. Blanco. "Sergio Pitol, *El desfile del amor*". 21.
49. Domínguez Michael. "Nueva tristeza mexicana". 61.
50. Bradu. "Reseña de *El desfile del amor*". 41.
51. Saborit. "La comedia de la ignorancia jamás imaginada".

histórico"),⁵² Álvaro Leyva, Nedda G. de Anhalt ("*El desfile del amor* es un nuevo y espléndido ejercicio literario que toma de base un homenaje a la historia mexicana bajo el disfraz de una divertida novela policiaca"),⁵³ José Felipe Coria, Omar González, Federico Patán ("dada la complejidad de su significado y la bondad de su escritura, texto maduro, rico")⁵⁴ y Elena Urrutia ("esta novela cuya excelencia corre pareja con su capacidad de entretenimiento").⁵⁵

Pitol tenía cincuenta y dos años. Algunas cosas habían cambiado de manera drástica en su vida: era finalmente leído y reconocido en México y España. En cuanto a las relaciones amorosas, las noticias de esos años trajeron consigo un problema mayor. Doctores en Nueva York detectaron el surgimiento de lo que entendieron era un nuevo tipo de cáncer. El sarcoma de Kaposi, un tumor apenas dañino, había mutado adquiriendo tal agresividad que causaba invariablemente la muerte del paciente. Apenas un año después de este descubrimiento, la comunidad científica reconoció que estaba ante una pandemia. Lo más extraño era que la gran mayoría de los pacientes eran hombres homosexuales. Acompañada de la enfermedad, surgió la condena moral: el GRID (por sus siglas en inglés, *gay-related immune deficiency*) significaba la muerte y el estigma. No fue hasta 1984 cuando se descubrió el retrovirus agente causal de la enfermedad y a la epidemia se la llamó Sida. En lugar de largos y dolorosos tratamientos de quimioterapia, bastaba con encontrar la vacuna contra el nuevo virus. Los ánimos eran optimistas, pero el daño a la comunidad homosexual estaba ya hecho.

Pitol se espantó muchísimo con el Sida. Durante los años en México había tenido una vida sexual muy sosegada y esporádica. Ahora, sin embargo, cuando sentía renacer su impulso erótico, sucedía esto. Leyó varios artículos sobre el tema sin encontrar la verdad, muchos de ellos eran incluso contradictorios. Una sola cosa era cierta: la enfermedad era mortal y sus síntomas visibles. De manera que el enfermo era revictimizado por la condena social. No podría aguantar eso. Una nueva suerte de sífilis con el añadido de que ahora se centraba en contra de los homosexuales.

Una mañana de mediados de agosto notó manchas oscuras, sanguinolentas, en su semen. La desesperación y el miedo, la incertidumbre y el placer

---

52. Zendejas. "Narrativa tres en uno". 2.
53. Anhalt. "*El desfile del amor*". 10, 11.
54. Patán. "*El desfile del amor*". 86–88.
55. Urrutia. "*El desfile del amor*". 23.

malsano de imaginar que había contraído la enfermedad. Esa tensión le duró días, semanas. Leyó más artículos sobre el Sida para descubrir si tenía ya los síntomas. ¿Cuánto tiempo tardaba en aparecer? ¿Cuáles eran los síntomas? No había claridad ni en eso. Pero la gente no había esperado para expresar su condena: *es un castigo del cielo*; expresiones de hostilidad en Italia, Alemania y Estados Unidos. ¿Acaso era posible infectarse con un sola relación? Seguramente las probabilidades serían mínimas, ¿o no? Se mantendría desde ahora célibe, totalmente casto. Dejar de frecuentar a Bohus, no responder a sus llamadas, resistir la añoranza y el deseo.

Bohus le habló por teléfono para comentarle que estaba enfermo del estómago. Parecía estar siempre enfermo, cuando no era la cabeza, era la espalda, el estómago. Mala espina. El cielo se nublaba a su alrededor y él soñó con pasar unas vacaciones en México. El ambiente en la embajada no ayudaba. A sus amigos Monsiváis y Luis Prieto les llegaron rumores de que Pitol quería despedir a Luis debido a que este no había respondido a sus insinuaciones. ¡Canallas! Después de que él había hecho todo lo posible para contratarlo. Compró su boleto de avión y estaba ya en Madrid cuando sucedió la catástrofe. Un terremoto de una magnitud de 8.1 en la escala de Richter pareció arrasar con la Ciudad de México. Regresó vía Frankfurt a Praga. Ahí se lanzó a la embajada para informarse, día y noche, en los noticieros y periódicos. Las noticias eran terribles: edificios derrumbados, escombros por toda la ciudad. Por fortuna sus amigos estaban sanos y no habían perdido bienes materiales.

A falta de poder realizar su viaje y encontrarse con sus amistades en México, trabajó en la corrección de la novela *Caoba* de Pilniak. La había traducido años atrás en Moscú. Hizo unos cambios, escribió un prólogo y sobrevivió así al mes de septiembre, que siempre le afectaba por tratarse del mes de su accidente en coche.

La situación no mejoraba en México. Una gran cantidad de muertos y damnificados a causa del terremoto. Se decía que el gobierno no daba las cifras verdaderas por miedo a crear una revuelta nacional. La ciudadanía se había organizado y aportaba ayuda a los más necesitados, además de rescatar sobrevivientes de las ruinas. Pitol siguió las noticias de cerca. Cuando tuvo tiempo libre, salió de Praga rumbo a Florencia y Roma. Recordó su juventud en el año 1961, cuando vivió por primera vez en esa capital. Sus lecturas, sus charlas con Ara Zambrano, su aprendizaje. Roma siempre le había inspirado. Iniciar de una buena vez con su *Tríptico*. Imaginó escenas, personajes, frases y hasta gestos de sus personajes. Había que sentarse a escribir.

Después de Roma visitó Belgrado. "Estuve a punto de vivir una aventura, pero en el último momento me rajé; me olió a peligro".[56] Dejar por completo de lado la vida sexual. A eso lo obligaba la nueva peste del Sida. Al recorrer la ciudad le sorprendió su pérdida de memoria; apenas si reconoció algunos lugares. ¿Estaría enfermando de la mente?

El martes 26 de noviembre regresó a Praga con la firme resolución de recrear la atmósfera en la que escribió *El desfile*. Pero lo que sucedió, en realidad, es que volvió a ver a Bohus. Fue una relación pasajera que, no obstante, encendió sus alarmas. Leyó un nuevo artículo sobre el Sida en Estados Unidos y Europa. El virus no había llegado a Checoslovaquia. Hasta entonces, ni una sola muerte. Pero solo había que esperar, el virus no respetaría la cortina de hierro. Mejor acostumbrarse a la abstinencia, ya no responderle las llamadas a Bohus, evitar verlo a toda costa. "¡Qué situación tan verdaderamente demencial! Todo quedó ya en el pasado, se volvió memoria. *Good bye to all that*! ¡Paf, se acabó! Todo ha de transformarse en trabajo, sublimaciones, pasiones platónicas, histeria".[57]

Fue a Munich a mediados de mes, después a Hamburgo y Colonia. Visitó la Casa del Arte, con un particular interés por ver los Beckmans. Hacía cuarenta años que había visto el tríptico de Beckman en el museo del Moma en Nueva York. Su proyecto de novela quería establecer un diálogo con esta obra. ¿Cómo hacerlo? Fue a la ópera, asistió a una conferencia con Luis Villoro y de vuelta en Praga, un nuevo encuentro con Bohus. Esta vez conversaron durante casi una hora. Pitol le expresó su deseo de mantener una relación platónica. El otro pareció no reaccionar, una total indiferencia.

La vida conyugal

Su traductor al serbio, Zoran, con su esposa, Jasna, pasaron una temporada en su casa en Praga. La disfrutó mucho. Regresaba todos los días a casa para comer con ellos. La gente en la embajada no le aportaba el menor incentivo intelectual, tampoco lo hacían sus colegas embajadores salvo en contadas excepciones. Los banquetes eran especiales por la comida *gourmet* y la bebida excesiva, estaba engordando y sentía embrutecerse. Era en esos momentos cuando soñaba en su futuro aislamiento.

---

56. Pitol. "Praga". *SPP*. 24 de octubre de 1985.
57. Pitol. "Praga". *SPP*. 7 de noviembre de 1985.

Terminó de leer *Rey, dama, valet* de Nabokov, y tuvo una idea para una nueva novela. Se le presentó completa en la mente. Un matrimonio en el que la esposa con la ayuda de su amante se propone matar al marido. En un primer intento, ella descubre que su marido le es también infiel. Se pone histérica y logran calmarla solo con sedantes. En un segundo intento, ella adquiere un revólver y le pide a su amante que lo utilice, pero este no sabe disparar, se pone nervioso, dispara y le vuela a ella dos dedos. Un tercer intento fallido de asesinato: la policía los descubre, él confiesa, ambos son arrestados, pero el marido no realiza la denuncia. Transcurren muchos años, marido y mujer se vuelven a encontrar en un modesto departamento de Veracruz. Hacen las paces, lloran, van a comer, y en el restaurante, ella empieza a maquinar modos de asesinarlo, quizá con veneno. Esa era a grandes rasgos la trama, faltaba, claro, desarrollar los personajes, conocerla sobre todo a ella, su manera de hablar, de ser. Sería una novela corta, un divertimento.

Pasó navidades en Madrid, visitando las librerías. Antes, se despidió de Praga rompiendo su compromiso de castidad con Bohus. Jugaba con fuego, lo sabía, y aún así... Desde hacía semanas sentía dolores de vesícula. Su doctor le había dicho que había que cuidarse.

La novela siguió rondándole en la cabeza. El marido de la protagonista podía ser, por ejemplo, Martínez, el bastonero de oro. Conocía su voz, su tono. Recordó una historia chusca que contó en una reunión de conocidos en la Embajada de México a comienzos de mes. Un cabaret de mala muerte en el que la dueña, a quien llaman la Garza, compra huevos para que los arrojen a los pies de las cabareteras. Una tarde se volcó una camioneta en la que viajaba ella con los huevos. Murió diciendo: "Ahora sí me siento la divina garza envuelta en huevo".[58] Fue una tontería, pero causó mucha risa y él pensó que valdría la pena incluirla en su novela.

Llegó a México el 27 de diciembre. Al día siguiente se encontró con Margo Glantz, Luis Prieto y Carlos Monsiváis. Vieron en casa de este último la película de Lubitsch, *Trouble in paradise*. Monsiváis estaba más tranquilo, más ecuánime. Era una persona muy reservada en cuanto a sus sentimientos. Por eso le causó mucha sorpresa que le dijera que seguía extrañando mucho a su mamá, que le hacía falta. Era claro que seguía sufriendo su ausencia.

La fiesta de Año Nuevo terminó pasadas las tres de la madrugada. 1986 inició con un viaje a Temixco para visitar casas. A pesar de que tenía una en

---

58. Pitol. "Praga". *SPP.* 2 de diciembre de 1985.

Coyoacán, pensó que sería buena idea buscar otra en un lugar más cálido. Había una casa que construyó Edmundo O'Gormann y otra de Mathias Goeritz, ambas le entusiasmaron.

El 7 de enero murió Juan Rulfo. Le dolió la noticia, sentía por sus dos libros una gran deuda, pero no fue a su entierro con tal de no encontrarse con las camarillas y grupos literarios que aprovecharían la ceremonia para llevar agua a su molino. No habían pasado cinco días cuando un programa en la televisión causó la ira de Monsiváis. El escritor José Agustín había escrito el guion en el que refería al grupo cultural en el poder liderado por Monsiváis con ligas con el gobierno y una ideología política que había dado un viraje en contra del comunismo. Este viraje –sugería el programa– le había ayudado a Monsiváis a acumular viajes a los Estados Unidos. Pitol era mencionado como el adalid literario del grupo. El humor era bastante mediocre, tirando a malo, pero las acusaciones no eran del todo falsas, al menos así lo entendió Pitol. En todo caso no valía la pena. Se lo dijo a su amigo y este le respondió de manera violenta. Después de ese desencuentro con Monsiváis, vivió otro con Glantz, motivado por lo que entendió como un ataque de homofobia por parte de ella. Su mundo en México se venía abajo.

Otra reseña sobre *El desfile del amor* escrita por Héctor Baron Soto en *Sábado* y una entrevista en *Proceso*, en la que desarrolló su proceso creativo, su inspiración y sus lecturas favoritas, como la de Henry James: "Siempre hay un misterio, casi podrían ser novelas policiacas en las que el autor bordea el misterio, sin dar una solución final. Se la deja al lector porque ya le ha presentado antes los elementos".[59]

A inicios de febrero, se volvieron a encontrar los amigos en casa de Margo Glantz. Hubo una reconciliación a medias. Monsiváis se quejaba de que todo estaba mal en el país. Él tuvo la tentación de decirle que esa visión se debía, posiblemente, a su cercanía y complacencia con los poderosos. Pero se contuvo. Compró la casa en Temixco de Goeritz y al día siguiente regresó en avión a Europa.

---

59. Campbell. "Sergio Pitol y su novela *El desfile del amor*". 52, 53.

PRAGA II
(1986-1988)

Muerte del Padre

Antes de llegar a Praga se detuvo en Barcelona. Habló con Herralde sobre la posibilidad de publicar su narrativa completa en España. Feliz con su respuesta, se puso a trabajar en la habitación del hotel en la corrección de *El tañido*. Estuvo dos días enteros frente al texto, que esta vez le resultó tedioso. Su poética había cambiado; le interesaba sobremanera la trama, la anécdota: tener algo que contar. Lo más importante era que siempre había sido muy consciente de su desafío literario.

De vuelta en Praga soñó con Gustavo, su pareja colombiana de hacía más de veinte años. Acudían juntos a una fiesta en donde conocían a un joven francés muy atractivo. Gustavo se quedaba ligando con el francés, mientras que él salía solo y resentido a la calle. Seguir pensando todavía en eso, ¡el colmo! La Araña lo había picado con su ponzoña incurable de resentimiento y añoranza.

En su último viaje a México le sorprendió mucho escuchar la historia de los recuerdos de su tía Flora. Ella le habló de las veces en que lo llevó a ver el agua. Al preguntarle qué quería decir con eso, su tía le contó sobre la muerte de su padre. Sergio no había cumplido los cuatro años. Su padre enfermó y los médicos pensaron primero que era un sarampión, con el transcurso de los días, al agravarse, se dieron cuenta de que era un caso de meningitis cerebroespinal. Lo aislaron en una habitación porque su esposa estaba dando a luz en la misma casa, y a Sergio y a su hermano los llevaron con una tía. Murió el padre al mismo tiempo en que parió su madre. A él lo velaron y enterraron sin que sus hijos lo vieran. Cuando Sergio volvió a casa, tenía a una nueva hermana, Irma. ¿Y su padre?, preguntó el niño. Lo buscó en los cuartos, en la calle, corrió al negocio de su tío, ahí se desmayó y estuvo varios días en un estado de *shock*. Los médicos no supieron qué hacer. Fue entonces cuando la tía escuchó de una vecina la historia de un caso similar: ver correr el agua ayudaba mucho a superar un trauma. Tía Flora llevó al niño al lago de Chapultepec donde poco a poco recuperó la conciencia.

Los recuerdos que formó después de su padre fueron en su gran mayoría negativos: la vez en que este lo obligó a permanecer en un circo a pesar de que a él le dolía mucho el estómago; el recuerdo de su cuerpo enorme desnudo y cubierto de vello saliendo del agua y acercándose a él para abrazarlo; una vez que quiso besarlo y él, Sergio, lo mordió. Todo eso había sido en realidad un artilugio, una red salvavida para filtrar los recuerdos felices dejando la carcasa de alguien que era más tolerable olvidar y perder para siempre. A pesar de que les mintieron, que les ocultaron su muerte, distrayéndolos con la llegada de su nueva hermana, él lo supo desde el inicio. Supo además que había perdido el amor pleno de su madre, compartido desde entonces con una nueva hermana. Había resistido y mantenido la cordura arrojando piedritas que formaban ondas a las que se acercaban a veces los patos del lago de Chapultepec.

Bohus le habló por teléfono para pedirle que se vieran, tenía algo importante que contarle. Mala espina; pensó de inmediato si no era algo relacionado con el Sida. No fue el caso. Hablaron de nuevos proyectos, de sus últimos viajes y, sin proponérselo, quedaron de verse de nuevo esa semana. En esta segunda ocasión olvidó sus votos de castidad para despertar al día siguiente con el miedo a la peste, un ciclo terrible al que estaba ahora condenado. Nunca encontraría la calma en su vida amorosa. ¿Existiría una sociedad lo suficientemente madura para aceptarlos? ¿Se hablaría algún día de manera abierta del amor homosexual o reinaría para siempre el silencio, la censura y, con ello, la condena? Su homosexualidad no le afectaba únicamente en su vida afectiva, era claro que significaba un problema social. Desde siempre fue muy cuidadoso con sus palabras y sus acciones. Al inicio de su trabajo diplomático recibió amenazas de Mischo, empleado de un colega de la embajada en Belgrado. No transigió, pero tuvo varias pesadillas. Ahora, la incompetencia de su equipo –que había causado entre otras cosas la pérdida de cuadros y esculturas de Soriano– se escudaba detrás de rumores y chismes de las supuestas intenciones aviesas del embajador Pitol. Él siguió con su decisión de removerlos del puesto, pero volvió a tener pesadillas. Luis le robaba su cartera con mucho dinero y documentos oficiales. Si intentaba recuperarla –lo amenazaba– revelaría información que podía hundirlo. Pitol acudía con su amigo Luis Prieto, quien le daba valor para recuperar su cartera. Despertó con esa nube de amenaza sobre su cabeza.

El año pasado en estas fechas, Mijaíl Gorbachov había llegado a la cima del Partido Comunista. Sostuvo constantes luchas contra las fuerzas reaccionarias del partido, pero en un año logró sortearlas y presentaba ahora un país más democrático, abierto al mundo y por primera vez libre de censura. Pitol veía constantemente la televisión rusa, no solo para mejorar su conocimiento de esa lengua; era mucho mejor que la checa. Creía en Gorbachov y eso le daba una esperanza en la política internacional y el futuro del verdadero socialismo. En un reporte enviado a la Cancillería escribió:

> A escasos cinco meses de la celebración del Congreso del Partido Comunista Checoslovaco –marzo 1986- se han venido observando movimientos en los círculos políticos del país que dan la impresión de que existe un reagrupamiento de fuerzas dentro de la dirección del Partido... En estas circunstancias, no es arriesgado especular sobre la eventualidad de que a políticos con ideas renovadoras y con una tendencia afín a los vientos que soplan desde Moscú, se les presenten condiciones más favorables de acceder al poder.[1]

En cuanto a México, la izquierda iba mermándose poco a poco debido a rencillas y claudicaciones. De *La Jornada* salió expulsado Miguel Ángel Granados Chapa, que era uno de los reporteros e intelectuales más importantes del grupo. Monsiváis acudió a la entrega del premio Alfonso Reyes a Octavio Paz para darle un abrazo de felicitación. Dentro de poco sería imposible ver la diferencia entre unos y otros, importaría únicamente quién tuviera más presupuesto económico. Desolador el medio político de su país, si regresaba se iría a su casa en Temixco.

El 19 de marzo festejó su cumpleaños solo. Praga había sido una fuente de inspiración para su última novela, era también un lugar cargado de belleza arquitectónica y de importancia literaria. Si tan solo tuviera a alguien con quien compartirla, un alma gemela, un escritor o artista. Escribió un ensayo sobre el escritor polaco Andrzej Kusniewicz, autor de la novela *El rey de las Dos Sicilias*. Le siguió otro sobre Antonio Tabucchi, novelista italiano lusófilo. Esos eran sus compañeros, sus amigos. Había leído y releído sus novelas.

---

1. Archivo Diplomático Genaro Estrada. Embajada de México en Checoslovaquia.

Bohus enfermó, esta vez de gravedad. Pitol temió que en realidad hubiera contraído la peste. Si ese era el caso… no, mejor no pensar en eso. Esperar uno, dos días. Finalmente, el joven le marcó por teléfono para decirle que había pasado tres semanas en el hospital debido a problemas del estómago. Tenía una voz macilenta, pero estaba ya mejor, en una semana más podría verlo. Salvado del virus y recuperado de salud, fueron a caminar al parque Letna, que tenía vistas excepcionales al puente Carlos y a la ciudad vieja. Bohus era aficionado a perros de raza, los educaba y los vendía cuando tenían crías. La primavera había llegado, el joven estaba sano y su perra Abigail corría jubilosa por los senderos arbolados.

Después de ver a Bohus fue él quien se sintió mal, de nuevo la vejiga, aunque también pudo ser el estrés y la ansiedad de saberse enfermo del mal. Empezó a tratarse con un método de acupuntura con agujas electrónicas. Las descargas y los piquetes eran sumamente dolorosos, al punto de despertar al día siguiente con el cuerpo adolorido o necesitar de varias siestas para recuperarse. A pesar de eso, el tratamiento era muy efectivo para removerle el dolor y los achaques de su vejiga y pulmones, que le habían causado problemas desde hacía años. El doctor Roddy, encargado de la terapia, era muy accesible y servicial, podía hablarle día o noche y él acudía a su casa con su equipo.

Terminó el mes de abril releyendo *Taras Bulba* e inició mayo con un viaje a Viena para encontrarse con Juan Villoro. Visitaron juntos los cafés y museos de la ciudad. Les gustó en particular el tríptico del Bosco: uno de los personajes era el vivo retrato de Monsiváis. La conversación inteligente, informada de su amigo le sirvió de incentivo para leer más sobre el novelista ruso Chinguiz Aitmátov y regresar a Gógol. Podía quizá juntar sus ensayos, tenía cerca de trece, y publicarlos en el Fondo de Cultura Económica. Para eso necesitaba mantener el ritmo de lectura, volver a la URSS en el verano, pasar una temporada en Georgia y registrar los cambios sucedidos en aquel país tan querido.

De regreso en Praga salió con Bohus en coche a dar un paseo por la ciudad. Lo encontró muy triste, debido a la enfermedad de un amigo –un posible amante– que era mayor que él y estaba enfermo de cáncer.

El segundo martes del mes habló con un miembro de la Unión de Escritores de Moscú para proponer una charla y ver así la posibilidad de realizar un viaje a ese país. El burócrata fue muy amable y receptivo, acordaron la fecha de la conferencia –seis días después– y la invitación para conocer Tiblisi, Georgia. Si deseaba podían recibirlo también en Leningrado. ¡Volvía a la URSS después de cinco años! La URSS de Gorbachov, del nuevo socialismo y de la literatura que ahora más amaba.

El viaje

Llegó a Moscú el 20 de mayo y caminó durante horas por la ciudad, reconociendo los lugares familiares, sintiendo añoranza y emoción por el futuro de ese país. Era una ciudad más limpia y moderna que la que había conocido antes, habían restaurado varios edificios y había más gente por las calles. Las tiendas estaban por primera vez llenas de mercancías. El deshielo había cobrado fuerza. Llevó en su equipaje la novela de Julio Verne *Miguel Strogoff*. Se tendió sobre la cama de su hotel fatigado por el ejercicio y se entregó al placer total de la lectura.

Al día siguiente dio su conferencia –la misma que dio en la Sorbona, sobre Lizardi– en el edificio de la Unión de Escritores de Moscú. Asistieron solamente cinco personas. Le molestó un poco no ver a su traductora entre el público. Estuvo en cambio Vera Kuteishchikova, académica hispanista, que le habló de cantidad de escritores contemporáneos menos de él, parecía que no lo hubiera leído. En la calle, de vuelta al hotel, recordó a un personaje que conoció en su viaje a Estambul, años atrás, con Bárbara y Slawek. La mujer era amiga de Bárbara. Cuando le preguntó su nacionalidad ella le respondió airada: "Turca, armenia, española, griega de Alejandría, elija la que quiera, si es que tanto le interesa"[2]. Su marido, un etnógrafo, había estado en México en 1908. Aunque eso tampoco era seguro porque ella comentó que la Revolución ya había terminado. Nada era claro ni directo con esa mujer. Y entonces sucedió el estallido. Les contó de una supuesta celebración en un pueblo del sureste, aunque también podía ser en Durango o Zacatecas, en un pueblo del trópico –dijo ella–, una celebración o ceremonia o festival en honor al santo niño de la cagada. Escuchó bien, una celebración repugnante y carnavalesca de las excrecencias, del bajo vientre, de la mierda. Pitol había sufrido ese encuentro. Normal que la hubiera olvidado. ¿Por qué le venía ahora a la cabeza?

Fue al día siguiente a las casas museo de Tolstói y de Gorki. Volvió porque le gustaba impregnarse de esos lugares casi religiosos, donde habían vivido sus autores admirados; podía imaginarlos escribiendo las obras que él había leído como bajo un hechizo. Lo mismo fue en Leningrado. Se hospedó en el Grand Hotel Europa, ubicado en la Perspectiva Nevski y esquina con la calle Mijáilovskaya, en el espacio donde sucedían una buena parte de los cuentos de Gógol. Vio en el teatro Mali la ópera de *Eugenio Oneguin* y quedó muy

---

2. Pitol. "Praga". *SPP*. 28 de mayo de 1986.

contento con la calidad de la música y el espectáculo; al día siguiente la obra *La boda* de Gógol y después fue al museo casa de Pushkin. "Salí de allí feliz, olvidado de mis achaques, con unas ganas de ponerme a escribir algo. Tal vez sobre Leningrado: Gógol, Pushkin, Bely, Ajmatova".[3] Volvió a recordar la historia escatológica que contó la armenia en Estambul, su invitación a ir a casa de su ex marido para que consultara su archivo, que incluía fotos, documentos y entrevistas. Le mostró la estampa del supuesto Niño Cagón. Aquello se le estaba volviendo una obsesión. ¿Acaso valdría la pena escribir sobre eso?

Viajó al día siguiente a Georgia. Se hospedó en el Hotel Iberia de Tiblisi. De la cultura eslava a ese crisol de la Persia antigua, Grecia, Bizancio y pueblos islámicos. ¿Cómo podía ser aquella ciudad parte de una nación eslava? Garbo y contoneo sensual de los cuerpos, los ojos negros, los rasgos más bellos que jamás había visto en una mujer: fue llegar a un nuevo mundo, la Andalucía del Cáucaso. ¡Vivir aquí un año! El calor, la belleza física y la cultura milenaria de los edificios, las costumbres, la comida, le servirían de inspiración. Le habría gustado escribir ahí su novela. Y al instante pensó de nuevo en la armenia. El narrador recordaría unas coplas que ella había recitado, las de la fiesta en la que se reunían los feligreses estreñidos y diarreicos. "Que cague duro, / Que cague blandito, / Sólo eso te pido / Por Dios santito".[4]

Cuatro días estuvo en Georgia, días felices de festines y conversaciones sin tapujos ni prejuicios políticos ni morales. Moscú lo recibió de vuelta con un calor tórrido, 34 grados a la sombra. En sus librerías pudo encontrar novelas y autores que hasta hacía poco habían estado censurados o que eran inencontrables: *El hombre sin cualidades*, *Mrs. Dalloway*, Evelyn Waugh o Hermann Broch. Le habló por teléfono a Vera Kuteishchikova para despedirse y ella le dijo que había leído *El desfile del amor*. Le gustó mucho, era su mejor novela; una narrativa más ligera, clara y efectiva. Se había liberado de muchas cargas, le dijo ella.

Regresó a Praga rejuvenecido y listo para emprender su trabajo. Apuntó en sus diarios ideas para su nueva novela. El ritual del Niño Cagón sería el núcleo desde el cual se desprendería la trama. Cada año se elegiría al niño que más había cagado como representante del santo en vida. Sus feligreses se sentarían sobre bacinicas, anafres, latas o sobre el suelo y entonarían sus coplas. Importante: la voz de la armenia y su diálogo con el narrador, ahí aparecería

---

3. Pitol. "Praga". *SPP.* 26 de mayo de 1986.
4. Pitol. "Praga". *SPP.* 23 de junio de 1986.

un conflicto, una relación ambigua, de burla y enojo. Ella estaría en esa fiesta horripilante de ese país que era el de su interlocutor. Sobrevivió como pudo; la habían obligado a arrodillarse sin tener otra escapatoria que la de vaciar sus entrañas. A la vez que lo cuenta se arrodilla frente al narrador. Él no sabe si ella se burla o se expresa con seriedad; si está enojada, o en cambio, admira a su país. De pronto ella se levanta, le grita al narrador que salga de su casa, le habla en armenio o turco o vaya a saber qué idioma. Cuando él sale a la calle, ve a la vieja asomada de su balcón carcajeándose, el brillo de una bandeja y algo maléfico que pasa a un lado suyo rozándolo. Sí, tenía algo para su novela. Su personaje podría conjuntar algunas características de Bárbara, que inspiró también *Juegos florales*. Debía leer de nuevo a Gógol, impregnarse de su atmósfera. El espacio de la narración sería Tiblisi, aunque no la llamaría con ese nombre. Recordó el baño de la estación de trenes de esa ciudad: una hilera de hombres sentados en una letrina comunitaria discutiendo muy animados como si estuvieran en un café. Esa era la atmósfera, ese era el espacio.

El 14 de junio de 1986 murió Jorge Luis Borges. Se enteró por su amigo Juan Villoro. Sintió auténtica tristeza. Borges fue el autor que le reveló la magia de la literatura con un lenguaje distinto, único y con una trama excepcional. Desde entonces soñó con escribir algo parecido. Borges murió a los ochenta y siete años en Ginebra, Suiza.

Su amiga Margo consiguió un trabajo en la Embajada de México en Londres. Llegaría a esa ciudad en un mes. Pitol preparó un viaje para visitarla; había leído mucho sobre Londres; Dickens era uno de sus autores favoritos, seguro que disfrutaría la ciudad con su amiga.

Leyó "El retrato" y después "El capote" de Gógol. Se adentró por completo en el mundo del autor ruso. Apenas una interrupción el jueves 17 de julio para acudir a un llamado de Relaciones Exteriores. ¿Había hecho algo incorrecto, un problema en la embajada? ¿Algo relacionado con Bohus?

Se trató de un posible cambio de plaza a Atenas, Grecia. Faltaba mucho por decidir y eran trámites complicados, pero querían conocer antes su opinión. Él estaría encantado. Apenas escuchar el nombre de esa ciudad se llenó de emoción, la cuna de la civilización y la literatura occidental. Hizo planes de lecturas, en caso de que se diera el cambio, a la vez que se obligó a no pensar en ello en exceso.

Volvió al Slavia. En el café organizó las notas sobre su posible novela. Gógol, el carnaval, el ritual de las excrecencias, un mundo de humor grotesco que apenas había atisbado en *El desfile*. ¿Se atrevería a entrar en él? ¿Valdría la pena? Tendría que publicar su novela después de que dejara el puesto de embajador. De otra manera podría costarle. La diplomacia y antes su familia habían sido camisas de fuerzas. ¿Hasta cuándo debía soportarlas? Un miércoles, caminando por el parque Letna se metió en una enramada, se bajó los pantalones y defecó al aire libre, en un lugar público, ante el peligro y el horror de ser descubierto. ¡Vaya locura! Imaginó los titulares al día siguiente de los periódicos. "El embajador de México pescado cuando cagaba en un parque".[5] ¡Horror! ¡Peligro!, y una euforia como no la había sentido desde su viaje a Georgia. Ese viaje fue su mejor medicamento. La descarga de la que le había hablado Vera Kuteishchikova no fue solamente espiritual, fue física, material, orgánica. En fin, que cagó en un parque y no pasó nada. Lo hizo apremiado por una necesidad irracional, un impulso: el ritual de pasaje, su puerta de entrada a su nuevo proyecto creativo, su fiesta del trópico, su carnaval literario.

Bajtín y el carnaval

Un mundo al revés, la negación positiva, subvertir las jerarquías sociales y la ideología reinante. "Levántate y mea", "apúrate para ir a cagar", ordena el rey del carnaval. El mundo de lo bajo, del cuerpo sobre el mundo de la mente y la abstracción. Trascendencia en lo mundano, renovación en "la alegre materia" que somos y en el polvo que seremos: escatología pura. El crítico y pensador Mijaíl Bajtín reveló estas ideas al estudiar la obra de Dostoievski y, sobre todo, la de François Rabelais.

En 1929 Bajtín publicó *Problemas de la poética de Dostoievski*. Abordó en él la obra del clásico ruso desde conceptos que marcarían la teoría literaria del siglo XX: dialogismo, heteroglosia y polifonía. Los tres conceptos se centran en la relación conflictiva de los personajes y el narrador: sus voces diversas y en muchos casos antagónicas crean un universo sumamente complejo, alejado de la verdad y la versión únicas, un universo de posibles y de contradicciones que se lee, no obstante, como algo armónico. Casi al final del libro apareció un concepto aparentemente menor, el del carnaval y la carnavalización.[6] Su relación con la obra de Dostoievski se centraba sobre todo en la alegría de la relativización, en la fiesta del cambio y el proceso como fin en sí mismo. "Los contrarios se encuentran, se observan, se reflejan, se conocen y

---

5. Pitol. "Praga". *SPP.* 6 de agosto de 1986.
6. La carnavalización es la transposición en el mundo de la literatura del carnaval.

se comprenden".[7] En la novela de ideas que inició Dostoievski discutían personajes y narrador sin llegar a una conclusión clara; algo muy similar a los primeros diálogos platónicos.

La idea del carnaval cobró una gran importancia en su siguiente libro, *La cultura popular en la Edad Media y en el Renacimiento. El contexto de François Rabelais*. Fue su tesis doctoral de 1949. A Bajtín le negaron el título por el carácter poco ortodoxo de su investigación. Esta investigación tiene un objetivo claro y aparentemente sencillo: devolver a la obra del clásico francés su contexto de lectura. A diferencia de otros críticos, que se centraron en los hechos históricos, para Bajtín lo verdaderamente importante fue el pensamiento y las fuentes populares que se expresan en el carnaval.

Gargantúa y *Pantagruel* fueron en su época libros entretenidos, amenos y sobre todo desafiantes. Iban en contra de la ortodoxia, la solemnidad, las jerarquías, el orden, la norma, lo correcto y lo oficial. Su humor no era satírico ni paródico, como afirmaron los críticos de los siglos posteriores, sobre todo del XIX, el siglo burgués. El humor y los personajes eran carnavalescos: desbordan el lenguaje modoso, fino y crítico con majaderías y enumeraciones hiperbólicas (trescientos tres adjetivos calificativos de los órganos genitales); ponen de cabeza la ideología del más allá con la ideología de lo bajo, de la mierda que abona y renueva; critica las jerarquías verticales con héroes que son la subversión de lo excluido, lo reprimido, con una actividad social en la que todos participan, en la que el bufón es rey y el rey, bufón; niega el progreso evolutivo porque a diferencia de la ceremonia no hay estatua ni condecoración ni competencia, está solo el ciclo del renacimiento. Para Bajtín existe un humor negativo, que critica y ridiculiza; y existe su contrario, la risa popular ambivalente que "expresa una opinión sobre un mundo en plena evolución en el que están incluidos los que ríen".[8] Rabelais llevó el carnaval, del que era fanático, al mundo de las letras. La Sorbona lo condenó una y otra vez al prohibir sin éxito sus publicaciones.

En cuanto a los personajes, Bajtín los define desde el realismo grotesco. Este género se opone al grotesco romántico –origen de la literatura de horror– en la que los personajes rayan en la locura; los escenarios y la trama son lúgubres; las motivaciones de los personajes son irracionales. Se opone también a

---

7. Mijaíl Bajtín. *La Poétique de Dostoïevski*. 249
8. Mijaíl Bajtín. *La cultura popular en la Edad Media y en el Renacimiento. El contexto de François Rabelais*. 17.

la pornografía que es exclusiva e individual. El realismo grotesco "es la *degradación*, o sea la transferencia al plano material y corporal de lo elevado, espiritual, ideal y abstracto".[9] Estos personajes cagan, orinan, tragan y beben en exceso.

El hombre medieval percibía con agudeza la *victoria sobre el miedo* a través de la risa, no sólo como una victoria sobre el terror místico ('terror de Dios') y el temor que inspiraban las fuerzas naturales, sino ante todo como una victoria sobre el miedo moral que encadenaba, agobiaba y oscurecía la conciencia del hombre.[10]

Una victoria sobre el miedo, la muerte y lo sagrado. Una peregrinación a los lugares en donde Nuestro Señor "expelió su orina o excrementos naturales".[11] Cada participante del carnaval consume el mundo y la naturaleza, y es consumido por ella para renacer. Las últimas palabras que escribió Rabelais en vida fueron quince nombres, de lo más refinado a lo más vulgar, de excrementos y una invitación a beber.

El objetivo de Bajtín, como mencionamos, fue devolver el contexto a la obra de Rabealis porque los críticos posteriores la calificaron de obscena, erótica o degenerada. Cuando Rabelais reía nadie creyó ver en esto una nueva cosmovisión, una utopía. Ambas se entendían desde hacía siglos como discursos serios y solemnes. Bajtín sufrió en carne propia la intolerancia del discurso dogmático al ser exiliado por Stalin a una región miserable y precaria. Al final de su vida recobró la estabilidad, pero no vivió para ver la revolución de la risa que da esperanza, del carnaval en la literatura.

El amor y el miedo

Su amigo Kyrim, que ahora vivía en Basilea (Suiza), le habló por teléfono el domingo. Conversaron durante largo rato, volviendo una y otra vez al tema del Sida. Kyrim había estado muy enfermo y pensó, como lo había pensado antes Pitol, que se trataba de la peste. Afortunadamente se equivocó. ¿Cuántas veces más una gripe, un dolor de estómago, cualquier dolor se convertiría en un síntoma del mal mayor? Vivir con esa ansiedad constante. En su caso,

---

9. Mijaíl Bajtín. *La cultura popular en la Edad Media*... 24.
10. Mijaíl Bajtín. *La cultura popular en la Edad Media*... 86.
11. Mijaíl Bajtín. *La cultura popular en la Edad Media*... 134.

era peor porque se encariñaba cada vez más con Bohus de quien intuía llevaba una vida sexual activa. No podía acompañarlo en esa actitud suicida, pero tampoco quería separarse de él. Cordura y razón ante todo.

Recibió una carta de José Donoso donde le preguntaba sobre la posibilidad de visitarlo en Praga en septiembre, que respondió de inmediato: ponía su casa a su disposición. Después se arrepintió de lo escrito. Su visita sería una distracción. Ese mes estaba especialmente cargado de trabajo. Debía aprender a decir que no: estaba ocupado, no tenía tiempo, no quería. En fin, quizá en otra ocasión. Por lo pronto, él viajó a Londres en la primera semana de septiembre. Con Margo Glantz visitó el Tate, la National Gallery y varias librerías. Estas últimas le parecieron de menor calidad de las que había visitado antes; ahora eran cadenas comerciales sin libreros especializados donde los libros se anunciaban como mercancía electrónica, con las novedades en primer plano. En la literatura, la novedad no descontinuaba la versión previa, al contrario, le daba más realce.

Regresó a Praga para recibir a los Rojo y al poeta José-Miguel Ullán. Este último le trajo los recortes de su artículo sobre Tabucchi, publicado en *El País*, y reseñas sobre sus novelas. Para su gran sorpresa, una nota del crítico Recio Beladiez afirmaba que *El tañido* era su mejor libro. Los Rojo y los Ullán estuvieron cuatro días con él. Pitol los acompañó, como buen anfitrión. Esa misma semana fue a Viena a encontrarse con su hermano Ángel. En sus paseos, evocaron su infancia y el recuerdo de sus padres. Pitol ignoraba casi todo acerca de su padre y le sorprendió escuchar que había trabajado de joven en una cantina de Puebla llamada El Girofle, ubicada en el pasaje del portal. Trabajó como cantinero. ¿Por qué la sorpresa? Recordaba que su mamá había trabajado en una ostionería y la nona había puesto inyecciones, remendado ropas, todo lo necesario para mantener y pagar los estudios de su tío. Eran inmigrantes recién llegados a un país nuevo, sucede con todas las primeras generaciones. Lo extraño, en realidad lamentable, fueron los aires de grandeza que se dieron después, el esnobismo, el falso abolengo de italianos en tierra de indios. ¡Qué poco les duró la modestia!

Fue a Hamburgo a un festival de escritores y regresó a finales de mes para recibir a los Donoso. En el festival reparó en el mar de diferencia que lo separaba de sus colegas, de aquellos que tomaban su escritura como una profesión y que, por lo mismo, promocionaban su obra. Él no movía un dedo, aunque sí sentía frustración al ser ignorado. Esa era una contradicción que debía resolver: promocionar su obra si le interesaba ser leído o no hacer nada y aguantar las consecuencias. Donoso no le ayudaría mucho en ese sentido porque él había sufrido de la misma contradicción. Daba igual, disfrutó mucho de su estancia. Donoso había leído *El desfile* y le alabó esa manera inteligente en la que había abordado un tema desde distintas voces y ángulos, la importancia de todos los personajes sin perder el hilo de la trama. "Creo que es el mejor libro tuyo que he leído, y ciertamente el más entretenido".[12]

Carlsbad fue su refugio ante la oleada de visitas y ocupaciones de septiembre. Ahí volvió a imaginar su novela de la mujer asesina que fracasa una y otra vez en su intento de matar al marido. En su mente alternaba uno y otro proyecto, el de la mujer asesina y el santo niño cagón, sin lograr concretarlos. Quizá no estaban listos, quizá necesitaba de otra estancia como la de Mojácar o quizá no debía presionarse. La escritura vendría cuando tuviera algo importante qué decir.

Recibió una carta de Monsiváis en la que le aseguraba que el próximo año ganaría el Premio Jorge Cuesta. Esto que debió alegrarlo fue, al contrario, motivo de ansiedad. Sintió terror al imaginar su discurso en Veracruz, donde estarían presentes su tío y otros familiares. Se sentía incapaz de desarrollar sus ideas en desacuerdo con las de su tío. Era increíble que a su edad tuviera todavía esos miedos. ¿Acaso no había crecido, seguía siendo un niño? Si eso era lo que pensaba, la realidad era muy distinta. Se había construido su propio destino como un escritor y diplomático de importancia. Cuando enfrentó problemas en la embajada, los supo resolver. A finales de ese mes, por ejemplo, la falsificación de su firma en la embajada provocó su enojo y, eventualmente, el despido de la responsable. La firma estaba en un documento aparentemente sin importancia: la solicitud para que un médico lo acompañara en un viaje. Daba igual, era un hecho inaceptable que no podía tolerar. Ese Pitol era el que debía prevalecer cuando se sintiera presa de la inseguridad.

Pasó un fin de semana en París con Margo y Luz. ¿Qué sería de Piotr?, se preguntó, como siempre que llegaba a esa ciudad. No obtuvo respuesta y quizá era mejor así. En una revista se topó con una crónica del Sida que lo asustó más de lo que ya estaba. Debía abandonar su vida sexual hasta que se encontrara una vacuna; era lo más sabio. Adiós la felicidad vivida en Belgrado y Barcelona, adiós a todo eso. Bienvenidas las neurosis, la ansiedad y el miedo, el miedo:

---

12. Donoso. "Pitol. Sergio". *José Donoso Papers*. 16 de mayo de 1985.

...de que un palo perdido puede producir la muerte, y la conciencia degradante de la enfermedad. La humillación de morir castigado por pertenecer a una comunidad satanizada. De morir, a secas, repleto de bubas, de puntos blancos en la lengua, de desolación, etc. Y el gusto de ciertas personas al comentar las noticias.[13]

De vuelta en casa recibió la llamada del novelista italiano Antonio Tabucchi. Se sorprendió tanto que asintió a todo lo que le dijo. Tabucchi sería director del Instituto Italiano de Cultura en Lisboa, estaba leyendo sus libros, empezando por *El vals de Mefisto*. Le había gustado mucho. Pitol había leído esos días *Pequeños equívocos sin importancia*, sin entender gran cosa del libro.

—Me acaba de llegar —le dijo. Mañana leeré tu libro.

Después de un viaje a Estocolmo, en el que presentó una conferencia con Fernando del Paso, volvió a encontrarse con Bohus en Praga. Salieron a un restaurante de la ciudad, regresaron a casa y de nuevo el olvido de sus votos de castidad, seguido del remordimiento y el miedo. El Sida y la impresión de estar jugando en cada relación a la ruleta rusa. Lo invadió una fatiga tremenda y preocupante que, como siempre, temió que fuera el síntoma del mal. Cansado de trabajar y de leer, tuvo solo fuerzas para recriminarse. Así se fue el mes de octubre en un suspiro.

Fue de nuevo a Londres con Margo deseando distraerse y recobrar energías, pero nada, se cansaba mucho. De pronto sintió un dolor en el costado y en el corazón. Empezó por ser leve y se hizo cada vez más intenso hasta que sintió perder el conocimiento. Sudó a mares, temía un ataque cardiaco. Esa maldita preocupación por el Sida lo tenía en un estado deplorable de salud. El susto le serviría para no volver a caer en la tentación. ¡Qué sufrimiento! Si algo le servía de consuelo, sus amigos la pasaban igual o peor que él. ¿Se sabía algo de las causas, de los avances en el descubrimiento de una cura? Nada a ciencia cierta. Lo cierto era que, en lugares de África, la gente se enfermaba en grandes números. Esto indicaba que no era solamente una enfermedad de homosexuales. Ellos habían sido los primeros afectados, pero no eran los únicos.

Viajó a Viena para supervisar sus cuentas de banco y, aprovechando el viaje, adquirió un perro de raza para Bohus. Belami se sentó a su lado en el asiento trasero del coche. Muy grata su compañía, un animal muy cariñoso: las horas

---

13. Pitol. "Praga". *SPP.* 4 de noviembre de 1986.

en la carretera se le fueron volando. Le entregó el perro a Bohus pidiéndole que le avisara de sus paseos en el parque porque deseaba acompañarlos. Según Bohus caminaría con él a diario. Pero pasaron cinco días y nada. Siete días y finalmente le habló. Esa espera le causó mucho enojo, pero cuando Belami lo reconoció moviéndole la cola, saltando y haciendo cuantas gracejadas, se le olvidó todo. Antes de despedirse, le sugirió a Bohus que salieran al día siguiente, domingo, al bosque de Strahov. El joven aceptó y ese fue un día idílico. Nevaba, y Belami y Abigail se divirtieron como locos.

Pasó la Navidad solo, pensando hasta las cinco de la madrugada en su novela y en posibles biografías de escritores rusos –Gógol sería el primero. Después viajó a Roma por un par de días para encontrarse con Margo. Compró libros, comieron en un restaurante de la Piazza Margata, donde había estado Goethe, y regresó para pasar Año Nuevo en casa.

Víctor Magdaleno y Antonio Saborit publicaron en esos días reseñas sobre la nueva edición de *El tañido de una flauta*. Saborit fue muy crítico. Con la distancia que da el tiempo, comparó a los escritores de la onda con Pitol, que "era un carcamal dado más bien a las retrospecciones y digresiones tal vez desproporcionadas para los refinamientos y gustos del día".[14] Por lo mismo: "*El tañido de una flauta* es una nota aguda ante un público indispuesto a celebrarla, una novela errante".[15] Valentín Puis, por otro lado, celebró la publicación de *El desfile del amor* porque revelaba una gran madurez del autor y su oficio: "la madurez de quien ya está más atento a la historia que cuenta que a la trascendencia porque sabe que todo llega si el lector sabe leer".[16]

Concluyó 1986 con una lista de personas y encuentros clave en su vida, personas que lo habían marcado emocional, intelectual y profesionalmente. Su hermano, su abuela y su tío en la infancia; Luis Prieto, Carlos Monsiváis, Gustavo Londoño, José Emilio Pacheco en México y sus años de la facultad; Ara Zambrano en Roma; Juan Manuel Torres y Krysztof en Varsovia; María Luisa Mendoza (la *China*) y Elena Poniatowska de regreso en México; Félix de Azúa, Pepe Donoso, Beatriz de Moura y los Trías en Barcelona; Piotr en Varsovia; Juan Soriano y Marek en París; Kyrim en Moscú; Margo Glantz en

---

14. Saborit. "El tañido quince años después". 36.
15. *Ibid.*
16. Valentín Puis. "Sergio Pitol. *El desfile del amor*". *El Universal en la Cultura*, 12 dic, 1986, p. 2.

México; los Herralde y Juan Villoro en Praga. Con esa compañía se fue a dormir y despertó el primer día del año nuevo.

Lisboa a la vista

Buenas noticias de Francia y de Italia. Severo Sarduy, que era el director de la sección de lengua española en la editorial Seuil, estaba interesado en publicar su obra; el traductor sería nada menos que Claude Fell, académico de gran renombre. En Italia, la editorial Feltrinelli aceptó publicar *El desfile*. ¡Felicidad total!

Aceptó la invitación de Tabucchi y planeó, junto con Margo, visitar Lisboa en marzo, pasar después una temporada en las islas Canarias. Su literatura iba por buen camino: había aprendido en su última novela a recrear las voces de varios personajes y reflejar con ellas sus personalidades y contextos. "¡Qué ganas de conocer los registros del idioma que se habla en México...! Y transformarlos en literatura. Cada día me parece más importante lo que ha hecho José Agustín".[17] Esta era una lección aprendida a sus cincuenta y tres años.

Una tarde de inicios de febrero, Bohus le comentó que debía hacer el servicio militar ese año; tendría que ingresar a un cuartel por seis meses. Había muchas cosas que ignoraba de su vida que le hacían sentir celos y, sobre todo, miedo al contagio. La relación se había convertido en una de amor filial, preocupado como estaba por su trabajo y su salud. Para pasar más tiempo juntos antes de la partida, lo invitó a Budapest. Estuvieron tres días en la capital húngara. Pitol presintió que el viaje sería una catástrofe, pero resultó ameno, hasta divertido. A su regreso a mediados de febrero, volvió a leer artículos sobre el Sida. La ignorancia sobre las causas del mal era rampante, un médico venezolano afirmaba que el contagio se daba por medio de las heces de los drogadictos, otro había sugerido que era por medio del semen. ¡Cómo podrían llegar así a descubrir una cura!

Gorbachov, por su parte, seguía dándole sorpresas y lecciones. Pitol se quejó durante años de la ceguera y la intransigencia de la derecha, de personajes del medio cultural como Paz, que se negaban a discutir las opiniones de sus contrincantes. Él fue muy consciente del fracaso de la ortodoxia comunista, un organismo inmóvil, cerrado y acrítico, por eso tradujo y admiró a los autores inconformes con el régimen. Sin embargo, sintió que se había filtrado

---

17. Pitol. "Praga". *SPP.* 24 de enero de 1987.

en él una actitud intolerante contra aquellos que criticaban al comunismo, una actitud muy similar a los del bando opuesto. Era eso, haber creado dos bandos irreconciliables, lo que había provocado tanto descontento y frustración. Gorbachov le enseñaba ahora a evitar la descalificación del otro con un argumento maniqueo.

Con vistas a su viaje a Portugal, empezó la lectura de José Saramago. Llegó marzo y con la primavera su viaje a la península ibérica. Como era ya su costumbre, se detuvo en Barcelona para encontrarse con Jorge Herralde, Lali Gubern, Vila-Matas y Margo Glantz. Le alegró descubrir por primera vez una total sintonía con sus amigos en cuanto al tema político. Todos alababan a Gorbachov y apoyaban la perestroika. A diferencia de otras veces, la prensa española informaba constantemente sobre el tema. Pero no todo fue política. Margo se llevó la noche en cuanto a la charla literaria, compartiendo con ellos sus tesis sobre el teatro de Calderón de la Barca. Era un teatro dentro del teatro, de máscaras y de equívocos. Un teatro muy parecido al de Tirso de Molina, que había utilizado en *El desfile del amor*.

Todavía desvelados, tomaron el avión a Lisboa. Le fascinó la ciudad. Había en ella una pátina de decadencia del antiguo imperio transatlántico; el río Tajo visible desde las cimas de los cerros a los que se llegaba por callejones de casas coloridas; las aceras de pequeñas piedras ordenadas en patrones elegantes; y los tranvías. "No hay modo de dejar de ser feliz en un lugar como este".[18] Fueron al teatro para ver una representación pasable de *El jardín de los cerezos*. Después escucharon fados en un salón del barrio antiguo de Alfama: Margo y él eran los únicos clientes; un espectáculo sobrecogedor. Al día siguiente visitaron las librerías y él estuvo en busca de más obras de Saramago. El autor portugués le había gustado mucho; dominaba la lengua y tenía una gran maestría para contar historias. Fue una estancia maravillosa, ensombrecida únicamente por las pesadillas. En Barcelona había soñado que al visitar una casa descubría en ella a dos jóvenes enfermos de Sida, uno apenas si podía hablar, el otro era casi un esqueleto; los propietarios, dos ancianos, se encargaban de cuidarlos. En Lisboa soñó que lo convocaban a la Cancillería porque el padre de Bohus había descubierto que su hijo estaba enfermo del mal; querían examinarlo a él y saber si era el responsable del contagio y, si lo era, castigarlo.

Después de Lisboa, una semana en Funchal, Madeira. Revisó sus diarios para rescatar todos los pasajes de su proyecto del Santo Niño. Hizo el trazo

---

18. Pitol. "Praga". *SPP.* 14 de marzo de 1987.

de la estructura y bosquejos de la novela. "Para mí, la novela es fundamentalmente un problema de estructura. Y la estructura me la dicta cierta música verbal que necesito oír: la voz, el tono, los tics lingüísticos de los personajes".[19] Terminó de leer *El último año de la vida de Ricardo Reis* y quedó deslumbrado. ¿Valdría la pena experimentar con los recursos narrativos de Saramago? Por ejemplo, el de las frases y los párrafos sumamente extensos. Sus cuentos habían aprovechado este recurso formal para crear tramas ambiguas, tiempos y espacios fragmentarios, la frontera difusa entre la realidad y lo onírico. Esta manera de escribir le era muy cercana. Lo trabajaría en Canarias cuando estuviera solo. Por lo pronto festejó su cumpleaños con Margo y continuó con su plan de lecturas, esta vez con *Histoire de la merde*.

Llegaron a Las Palmas de Gran Canaria un día después del inicio de la primavera. El contraste con Funchal fue notable. La isla portuguesa tenía una historia de fasto, visible sobre todo en la belleza de sus jardines; la mayoría de los turistas eran extranjeros ingleses y nórdicos. En Canarias había más vida, una atmósfera más genuina pero que podía ser descuidada y vieja. Dudó si quedarse ahí o buscar mejor un balneario. Antes de tomar una decisión, visitó la casa museo de Benito Pérez Galdós que lo impresionó mucho. Era uno de sus novelistas favoritos, conocía muy bien su obra y ahora caminó por la casa de un estilo muy rústico donde este nació y creció. Tenía la inspiración suficiente para adentrarse en su novela.

En los días previos a su llegada había reflexionado constantemente en los personajes (a la protagonista se le conocería como "Manitas de seda" y "Garritas de acero" por su trabajo como masajista) y en la estructura de la novela, que tendría tres tiempos, una introducción y conclusión, estas últimas situadas en una casa en Tepoztlán, México. Estaba por fin solo. Se mudó a un balneario en Maspalomas y empezó con la escritura. Dejó por un momento a Saramago para volver a *Las almas muertas* de Gógol, que era lo que más lo inspiraba. En menos de dos días, recuperó su fuerza y salud. Escribía a todas horas. En sus ratos libres se metía a la alberca o iba a la playa. Pasada una semana, el viernes 27, dio un paseo por los bares e identificó uno gay. Pensó en entrar, pero se contuvo imaginando la gran cantidad de enfermos de Sida bailando y ligando sin saberlo: la neurosis y la histeria de la abstención forzada y el miedo a la muerte. Prefirió entrar a una cabina de una sex shop a ver una película erótica.

---

19. Pitol. "El rostro y la máscara: entrevista con Sergio Pitol" por Efraín Kristal. 981–994.

Sábado y domingo encerrado en el cuarto del hotel escribiendo. Para el lunes tenía ya el primer borrador completo. Sopló con fuerza el siroco, que llevaba la arena del Sahara sobre las islas Canarias. El lunes se fue a dormir a las tres de la madrugada y el viernes había terminado con la transcripción a máquina de la novela. En Tiblisi nació su protagonista y la idea de la celebración escatológica; en Maspalomas descubrió a los hermanos Flores y la familia Millares de Tepoztlán. El domingo 4 de abril voló a Madrid donde pasó dos días en el hotel escribiendo. Estuvo a punto de perder el vuelo a Praga; por suerte, llegó a casa sin contratiempos. Esa primera noche siguió trabajando en su novela hasta las cuatro de la mañana. "Debo confesar que estoy bastante perplejo ante mis 'Manitas de seda'. Un relato nacido de la pura irracionalidad. No me logro situar críticamente ante él. O es muy bueno, o es una mamarrachada. ¡Qué diferente de todo lo anterior!"[20]

Mozart y Salieri

Gorbachov llegó a Praga. Él lo vio en la televisión: la gente feliz, las plazas llenas y grandes ovaciones. Esta visita fue motivo de alegría.

En cuanto a su novela, posiblemente causaría escándalo en el medio diplomático: una novela escatológica y sacrílega. Le recriminarían su desconocimiento del cargo que ostentaba. ¡Qué cansancio todo eso! ¡Qué deseos de recobrar su libertad y actuar como le viniera en gana! Si renunciaba al puesto de embajador perdería su casa de Praga y un salario de cinco mil quinientos dólares mensuales. Había abierto una cuenta de banco en Viena en la que depositaba la mayor parte de su salario. Tenía cerca de ochenta mil dólares ahorrados. Ese dinero, más su casa en Coyoacán y sus cuadros, sería suficiente para tener una vejez digna en México. ¿Pero por qué no mejor esperar y llegar a los cien mil? Cien mil era una mejor cifra.

En Relaciones Exteriores volvieron a hablarle de un posible traslado, esta vez a Helsinki. A él le atrajo la idea, como también le había atraído Atenas, lo importante era que sucediera y no se quedara solo en palabras. En esos días recibió la visita de Luz del Amo y del subsecretario de Relaciones Exteriores, Ricardo Valero. Su misión era la firma de un nuevo programa de intercambio cultural con Checoslovaquia. Pitol había organizado exposiciones de Juan Soriano, Manuel Felguérez y David Alfaro Siqueiros. En el Museo de San

---

20. Pitol. "Praga". *SPP.* 8 de abril de 1987.

Carlos en la Ciudad de México se expuso la obra de artistas checos desde el barroco a la actualidad. Era una relación exitosa y confiaban que siguiera ese rumbo. Pitol habló con ellos de su casa en Temixco. Mientras que él estuviera fuera, Luz visitaba y ocupaba la casa regularmente. Ella sentía que era un lugar ideal para aislarse de la capital. Les habló también de su última novela. Y al hacerlo se dio cuenta que debía cambiar su título: *Manitas de seda* se parecía mucho a *Boquitas pintadas* de Manuel Puig. Sin darse cuenta se tragó, en esos días, una muela con todo y tornillo. Le habló al doctor Roddy y para su fortuna el médico le aseguró que no había riesgos.

Quiso festejar el borrador concluido de su última novela comprando una pintura de Juan Soriano. Viajó a París para estar presente en su exposición. Le encantó lo que vio y la actitud de Juan, feliz y radiante. Mientras que él estaba en París, Bohus fue a Berlín. Antes de separarse, hablaron de su relación y el peligro que representaba ahora la infidelidad. Bohus le respondió con mucha madurez y sabiduría: era consciente del riesgo, pero la enfermedad no iba a impedir que viviera una vida plena en el trabajo, en sus *hobbies* y en el amor. No iba a dejar que el virus lo paralizara. Bohus era joven, su vida apenas iniciaba, ¡qué triste truncarla en ese momento!

De regreso en Praga, Pitol seguía debatiéndose sobre su futuro. "Mozart y Salieri: el eterno dilema... La dicotomía del escritor. El espíritu creativo vs. la necesidad de poder, o sed de honores".[21] Eligió finalmente a Salieri. El miércoles 10 de junio le escribió al secretario Bernardo Sepúlveda Amor solicitándole que se le mantuviera en su plaza hasta finales del sexenio. Fue consciente de lo que perdía con esta decisión: la imposibilidad de escribir un proyecto de largo aliento por las obligaciones constantes del trabajo; y la autocensura de temas inadecuados en su obra literaria. Pero fue mayor su miedo a vivir una vejez precaria e inestable en México. Su casa en Temixco sería como Mojácar y Canarias: clima tropical con un gran jardín. Mientras tanto, había que trabajar y ahorrar dinero.

La vida en la embajada siguió su curso. Le desagradó escuchar en una cena en la Embajada de Argentina un comentario homófobo. La pandemia del Sida cobraba no solamente vidas, también mermaba la tolerancia de la sociedad. Él debía ser fuerte, sobrellevar esos estallidos con calma. Otra pandemia de la que se enteró en esas fechas fue la de la violencia del narcotráfico en México. Cenó con el diplomático Jorge Montaño, acompañado de un subprocurador

---

21. Pitol. "Praga". *SPP.* 14 de junio de 1987.

de la República y un diputado morelense. Escucharlos le puso los pelos de punta. En su imaginario, el narcotráfico era un asunto del norte del país y la frontera con Estados Unidos. ¿Podría cambiar de manera radical la geografía de la violencia? ¿Podría llegar a la pequeña población de Temixco, que imaginó como un paraíso de serenidad? De acuerdo con estos personajes de la política el cambio estaba sucediendo y era casi inevitable.

Tres semanas después de haber enviado su carta al secretario Sepúlveda, seguía sin recibir respuesta. Qué joda esa incertidumbre, no saber si sería transferido, si se mantendría en su plaza. Con esa preocupación en mente, no había podido continuar con su novela. Le faltaba muy poco, revisar el borrador y transcribir de nuevo. Pero ¿para qué trabajar en ella si no podía publicarla? ¿Era cierto que no podía? ¿Estaba seguro de que la Cancillería se escandalizaría con el tema? ¿Acaso la Cancillería entendía algo de literatura? Dolores de cabeza y en el bajo vientre, dolores intensísimos: le habló a Roddy quien llevó a casa sus agujas electrificadas. Fue un tratamiento atroz. No pudo dormir en toda la noche. A las dos de la mañana volvieron los dolores junto con el provocado por las agujas. Estuvo a punto de gritar para pedir ayuda a su mayordomo. Asumió que la causa del dolor era la incertidumbre sobre su futuro y su deseo de volver a México frustrado por su miedo a la posible pobreza.

Las visitas de Bohus lo sacaron a flote. ¡Qué importaba que no compartieran los mismos conocimientos! Había afecto que, a su vez, le abrió la puerta a nuevos intereses. Por ejemplo, el mundo de los perros; le encantaba salir a pasear con ellos. Uno de los últimos domingos de julio, él y Bohus salieron al bosque de Strahov; era verano, el clima perfecto, el horizonte de varias tonalidades de verde y los perros corriendo de un lado a otro. Desde hacía unos meses, cuando Pitol había propuesto que su relación fuera platónica, Bohus le habló de otra relación romántica que mantenía con un alemán. Con el tiempo formaron una suerte de triángulo amoroso. Ahora Bohus lamentó que su otra pareja se había enojado con él acusándolo de llevar una vida sexual desordenada. En fin, quedaba menos de un mes para que iniciara su servicio militar. Quizá ese mundo, la disciplina del cuartel, le ayudaría.

Una mañana de agosto descubrió un color rojo, sanguíneo, en su orina. ¿Habría contraído el mal? Su último tratamiento de acupuntura lo había dejado peor que antes. Pensó en solicitar esta vez inyecciones de morfina, estarse una semana en un hospital encamado y leyendo. Al día siguiente su deseo se volvió realidad. Fue llevado de emergencia al hospital donde le descubrieron piedras en la vesícula. "Entregando toda mi energía a ahorrar para la vejez. La vejez ya está aquí, y posiblemente también la muerte".[22]

En el hospital le llegó la noticia del fallecimiento de quien fuera su agregada cultural, Estela Matute. Recordó que en su primer viaje a Viena juntos, ella no controlaba su esfínter y en un momento tuvieron que salir del coche porque ensució su ropa. Aun así, le sorprendió mucho enterarse de que esa mujer tan llena de energía, tan parlanchina y activa había muerto. En cuanto a su salud, el doctor encontró una piedra de tres centímetros en su vesícula. Para su fortuna no había afectado ningún otro órgano. Había, eso sí, que operar. Salió el viernes 14 de agosto del hospital. Estaría de vuelta en dos semanas. Aprovechó ese tiempo para planear la compra de un cuadro de Soriano, hacer su lista de lecturas y juntar los libros para el hospital: *Fortunata y Jacinta*, el *Quijote*, Bajtín, *Arráncame la vida* y el teatro de Chéjov. No llevaría el borrador de su novela, esa la revisaría después, con calma, en casa.

Se internó a las nueve de la mañana en el hospital. Seguro que en la Embajada los maldicientes dirían que ya se estaba muriendo de Sida. Desde que empezó la pandemia sentía que estaban muy atentos a su salud, esperando ver en él los primeros síntomas infamantes. ¡Allá ellos, que hablaran! Su habitación no tenía teléfono, mejor así. Vestido con sus piyamas se entregó a la lectura libre de distracciones. Inició con Benito Pérez Galdós. Cuando fueron por él para llevarlo al quirófano, estaba tan inmerso en *Fortunata y Jacinta* que casi había olvidado el motivo de su hospitalización.

La operación resultó un éxito. Después de cinco días, el primer viernes de septiembre llegó a casa e hizo llamadas, el más alegre al escucharlo fue Bohus. Bajó al día siguiente a su sala para ver el cuadro que había adquirido de Juan Soriano, *Calle de Tlacotalpan*. Era su premio a la sobrevivencia.

Durante su convalecencia recordó un momento en Córdoba, durante sus años de la secundaria. En su escuela lo veían distinto, como alguien raro, y lo trataban con violencia. Esa vez caminaba de regreso de la escuela a su casa, cuando un grupo de tres o cuatro estudiantes le gritaron insultos en la calle. Le arrojaron piedras. Era una calle más o menos transitada, donde había gente que lo conocía. Él caminó sin decir nada, soportando en silencio esa humillación. La gente en la calle escuchaba y veía, y él sin hacer nada. Quizá cargaba todavía con esa vergüenza. Podía ser ese el motivo de su enfermedad y su vida emocional inestable.

---

22. Pitol. "Praga". *SPP.* 6 de agosto de 1987.

Bohus fue de las pocas personas que lo visitaron regularmente. Lo cuidaba y se preocupaba por él. Saldría en dos semanas al cuartel, ubicado en Carlsbad. Ahora sí estaría completamente solo. El último martes del mes se vieron en el bosque de Strahov, que tenía a un costado un monasterio con una de las bibliotecas barrocas más bellas de Europa del Este. Llegó cinco minutos tarde y Bohus estaba ya esperándolo. Se le veía muy triste, pálido y preocupado. Lo abrazó y le deseó mucha suerte. En casa leyó un artículo que informaba que el Sida había llegado a Checoslovaquia con más de sesenta casos. ¿Cómo le iría a Bohus? ¿Tomaría precauciones? ¡Qué difícil esta nueva vida cargada de estigmas y humillaciones!

Carlsbad y Lanzarote

La URSS debía cambiar de manera drástica o desaparecer. Gorbachov se lo había confirmado. El régimen socialista, como existía ahora, había dañado a toda su gente. Las persecuciones y la censura fueron terribles durante décadas. Si antes Pitol las había tolerado como medios para alcanzar un fin mayor, ahora se daba cuenta de que habían enfermado el organismo. Los medios eran los fines y la intolerancia en política cosechaba intolerancia en todos los ámbitos de la vida. Si la URSS estaba mal, ¡qué decir de Cuba! Ese fantoche dictador había convertido el ideal socialista en una parodia, y la persecución y el castigo en el pan de cada día. Los artistas y disidentes fueron mártires y ahora solo había en la isla discípulos incondicionales.

Ya era seguro que podía quedarse en la embajada hasta el final del sexenio; se lo informaron desde la Secretaría. Debía tener finalizada su novela del *Santo Niño* y su libro de ensayos para mayo o junio del siguiente año. Tendría en el banco cien mil dólares ahorrados. Continuó con su lectura de Bajtín, *La cultura popular en la Edad Media y el Renacimiento. El contexto de François Rabelais*. Al terminarlo, transcribió en fichas las notas que había hecho al margen del libro. Desarrolló así mejor sus ideas. "Ha sido mi libro de este año. Me da muchas ideas para *El Festín*".[23] Monsiváis lo visitaría el 15 de noviembre. Deseó tener un primer borrador completo de su novela para dársela a leer y recibir su opinión. Las lecturas de sus amigos fueron siempre muy importantes, desde Juan Manuel Torres en Varsovia hasta Juan Villoro desde Berlín.

---

23. Pitol. "Praga". *SPP.* 24 de octubre de 1987.

Decidió postergar la escritura de su ensayo sobre Flann O'Brien y llevar a Carlsbad el borrador de su novela. Se instaló en su cuarto de hotel el último martes del mes. Tomaba baños en los manantiales de aguas termales por la mañana, el resto del tiempo lo dedicaba a leer y a su novela. Reescribió la primera parte por parecerle muy trivial y descabellada. Sentía a veces que no había un significado más profundo en su texto, que era solo superficie. Cuatro días después de su llegada se encontró con Bohus. Tomaron café y de pronto terminaron hablando de la vida romántica del joven: había terminado su relación con su otra pareja, el alemán, o al menos eso creía. Se le humedecieron los ojos de lágrimas y Pitol reparó entonces que su relación en realidad se había enfriado, que quizá nunca fue verdadera:

> Me di cuenta de que no soy sino una especie de pequeño lujo superfluo que le tocó en la vida: soy mi gran casa, la videocasetera, el aparato de sonido, el *whiskey*; quizá un poquito más, pero no demasiado. Y eso me produjo una tristeza que hubiera podido tirarme al río.[24]

Perdió la concentración en su novela y pasó una tarde entera encerrado en su cuarto jugando solitarios. Al día siguiente buscó un café para evitar caer en el mismo marasmo. Por fin pudo desarrollar el personaje de Dante C. de la Estrella basándose en un empleado de su embajada. Estuvo con él un par de días, preocupado únicamente de que se pareciera mucho a Martínez, su bastonero de oro. Quiso evitar también caer en los terrenos de la metanovela. Una narración más directa sin ser lineal, más clara sin ser únicamente el relato de una anécdota. Terminó la tercera y última semana en Carlsbad animado con la escritura del capítulo de Marietta Karapetian. Ella lo mantuvo despierto hasta la medianoche.

Regresó a Praga para recibir a su amigo Monsiváis sin haber completado el borrador de su novela. Ni modo, se la enviaría en otra ocasión. Pasaron unos días en la capital checa y luego viajaron a Budapest. Su amigo le dijo que desde el comienzo de la pandemia había terminado su vida sexual. Tenía al menos más tiempo para trabajar. Pitol le habló de su nueva novela y del miedo a caer en el sinsentido. Intercambiaron lecturas, contaron chismes, se rieron mucho y al final se sintieron un poco deprimidos. Cuando partió Monsiváis, planeó de inmediato un viaje a Lanzarote con Margo. Gastaba mucho dinero en viajes, pero era la mejor manera que tenía de no sentirse solo y poder escribir.

---

24. Pitol. "Praga". *SPP.* 31 de octubre de 1987.

"Para lo que llaman el 'acto de creación' necesito salir de mi casa –[le dijo Pitol a Barberena]–, estar en un lugar que no tenga recuerdos personales, desnudo de elementos míos. Puede ser un café, en cuarto de un hotel".[25]

Salió de vacaciones el viernes 18 de diciembre. Para el siguiente martes estaba ya en una de las islas más extraordinarias del archipiélago de las Canarias; de tierra volcánica, con un mar de varios tonos de azul y playas de arena proveniente del Sahara, Lanzarote parecía ubicarse en el inicio de la creación. Dos días en ese lugar mágico y luego llegaron Margo y Luz. Festejaron juntos la navidad y al día siguiente se levantó temprano para transcribir a máquina su novela. Interrumpió su trabajo debido a que la máquina se descompuso. Quedó arreglada en un taller de la ciudad de Arrecife y de vuelta en su retiro.

Margo se regresó a Londres el primero de enero y al día siguiente partió Luz. Pitol inició el año 1988 revisando y reescribiendo los capítulos V, VI y VII de su novela. Después el gran final y la relectura del borrador completo. El martes 12 estuvo seis horas frente a la máquina de escribir. Al día siguiente: "¡Qué inseguridad tan terrible! Jamás me había sentido tan mal ante una cosa mía".[26] Terminó la novela el miércoles. Dos semanas dedicadas a la escritura, la playa y a la lectura de Gógol. Si así iban a ser sus días en Temixco, tendría la felicidad garantizada. El sábado estuvo hasta la una de la madrugada leyendo y pensando en posibles títulos: *La divina garza*, *¡Vámonos con la divina garza!* O *La doma de la divina garza*. El lunes, cuando terminó de leer su borrador, temió haber escrito su peor novela. Eran los mismos ciclos de confianza e inspiración alternados con inseguridad y reprimendas que había experimentado desde siempre.

Partió de Lanzarote rumbo a Sicilia. Se hospedó en el Excélsior de Palermo. Su plan de vacaciones y visitas turísticas se canceló debido a la reescritura de la novela que seguía su cauce de manera imparable. Encontró finalmente el título, *Domar a la divina garza*. Y se detuvo en los cafés para hacer, de nuevo, planes de trabajo: sobre todo limar el lenguaje y perfeccionar la estructura. Más de un mes fuera de Praga, en el mar y el sol del Mediterráneo. Cuando regresó al trabajo a finales de mes, fue como si siguiera en Lanzarote. Transcribió el primer capítulo con el temor de que no fuera lo suficientemente tentador y atractivo, que cayera otra vez en la metaficción. Aun así prefirió

---

25. Pitol. "Sergio Pitol escribe tres novelas sobre la historia moderna del país. No soy exiliado: estoy ligado a México" por Miguel Barberena. 1, 3.
26. Pitol. "Praga". *SPP.* 13 de enero de 1988.

conservarlo. Planteaba en él las guías que desarrollaba en el resto del texto: Bajtín, Gógol y Pepe Brozas. Esas eran las tres rutas, con sus encuentros y entrecruces. Si antes había escrito una novela de enigma ahora se adentraba a la picaresca y al carnaval grotesco.

El último domingo del mes trabajó en su novela hasta las tres de la mañana. Dos días después, el martes, pasó ocho horas sentado frente a la máquina. Al día siguiente se volvió a ir a la cama a las tres. No entendía del todo esa novela, no estaba seguro de si le habría gustado leerla, en caso de haber sido escrita por otra persona. Notaba, eso sí, una fuerza extraña y soterrada, una fuerza ctónica que no había estado antes en su literatura. Recordó el consejo de Juan Soriano. "Creo que ya voy siguiendo la lección de trabajo diario en que tanto me insistía durante mi estancia en París".[27]

El trabajo diario no significaba, por otro lado, que tendría éxito. La novela podría resultar ser un bodrio repulsivo. Esas eran las reglas del juego, tenía que aceptarlas o renunciar. El viernes 19 de enero volvió a desvelarse hasta las tres de la mañana transcribiendo el capítulo IV. Y al día siguiente, trece horas de corrido revisando el último capítulo. Para su gran fortuna, recibió carta de Juan Villoro y de inmediato pensó en enviarle su novela. Si a él le gustaba su *Divina Garza*, la apuesta estaba parcialmente ganada. El domingo habló con él por teléfono y al colgar se dedicó a revisar los últimos capítulos. La leyó completa el miércoles; nueve horas de lectura hasta las tres de la mañana. La estructura funcionaba, era divertida sin ser banal; la salvaba la idea del carnaval en contra del mundo de la solemnidad, del derroche en contra de la rapiña. Le envió la novela a Villoro.

Su escritura le devolvió la alegría en un momento particularmente difícil. Un día estaba ahorrando para una vejez apacible y gozosa en México y al otro se descubrió viejo, enfermo y achacoso. La convalecencia después de su operación de vesícula fue particularmente dolorosa. Salvo por Bohus, las visitas fueron muy escasas, uno que otro miembro de su personal. A pesar de esto, su novela no revelaba sus pesares. Había sido escrita con alegría, como una puerta de escape al mundo que padecemos, aunque sea solo una salida temporal. Se dejó llevar por ese mundo paralelo de la imaginación creativa. Como era su costumbre, llevó el borrador de su novela a Viena, para enviarla desde esa ciudad a Barcelona. El viernes 4 de marzo, la *Garza* voló fuera de sus manos a las de Herralde y de ahí, si corría con suerte, al mundo.

---

27. Pitol. "Praga". *SPP.* 15 de febrero de 1988.

Sacha

Bohus terminó el servicio militar el 1 de marzo y quedaron de verse de nueva cuenta en la ciudad. Los meses que había dedicado a su novela fueron de total castidad. Con Bohus regresaron los días felices seguidos, como siempre, del miedo. Se impuso un nuevo examen de sangre. El 16 de marzo fueron juntos al laboratorio. Mientras recibía los resultados, otras noticias lo mantuvieron ansioso. ¿Había leído ya Jorge su novela? ¿Le gustó? ¿Por qué no le hablaba? Dejó pasar una semana antes de hablarle por teléfono. Fue directo al punto. Su editor le respondió que sí, le había gustado mucho, salvo el final: el diálogo entre el abuelo y su nieto era muy extenso, un tanto vago. Pitol estuvo de acuerdo con la crítica, lo corregiría. ¿Cuánto tiempo le daba? Si terminaba en un mes, Herralde podría publicarla en septiembre. ¡Apuesta ganada! Su trabajo de horas, días, meses había rendido fruto. La *Garza* saldría al mundo.

Su banco le informó que había alcanzado los cien mil dólares ahorrados. Con ese dinero podría vivir cómodamente durante dieciséis años en México. El viernes 18 cumplió cincuenta y cinco años. Una semana después corrigió la novela. Se fue a la cama a las cuatro de la mañana. Despertó tarde el domingo y de nuevo al trabajo. La única nube que planeó sobre su ánimo fue enterarse, por medio de Margo, del enfisema pulmonar de Lya Kostakowsky, la esposa de Cardoza y Aragón. Estaba muy grave, al borde de la muerte, a causa del cigarro. Y él que padecía desde hace años de los pulmones sin dejar de fumar. Era un suicidio lento que lo frustraba y enfurecía consigo mismo.

Terminó el plazo impuesto por Herralde. "En general trato de cumplir con un horario de trabajo que me puse hace 30 años –[comentó Pitol en una entrevista]–, cuando descubrí que la dispersión y la falta de dominio sobre el tiempo eran mis peores enemigos: veintiún horas semanales a la escritura, siete al estudio de idiomas y de siete a diecisiete a la lectura. Hay veces que tengo déficit de una cosa, pero lo compenso con el superávit de otra".[28] El primero de abril salió de nuevo su novela desde Viena. Continuó esta vez su viaje hasta Eslovaquia, al pequeño poblado de Stary Smokovec, enclavado en las montañas de los Altos Tatras. Le ayudó saber que a Margo le había gustado su novela. Temió que fuera a parecerle frívola y superficial.

---

28. Pitol. "La dispersión y la falta de dominio sobre el tiempo, los enemigos: SP. El escritor debe anotar sistemáticamente todo". 1, 3.

Belami, el perro de Bohus, ganó una competencia canina en Bratislava. Con dos competencias más sería el campeón de toda Checoslovaquia. En esos mismos días, Abigail, la compañera de Belami, tuvo ocho cachorros. Pitol le pidió a Bohus que le regalara uno; lo llamaría Sacha y sería seguramente un perro precioso y bien educado. Cuando sentía que revivía entre ellos una relación afectiva y saludable, Bohus lo volvió a decepcionar. No dejaba de frecuentar los lugares de riesgo al contagio y después le mentía, le aseguraba que se estaba cuidando.

Al menos sus resultados de laboratorio salieron bien. Estaba libre de la peste y de cualquier otro padecimiento. Bohus llevó una botella de champaña para festejar. Estuvo muy afectuoso esa noche. En un momento de la velada se puso un tanto confesional: disfrutaba en la manera de lo posible de su vida y sentía que solo por eso causaba de pronto miedo, asco, hasta repulsión en la gente. Entendía que no era él, que era el miedo al mal; aún así era muy difícil aguantar esas miradas. La charla con Bohus lo llevó a recordar, en los días siguientes, momentos de su infancia y adolescencia en Potrero. Fueron años muy difíciles. Recordó el robo, en casa de su mejor amigo, Evaristo Colina, de una pieza que la familia guardaba en la vitrina. Su abuela lo descubrió y castigó severamente. La pieza no era un juguete que hubiera robado para jugar con él, era un objeto brillante y bello. Después, a los trece o catorce años, un pleito con su hermano Ángel antes de irse a la cama a dormir. Entró la abuela a su cuarto para regañarlos y su hermano le respondió que no quería hablar con él, con Pitol, porque era maricón. Algo se rompió esa noche entre su hermano y él, se dejaron de hablar por años. Lo peor es que no fue un hecho aislado. Un año después, su abuela le pidió que llevara a su primo al salón de belleza. Él se negó porque temía que sus compañeros lo vieran rodeado de señoras, como esperando su turno en el salón. Su abuela perdió los estribos y le gritó: "¡Claro, claro, no quieres ir porque allí solo van mujeres y a ti solo te gusta estar donde hay hombres! ¡Debería darte vergüenza!".[29] Tuvo seguridad y estabilidad económica, pero feliz no fue su infancia. Cuando llegó a la Ciudad de México e ingresó a la Facultad de Derecho se abrió un nuevo mundo donde pudo expresarse sin miedo.

Un viernes de abril tuvo un altercado fuerte con un trabajador de la Embajada que le reforzó su idea de dejar el puesto. El fin de semana habló con los Herralde para indagar si podía visitarlos en esos meses. Coincidieron en la última semana de junio. De regreso en la embajada, escribió el martes 19 una

---

29. Pitol. "Praga". *SPP.* 30 de abril de 1988.

carta a Relaciones para solicitar su baja en julio. Dos meses era lo más que podía quedarse en ese lugar. Tuvo la gran suerte de encontrarse con Juan y Marek, que se detuvieron en Praga en su viaje a Varsovia. Pudo escaparse una noche, después de tres recepciones y un encuentro con el presidente de Grecia, para caminar por el parque con su amigo. Ahora que era una realidad, pensó en México. Debía evitar a toda costa la guerra de las camarillas, no caer en provocaciones ni entrar en pleitos innecesarios con el grupo de Paz. Para eso le ayudaría mucho la distancia de su casa en Temixco. Muy importante era no deberle favores a nadie, aunque esto le costara poder ser publicado. Herralde era su ancla y su proa, le daba la seguridad para crear con plena libertad y la posibilidad de ser leído en el mundo de habla hispana. En tanto que tuviera a Anagrama estaría a salvo.

El segundo domingo de mayo Bohus trajo a Sacha para que conociera su casa. Dos días después se mudó con él. Le arregló su cama en la cocina, pero aulló toda la noche. "¡Qué desolación la del pobre Sacha! Una orfandad que me recuerda la mía. Sus ojos son casi humanos. Lo que hace su dolor aún más desesperante".[30] Estuvo triste todo el día y volvió a aullar en la noche. Pitol no pudo más y lo subió a su cuarto. Durmió tranquilo, aunque él, Pitol, despertó muy agitado. ¿Qué hacer? Debía mostrar autoridad sin ser autoritario. Volvió a bajarlo a la cocina y de nuevo los gemidos. Cuando lo vio a la mañana siguiente se le notaba sumamente triste, desconsolado. Ni modo, dormiría con él.

Recibió una llamada de Monsiváis. Había leído su novela. Lo hizo reír hasta desternillarse. Pitol sintió que le quitaban un peso de encima. Margo, Jorge y ahora Monsiváis habían coincidido en su juicio. Al entrar en el nuevo territorio del humor, quizá por un prejuicio, temió que su novela fuera superficial, tonta e inconsecuente. Sus amigos escritores le habían convencido de lo contrario. Dos novelas en Praga y una serie de ensayos, ¡jamás lo hubiera creído! Una estancia a todas luces exitosa que estaba por llegar a su fin. Ese mismo día, el 15 de junio, recibió un telegrama de la Secretaría en el que autorizaban su baja por retiro.

Dejar Praga

Sacha finalmente se habituó a su casa. Había que sacarlo a pasear al parque, atender a sus ladridos, revisar su comida y otras tantas tareas. Casi como tener

---

30. Pitol. "Praga". *SPP.* 10 de junio de 1988.

un hijo. Al menos recibía de él mucho afecto; era un perro muy cariñoso al que tuvo en su casa desde cachorro. Pensando en su próximo viaje a México, se preocupó por el clima de Temixco, muy caluroso para él, que era de una raza acostumbrada al frío. Ese y otros problemas surgieron con el transcurso de los días. El más importante, en cuanto a su persona, siguió siendo evitar las rencillas a las que era tan propicia la cultura y, posiblemente, la sociedad mexicana entera. Fuera el clasismo o el racismo exasperantes o ambos, lo cierto es que México podía ser muy violento, y ahora que su regreso era inminente se preocupó por eso.

Llegó a Barcelona el domingo 19 de junio en su último viaje como embajador. Esa noche cenó con Jorge Herralde, Lali Gubern, los Tusquets y los Goytisolo. Bebió, comió y fumó mucho. Se fue a la cama a las cuatro de la mañana y al mediodía del día siguiente estaba ya en las oficinas de Anagrama. Firmó el contrato de su última novela. Herralde le confesó que sus ventas eran en general mediocres. A pesar del premio, *El desfile* no era ningún best-seller, tampoco le auguraba buena suerte a la *divina garza*. El problema, claro, no era su calidad literaria por la que apostó desde un inicio. Podía ser en cambio un asunto de nacionalismos; quizá si lograba llegar al mercado mexicano con su editorial tendría mejor suerte. Eso lo intentaría Herralde. Pitol se limitó a escucharlo, desearle suerte y, con el dinero del anticipo del contrato, fue a una tienda a comprar un traje de marca carísimo.

Aprovechó el viaje para ir a las oficinas de la revista *Quimera* a entregar su artículo sobre Flann O'Brien y dar una entrevista a Miguel Riera. En ella habló de su novela *El desfile del amor*:

> Cada frase tiene que ser como un ladrillo que va construyendo un edificio... Esos elementos van preparando el lector para una revelación que debe darse pausadamente, ya que cada nuevo dato parecerá resolver un enigma; sin embargo, lo hará con tal maña que, en vez de aclarar la situación general, la volverá más brumosa.[31]

Sus protagonistas fallaban en sus búsquedas; así también con el narrador de *Juegos florales* quien no podía terminar su novela. Pero en el intento –en la investigación y la escritura imaginada– se concretaba la historia, sucedía la magia.

---

31. Pitol. "Sergio Pitol inmune a las modas". 49.

En su primera estancia en Barcelona quiso traducir *At Swim Two Birds* de Flann O'Brien. Esa era una novela que lo había apasionado sobre todo por el juego de espejos y laberintos al que había sido tan aficionado; eso que a la postre se definió como metaficción y que había sido el centro alrededor del cual giraron sus primeras novelas. Su ensayo recordaba ahora ese periodo con aprecio y admiración, a pesar de que estaba ya en otras esferas, girando alrededor de otras obsesiones. Comió de nuevo con Jorge, Lali, Vila-Matas y los Tusquets, en casa de Beatriz de Moura. La velada terminó a las tres de la mañana. Al día siguiente tomó el avión a Milán, donde hizo una parada para comprar libros: un día entero a la caza de las últimas publicaciones de autores rusos. En su casa en Praga lo recibió Sacha saltando y ladrando de alegría.

A finales de junio de 1988 se llevó a cabo la conferencia del partido comunista soviético. Su amiga Danuta estaba en Praga de visita y juntos vieron los programas televisados. Había una fracción reaccionaria que podía derrocar a Gorbachov. Sería terrible, todo lo ganado hasta entonces –perestroika, democracia, glásnost– desaparecería: una vuelta atrás a un mundo intolerable, a una dictadura represiva como la que había en Cuba. Cuatro días y las conferencias del partido siguieron y Gorbachov se perfilaba como el ganador. Mientras sucedían las batallas en el partido, él enfrentó su último problema en la Embajada. Uno de sus subordinados, a quien llamaba Pepe Brozas y que le había hecho la vida imposible, quedaría como encargado de negocios: el puesto más importante detrás del embajador. Brozas entró a su oficina y hurgó en sus cajones en busca de una de sus cartas de presentación, esto con el fin de mandar a hacer las suyas con el mismo modelo. Se quedó helado y después fúrico. No reaccionó ante Brozas en el momento y la ira se le fue acumulando después al recordar lo sucedido. Se quedó con esa piedra en el estómago y así despidió a su amiga Danuta, quien volvió a Varsovia; y así dio su discurso de despedida en su embajada. En fin, pendejos como este le habían arruinado el trabajo, y no le causarían una molestia más.

Al día siguiente, el primero de julio, al planear la mudanza, uno de los trabajadores le comentó que el embajador previo se había llevado cincuenta y dos cajas solo de cristal. ¡El cinismo! ¡El robo descarado de los empleados del gobierno! Él se iba con las manos limpias. Tan solo con su salario había ahorrado para una vejez digna, ¡qué más quería! A Sacha le afectó mucho el cambio, se quedó postrado toda la mañana. Si seguía así lo tendría que llevar con el veterinario.

Esa tarde de julio tuvo su último encuentro con Bohus. Su vida en Praga había sido totalmente distinta gracias a él. Desde que lo conoció, su compañía le había dado momentos felices y también angustiantes. Habría deseado que las cosas fueran distintas, que no hubiera surgido el mal terrible, que una vez expandido el Sida hasta Checoslovaquia se hubieran comprometido a una relación fiel y exclusiva. No se pudo, y a la salida del bar, después de haberse dado un abrazo, Pitol caminó solo de vuelta a casa.

Terminó la reunión del Partido Comunista soviético y Gorbachov salió victorioso. El mundo cambiaba para mejorar, al menos una parte del mundo. Praga alcanzó una temperatura de 30 grados. Extrañó entonces a Bohus, podrían haber salido a caminar con los perros y después una comida o una película en casa. Fue solo al trabajo y regreso solo a casa.

Un artículo en la revista *Vuelta* lo sacó de su apatía. Increíble la manera en que Enrique Krauze había atacado la obra de Carlos Fuentes. De él decía que era "un gringo niño de origen mexicano"[32], un tipo sin identidad. En sus novelas exageraba los estereotipos cuando no inventaba personajes vacíos: un fluido, una cascada de lenguaje sin contenido. Había adaptado el desafío formal de Joyce con la velocidad extrema del escritor profesional, sin ningún otro personaje más que él mismo: de Joyce a *Yoyce*. Sobre sus decisones políticas, habían sido simplistas y equivocadas. En un intento casi por psicoanalizarlo, Fuentes es diagnosticado con un complejo de amor/odio a los Estados Unidos de América; las revoluciones latinoamericanas –Cuba, Nicaragua– y el gobierno de Echeverría eran la respuesta de David ante Goliath. Toda la realidad histórica y política obedecía a esa dicotomía: para Fuentes la frontera norte era una cicatriz. ¿Por qué esa saña? Leyendo entre líneas entendió que estaba de por medio el Premio Nobel. El grupo de Paz había enfilado la metralla contra su principal competidor. En la reseña se menciona el nombre de Paz catorce veces: todos son elogios. Qué manera tan ruin de atacar a un rival. Si no se cuidaba podría pasar lo mismo con él: al pelotón de fusilamiento.

Había dejado la tumba de Kafka para el final de su estancia. Esa tarde entró en el nuevo cementerio judío, ubicado al este de la ciudad. En la lápida de estilo cubista estaba inscrito su nombre con el de sus padres. Pitol estuvo en su misma ciudad, pensando y esbozando la trama para sus dos novelas, leyendo a autores nuevos y releyendo a sus clásicos, algo había compartido con Kafka, uno de los grandes del siglo. Fue a su tumba para rendirle sus respetos.

---

32. Krauze. "La comedia mexicana de Carlos Fuentes". *Mexicanos eminentes*. 236.

En México, después de casi diez días, se dieron finalmente los resultados de las elecciones presidenciales. Fue claro que el candidato oficial del PRI no obtuvo la mayoría de los votos, era de hecho muy probable que hubiera perdido por un gran margen ante el candidato de izquierda, Cuauhtémoc Cárdenas. Las transas y chapuzas orquestadas desde la Secretaría de Gobernación, que argumentó la caída del sistema de conteo de votos, arreglaron los números para atribuirle una victoria con el 51% al candidato oficial. Se daba una buena batalla para democratizar al país. La izquierda podía recobrar el poder y eso le dio a Pitol ánimos y fuerzas para volver y luchar desde su trinchera por una sociedad más igualitaria y justa. Mientras que en el *Herald Tribune* Octavio Paz descalificó a la izquierda mexicana, su amigo Monsiváis defendió a Cárdenas. Los bandos estaban claros, y ¡qué ganas de apoyar a su amigo, de estar con él! Pitol comentó para el periódico *La Jornada*: "El pluralismo actual y la lucha contra el fraude signfica un acontecimiento nuevo, que yo no había esperado ver en toda mi vida".[33]

Alfonso Herrera Salcedo lo sustituiría en el cargo de embajador. Pitol lo conocía y aprobó la decisión. Su empleado, a quien llamaba el Brozas, daría un berrinche. El muy estúpido había pensado que podría llegar al puesto, y al descubrir que este no era el caso su osadía se convertiría de nuevo en una total y servil sumisión.

Salió una noche a pasear por el parque Letna y reconoció a la distancia a Bohus. Quiso darle la vuelta, pero el otro lo vio y no hubo manera de escapar. Bohus deseaba volver a ver a Sacha, si era posible un último encuentro entre él y su madre Abigail. Al día siguiente, en casa, cuando supo que él llamaba por teléfono prefirió no contestarle. Pitol había hecho su despedida y no le veía sentido a un nuevo encuentro. "Doy ya mi vida sexual por terminada. Cuando exista al fin la vacuna contra la peste, seré ya un reverendo cacalache".[34]

Fue a Viena el último viernes del mes para arreglar sus asuntos bancarios. El primero de agosto fue su recepción de despedida. Leyó un texto muy emotivo y pasó después por cada una de las mesas para agradecer la presencia de los invitados. Casi tres horas, las últimas, de ese mundo que había conocido a distancia cuando ingresó a la diplomacia, sirviendo en la embajada en Belgrado, y que desde hacía cinco años vivió como embajador. Un mundo de lujos, de

---

33. "Sergio Pitol en España: México recobra la esperanza de una vida democrática", *La Jornada*, 20 sep, 1988, p. 17.

34. Pitol. "Praga". *SPP.* 19 de julio de 1988.

discursos somníferos y uno que otro personaje excéntrico. ¡Adiós divinas garzas envueltas en huevo! ¡Adiós bastoneros de oro: Martínez y Brozas! Quedaban en sus novelas que era más de lo que merecían.

"Sergio Pitol vuelve a casa para dedicarse a escribir"[35] tituló la nota *El Universal en la Cultura*. Al realizar una valoración de su trabajo hasta entonces, comentó: "Fue una experiencia extraordinaria (...) Enriquecer nuestra cultura al relacionarla con otras, de las cuales se tenía poca idea, poca información y un mínimo contacto".[36]

Terminó un ciclo. Los viajes, el aprendizaje, el anhelo de escritura en diálogo con otras lenguas extrañas, ajenas a la suya, ¿había logrado cumplir su sueño? Si tan solo... Era lo que era. Un escritor de manías que cambian y de obsesiones que permanecen, que crecen incluso sin llegar a ser molestas: la obsesión de escribir, de crear, de representar la realidad de una manera original, nueva, representar la imposibilidad de la representación: un laberinto circular. Salvo que sí hubo un final, una cámara central en la que encontró la obra, la plenitud, una cámara de la que pudo salir después para dedicarse a otros proyectos: laberintos paródicos, grotescos, lúdicos. Divertirse en el proceso de escritura. Escritura en Mojácar, Madeira, Lanzarote, Varsovia y Moscú. Haberlo soñado, haberlo vivido. Un hombre maduro con un cuerpo débil, enfermo, inconstante, aunque ¿cuándo no? La salud física era un privilegio para otros, él gozaba de destellos de bienestar y de rituales de curación: Marienbad, Carlsbad, Maspalomas. El fin de un ciclo, el fin del viaje: un viaje a la exploración de laberintos formales y otro por la semiderruida y entrañable Varsovia, las sensuales y ardientes Belgrado y Tibilisi, el Moscú de la creación –así como lo fue de Tolstói y Chéjov–, la Praga brumosa y medieval que para él fue brillante y medieval, la Barcelona de la fiesta y los amigos, el Bristol universitario y el París de Piotr. Fin del viaje y regreso a su país, a su lengua, a su ermita, acompañado de Virginia Woolf, Dickens, Mann, Chéjov, Tolstói, James, Austen, Andrzejewski y Gombrowicz. Sus amigos, sus lecturas, su familia. ¿Qué escribiría ahora? ¿Ensayo, novela, cuento, autobiografía? ¿Un ensayo que incluyera todo esto?

Empacados sus libros, cuadros, samovares y otros objetos de valor, almorzó en el Ministerio para presentar su despedida. Y ahora sí, el domingo 7 de agosto tomó el avión rumbo a Frankfurt. Iba vestido con traje de gala, chaleco

---

35. Rueda. "Sergio Pitol vuelve a casa para dedicarse a escribir". 45.
36. *Ibid.*

y frazada; el resto de los pasajeros andaban en mangas de camisa y sin zapatos. ¿Estaría enfermándose de algo? De libertad, pero sabría acostumbrarse. En el avión tuvo una preocupación fugaz al recordar que no había visto quién ni dónde empacaron sus diarios. Mierda, si no los traía consigo, estaba perdido. ¡Claro que los traía! Debía traerlos, no era lo suficientemente distraído como para haberlos olvidado, ni él llegaba a tanto. ¿O sí?

Aterrizó en el aeropuerto de Frankfurt, donde había estado en tantas otras ocasiones, incluyendo la del Año Nuevo de 1985 leyendo a Chéjov. Terminó una época, fin de un ciclo: "De que algo en mi vida se está cerrando en este momento, no tengo la menor duda, pero ¿qué es lo que comienza?"[37] Buscó la puerta con destino a la Ciudad de México. Al entrar al túnel de abordaje, supo que del otro lado lo esperaba la vejez, su retiro, el fin del amor, el renacer de la amistad y su compañera de siempre, la creación.

---

37. Pitol. "Praga". *SPP.* 7 de agosto de 1988.

CODA

¿Qué es lo que comienza después para Pitol? Una vida sedentaria en Coyoacán, Temixco y Xalapa. México será su base donde recibirá a sus amistades cultivadas en el extranjero y desde la cual viajará, sobre todo, a Europa y a América Latina. Son años de consagración literaria mundial; premios, entre ellos, el Cervantes (2005); grandes ventas; estudios académicos; congresos y conferencias en su honor. Su escritura se dará en el género del ensayo, que innova al conjuntar en él la narración autobiográfica o autoficcional con la discusión literaria. Su *Trilogía de la memoria* comprende tres de sus libros más significativos, originales y aclamados por el público y la crítica: *El arte de la fuga*, *El viaje* y *El mago de Viena*. Son trabajos que revelan una agilidad narrativa, dominio del lenguaje y un conocimiento profundo y pasional de la literatura, la pintura y la música. De acuerdo con Margo Glantz, la erudición de Pitol nunca fue pretenciosa ni un fin en sí misma: "Su erudición era la vida misma".[1] Esto es lo que revelan sus ensayos; son un portal al mundo de la cultura occidental acompañado de un Virgilio sabio, ameno y fraterno.[2]

---

1. Margo Glantz. Entrevista personal. 29 de mayo de 2021.
2. Uno de los primeros estudios sobre la ensayística de Pitol es el libro ya mencionado *Sergio Pitol, ensayista* de Luz Fernández de Alba. A él se agregarán los artículos de Esperanza López Parada "Memoria y olvido en la autobiografía: Sergio Pitol y el dato que falta" y de Oswaldo Zavala "La síntesis y su trascendencia: Sergio Pitol, la escritura autobiográfica y el fin del occidentalismo". López Parada refiere el concepto de metamemoria como un tropo o un símbolo de la poética de Pitol: escritura sobre escritura, memoria sobre la memoria: aquello que recuerda y vivió está ligado a la lectura y relectura. Más reciente es el libro *Pitol, la máscara en el espejo del alma* de Daniel Ayala Bertoglio. Bertoglio estudia *El arte de la fuga* utilizando los conceptos de memoria y escritura, narración y ensayo; revela además la utilización del género del diario, la crónica y el cuaderno de viaje para

¿Qué terminó en este viaje de Pitol? Su obra de ficción. Salvo un primer libro de cuentos y una última novela, que ya había esbozado en Praga, toda su ficción se publicó y se escribió en estos años en el extranjero. Esta obra se escribió frente al desafío que habían impuesto las vanguardias de comienzos de siglo, de autores como James Joyce, Virigina Woolf y Marcel Proust. ¿Cómo escribir de manera original, novedosa, sorpresiva cuando estos autores ya lo habían hecho, aparentemente, de todas las maneras posibles?

Imaginemos a un narrador en tercera persona que relata una historia con personajes a los que conoce a la perfección: su psique, su lenguaje, sus pasiones, sus miedos. Entre la voz del narrador y la del personaje hay una distancia infranqueable que es la del dios y sus criaturas. A esta literatura, que tuvo su mayor logro en el siglo XIX, se le nombró en muchos casos "realismo" y tiene en Balzac y Tolstói a dos de sus modelos. Pensemos ahora en un narrador que se confunde con sus personajes, que a veces habla como ellos y en otras se distancia hasta parecer irónico, un narrador poco confiable porque no sabemos si se inclina por uno u otro personaje. Estamos ante el discurso libre indirecto de las novelas de Gustave Flaubert, Jane Austen y Henry James. Tenemos ahora a otro narrador que se presenta a gran distancia de sus personajes, deja que estos desarrollen la trama con sus diálogos y acciones; él cumple apenas la función de anotador dramático. Este es el discurso directo, que se atisba en Charles Dickens y se usará después en autores como William Faulkner y Manuel Puig. Y, por fin, un narrador que desaparece del todo y que no aporta orden a la trama, misma que se desarrolla de manera casi orgánica en la mente de los personajes: el monólogo interior, corriente de conciencia de James Joyce, Virginia Woolf y los modernistas. Estas eran las variedades formales –vistas desde

---

aportar el elemento autobiográfico al ensayo. Los libros *Sergio Pitol: la novela de una vida* y *Moleskine Sergio Pitol* de Ricardo Pace y Gerardo Fernández Fe, respectivamente, adaptan el tono autobiográfico y lúdico del ensayo de Pitol. El primero realiza un estudio de *El arte de la fuga* como novela y el segundo hilvana entrevistas, anécdotas personales y la obra completa de Pitol en un diario personal. Destaca también la tesis de nivel maestría de Pierre Herrera "La vida como palimpsesto: la obra autoficcional de Sergio Pitol" en donde afirma: "un tipo de escritura híbrida que combina elementos tanto de los discursos ficcionales como del autobiográfico, para desestabilizar los límites de los géneros literarios, para encubrir la brecha entre realidad y ficción, y cuestionar, al mismo tiempo, el concepto de autor y autoridad" (2,3).

la figura de quien narra– de la ficción. El *Ulises* de Joyce las utiliza todas. Y de ahí, entre otras cosas, la importancia y genialidad de esta novela.

En este punto se encontraba la tradición literaria occidental cuando llegaron los escritores de la mitad del siglo mexicano. Su opción –la que adoptó la mayoría– fue continuar con el ejemplo de uno u otro narrador. Esa fue también la primera decisión de Pitol: un narrador en tercera persona, otro en discurso libre indirecto. Hasta dar con la literatura que los críticos y teóricos llamaron en su momento barroca, del agotamiento, reflexiva, especular y narcisita: la metaficción. Narrar y decir que se está narrando; narrar y darle la posibilidad a los lectores de completar, arreglar y proyectarse dentro de la obra; narrar y presentar los problemas de la narración, entre los cuales está, justamente, el problema del lenguaje, de la verdad de lo narrado y de la manera correcta de narrar. Por eso, en su momento, Glantz llamó a este grupo de autores, de la "escritura". Se interesaban por primera vez en el medio, no solo en el fin. Pitol estuvo a punto de caer bajo el hechizo de la forma y perder la dirección del navío, sobre todo en sus cuentos y en su segunda novela, que es de todas la más compleja en su estructura, *Juegos florales*. Lo mantuvo a flote su pasión por la trama. Es claro que sus primeras dos novelas son de difícil lectura. Ese era su objetivo. Pero aquellos viajeros intrépidos, amantes de la diversidad, fatigados por la rutina, necesitan desafíos. Acompañando esta estructura especular hay, además, personajes complejos, voces estruendosas, excéntricas y muy divertidas.

Después de la metaficción, Pitol volvió al narrador que presenta de manera ordenada la trama, al narrador que deja hablar a sus protagonistas y a otro en tercera persona. Pero no regresó siendo el mismo. Se han visto y experimentado muchas cosas, se han corrido riesgos, vivido sacrificios y logros; la desesperación seguida de la felicidad más plena por ser resultado de una victoria en el arte de narrar, de contar una historia. Pitol escribió una novela que combina la disciplina de la Historia y el género detectivesco del enigma, con un historiador como detective y un final irresuelto. Después presentó una novela con un discurso libre directo, es decir, donde la narración la manejan las voces de los personajes; estos recrean un ritual desquiciado, sagrado y ridículo, un carnaval escatológico que concluye con el mundo del exceso, patas arriba y las heces del protagonista. Su última novela, que esbozó todavía en Viena, se amoldó más al género del *trhiller* y el melodrama con una gran carga paródica. Este periodo que él definió como *Tríptico del carnaval* podría ser también del remake, el vintage: regresar a la tradición para renovarla en los detalles.

Es importante matizar. Al hablar de novedad, hay que tomar en cuenta que todo –¿casi todo?– se ha escrito y experimentado antes, incluso en novelas que habían prolongado el realismo del siglo XIX en formas más ricas y variadas. Hubo metaficción desde el inicio de la novela moderna en español. Los conceptos de vintage o remake revelan más una mentalidad obsesionada con el cambio que una verdad histórica. La tradición se construye como la torre de Babel, en espiral ascendente, las distintas técnicas narrativas están en la base; en los últimos pisos cambian los detalles. En el medio siglo mexicano la metaficción y después la parodia fueron los cimientos, mientras que en otras épocas, en otros niveles, pudieron formar parte de la decoración. Sería erróneo atacar el estudio de la variedad formal como innecesario e inútil sin, por otro lado, consagrarlo como verdad única o como una línea evolutiva en el tiempo. Cada escritor y cada lector ocupan el nivel y las habitaciones de esta Torre de Babel literaria que su gusto, interés y estado de ánimo les dicte. Se está bien en la base como en la punta. A sabiendas, claro, de que conocemos la estructura completa del edificio.

Sergio Pitol escribió gran parte de su obra de ficción en el extranjero. Este hecho nos llevó a estructurar este libro basándonos en sus ciudades de residencia. Antes de Varsovia había publicado un libro de cuentos, después de Praga publicaría una sola novela. Entre una y otra ciudad entramos al mundo de su lectura y experimentación ficticia, de la realización de gran parte de sus traducciones –que le sirivieron sobre todo para su ficción– y la escritura de algunos de sus ensayos. Para Pitol la estructura de una novela era el primer paso antes de empezar su escritura. Con ella en mente podía imaginar y probar las voces de sus persoanjes, habitar su espacio, enredar y desenrollar la madeja de la trama. Para nosotros su viaje por la Europa del Este, París, Barcelona y Bristol fue la estructura en la que desarollamos sus desafíos y logros literarios, su ficción, sus alegrías y decepciones amorosas, sus sueños, pesadillas, su familia y amistades. Esa estructura creó a su vez un trazo –una figura– sobre un mapa que ahora se cierra.

AGRADECIMIENTOS

Consulté los diarios de Sergio Pitol en tres ocasiones; la primera en 2018 con el apoyo económico del gobierno mexicano por medio del programa de PRODEP; y la tercera en 2022 con la beca de los Amigos de la Biblioteca de la Universidad de Princeton. La ayuda del bibliotecario de la sección de autores hispanoamericanos, Fernando Acosta-Rodríguez, fue siempre muy valiosa.

En 2021 consulté el Archivo Histórico Diplomático Genaro Estrada. Lamentablemente, no había un sistema de búsqueda actualizado. Me costó un gran esfuerzo dar con los documentos y después recibirlos. Ante mi azoro de que no hubiera ningún archivo de la Embajada de México en Francia durante los años de Carlos Fuentes, insistí hasta que me llevaron dos folders magros que evidentemente no representaban todo el trabajo de esa embajada. Por suerte, consulté para ese archivo un artículo escrito por Juan Villoro años atrás. Imagino que el personal andaba de mejor humor el día en que él fue.

En la biblioteca del Instituto de Investigaciones Filológicas y en la Hemeroteca Nacional de México me atendieron de manera amable y profesional. Los archivos ahí presentes me fueron de suma utilidad.

Entrevisté para esta biografía de Pitol a algunas de sus amistades literarias más cercanas como fueron Margo Glantz y Juan Villoro; a su amigo entrañable Marek Keller; y a los colegas académicos Mario Muñoz, Monika Dabrowska y Ernesto Reséndiz. Por otra parte, Alberto Cue revisó y corrigió en varias ocasiones el borrador de mi escrito, y José Luis Nogales Baena leyó una versión final a la que agregó comentarios y sugerencias.

La editorial de North Carolina, en su sello *A Contracorriente*, se interesó en la publicación de este libro y realizó un trabajo impecable en su edición. Greg Dawes y Ana Forcinito fueron clave para que este proyecto se realizara. Ana María Caula revisó y corrigió la versión final del manuscrito.

Las/os alumnas/os del posgrado en Literatura Hispanoamericana de la Benemérita Universidad Autónoma de Puebla –Antonio Muñoz, Carlos Galicia, Carmen Gallardo, Cinthya Díaz Olguín, Gerardo Lima, Luz

Atilano, Manuel Fonseca, Sandra Dorantes y Tzara Vargas– participaron de manera activa e inteligente en los seminarios en los que abordamos la vida y obra de Sergio Pitol.

    Mi familia –mis padres, mis hermanas y Deni– me dio siempre su apoyo y cariño. ¡Gracias!

REFERENCIAS

Sergio Pitol

Pitol, Sergio. "Casi una entrevista a Sergio Pitol" por Emanuel Carballo. *La Cultura en México. Siempre!*. 7 de abril, 1965.
_____. "Un mexicano en Varsovia: Entrevista-diálogo con Sergio Pitol" por Blanca Haro. *Diorama de la Cultura. Excélsior.* 11 de septiembre, 1966. (6).
_____. *Sergio Pitol.* México. Empresas Editoriales, 1966.
_____. *Sergio Pitol.* Prólogo por Emmanuel Carballo. México. Empresas Editoriales, 1966.
_____. "Diálogo con Sergio Pitol. Un escritor mexicano habla del socialismo y el catolicismo en Polonia" por Elena Poniatowska. *La Cultura en México. Siempre!* 28 de septiembre, 1966. (V–VII).
_____. "La escena literaria en Barcelona y Buenos Aires: Sergio Pitol" por Marco Antonio Correa. *La Cultura en México. Siempre!* 18 de agosto, 1971. (VIII–IX).
_____. "Sergio Pitol: la literatura como intento de dar orden a un caos" por Luis Terán. *Fin de Semana. El Día.* 9 de julio, 1971.
_____. "Desde París con Sergio Pitol: La literatura tiene que ser espontánea" por Margarita García Flores. *La onda. Novedades.* 14 de noviembre, 1976. (7).
_____. *El único argumento.* México. Ediciones Multiarte, 1980.
_____. "La vuelta del hijo pródigo" por Elena Urrutia. *La semana de Bellas Artes.* Núm. 195, 1981. (7).
_____. "Conversación con Sergio Pitol" por Publio O. Romero. *Texto Crítico.* Núm. 21, 1981. (51–62).
_____. "Sergio Pitol inmune a las modas" por Miguel Riera. *Quimera.* Agosto. Núm. 80, 1988. (46–51).
_____. *Vals de Mefisto.* México. Ediciones Era, 1989.
_____. *Juegos florales.* México. Ediciones Era, 1990.
_____. *Cuerpo presente.* México. Ediciones Era, 1990.
_____. "De la ciudad del Golem a *La vida conyugal*: Entrevista a Sergio Pitol" por Héctor Orestes Aguilar. *Revista de la Universidad de México.* Enero-febrero, 1991. (45–59).
_____. *El tañido de una flauta.* México. Ediciones Era, 1994.

_____. *Infierno de todos*. Xalapa. UV, 1999.
_____. *Pasión por la trama*. México. Ediciones Era, 2000.
_____. "Historia de unos premios". *Sergio Pitol: Los territorios del viajero*. México. Era, 2000. (9–23).
_____. *Adicción a los ingleses. Vida y obra de diez novelistas*. México. Lectorum, 2002.
_____. "Charles Dickens" *Adicción a los ingleses. Vida y obra de diez novelistas*. México. Lectorum, 2002.
_____. "Cumbres borrascosas" *Adicción a los ingleses. Vida y obra de diez novelistas*. México. Lectorum, 2002.
_____. "Jane Austen y su trozo de marfil". *Adicción a los ingleses. Vida y obra de diez novelistas*. México. Lectorum, 2002.
_____. "Flush". *Adicción a los ingleses. Vida y obra de diez novelistas*. México. Lectorum, 2002.
_____. *Obras Reunidas I. Las primeras novelas*. México. Fondo de Cultura Económica, 2003.
_____. *Obras Completas II. El desfile del amor. Domar a la divina garza. La vida conyugal*. México. Fondo de Cultura Económica, 2003.
_____. *Obras Completas III. Cuentos y relatos*. México. Fondo de Cultura Económica, 2004.
_____. *Obras Completas IV. Escritos Autobiográficos*. México. Fondo de Cultura Económica, 2006.
_____. *La casa de la tribu*. México. Fondo de Cultura Económica, 2006.
_____. *De la realidad a la literatura*. México. Tecnológico de Monterrey y Fondo de Cultura Económica, 2006.
_____. *Trilogía de la memoria*. Barcelona. Anagrama, 2007.
_____. *El viaje. Trilogía de la memoria*. Barcelona. Anagrama, 2007.
_____. *Obras Completas V. Ensayos*. México. Fondo de Cultura Económica, 2008.
_____. *Autobiografía precoz*. Oaxaca. Almadía, 2010.
_____. *Memoria 1933–1966*. México. Ediciones Era, 2011.
_____. *Elogio del cuento polaco*. México. Cien del Mundo. Consejo Nacional para la Cultura y las Artes/UV, 2012.
_____. *El desfile del amor*. México. Ediciones Era, 2013.
_____. "Entrevista a Sergio Pitol" por Elizabeth Corral. *Confluencias. Lecturas en torno a Sergio Pitol*. Xalapa. Instituto Veracruzano de Cultura, 2016. (51–77).
_____. *Cuentos. Editado por* José Luis Nogales Baena. Madrid. Cátedra, 2021.

Traducciones

Andrzeyewski, Jerzy. *Las tinieblas cubren la tierra*. Traducción por Sergio Pitol. Xalapa. UV, 2012.

_____. *Las puertas del paraíso*. Traducción por Sergio Pitol. Xalapa. UV, 2010.
Austen, Jane. *Emma*. Traducción por Sergio Pitol. Xalapa. UV, 2007.
Brandys, Kazimierz. *Cartas a la señora Z*. Traducción por Sergio Pitol. Xalapa. UV, 2009.
_____. *Madre de reyes*. Traducción por Sergio Pitol. Xalapa. UV, 2012.
Chéjov, Antón. *Un drama de caza*. Traducción por Sergio Pitol. Xalapa. UV, 2012.
Conrad, Joseph. *El corazón de las tinieblas*. Traducción por Sergio Pitol. Xalapa. UV, 2008.
Déry, Tibor. *El ajuste de cuentas*. Traducción por Sergio Pitol. Xalapa. UV, 2011.
Firbank, Ronald. *En torno a las excentricidades del Cardenal Pirelli*. Traducción por Sergio Pitol. Xalapa. UV, 2013.
Ford, Maddox Ford. *El buen soldado*. Traducción por Sergio Pitol. Xalapa. UV, 2007.
Gombrowicz, Witold. *Crimen premeditado y otros cuentos*. Traducción por Sergio Pitol. Xalapa. UV, 2016.
_____. *Cosmos*. Traducción por Sergio Pitol. Xalapa. UV, 2009.
Graves, Robert. *Adiós a todo eso*. Traducción por Sergio Pitol. Xalapa. Universidad. Veracruzana, 2012.
Hsun, Lu. *Diario de un loco*. Traducción por Sergio Pitol. Xalapa. UV, 2011.James, Henry. *Los papeles de Aspern*. Traducción por Sergio Pitol. Xalapa. UV, 2012.
James, Henry. *Washington Square*. Traducción por Sergio Pitol. Xalapa. UV, 2010.
_____. *La vuelta de tuerca*. Traducción por Sergio Pitol. Xalapa. UV, 2011.
Lowry, Malcolm. *El volcán, el mezcal, los comisarios*. Traducción por Sergio Pitol. Xalapa. UV, 2008.
Malebra, Luigi. *Salto mortal*. Traducción por Sergio Pitol. Xalapa. UV, 2009.
Pilniak, Boris. *Pedro, Su Majestad, Emperador*. Traducción por Sergio Pitol. Xalapa. UV, 2013.
_____. "Un cuento sobre cómo se escriben los cuentos". *Pedro, Su Majestad, Emperador*.
Traducción por Sergio Pitol. Xalapa. UV, 2013.
_____. "Caoba". *Pedro, Su Majestad, Emperador*. Traducción por Sergio Pitol. Xalapa. UV, 2013.

Crítica Hemerográfica

Alatriste, Sealtiel. "El desfile del amor. Plaza Río de Janeiro (de la historia al refrán)". Reseña. Revista de la Universidad de México. Feb-mar, 1985. (48–50).
Aguilera Malta, Demetrio. Reseña de *Sergio Pitol* por Sergio Pitol. *El Gallo Ilustrado*. *El Día*. 6 agosto, 1967. (4).

Aguilar Mora, Jorge. "La paradoja evidente de Sergio Pitol". Reseña de *No hay tal lugar* por Sergio Pitol. *La Cultura en México. Siempre!* 28 de febrero, 1968. (XI).
Bárcenas, Ángel. "Cincuenta mil pesos para Sergio Pitol". Reseña. *El Nacional.* 30 de junio, 1973. (13).
Batis Huberto. Reseña de *Los climas* por Sergio Pitol. *El Heraldo Cultural.* 5 de junio, 1966.
_____. Reseña de *Infierno de todos* por Sergio Pitol. *La Cultura en México. Siempre!* 24 de marzo, 1965. (XV).
_____. "Los libros". Reseña de *Infierno de todos* por Sergio Pitol. *El Heraldo Cultural. El Heraldo.* 9 de enero, 1966. (4).
_____. "La obra de Sergio Pitol: Crear es seleccionar". *La Cultura en México. Siempre!* 30 agosto, 1967. (XIV).
Bermúdez, María Elvira. "Dos cuentistas: Pitol y Gally". *Diorama de la Cultura. Excélsior.* 13 de junio, 1965. (7).
_____. "Ceballos Maldonado y Pitol". *Diorama de la Cultura. Excélsior.* 24 de julio, 1966.
Bonilla, Lucy. Reseña de *Los climas* por Sergio Pitol. *Revista de Bellas Artes.* Núm. 9, 1996. (104–105).
Bradu, Fabienne. Reseña de *El desfile del amor* por Sergio Pitol. *Vuelta.* Núm. 104. Julio, 1985. (41–42).
Campbell, Federico. "La multiplicidad de relaciones". Reseña de *Del encuentro nupcial* por Sergio Pitol. *La Cultura en México. Siempre!* 6 de enero, 1971. (V).
Carballo, Emmanuel. "Revaloración antológica: Cuentistas mexicanos de hoy". *Diorama de la Cultura.* Excélsior. 13 de abril, 1969. (6).
Castañón, Adolfo. "Y tus hombres, Babel, se envenenarán de incomprensión… (la narrativa mexicana en los setenta". *La cultura en México. Siempre!* 4 de mayo, 1976. (X).
Castillo, Fausto. "La íntima realidad". *El Gallo Ilustrado. El Día.* 27 de agosto, 1967. (4).
Chicharro Rodríguez, César. Reseña de *Infierno de todos* por Sergio Pitol. *La Palabra y el Hombre.* Xalapa. UV. 2ª época. Núm. 34. Abril-junio, 1965. (326–328).
Cluff, Russell M. "Proceso y mensaje en *Juegos florales*". *La Palabra y el Hombre.* Xalapa. UV. 3ª época. Núm. 58. Abril-junio, 1986. (50–57).
Dabrowska, Monika. "Polonia en la obra de Sergio Pitol". *La Palabra y el Hombre.* Xalapa. UV. 3ª época. Núm. 24. Primavera, 2013. (18–23).
Díaz Arciniega, Víctor. "Una memoria obsesiva". Reseña de *Juegos florales* por Sergio Pitol. *Revista de la Universidad de México.* Núm. 25. Mayo, 1983. (40–41).
Domene, Pedro. "Justificación". *Sergio Pitol: El sueño de lo real. Revista literaria Batarro.* Editado por Pedro Domene. Xalapa. UV/Instituto Veracruzano de Cultura/Secretaría de Educación y Cultura de Veracruz. 2ª época. Núm. 38–40, 2002. (5–10).

Domínguez Aragonés, Edmundo. "Sergio Pitol: viajero de un largo cuento hacia la novela". *El Gallo Ilustrado. El Día.* 13 de abril, 1969. (1).

Domínguez Michael, Cristopher. "La vuelta al mundo en ochenta literaturas". *La Palabra y el Hombre: Sergio Pitol en casa.* Editado por Rodolfo Mendoza Rosendo. Xalapa. UV. Agosto, 2006. (9–16).

_____. "Nueva tristeza mexicana". *Proceso.* Núm. 439. 1 de abril, 1985. (60–61).

Donoso Pareja, Miguel. "Los Climas o la Nostalgia por el Pasado". *El Día.* 2 marzo, 1967.

"Anuncios y ofertas de trabajo". *Excélsior. Sección F.* Año LVII. Tomo IV. 1 de julio, 1973.

Flores, Miguel Ángel. "La pasión de narrar". Reseña de *Nocturno de Bujara* por Sergio Pitol. *Revista de la Universidad de México.* Núm. 5. Septiembre, 1981. (41–42).

Fuentes, Vilma. "Cuando Sergio Pitol pidió mi mano". *La Jornada.* Martes 27 de febrero, 2018.

García Flores, Margarita. "Historia de una pasión o de la literatura polaca". *La onda. Novedades.* 14 de noviembre, 1976.

García Hernández, Arturo. "Regresa Gustavo Sáinz con libro y revista nuevos, dispuesto a batallar". *La Jornada.* 12 de septiembre, 2005.

García Ponce, Juan. "El mundo de Sergio Pitol". *La Cultura en México. Siempre!* 19 de Marzo, 1969. (II-V).

_____. "Sergio Pitol: la escritura como misterio: el misterio de la escritura". *La semana de Bellas Artes.* Núm 195, 1981. (5).

_____. "Sergio Pitol: Del viaje como reflejo". Reseña de *El tañido de una flauta* por Sergio Pitol. *La Cultura en México. Siempre!* 26 de abril, 1972. (XIV).

_____. "Juan García Ponce y su generación" por Elena Urrutia. *La semana de Bellas Artes.* Núm 182. 27 de mayo, 1981. (11–13).

_____. Reseña de *Nocturno de Bujara* por Sergio Pitol. *Vuelta.* Enero, 1982. (31–33).

Gomís, Anamari. "Hacía una poética de Sergio Pitol". *Revista de la Universidad de México.* México. Núm. 77, 2010. (90–91).

González Casanova, Henrique. "Autores y libros: *Del encuentro nupcial*". *La cultura en México. Siempre!* 16 de diciembre, 1970. (XV).

_____. Reseña de *El tañido de una flauta* por Sergio Pitol. *La cultura en México. Siempre!* 26 de abril, 1972. (XIV).

Henríquez Ureña, S. Reseña de *Jane Austen a Virginia Woolf* por Sergio Pitol. *La Cultura en México. Siempre!* 4 de junio, 1975. (XIII).

León, Raymundo. Reseña de *El tañido de una flauta* por Sergio Pitol. *La Palabra y el Hombre.* Xalapa. UV. 3ª época. Núm. 63, 1987. (137).

Lerín, Manuel. "Las narraciones de Sergio Pitol". *Revista Mexicana de Cultura. El Nacional.* 21 de marzo, 1965.

Manjarrez, Héctor. "Estilo y generaciones: la primera novela de Pitol". *La cultura en México. Siempre!* 15 de marzo, 1972. (XII).

_____. "Prefacio del infierno". *La cultura en México. Siempre!* 8 de diciembre, 1971. (XIII).

Melo, Juan Vicente. "Sergio Pitol: Del infierno terrenal". *La cultura en México. Siempre!* 27 de marzo, 1968. (XI).

_____. "La verdad que destruye la esperanza" Reseña de *Las puertas del paraíso* por Jerzy Andrzejewski. *Revista de la Universidad de México*. Octubre de 1965. (31).

Mendoza, María Luisa. "De Varsovia a Jerusalén: La ventana de Sergio Pitol". *El Día*. 24 octubre, 1965.

Monsiváis, Carlos. "Octavio Paz y la izquierda". *Letras libres*. Núm. 4. 30 de abril, 1999. (30–35).

_____. "Los círculos excéntricos de Sergio Pitol". *La semana de Bellas Artes*. Núm 195. 26 de agosto, 1981. (2–4).

Monterroso, Augusto. "Autobiografías de escritores jóvenes". *Revista de la Universidad de México*. Febrero, 1967. (29–30).

Muñiz, Angelina. Reseña de *Los climas* por Sergio Pitol. *Diorama de la Cultura. Excélsior*. 26 de junio, 1966.

Muñoz, Mario. "*Infierno de todos*: Formalización de un sistema". *Texto Crítico*. Núm. 21, 1981. (18–30).

Negrín, Edith. Reseña de *Los climas* por Sergio Pitol. *Punto de partida*. Núm. 1, 1966.

Peña, Margarita. "México y el infierno". *Suplemento 7. Ovaciones*. 28 de marzo, 1965.

Poniatowska, Elena. *Juan Soriano, niño de mil años*. México. Editorial Planeta, 2017. Kindle.

_____. "Elena Poniatowska redescubre en Varsovia a un escritor mexicano: Sergio Pitol". *Sergio Pitol. El Bristol y Polonia*. Embajada de México en Polonia, 2020.

_____. "Sergio Pitol, el de todos los regresos". *La semana de Bellas Artes*. Núm. 195, 1981. (10–11).

Rojas, Mario. "La literatura como experiencia del fracaso". Reseña de *Cementerio de tordos* por Sergio Pitol. *Revista de la Universidad de México*. Núm 20. Diciembre, 1982. (46).

Redacción. "La polémica Paz-Monsiváis". *Revista Proceso*. 27 de junio, 2010.

Reséndiz Oikión, Ernesto. "Sergio Pitol: el juego de las máscaras". *Grafógrafxs*. Vol. 1. Núm. 1. Julio-septiembre, 2019. (13–19).

_____. "Luis Prieto, el amigo secreto". Inédito.

Sáinz, Gustavo. "Escaparate de libros". Reseña de *Infierno de todos* por Sergio Pitol. *México en la Cultura. Novedades*. 25 de abril, 1965.

Saborit, Antonio. "La comedia de la ignorancia jamás imaginada". Reseña de *El desfile del amor* por Sergio Pitol. *Nexos*. 1 de julio, 1985.

Vallarino, Roberto. Reseña de *El tañido de una flauta* por Sergio Pitol. *Sábado. Unomásuno*. 1 de abril, 1965. (23).

_____. "Sergio Pitol y El tañido de la vida". *La semana de Bellas Artes*. Núm. 195. 26 de agosto, 1981. (14).

Velázquez, Jaime G. Reseña de *Juegos florales* por Sergio Pitol. *Vuelta*. VII-83. Núm. 80. Julio, 1983. (40-41).

Zaid, Gabriel. "La fórmula para convertir las solapas en minifaldas". *La Cultura en México. Siempre!* 27 de agosto, 1967.

Crítica

Beltrán García, Claudia Paola. Una "trilogía de la creación", Sergio Pitol y "El único Argumento". Tesis Maestría. UV. Agosto, 2017.

Benmiloud, Karim. Sergio Pitol ou le carnaval des vanités. El desfile del amor. París. Presses Universitaires de France, 2012.

_____. "El doble en El desfile del amor". Karim Benmiloud y Raphaël Estève coordinadores. El Planeta Pitol. Bourdeaux. Presses Universitaires de Bourdeaux, 2012. (89-218).

_____. "La figure de l'écrivain chez Sergio Pitol" en La Littérature latino-américaine au seuil du XXI siècle. Un parnasse éclaté. París. Éditions Aden, 2008. (249-273).

_____. "Civilisation et barbarie dans 'Nocturno de Bujara' de Sergio Pitol". Daniel Vives coordindor. Cultures urbaines et faits transculturels. Rouen. Publications des Universités de Rouen et du Havre (PURH), 2011. (191-207).

_____. "Configurations oedipiennes dans El desfile del amor de Sergio Pitol". Les Langues Néo-Latines. Année 106. 4. Núm. 363. Octobre-Décembre, 2012. (93-108).

_____. "El desfile del amor: comedia aristocrática". Teresa del Socorro García Díaz editora. Victorio Ferri se hizo mago en Viena. Xalapa. UV, 2007. (204-224).

_____. "'En famille' de Sergio Pitol: du conflit historique et familial au conflit formel". Bernard-Marie Garreau editor. Dynamiques du conflit. Lorient. Université de Bretagne-Sud, 2003. (213-226).

_____. "La Fausse Tortue dans El tañido de una flauta de Sergio Pitol". Yves Aguila coordinador. Figures, genres et stratégies de l'humour en Espagne et en Amérique latine. Bordeaux, Presses Universitaires de Bordeaux, 2007. (159-174).

_____. "La figure de l'écrivain chez Sergio Pitol". Françoise Moulin-Civil. Florence Olivier y Teresa Orecchia-Havas coordinadores. La Littérature latino-américaine au seuil du XXI siècle: un parnasse éclaté (Colloque de Cerisy 2008). París. Éditions Aden, 2012. (249–273).

_____. "Le fratricide de 'Victorio Ferri cuenta un cuento' à 'El oscuro hermano gemelo': une clef de la création de Sergio Pitol". Bordeaux. Bulletin Hispanique. Tome 108. Fascicule n° 1, 2006. (269–322).

_____. "Le Mexique de Sergio Pitol: entre oubli et abandon". Carla Fernandes coordinadora. D'oublis et d'abandons, Notes sur l'Amérique Latine. Francia, Orbis Tertius, 2017. (95–113).

_____. "Les lettres de María Zambrano à Sergio Pitol (1962–1988)". Raphaël Estève coordinador. Clartés de María Zambrano. Bordeaux. Presses Universitaires de Bordeaux, 2013. (223–241).

_____. "Un historien enquête à Mexico: El desfile del amor de Sergio Pitol". Caravelle (Cahiers du monde hispanique et luso-brésilien). Núm. 87. Toulouse. Presses Universitaires du Mirail. Décembre, 2006. (15–28).

Brescia, Pablo A. J. "'Fracasan, luego existo': Sergio Pitol y sus personajes". Juan García Ponce y la Generación de Medio Siglo. Xalapa. UV, 1998. (179–194).

Castro Ricalde, Maricruz. Ficción, narración y polifonía. El universo narrativo de Sergio Pitol. México. Universidad Autónoma del Estado de México, 2000.

Cázares, Laura. El caldero fáustico. La narrativa de Sergio Pitol. México. Editorial Universidad Autónoma Metropolitana, 2006.

Corral, Elizabeth. La escritura insumisa. Correspondencias en la obra de Sergio Pitol. San Luis Potosí. El Colegio de San Luis, 2013.

_____. "Un viaje fascinante". Confluencias. Lecturas en torno a Sergio Pitol. Xalapa. Instituto Veracruzano de Cultura, 2016. (7–50).

Estève, Raphäel. "Pitol Político". Confluencias. Lecturas en torno a Sergio Pitol. Elizabeth Corral coordinación y prólogo. Xalapa. Instituto Veracruzano de Cultura, 2016. (119–154).

Fernández de Alba, Luz. Del tañido al arte de la fuga. Una lectura crítica de Sergio Pitol. México. Universidad Autónoma de México, 1998.

_____. Sergio Pitol, ensayista. Xalapa. UV, 2010.

García Díaz, Teresa. De Tajín a Venecia: un regreso a ninguna parte. Xalapa. UV, 2002.

González Equihua, Rodolfo. El discurso autobiográfico de Sergio Pitol en El arte de la fuga. Tesis licenciatura. México. UNAM, 1999.

García Ponce, Juan. "El mundo de Sergio Pitol". Sergio Pitol. El sueño de lo real. Pedro M. Domene editor. Revista Literario Batarro. 2ª época. Núm. 38–39–40, 2002. (133–138).

Glantz, Margo. "Sergio Pitol: ¿El espejo de Alicia?". Sergio Pitol. El sueño de lo real. Pedro M. Domene editor. Revista Literario Batarro. Segunda época. Núm. 38–39–40, 2002. (133–138).

Hanaï, Marie-José. "El desfile del amor: un juego de pistas históricas". Karim Benmiloud y Raphaël Estève editores. El planeta Pitol. Burdeos. Presses Universitaires de Bourdeaux, 2012. (173–189).

Hermosilla Sánchez, Alejandro. Sergio Pitol: las máscaras del viajero. Xalapa. UV, 2012.

Herralde, Jorge. El optimismo de la voluntad. Experiencias editoriales en América Latina. México. FCE, 2009.

_____. "Sergio Pitol, editor". Sergio Pitol: Los territorios del viajero. México. Era, 2000. (53–57).

_____. "Cinco encuentros con Sergio Pitol (1970–2006)". Karim Benmiloud y Raphaël Estève editores. El Planeta Pitol. Burdeos. Presses Universitaires de Bordeaux, 2012.

López Parada, Esperanza. "Memoria y olvido en la autobiografía: Sergio Pitol y el dato que falta". Karim Benmiloud y Raphaël Estève editores. El planeta Pitol. Burdeos. Presses Universitaires de Bourdeaux, 2012. (265–280).

Martínez, José Luis. "Notas para una edición crítica de Infierno de todos". Confluencias. Lecturas en torno a Sergio Pitol. Xalapa. Instituto Veracruzano de Cultura, 2016. (77–86).

Martínez Gómez, Jesús. "Parodia, deformación y conocimiento en la narrativa de Sergio Pitol: Tríptico del carnaval". Sergio Pitol: El sueño de lo real. Revista literaria Batarro. Pedro Domene editor. 2ª época. Núm. 38–40. Xalapa. UV/Instituto Veracruzano de Cultura/Secretaría de Educación y Cultura de Veracruz, 2002. (152–162).

Masoliver Ródenas, Juan Antonio. "El privilegio de la locura. Textualidad, ensayo y creación en Sergio Pitol". Sergio Pitol: Los territorios del viajero. México. Era, 2000. (59–72).

_____. "Vivir para contarlo". Trilogía de la Memoria de Sergio Pitol. Barcelona. Anagrama, 2007. (7–15).

Méndez-Craipeau, Lenina. "Variaciones en torno al horror en la narrativa de Sergio Pitol". El Planeta Pitol. Burdeos. Presses Universitaires de Bourdeaux, 2012. (143–162).

Monsiváis, Carlos. "Sergio Pitol: Las mitologías del rencor y del humor". Sergio Pitol: El sueño de lo real. Pedro M. Domene editor. Revista Literaria Batarro. 2ª época. Núms. 38–39–40, 2002. (168–184).

Montelongo, Alfonso. *Vientres troqueles: la narrativa de Sergio Pitol*. Xalapa. UV, 1998.

Muñoz, Mario "La inocencia maligna. Los cuentos de iniciación de Sergio Pitol". Confluencias. Lecturas en torno a Sergio Pitol. Xalapa. Instituto Veracruzano de Cultura, 2016. (7–50).

Negrín, Alejandro, Irwin Salazar y Natalia Pawelczyk editores. "Cronología" Sergio Pitol. El Bristol y Polonia. Embajada de México en Polonia, 2020.

_____. "Sergio Pitol y el Hotel Bristol". Sergio Pitol. El Bristol y Polonia. Embajada de México en Polonia, 2020.

Nogales-Baena, José Luis. Hijo de todo lo visto y lo soñado. La narrativa breve de Sergio Pitol. Sevilla. Editorial Universidad de Sevilla, 2019.

_____. "Intertextualidad en la narrativa breve de Sergio Pitol: 'Nocturno de Bujara'". Cuadernos del Hipogrifo. Revista de Literatura Hispanoamericana y Comparada. Septiembre, 2014. (184–197).

_____. "Ruptura temporal y textual en un relato de Sergio Pitol: 'Asimetría'". Lejana. Revista Crítica de Narrativa Breve. Núm. 8, 2015. (1–10).

_____. "Introducción: Juan Manuel Torres amanece de nuevo". Obras Completas de Juan Manuel Torres. Cuentos y relatos. Tomo I. José Luis Nogales Baena y Mónica Braun coordinadores. México. Nieve de Chamoy, 2020.

_____. "Introducción". Cuentos. Sergio Pitol. Madrid. Cátedra, 2021.

Prada Oropeza, Renato. La narrativa de Sergio Pitol: los cuentos. Xalapa. UV, 1996.

Quintana, Cécile. "Los círculos escriturales de Sergio Pitol". Graffylia. Núm. 7, 2007. (25–33).

Sánchez Prado, Ignacio. Strategic Occidentalism: On Mexican Fiction, the Neoliberal Book Market, and the Question of World Literature. Illinois. Northwestern University Press, 2018.

Tarragó, Leticia. "Mi amistad con Sergio Pitol en Varsovia (1963)". Sergio Pitol. El Bristol y Polonia. Embajada de México en Polonia, 2020

Valencia, Édgar. "La escritura de los límites". La línea de sombra. Ensayos sobre Sergio Pitol. José Homero compilador. México. Tierra Adentro, 2009. (112–119).

Vital, Alberto. "Sergio Pitol y sus lectores". Tiempo cerrado, tiempo abierto. Sergio Pitol ante la crítica. Eduardo Serrato compilador. México. Era/UNAM, 1994. (11–12).

Villoro, Juan. "Sergio Pitol con pasaporte negro". Revista Literaria Batarro. Pedro M. Domene editor. 2ª época. Núm. 38-39-40, 2002. (58–84).

_____. "Los anteojos perdidos". Sergio Pitol: Los territorios del viajero. México. Era, 2000. (93–113).

Zavala, Oswaldo. "La síntesis y su trascendencia: Sergio Pitol, la escritura autobiográfica y el fin del occidentalismo". Rilce. Núm. 28. Navarra. 1 de enero-julio, 2012. (257–272).

Otras Obras

Alter, Robert. *Partial Magic. The novel as a self-conscious genre.* Berkeley. University of California Press, 1975.
Amaro Castro, Lorena. "El discreto encanto de la biografía". *Un arte vulnerable. La biografía como forma.* Nora Avaro y Judith Podlubne editoras. Argentina. Nube Negra, 2018
Aub, Max. *La gallina ciega.* Manuel Aznar Soler editor. *Diario español.* Barcelona. Alba editorial, 1995.
Bajtín, Mijaíl. *La cultura popular en la Edad Media y en el Renacimiento. El contexto de François Rabelais.* Buenos Aires. Alianza Editorial, 2003.
_____. *La Poétique de Dostoïevski.* París. Éditions du Seuil, 1970.
Barbachano Ponce, Miguel. *El diario de José Toledo.* México. Premia, 1988.
Barth, John. "The Literature of Exhaustion". *The Friday Book: Essays and Other Non-Fiction.* London. The John Hopkins University Press, 1984.
Barthes, Roland. "Littérature et méta-language". *Essais critiques.* París. Seuil, 1964.
Beller, Steven. *A Concise History of Austria.* Reino Unido. Cambridge University Press, 2018.
Bourdieu, Pierre. *Les règles de l'art. Genèse et structure du champ littéraire.* París. Éditions du Seuil, 1998.
Butler, Judith. *Gender trouble. Feminism and the Subversion of Identity.* Londres. Routledge, 2010.
_____. *Cuerpos que importan. Sobre los límites materiales y discursivos del "sexo".* México. Paidós, 2002.
Bushkovith, Paul. *A Concise History of Russia.* Reino Unido. Cambridge University Press, 2013.
Carrère d'Encausse, Hélène. *L'empire éclaté.* París. Flammarion, 1978.
Carrión, Ulises. *El arte nuevo de hacer libros.* México. Tumbona Ediciones, 2012.
Casanova, Pascale. *The World Republic of Letters.* Cambridge. Harvard University Press, 2004.
Chaves, José Ricardo. "Afeminados, hombrecitos y lagartijos. Narrativa mexicana del siglo XIX". *México se escribe con J. Historia de la cultura gay.* Michael K. Schuessler y Miguel Caspistrán editores. México. Penguin Random House, 2018.
Currie, Mark editor. *Metafiction.* London. Longman, 1995.
Donoso, José. *Historia personal del "boom".* Santiago. Andrés Bello, 1987.
Foucault, Michael. *Las palabras y las cosas.* México. Siglo XXI, 2019.
_____. *Historia de la sexualidad 1. La voluntad de saber.* México. Siglo XXI, 2018.
_____. *Historia de la sexualidad 2. El uso de los placeres.* México. Siglo XXI, 2019.
_____. *Historia de la sexualidad 3. La inquietud de sí.* México. Siglo XXI, 2014.

Freud, Sigmund. *Tres ensayos sobre teoría sexual y otros escritos*. Madrid. Alianza editorial, 2017.

Fullbrook, Mary. *A Concise History of Germany*. Reino Unido. Cambridge University Press, 2019.

Flores, Malva. *Estrella de dos puntas. Octavio Paz y Carlos Fuentes: crónica de una amistad*. México. Ariel/Grupo Planeta, 2020.

Genette, Gérard. "El discurso del relato". *Figures III*. París. Éditions du Seuil, 1972.

Glantz, Margo. Entrevista personal. 29 de mayo, 2021.

Glenny, Misha. *The Balkans. 1804–2012. Nationalism, War and the Great Powers*. Londres. Granta Books. Penguin Books, 2012.

Guerra, Humberto. *Narración, experiencia y sujeto. Estrategias textuales en siete autobiografías mexicanas*. México. Bonilla Artigas, 2016.

Gutiérrez, León Guillermo. "Homosexualidad en México a finales del siglo XIX", en *Signos*

Literarios, pp. 84–85.

Hutcheon, Linda. *Narcissistic Narrative. The Metafictional Paradox*. Ontario. Wilfrid Laurier University Press, 1980.

Keller, Marek. Entrevista personal. 12 de septiembre, 2020.

Lemus, Rafael. *Breve historia de nuestro neoliberalismo. Poder y cultura en México*. México. Debate, 2021.

Lizarraga Cruchaga, Xabier. *Una historia sociocultural de la homosexualidad*. México. Paidós, 2003.

Lozano Verduzco, Ignacio y Tania Esmeralda Rocha Sánchez. "La homofobia y su relación con la masculinidad hegemónica en México". *Revista Puertorriqueña de Psicología*. Vol. 22, 2011.

Lajous Vargas, Roberta. *Historia mínima de las relaciones exteriores en México (1821–2000)*. México. El Colegio de México, 2014.

Lejeune, Philippe. *Le pacte autobiographique*. París. Éditions du Seuil, 1996.

Lukowski, Jerzy y Hubert Zawadzki. *A Concise History of Poland*. Reino Unido. Cambridge University Press, 2019.

Manrique, Jorge. *Coplas a la muerte de su padre*. Vicente Beltrán editor. Internet.

Marquet, Antonio. *¡Que se quede el infinito sin estrellas!*. México. Universidad Autónoma Metropolitana, 2001.

Menjívar Ochoa, Rafael. *Tribulaciones y asteriscos*. 17 de julio, 2007.

Molnàr, Miklós. *A Concise History of Hungary*. Reino Unido. Cambridge University Press, 2014.

Monterroso, Augusto. *Tríptico*. México. Fondo de Cultura Económica, 2002.

Motth Luiz. "Etno-historia de la homosexualidad en América Latina". *Historia y sociedad*. Núm. 4. Enero, 1997. (123–44).

Mukherjee, Siddhartha. *The Emperor of all Maladies. A Biography of Cancer.* Nueva York. Scribner, 2010.

_____. *The gene. An intimate history.* Nueva York. Scribner, 2017.

Novo, Salvador. *La estatua de sal.* México. Fondo de Cultura Económica, 2008.

Pacheco, José Emilio. *No me preguntes cómo pasa el tiempo. Tarde o temprano.* México. Fondo de Cultura Económica, 2014.

Pereira, Armando y Claudia Albarrán. *Narradores mexicanos en la transición de medio siglo 1947–1968.* México. Universidad Nacional Autónoma de México, 2006.

Po Paolo. *41 o el muchacho que soñaba en fantasmas.* México. Costa-Amic, 1964.

Rama, Ángel. "El boom en perspectiva". *Signos Literarios 1.* Enero-junio, 2005. (161–208).

Reséndiz Oikión, Ernesto. Entrevista personal. 15 de mayo, 2020.

Salazar Antúnez, Gilda. "Guillermo Núñez Noriega. Sexo entre varones. Poder y resistencia en el campo sexual". *Región y Sociedad.* Vol. XII. Núm. 19, 2000. (201–205).

Sánchez Prado, Ignacio. "Mexican Literature in the Neoliberal Era". *A History of Mexican Literature.* Ignacio Sánchez Prado, Anna M. Nogar y José Ramón Ruisánchez Serra editores. Cambridge. Cambridge University Press, 2016.

Sarduy, Severo. "El barroco y el neobarroco". *América Latina en su literatura.* César Fernández Moreno coordinador. México. Siglo XXI, 1984. (167–184).

Scholes, Robert. "Metafiction". *Metafiction.* Mark Currie editor. Londres. Routledge, 1995.

Sontag, Susan. *La enfermedad y sus metáforas.* Argentina. Taurus Pensamiento, 2003.

Spires, Robert. *Beyond the Metafictional Mode. Directions in the Modern Spanish Novel.* Lexington. The University Press of Kentucky, 1984.

Torres, Juan Manuel. *Obras Completas de Juan Manuel Torres. Cuentos y relatos.* Tomo I. José Luis Nogales Baena y Mónica Braun coordinadores. México. Nieve de Chamoy, 2020.

_____. *Obras Completas de Juan Manuel Torres. Traducciones y Correspondencia.* Tomo II. José Luis Nogales Baena y Mónica Braun coordinadores. México. Nieve de Chamoy, 2021.

_____. *Didascalias.* México. Ediciones Era, 1970.

Torres, Víctor Federico. "Del escarnio a la celebración. *Narrativa mexicana del siglo XIX*". *México se escribe con J. Historia de la cultura gay.* Michael K. Schuessler y Miguel Caspistrán editores. México. Penguin Random House, 2018.

Valcuende del Río, José María. "Sexo entre hombres: los límites de la masculinidad". *Sociotam,* Vol. XX. Núm. 1, 2010. (11–37).

Verrier, Jean. "Le récit réfléchi". *Littérature*. Núm. 5. Febrero, 1972. (58–86).
Villoro, Juan. Entrevista personal. 3 de mayo, 2021.
Volpi, Jorge. *La imaginación y el poder. Una historia intelectual del 68*. México. Ediciones Era, 2001.
Waugh, Patricia. *Metafiction. The Theory and Practice of Self-Conscious Fiction*. Londres. Routledge, 2001.
Weeks, Jeffrey. "The idea of a sexual community". *Soundings*. Núm. 2. Spring, 1996.
Woolf, Virginia. *Flush*. Reino Unido. Vintage, 2002.

Archivo de Princeton

"Belgrado". *Sergio Pitol Papers*. C1283. Manuscripts Division. Department of Special Collections. Princeton University Library.
"Barcelona". *Sergio Pitol Papers*. C1283. Manuscripts Division. Department of Special Collections. Princeton University Library.
"Bristol". *Sergio Pitol Papers*. C1283. Manuscripts Division. Department of Special Collections. Princeton University Library.
"Varsovia". *Sergio Pitol Papers*. C1283. Manuscripts Division. Department of Special Collections. Princeton University Library.
"París". *Sergio Pitol Papers*. C1283. Manuscripts Division. Department of Special Collections. Princeton University Library.
"Budapest". *Sergio Pitol Papers*. C1283. Manuscripts Division. Department of Special Collections. Princeton University Library.
"Moscú". *Sergio Pitol Papers*. C1283. Manuscripts Division. Department of Special Collections. Princeton University Library.
"México". *Sergio Pitol Papers*. C1283. Manuscripts Division. Department of Special Collections. Princeton University Library.
"Praga". *Sergio Pitol Papers*. C1283. Manuscripts Division. Department of Special Collections. Princeton University Library.
"Various Entries". *Sergio Pitol Papers*. C1283. Manuscripts Division. Department of Special Collections. Princeton University Library.
"Diary: Ars poetica". *Sergio Pitol Papers*. C1283. Manuscripts Division. Department of Special Collections. Princeton University Library.
"Diary Núm. 9". *Sergio Pitol Papers*. C1283. Manuscripts Division. Department of Special Collections. Princeton University Library.
"Zambrano, María". *Sergio Pitol Papers*. C1283. Manuscripts Division. Department of Special Collections. Princeton University Library.

"Castellanos, Rosario". *Sergio Pitol Papers*. C1283. Manuscripts Division. Department of Special Collections. Princeton University Library.
"Pacheco, José Emilio". *Sergio Pitol Papers*. C1283. Manuscripts Division. Department of Special Collections. Princeton University Library.
"Monsiváis, Carlos". *Sergio Pitol Papers*. C1283. Manuscripts Division. Department of Special Collections. Princeton University Library.
"García Ponce, Juan". *Sergio Pitol Papers*. C1283. Manuscripts Division. Department of Special Collections. Princeton University Library.
"Mendoza, María Luisa (La China) 1 y 2". *Sergio Pitol Papers*. C1283. Manuscripts Division. Department of Special Collections. Princeton University Library.
"Casey, Calvert". *Sergio Pitol Papers*. C1283. Manuscripts Division. Department of Special Collections. Princeton University Library.
"Donoso, José (and María Pilar Serrano)". *Sergio Pitol Papers*. C1283. Manuscripts Division. Department of Special Collections. Princeton University Library.
"Glantz, Margo". *Sergio Pitol Papers*. C1283. Manuscripts Division. Department of Special Collections. Princeton University Library.
"Puig, Manuel". *Sergio Pitol Papers*. C1283. Manuscripts Division. Department of Special Collections. Princeton University Library.
"Pitol, Sergio". *Augusto Monterroso Papers*. C1109. Manuscripts Division. Department of Special Collections. Princeton University Library.
"Pitol, Sergio". *José Donoso Papers*. C0099. Manuscripts Division. Department of Special Collections. Princeton University Library.

Archivo Histórico Diplomático Genaro Estrada

Embajada de México en Yugoslavia.
Embajada de México en Polonia.
Embajada de México en Hungría.
Embajada de México en Francia.
Embajada de México en Checoslovaquia.

www.ingramcontent.com/pod-product-compliance
Lightning Source LLC
Chambersburg PA
CBHW021835220426
43663CB00005B/250